국가와 기업의
초고령사회
성공전략

이수영 신재욱 전용일 오영수

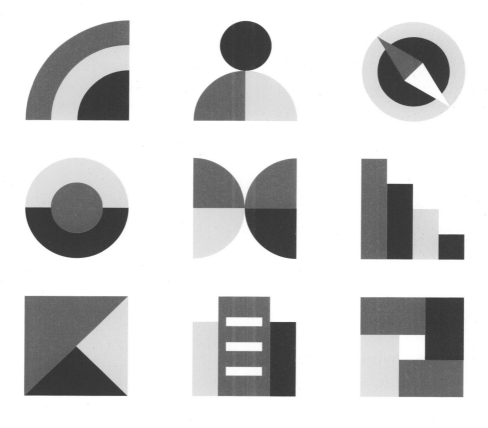

박영사

초고령사회가 빠른 속도로 달려오고 있다. 2025년에는 전체 인구 중에서 65세 이상이 20%를 넘는 초고령사회에 진입한다. 다른 선진국도 고령화가 진행되고 있지만 우리나라의 고령화 속도는 전 세계에서 유례없이 빠르다.

우리나라는 2018년에 1인당 국민소득이 3만 달러 이상이면서 인구가 5천만 명이 넘는 3050클럽 경제강국이 되었다. 그러나 초고속도로 진행되는 고령화에 제대로 대응하지 못한다면 한국전쟁 이후 온 국민이 피땀 흘려 이룩한 경제성장의 성과를 잃어버리고 장기불황을 겪을 수도 있다.

기회와 위기는 공존한다. 인구의 고령화는 피할 수 없고, 확실하게 진행되며, 국가 경쟁력, 더 나아가 국가의 존망存亡과도 직접 연관이 있다. 따라서 인구 고령화를 걱정만 할 것이 아니라 고령화에 따라 늘어나는 고령 인적자원을 적극적으로 활용하여 국가 경쟁력을 높이는 방안을 사회구성원 모두가 함께 찾아야 한다.

우리 모두 경제강국의 비전을 공유하고 실천하기 위해 함께 노력한다면, 고령화의 위기를 극복하고 나아가 4차 산업혁명을 선도하면서 경제를 발전시키고 국민의 삶의 질을 향상시켜 선진국 대열에 합류할 수 있다.

인구가 고령화되면 생산가능인구가 감소하고 경제성장 동력과 국가 경쟁력이 약화될 수 있다. 그리고 노인 부양 부담을 둘러싸고 세대 간 갈등이 커질 수 있으며, 사회보장 지출이 재정 수입에 비해 크게 늘어 국가 재정 상황이 악화될 수도 있다.

이에 대응한 국가 차원의 일자리 성공전략을 살펴보자. 첫째 고령화가 진전됨에 따라 과거에 비해 풍부해지고 새로운 노동력으로 등장한 고령인력을 최대한 활용하여야 한다. 이를 위해서는 우선 고령 근로자들의 고용연장과 청년 고용이 상생할 수 있는 방안을 찾아야 한다. 많은 청년들이 일하기를 희망하는 대기업, 금융기관, 정부·공공기관 등에서 일자리를 둘러싸고 청년과 고령자 간 경쟁관계가 발생하지 않도록 하고, 다른 분야에서도 기회를 찾으며 일할 수 있는 여건을 만들어야 한다. 그리고 기업에서 고령자가 더 오래 일을 하게 하려면 직무와 성과에 따른 임금을 지급하도록 하고, 적합한 직무를 개발·제공해야 한다.

둘째, 기업에서 생산성과 기업성과가 높아져야 고령인력의 고용을 연장하는 동시에 청년인력을 신규 채용할 수 있다. 따라서 근로자의 능력개발, 참여기회, 동기부여 확대를 통해 기업에 경쟁우위를 제공하는 고성과작업시스템, 즉 일터혁신이 전국적으로 확산되어야 한다. 그리고 고령자에게 특화된 장년친화적 인사관리 시스템이 확대되고, 직업교육훈련이 대폭 강화되어야 한다.

셋째, 초고령사회에 대비하여 고령 인적자원의 활용이 핵심 국가 과제임을 인식하고 노사를 지원할 수 있는 고령자 고용 전문기관, 전문 지원인력과 연구기관을 확대해야 한다. 일은 조직과 사람이 하기 때문이다.

넷째, 초고령사회에 진입하면 전체 인구의 20%인 1천만 명 이상이 65세 이상 고령자가 되므로 고령친화산업을 대폭 육성해야 한다. 고령친화산업은 4차 산업혁명의 기술을 활용하고, 중소기업이 발전할 기회를 제공하면서 많은 일자리를 만들어낼 수 있기 때문이다.

다섯째, 총인구와 생산가능인구의 감소에 따라 줄어드는 국내 소비를 촉진하기 위해서는 더 많은 외국인이 한국을 방문하고, 국내 고령인구가 국내 관광자원을 더 많이 활용할 수 있도록 관광산업을 획기적으로 키워 나가야 한다. 아울러 경제강국에 걸맞게 문화강국으로서의 비전을 갖고 예술성과 상징성이 뛰어난 건축물을 만들어 자랑스런 문화유산으로 후대에 남기고 해외로부터 관광객을 유치해야 한다.

기업에서는 고령화가 급속하게 진전됨에 따라 신구세대 간 기업문화가 이원화되고, 인력구조상 고직급이 증가하며 조직이 가분수화된다. 이에 따라 인건비가 증가하면서 생산성이 저하되고, 고령자 적합 직무가 부족하게 되며 고직급 대상 교육과 퇴직 지원 수요가 증가한다.

따라서 기업 차원에서는 초고령사회 인적자원관리 성공전략이 요구된다. 우선 세대 간 상생하는 기업문화를 정립하기 위하여 다양한 연령대가 함께 하는 프로그램 운영, 공간 개선을 위한 사무환경 변화, 최고경영자의 관심 유도, 상사의 솔선수범 등이 필요하다.

둘째, 인력구조 개편을 위해서 직급별 체류 연한의 연장, 직급 간소화 등이 필요하고, 제한된 인건비의 효율화를 위해 직무급과 역할급의 도입, 연공급의 개선과 성과배분제 적용 등이 중요하다. 또한 적합 직무 개발, 교육훈련, 평가와 보상제도 등 고령자 맞춤형 인사제도도 마련되어야 한다.

셋째, 기업의 인력이 고령화됨에 따라 건강경영이 화두가 될 것이므로 기업에서 고령자의 건강에 대해 관심을 갖고 지원하면서 일과 여가의 균형을 찾을 수 있는 선진적 근로환경을 만들어나가야 한다.

한편, 우리 사회경제는 급속한 고령화와 더불어 초융합화·초연결성·초지능화를 특징으로 하는 4차 산업혁명을 경험하고 있다. 인공지능, 머신러닝, 빅데이터, 로봇공학, 유전공학 등을 중심으로 기술혁신과 경제성장이 이루어지고 있다.

4차 산업혁명 기술이 인간의 노동력을 대체하기도 하고 새로운 직업이 생겨나기도 한다. 자동화는 대규모 생산을 가능하게 하여 임금과 생활 수준을 향상시킬 수 있고, 고령화로 인한 인력부족을 보완하기도 하며, 인간가치에 지향점을 둔 업무에 집중할 기회를 제공해 주기도 한다.

그러나 4차 산업혁명의 효율성과 생산성 증가의 결실을 사회 구성원들과 어떻게 나누고 향유할지에 대한 합의가 필요한 시점이 되었다. 자동화로 인해 일자리를 잃는 사람들은 경제적, 사회적, 심리적인 어려움에 직면하게 된다. 그리고 최근 코로나19 확산에 따른 재난의 영향이 사회적으로 불균등하게 미치면서 불평등도가 심화되고 있다.

따라서 고령화와 4차 산업혁명, 코로나19의 상황이 겹쳐진 상황에서 기업과 국가가 수행해야 할 불평등도의 완화, 기본소득, 일하는 방식의 변화, 세대 간 상생 방안 등에 대한 논의의 시작점을 제시하였다.

이 책이 고령화의 위기를 극복하고 4차 산업혁명을 선도하여 경제강국이 된다는 비전을 공유하고, 국가와 기업의 성공적인 실천전략에 대해 함께 지혜를 모으는 기본서가 되기를 기대한다.

이 책이 현재 고령사회의 문제를 해결해 나가면서 초고령사회를 준비해야 할 기업의 경영자, 인사관리 담당자, 근로자, 노동조합과 사용자단체, 정부의 정책 담당자, 대학과 연구기관의 전문가, 현장의 고령자 고용과 생애설계 담당 전문가 및 고령화 문제에 관심 있는 독자들에게 도움이 되기를 바란다.

한 사람이 꾸는 꿈은 꿈에 지나지 않지만 구성원들이 함께 꾸는 꿈은 현실이 될 수 있다. 급격한 고령화와 4차 산업혁명으로 인해 어떠한 미래가 올 것인가에 대해서는 예측하기 어렵다. 그러나 국가와 기업은 미래에 대한 비전을 공유하면서 목표와 전략을 세우고 실천하여 미래를 만들어나갈 수 있다. 미래는 준비하는 국가와 기업의 몫이다.

저자들은 『백세시대 생애설계』에 이어 이 책의 출간을 지원해 주신 박영사 안종만 회장님, 안상준 대표님을 비롯한 관계자 분들, 정성을 갖고 편집업무를 해 준 황정원님과 한국고용복지연금연구원의 김재원 국장님께 감사드린다.

그리고 원고 작성과정에서 고견을 제시해 준 김윤태 청장, 박현국 공인노무사, 백희정 교수, 손유미 연구위원, 송홍석 국장, 윤수경 과장, 이남기 부장, 이영민 교수, 이종룡 교수, 이지만 교수, 이호창 본부장, 최관병 과장, 홍제희 팀장 님 등 많은 분들에게 감사의 말씀을 드린다.

아울러 기업의 성공전략 부분 집필과 관련하여 실제 제도들을 설계하고 구현해 온 에프엠어소시에이츠 컨설턴트와 많은 기업 담당자들, 그리고 다양한 관점에서 조언과 문답을 해 주신 이경묵, 김동배, 김기태, 이춘우, 강성춘 교수님께도 꼭 감사하다는 말씀을 전하고 싶다.

글쓴이들

차례

제2부
정부의 일자리 성공전략

제3부
기업의 인적자원관리 성공전략

제1부

급속도로
달려오는
초고령사회

01

경제강국의 비전과 고령화의 도전

01 3개의 바람과 급속한 고령화

3개의 바람

2013년에 개봉된 영화 '관상'의 마지막 부분에서 천재 관상가 내경은 "나는 파도만 보았지 바람은 보질 못했소. 파도를 움직이는 건 바람인데 출렁이는 파도만 보았소."라고 말한다.

우리가 현재 눈으로나 통계로 관찰할 수 있는 파도는 평균수명 증가, 저출산, 인공지능 로봇, 드론, 자율주행차, 코로나19 등이다. 그러면 파도를 움직이는 바람은 무엇일까? 바람은 파도를 일으키고, 해일을 만들며, 때로는 배를 전복시키기도 한다. 따라서 우리는 파도만 보지 말고 파도를 일으키는 바람이 근본적으로 무엇인지 항상 진지하게 고민하고 그에 맞는 전략을 세워서 실천해야 한다.

▶ 영화 관상(2013년)

우리 사회를 변화와 혁신의 물결로 몰아가는 '바람'은 세 가지로 볼 수 있다. 즉, 고령화, 4차 산업혁명 그리고 최근에 전 세계를 휩쓸고 있는 전염병이다. 그중 고령화는 4차 산업혁명과 전염병인 코로나19보다 상대적으로 시간의 흐름과 같은 속도로 진행되고 있다. 우리 사회는 4차 산업혁명과 코로나19에 대해서는 바로 반응하고 있지만, 고령화에 대해서는 상대적으로 그 위험을 덜 인지하고 있는 것으로 보인다.

미국의 재레드 다이아몬드Jared Diamond 교수는 그의 저서 『총, 균, 쇠』에서 인류의 문명을 바꾼 세 가지 요인으로 무기, 병균, 금속을 들고 있다. 총과 대포 등 무기를 사용한 전쟁을 포함하여, 과거 14세기 흑사병, 20세기 초 스페인 독감, 그리고 최근 코로나19 상황에서 보듯이 병균이나 전염병이 세계 경제사회에 미치는 영향은 심대하다.

그리고 인류가 구석기, 신석기, 청동기, 철기시대로 발전해 오면서 '쇠'를 먼저 잘 사용하는 국가가 세계를 장악하였고, 그 이후 2차 산업혁명, 3차 산업혁명을 주도한 국가가 세계 경제를 선도하였다. 이제 4차 산업혁명 시대에 어느 국가가 앞서 나가느냐에 따라 선진국의 판도가 달라질 것이다.

그러나 『총, 균, 쇠』에서는 다루지 않았지만 인류의 문명과 경제의 흐름을 바꿀 중요한 '바람' 중의 하나가 바로 고령화이다.

노화의 지진

고령화를 우리나라보다 먼저 경험하고 있는 국가는 '노화의 지진age quake' 으로 인한 사회적 위험의 심각성에 대해 경고하고 있다. 미국의 인구학자들은 세계사에서 새로운 단계가 시작된다고 할 정도로 고령화가 경제사회에 가져올 변화의 폭이 거대할 것이라고 전망하고 있다. 저명한 인류학자인 레비 스트로스 Claude Lévi-Strauss는 인구 통계학적인 재앙이 공산권의 붕괴보다 영향력이 클 것이라고 예언하고 있다.[1]

그러나 우리나라는 2025년 초고령사회에 진입함에도 불구하고 아직 고령화 위기의 심각성에 대해 전 국민적인 공감대 형성이 부족한 것으로 보인다. 따라서 국가적으로 고령화 문제 해결에 대해 시급성과 중요성을 인식하고 전략적 대응을 해 나가야 한다.

특히, 점점 거세지고 있는 고령화라는 거대한 바람 속에서 환경 압박에 대응하여 전략적으로 올바른 선택을 하고 비전을 공유하면서 변화해 나가는 국가는 선진강국이 되고 그러지 못하는 국가는 경쟁대열에서 낙오하게 될 것이다. 세계 역사를 되돌아보면, 2차 산업혁명을 주도한 국가는 패권국가가 되었고, 따라가지 못한 국가들은 제국주의 열강의 식민지가 되었다.

우리나라가 선진강국이 되려면 4차 산업혁명을 선도해야 하지만 또 한편으로는 고령화란 위기에 선제적으로 대응하면서 주도적으로 변화해 나가야 한다. 특히, 인구 통계상 고령화는 충분히 예측 가능하고 그 위험을 미리 알 수 있으므로 앞서 대처하여 고령화의 위기를 극복해야 한다.

고령화는 평균수명이 증가하고, 출산율이 감소함에 따라 나타나는 현상으로 개인 고령화와 인구 고령화로 구분할 수 있다. 개인 고령화는 개인의 수명이 점차 증가하는 것을 말하고, 인구 고령화는 '한 사회에서 인간 수명의 증가와 출산율 저하 등의 원인으로 인해 65세 이상 고령인구의 수와 비율이 증가하는 현상'을 말한다.[2]

개인의 평균수명(기대수명)[3]은 의료기술과 과학기술의 발달, 위생수준과 영양상태의 개선, 소득수준과 생활환경의 향상 등에 따라 증가하고 있다. 우리나라 국민의 평균수명은 1970년도 62.3세, 1990년 71.7세, 2010년 80.2세, 2019년 83.3세로 급격히 늘어나고 있다. 1970년대 초만 하더라도 환갑을 넘기는 노인이 많지 않아 환갑잔치를 했지만, 평균 수명이 80세를 넘어선 2010년대 이후에는 팔순잔치가 1970년대 초의 환갑잔치에 해당한다고 볼 수 있다. 그리고 주민등록상 100세 이상 인구도 2019년 11월에 2만 명을 초과하였다.[4]

표 1-1 한국의 평균수명 증가 추이

연도	전체	남자	여자	격차(여자 - 남자)
1970	62.3	58.7	65.8	7.1
1980	66.1	61.9	70.4	8.5
1990	71.7	67.5	75.9	8.4
2000	76.0	72.3	79.7	7.4
2010	80.2	76.8	83.6	6.8
2019	83.3	80.3	86.3	6.0

자료: 통계청, KOSIS 국가통계포털, kosis.kr/

2025년 초고령사회

평균수명의 증가와 저출산으로 인해 우리나라는 전 세계에서 유례없이 빠른 속도로 고령화가 진행되고 있다.

고령화의 단계는 전체 인구 중에서 65세 이상이 차지하고 있는 비율에 따라 구분하는데, 65세 이상이 7% 이상일 경우 고령화사회aging society, 14% 이상이면 고령사회aged society, 20% 이상일 경우 초고령사회super-aged society라고 부른다.

이러한 분류에 따르면 우리나라는 2000년에 고령화사회, 2018년에 고령사회에 진입하였고, 2025년에 초고령사회에 진입할 것으로 전망된다. 고령화사회에서 고령사회가 되는 데 18년이 걸렸는데, 고령사회에서 초고령사회로 전환하는 데는 7년밖에 걸리지 않는다. 더구나 2045년경 한국에서 65세 이상의 고령인구 비율은 37.0%로 일본의 36.7%보다 높아져 세계 최고령 국가가 될 것으로 보인다.[5]

고령사회에서 초고령사회가 되는 데 걸리는 기간을 보면, 우리나라는 7년인 데 비해 일본은 11년, 독일은 33년이 걸렸고, 영국은 49년이 소요될 것으로 예상된다〈표 1-2〉.

즉, 일본을 제외한 다른 선진국들은 상대적으로 고령화가 서서히 진전되고 있으므로 경제적, 사회적으로 어느 정도 준비할 시간이 있지만, 일본은 1994년

표 1-2 주요 선진국의 고령화 속도

국가	도달연도			증가 소요연도		
	7% (고령화사회)	14% (고령사회)	20% (초고령사회)	7%→14%	14%→20%	7%→20%
한국	2000	2018	2025	18년	7년	25년
일본	1970	1994	2005	24년	11년	35년
독일	1932	1974	2007	42년	33년	75년
영국	1929	1975	2024	46년	49년	95년
미국	1942	2013	2029	71년	16년	87년

자료: 통계청, 장래인구추계 결과, 2006; 통계청, KOSIS; stats.oecd.org의 최신 자료로 수정

에 고령사회에 진입한 이후 초고령사회가 되는 데 11년밖에 걸리지 않았다. 따라서 일본은 초고령사회에 대해 충분히 대비하고 적응할 시간이 부족하였고, 결과적으로 '잃어버린 20년'을 초래한 원인 중의 하나가 된 것으로 보인다.

이와 같이 전 세계적으로 유례없이 초고속으로 진행되는 고령화에 우리나라가 제대로 대응하지 못한다면 6·25 전쟁 이후 온국민이 피땀흘려 이룩한 경제성장의 성과를 한순간에 잃어버리고 일본과 같이 장기 경기 불황을 겪을 수도 있다.

앞서 소개한 미국의 재레드 다이아몬드Jared Diamond 교수는 최근 그의 저서 『대변동: 위기, 선택, 변화』에서 국가의 위기에 대응하기 위한 12가지 요소를 제시하고 있다.

이들 요소를 이 책의 흐름에 맞게 재구성하면 첫째, 국가가 위기에 빠졌다는 사실에 대한 국민적 합의와 국가의 위치에 대한 정직한 자기 평가가 필요하다. 둘째, 한 국가는 다른 국가의 문제해결 방법, 정책과 제도를 본보기로 삼을 수 있고, 한 국가가 역사적으로 과거에 경험한 위기를 통해 배워야 한다. 셋째, 국가의 상황에 맞게 유연하게 대응하면서 정치적, 정책적 선택을 하여야 한다. 넷째, 어떻게 변해야 할 것인가에 대해 국가의 핵심가치, 즉 비전의 공유가 필요하다.

영국이 17세기 중반 네덜란드와의 전쟁 이후에 18세기 중반 산업혁명을 성공적으로 수행하면서 네덜란드에 이어 세계를 제패한 강력한 국가가 된 데에는 국가 비전의 공유에 차이가 있었다고 볼 수 있다. 즉, 영국은 대영제국의 건설이라는 그랜드 비전Grand Vision을 갖고 있었고, 네덜란드는 상인 중심의 국가이다 보니 그러한 비전을 갖지 못했다.

따라서 거세게 불어오는 고령화란 위기에 대해 국민적 인식을 함께하고, 경제강국에 대한 비전을 공유하고, 정책적으로 올바른 선택을 하고 실천하여 경제강국의 비전을 실현하여야 한다.

위기와 기회는 공존한다. 고령화가 피할 수 없는 위기라면 이를 긍정적으로 받아들이고 기회를 찾아야 한다. 인구 고령화를 걱정만 할 것이 아니라 고령화 문제는 고령자들이 주도적으로 해결하도록 해야 한다. 즉, 고령화에 따라 늘어나는 고령 인적자원을 활용하여 국가 경쟁력을 향상시키는 방안을 찾아야 한다.

"이제 사회가 노인을 어떻게 구할 것인지에 대해 그만 이야기하고, 노인들이 어떻게 세상을 구할 것인지에 대해 이야기하자."6

02 경제강국의 비전

3050클럽

우리나라는 2018년 드디어 1인당 국민소득GNI이 3만 달러를 넘으면서 인구가 5천만 명을 넘는 '3050클럽'에 들어가게 되었다. 이 클럽은 OECD와 같이 별도 기구나 사무국을 갖고 있지 않지만 우리나라가 인구나 국민소득 면에서 선진 강국 대열에 속하게 된 것을 의미한다. 현재 이 클럽에 속한 국가는 한국을 포함하여 미국, 일본, 독일, 영국, 프랑스, 이탈리아 등 7개국뿐이다.

세계 경제를 선도하는 G7 국가에서 인구가 3,700만 명인 캐나다만 제외하고 모두 3050클럽에 포함되어 있다. 이 클럽에 속해 있는 6개 국가는 2차 산업혁명 시대에 이미 선진국이었고, 제국을 경영한 경험이 있는 국가들이다. 우리

나라와 같이 개발도상국에서 경제발전을 성공시켜 선진국 대열에 진입한 국가
는 아직 세계적으로 유례가 없다.

2019년 우리나라의 인구는 5,185만 명, 1인당 국민소득GNI은 32,115달러이
다. 우리나라가 5천 년의 역사 속에 지금만큼 많은 인구를 갖고 부유하게 살던
때는 없었다. 일제 식민지 시대를 지나 1950년 한국전쟁을 겪고, 폐허 속에서 일
어나 1960년 1인당 국민소득 80달러에서 이제 3만 달러 시대를 열게 된 것이다.

1인당 국민소득이 1994년에 1만 달러를 넘어선 이래 1996년에는 선진국
클럽인 OECD경제협력개발기구에 가입하였고, 1997년에 IMF국제통화기금 외환위기를
겪었지만, 2006년에 1인당 국민소득 2만 달러를 달성하였다. 그리고 2008년에는
경제대국의 모임인 G20 정상회의에 참석하였고, 2010년에는 한국에서 제5차
G20 회의를 개최하였으며, 2018년에는 1인당 국민소득 3만 달러를 넘어섰다.

또한, 우리나라는 2010년에 원조 선진국 클럽으로 알려진 OECD DAC개발
원조위원회에 가입하였다. 따라서 개발도상국으로 선진 각국으로부터 원조 혜택만
받아왔던 우리나라가 선진 원조 공여국으로 입지를 굳히게 된 것이다.

우리나라의 명목 국내총생산GDP 규모는 2019년 기준 1조 6,463억 달러로
캐나다, 러시아에 이어 세계 12위를 차지하였다. 그리고 우리나라의 수출 수입
을 포함한 전 세계 교역 순위는 9위를 기록하고 있다수출 규모 7위, 수입 규모 9위.[7]

한편, 우리나라는 하계올림픽, 동계올림픽, 월드컵 축구대회, 세계육상선수
권대회 등 4개의 메이저 대회를 유치하여 스포츠 그랜드 슬램을 달성하였다.
즉, ① 1988년 서울 하계 올림픽, ② 2002년 한일 월드컵 축구대회, ③ 2011년
대구 세계육상선수권 대회, ④ 2018년 평창 동계올림픽을 모두 개최함으로써
국가 브랜드 이미지를 강화하고 스포츠 강국으로서 입지를 확고히 하였다.

우리나라는 이탈리아, 독일, 일본, 프랑스에 이어 다섯 번째로 그랜드 슬램
을 달성하였다. 2018년 6월 월드컵을 개최한 러시아는 여섯 번째 국가가 되었고,
2021년에 세계육상선수권 대회를 개최하는 미국은 일곱 번째 그랜드 슬램 달성
국가가 된다.[8]

과거 제국주의 시대에는 국가가 전쟁을 통해 영토를 확보하고, 인적·물적

자원을 수탈하여 부를 축적하였다면, 최근 글로벌 경제시대에서는 전쟁 대신에 자국의 제품이나 서비스 수출을 통해 시장 점유율을 확대하여 국민소득을 증대시키고 국민의 삶의 질을 향상시킨다.

우리나라는 3050클럽에 들어가기는 하였으나 1960년대 이후 빠른 속도로 경제성장을 하면서 그에 걸맞은 사회보장 체계 등이 갖추어지지 못하다 보니 OECD 국가 중에서 상대적 빈곤율이나 노인 빈곤율이 높고, 사회적 양극화가 심하며, 노후 소득보장이 미흡하여 선진국으로 나아가는 데 아직 극복해야 할 과제가 많이 남아 있다.

인구 오너스와 자기실현적 예언

이제 1인당 국민소득 3만 달러 시대를 넘어서 4만 달러, 5만 달러 시대로 나아가야 하지만 우리가 함께 넘어야 할 큰 산이 기다리고 있다. 바로 인구의 고령화이다. 고령사회에 이어 초고령사회에 진입하면서, 생산가능인구가 감소하고, 베이비붐 세대의 대량은퇴에 따라 노동력이 부족하며, 숙련기술이 단절되는 등 성장동력이 대폭 약화될 수 있다.

이렇게 고령화가 진행되면서 생산가능인구 감소와 부양인구 증가 등으로 경제성장이 지체되는 것을 인구 오너스demographic onus 현상이라고 한다. 한편, 노후준비가 미흡한 상태에서 의료·연금·복지 등 고령층 부양을 둘러싼 재정부담으로 인해 세대 간 갈등도 증폭될 우려가 있다.9

과거 개발연대에는 높은 출산율로 생산가능인구가 증가하면서 소비와 경제가 성장하는 인구 보너스demographic bonus를 누려 왔으나 이제 그 반대 현상을 겪게 된 것이다.

인간의 수명이 늘어난 것은 축복이지만, 준비되지 않은 백세시대는 행복이 아니라 재앙이 될 수 있다. 급격한 평균수명의 증가와 세계 최저 수준의 출산율 등으로 인해 급속도로 달려오는 고령화라는 '바람'에 제대로 대응하지 못하면, 인구도 다시 다시 5천만 명 이하로 내려가고, 1인당 국민소득도 다시 추락하여 어렵게 들어간 선진국 문턱에서 좌절할 수도 있다.

'자기실현적 예언'은 개인이나 집단이 미래에 대한 기대나 예측에 부합하기 위해 행동하고 결국 기대한 바를 실현하는 것을 말한다. 개인 혼자 꾸는 꿈은 단지 꿈일 수 있지만 조직의 모든 사람들이 함께 꾸는 꿈은 실현될 수 있다. 우리 모두 경제강국의 비전을 공유하고 실천하기 위해 함께 노력한다면 경제를 발전시키고 국민의 삶의 질을 향상시킬 수 있을 것이다. 1인당 국민소득 4만 달러, 나아가 5만 달러를 달성하여 주요 선진국 모임인 G7 국가도 될 수 있다.

글로벌 리더로서의 비전

우리나라는 더 이상 약소국이 아니다. 그러므로 경제강국의 마인드를 갖고, 세계경제를 선도하는 글로벌 리더global leader에 걸맞은 비전과 전략이 필요하다.

우리나라가 1인당 국민소득 2만 달러2006년에서 3만 달러2018년로 진입하는 데는 12년이 소요되었다. 2008~2009년 글로벌 금융위기를 겪으면서 2009년 18,000달러대로 내려가기도 하였으나 이 위기를 극복하고 마침내 2018년에 3만 달러를 달성한 것이다.

1인당 국민소득 2만 달러에서 3만 달러를 달성하는 데 일본과 독일은 각 5년밖에 걸리지 않았다. 그러나 미국은 8년, 영국은 11년, 프랑스는 13년, 이탈리아는 14년이 소요되었다.

인구 5천만 명 이상이면서 1인당 국민소득 3만 달러를 달성한 국가를 연도별로 보면, 일본 1992년, 독일 1995년, 미국 1996년, 영국 2002년, 프랑스 2003년, 이탈리아 2004년으로 이탈리아가 3만 달러를 달성한 이후 14년 만에 우리나라가 3만 달러 국가에 진입하게 되었다표 1-3.

한편, 1인당 국민소득 3만 달러를 달성한 선진국의 경우에도 4만 달러의 벽을 넘기는 결코 쉽지 않다. 따라서 1인당 국민소득 4만 달러야말로 '넘사벽'이라고 할 수 있고, 4만 달러를 넘으면 안정되게 선진국에 진입하였다고 볼 수 있다.

이탈리아는 2004년에 1인당 국민소득 3만 달러를 달성한 이후 14년간 3만

표 1-3 **국가별 1인당 국민소득 구간별 달성 연도**

국가	인구 (천 명) 2019년	1인당 국민소득($) 2019년	1인당 국민소득($) 구간별 달성연도				
			10,000	20,000	30,000	40,000	50,000
한국	51,709	32,115	1994	2006	2018		
일본	126,860	41,491	1981	1987	1992	1995	
독일	83,517	47,389	1979	1990	1995	2007	
미국	329,065	65,717	1978	1988	1996	2004	2011
영국	67,530	41,291	1980	1991	2002	2004	2007
프랑스	60,500	42,500	1979	1990	2003	2007	
이탈리아	60,422	33,334	1986	1990	2004		

자료: 통계청, KOSIS 국가통계포털, kosis.kr/; OECD Data, data.oecd.org/

달러대를 유지하고 있고, 일본은 1995년에 4만 달러를 초과하였지만 잃어버린 20년을 겪으면서 3만 달러대로 내려갔다가 2018년에 다시 4만 달러대를 회복하였다. 영국도 2004년에 4만 달러를 달성하고 2007년 5만 달러를 일시적으로 넘었지만 현재는 4만 달러대를 유지하고 있다.

따라서 현재는 미국이 6만 달러대를 유지하고 있고, 일본, 영국, 독일, 프랑스가 안정적으로 4만 달러대를 넘어서고 있으며, 이탈리아가 3만 달러대를 유지하고 있는 상황이다. 1인당 국민소득은 항상 오르는 것이 아니라 일본이나 영국의 사례에서 보듯이 다시 내려갈 수도 있다.

우리나라는 6·25 전쟁의 폐허를 딛고 일어나 IMF 금융위기와 글로벌 금융위기를 극복하고, 산업화와 민주화를 달성하면서 이제 1인당 국민소득 3만 달러대에 진입하였다. 이제 1인당 국민소득 4만 달러, 5만 달러대에 진입하기 위해 국민적인 지혜를 모아야 할 때이다.

그러지 못할 경우 1인당 국민소득이 2만 달러대로 내려갈 수도 있다. 물론 최근 코로나19로 인해 경제적 어려움을 겪고 있지만 미국 등 선진국에 비해 상대적으로 잘 대응하고 있어 1인당 국민소득이 3만 달러대를 유지할 것으로 보인다.

03 고령화의 도전

총인구의 감소

　　우리나라는 저출산 고령화가 급속하게 진행되고 있어 2018년에 고령사회에 진입한 후, 2025년에 초고령사회에 진입하고, 2051년에는 고령인구 비율이 40%에 이를 전망이다. 2019년부터 사망자 수31만 4천 명가 출생아 수30만 9천 명보다 많아짐에 따라 인구의 자연감소가 시작되었다.

　　그러나 평균수명 연장 등의 요인으로 인해 총인구가 급격하게 줄어드는 것은 아니다. 통계청의 중위추계 시나리오에 따르면 총인구가 2020년 5,178만 명에서 2028년 5,194만 명까지 증가하여 정점에 다다른 후 감소하기 시작한다. 이후 2043년 5,015만 명을 기록한 후 2044년에 5,000만 명 이하로 내려갈 것으로 전망된다〈그림 1-1〉.

　　그 이후 2050년에 4,774만 명, 2067년에 3,929만 명으로 감소하여, 최고치인 2028년을 기준으로 2050년에는 420만 명, 2067년에는 1,265만 명이 줄어들 것으로 예상된다.[10] 즉, 2067년에는 현재의 서울973만 명과 인천296만 명만큼의 인구가 사라질 전망이다.

　　장기적으로 우리나라는 저출산 등의 영향으로 급속하게 인구가 감소하지

그림 1-1　**세계와 한국의 인구 추이**

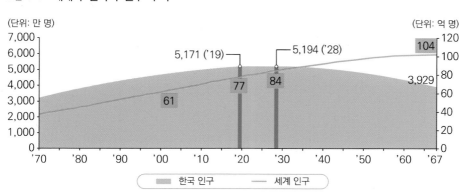

자료: 통계청, 세계와 한국의 인구현황 및 전망, 2019. 9.

만 세계 총인구는 점점 증가하는 추세를 보인다. 2019년 세계 인구는 77억 명이고, 향후 인구가 계속 증가하여 2067년에는 104억 명에 다다를 것으로 예상된다.[11]

그러므로 인구 감소와 급격한 고령화 문제는 모든 국가들에서 발생하는 위기는 아니며, 개발도상국의 인구는 계속 증가하면서 경제성장을 견인해 나갈 것이므로 우리나라가 국가 경쟁력을 유지하려면 반드시 해결해야 할 과제이다.

심각한 저출산 문제

최근 급속한 고령화와 함께 심각한 저출산 또한 커다란 사회적 문제로 대두되었다. 합계 출산율이 1970년 4.53명에서 1976년 3.00명, 1983년 2.06명으로 감소한 후 1997년 1.54명, 2017년 1.05명으로 크게 낮아졌고, 2019년에는 0.92명, 2020년에는 0.84명까지 하락하여 OECD 국가 중에서 최하위의 출산율 OECD 평균 1.63명, 2019년을 나타내고 있다.

한편, 연도별 출생아 수를 보면 1970년 약 101만 명에서 2002년 약 50만 명으로 절반이 줄어들었고, 2020년에는 약 27만 명 수준으로 1970년 대비 74만 명이나 줄어들어 심각한 사회적 문제가 되고 있다.[12]

이렇듯 합계 출산율과 출생아 수가 급격히 저하하는 요인을 분석해 보면 정부정책이 인구 통계에 기반하여 실기失機하지 말고 빠르게 선제적으로 대응해야 할 필요가 있다. 1960년대부터 1970년대까지 '아들딸 구별 말고 둘만 낳아 잘 기르자'라는 구호하에 산아제한 정책을 대대적으로 실시했고, 1980년대에도 '둘도 많다. 하나만 낳아 잘 기르자'라는 슬로건하에 산아제한 정책을 계속하였다. 1983년에 이미 출산율이 2.06으로 하락하였음에도 불구하고 1989년에 이르러서야 산아제한 정책을 중단하기에 이르렀다.[13]

높은 양육비와 교육비 등 사회적인 요인도 있지만 산아제한 정책을 과도하게 오래 지속한 것도 급격한 출산율 저하의 요인이 되었고, 결과적으로 평균수명의 빠른 증가와 더불어 고령화 속도를 가속화하는 원인이 되었다. 가구

그림 1-2 **출생아 수 및 합계 출산율 추이**

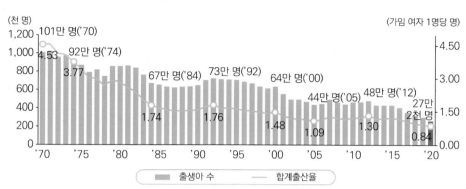

자료: 통계청, 2020년 인구동향조사 출생·사망통계 잠정 결과, 2021. 2.

당 둘째 이상 아이의 양육비, 교육비를 국가가 전면적으로 책임지는 등 출산율을 높이기 위한 획기적인 대책 마련이 필요하지만 성과를 내기 또한 쉽지 않아 보인다.

저출산 문제 해결이 고령화 문제 해결에 직접적 도움이 되기는 어렵다. 왜냐하면 출생아가 노동시장에 진입하기 위해서는 15~30년이 소요되기 때문이다. 합계 출산율이 2명이 된다 해도 실질적인 생산가능인구에 편입되는 데는 20~30년이 걸린다.

위에서 본 바와 같이 우리나라의 생산가능인구가 계속 감소하기는 하지만 총인구가 5,000만 명 이하로 내려가는 2044년까지는 최대 24년이 남아 있으므로 이 기간을 저출산과 고령화 위기 극복을 위한 기회로 활용하여야 한다. 우리에게 아직도 기회는 남아 있다.

생산가능인구의 감소

우리나라에서 전체 인구 중 생산가능인구15세 이상 64세 이하 비율은 1960년에 54.8%세계 233개국 중 106위였으나 계속 높아져, 2015년에 73.0%세계 233개국 중 10위를 기록하였다. 그러나 고령화와 저출산 추세로 인해 생산가능인구 비율은

2016년에 정점에 도달한 후 2017년부터 계속 축소되어 2030년 세계 115위, 2060년에는 최하위 수준인 세계 199위로 낮아질 전망이다.14

세계와 한국의 인구구조 변화를 비교해 보면 세계는 2019년 피라미드 모형에서 2067년 종모양으로 변하나 우리나라는 2019년 항아리 모형에서 2067년 역삼각형 모형으로 변한다(그림 1-3).

총인구 감소보다 더 심각한 문제는 15세 이상 64세 이하의 생산가능인구의 감소이다. 총인구 중 생산가능인구 비율은 2011~2016년에 최고점73.4%을 기록한 이후 2017년73.2%부터 감소하기 시작하여 2020년에 72.1%에서 2030년에 65.4%, 2040년에 56.3%, 그리고 2050년에 51.3%로 급격하게 낮아질 전망이다.15

그림 1-3 **세계와 한국의 인구 피라미드**

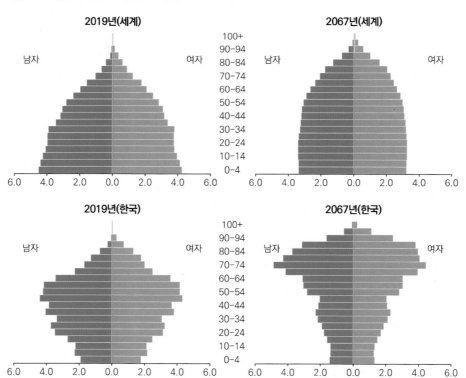

주: 총인구에 대한 연령별 인구 구성비(%)를 이용하여 작성
자료: 통계청, 세계와 한국의 인구현황 및 전망, 2019. 9.

생산가능인구가 급격히 감소하면 노동인력과 소비수요가 줄어드는 반면, 노인부양 부담과 국가의 복지 재정 지출은 크게 늘어나 경제성장에 상당한 타격을 줄 수 있다.

일본에서는 1990년대 생산가능인구의 감소에 따라 소비수요와 주택수요가 위축되고, 세금을 내는 생산인력은 줄어드는 반면 세금을 쓰는 고령인구가 늘어남으로써 부동산 버블 붕괴와 재정 적자 등을 야기하여 급격한 엔고 현상 등 다른 요인과 함께 '잃어버린 20년'의 주요 원인이 되었다.[16]

한편, 일본보다 20년이나 먼저 1974년에 고령사회에 진입한 독일도 1990년 중반에 저성장과 고실업이 계속되어 '유럽의 병자'라고 불리었다. 그러나 고령화에 의한 생산가능인구의 감소에 따라 인력부족 문제가 발생하자 제조업 자동화 공정에 정보통신기술을 융합하는 '인더스트리 4.0' 등을 통해 생산성을 향상시키고, 해외 고급인력을 유치하는 방법으로 문제를 극복하면서 '유럽의 엔진'으로 EU 국가들을 선도하고 있다.[17]

우리나라는 일본, 독일 등과 같이 고령화를 먼저 경험하고 있는 선진국과 비교할 경우, 전체 인구 중에 생산가능인구의 비율은 급격하게 감소하는 반면 고령인구의 비율은 현저하게 증가하여 생산가능인구의 노인 부양 부담이 더 크게 늘어나게 될 것이다.

이러한 생산가능인구 감소에 따른 위기를 극복하기 위해서는 향후 다가올 심각한 인구변화 추이에 대한 문제의식을 공유하고, ① 고령 인적자원의 활용, ② 선진국에 비해 상대적으로 낮은 여성의 경제활동 참여 확대, ③ 기업의 생산성 향상과 경쟁력 강화, ④ 해외 우수 인재의 유치 등에 대한 단기·중장기 대책을 마련하여 시행하여야 한다.

특히, 고령화에 따른 고령자 부양 문제는 출산율을 높여서 해결하기에는 많은 시간이 소요되므로, 고령인구 스스로가 고령화로 야기되는 문제를 해결해야 한다. 최대한 더 건강하게 오래 일하면서 연금과 저축을 축적해 두어야 젊은 세대에게 짐이 되지 않는다.

고령자들이 스스로 자구책을 찾지 않으면 고령자들은 '연금과 유산, 그리

고 경험의 계좌를 손에 들고 젊은이들을 착취하는 계급이 될 것'이다.[18]

　　인구구조 변화에 따른 인구 고령화는 피할 수 없고, 확실하게 진행되며, 국가 경쟁력, 더 나아가 국가의 존망存亡과도 직접 연관이 있는 국가적 과제로서 과감하고 신속한 정책적 대응이 요구된다.

　　우리나라는 1983년 합계 출산율이 2.1명을 기록하고 계속 감소하였는 데도 산아제한 정책을 지속하여 저출산 문제를 악화시킨 경험이 있으므로 이러한 정책적 실수를 반면교사로 삼아야 한다.[19] 인구 통계만큼 예측 가능하고 확실한 통계는 없다.

인구 고령화가 경제성장률에 미치는 영향

　　「인구 고령화가 경제성장에 미치는 영향」에 관한 한국은행의 연구를 보면, 경제성장률이 2000~2015년 기간 중에는 연평균 3.9%에 달했으나, 인구 고령화로 인해 기본 시나리오baseline[20]하에서 고령사회로 접어드는 2016~2025년 기간 중에는 연평균 경제성장률이 1.9%, 초고령사회에 진입하는 2026~2035년 기간 중에는 0.4%로 하락하는 것으로 추정하고 있다.[21]

　　이 연구에서는 인구 고령화의 경제성장에 대한 부정적 영향이 정책, 제도나 경제주체의 행태에 따라 달라질 수 있으므로 다음의 세 가지 정책을 종합적으로 시행하는 경우 2016년 기준 10년 이내에는 2% 후반, 20년 이내에는 1% 중반으로 경제성장률을 유지할 수 있다고 보고 있다.

　　첫째, 65세 이상부터 69세 이하 고령인구가 경제활동을 계속하고, 50세 이상인 사람들이 높은 경제활동참가율을 유지한다면 향후 10년 이내에 경제성장률이 기본 시나리오에 비해 0.4%p 높아지는 효과가 있어, 경제성장률 하락을 0.4%p 지연시키는 효과가 나타난다.

　　둘째, 현재 우리나라 여성의 경제활동참가율2015년을 OECD 평균인 66.8% 수준으로 높이는 경우 경제성장률이 기본 시나리오에 비해 0.25%p 높아지는 효과가 있어, 경제성장률 하락을 향후 20년간 연평균 0.3~0.4%p 지연시키는 효과가 나타난다.

셋째, 로봇, 인공지능 등을 통해 기술혁신을 하거나 교육의 질을 개선하여 노동생산성 증가율이 2016년과 유사한 2.1% 수준을 유지한다면 경제성장률이 기본 시나리오에 비해 향후 10년간에는 연평균 0.4%p, 그 이후 10년간에는 연평균 0.8%p 높아지는 것으로 나타난다.

이 연구에 의하면 장기적으로 노동생산성을 향상시키는 효과가 정년을 연장하거나 여성의 경제활동참가율을 높이는 효과보다 높게 나타난다. 따라서 정부는 고령인력의 노동생산성을 높이는 데 더 많은 관심을 갖고 관련 정책을 수립·시행하여야 한다.

한편, KDI의 보고서 「고령화 사회, 경제성장 전망과 대응방향」에서는 전 세계적으로 유례없이 빨리 진행되고 있는 고령화의 속도와 기간을 고려하면 우리 경제와 사회에 미치는 부정적 충격이 상당히 클 것으로 전망하고 있다.

2050년에는 전체 인구의 36%를 차지하는 취업자가 전체 인구가 소비할 수 있는 재화와 서비스를 생산해야 하는 상황이 발생할 수 있다. 따라서 생산성이 획기적으로 증가하지 않는 한 전반적인 생활 수준이 정체하거나 퇴보할 수 있고, 자원배분을 둘러싸고 세대 간 갈등이 심화되어 경제의 지속 성장가능성을 심각하게 위협할 수 있다.

그러므로 고령화 정책의 기본방향은 경제활동인구의 양적 감소에 대응하여 고령인력을 적극 활용하고, 인적자원을 고도화하며 생산성을 증진시키는 데 중점을 두어야 한다.[22]

결국 고령화가 경제성장에 미치는 부정적 영향을 완화하고 극복하기 위해서는 ① 고령자의 노동시장 은퇴시기를 늦춰 고령인구의 생산활동을 연장하고, ② 노동생산성을 향상시키며, ③ 여성의 경제활동참가율을 선진국 수준으로 높이는 정책이 필요하다.

여성의 경제활동 참여 확대는 고령화 문제해결을 위한 중요한 과제이나 또 다른 범주의 큰 정책과제이므로 이 책에서는 고령자의 경제활동 기간을 연장하고, 고령인력의 노동생산성을 향상시키는 정책을 중심으로 설명한다.

급속한 고령화에 대응하여 경제성장을 계속하려면 더욱 많은 취업자가 더 오랜 기간 동안 일을 하고, 개인과 기업의 생산성을 높여야 하며, 이를 통해 산업 경쟁력이 향상되고 더 나아가 국가 경쟁력도 강화될 것이다.

제2장

다급해진 국가

01 초고령사회에 직면한 개인, 기업과 국가

급속한 인구 고령화는 개인, 기업, 국가 차원에서 심각한 문제를 야기한다. 우선 개인은 노동시장에서 은퇴하면서 평생 동안 축적해 놓은 지식, 기술과 경험을 사장시키고, 중요한 소득원을 잃게 된다. 노후 준비가 미흡한 개인은 노인빈곤의 함정에 빠질 수도 있고, 노후파산에 이를 수 있으며, 길어진 노후 생활에 대한 두려움으로 소비를 줄이게 되는 등 삶의 질이 악화될 가능성이 높아진다.

기업은 고령인력이 퇴직하면 양적인 측면에서 인력 부족 현상을 겪을 수 있고, 질적인 측면에서 숙련된 인력의 지식, 기술, 경험, 지혜 등이 연결되지 않고, 생산성이 낮아질 가능성이 있다. 기업 인력이 고령화되면 인적자본이 축적되는 효과보다 노화이론에 따른 부정적인 측면이 더 크게 나타나 기업의 생산성에 부정적 영향을 미치는 것으로 나타났다.

국가 차원에서 인구 고령화는 전체 인구 중에서 65세 이상 고령자의 수가 늘어나는 것이므로 궁극적으로 생산가능인구가 줄어들게 된다. 그리고 생산가능인구의 생산성이 증가하지 않는 한, 국가 전체의 국민총생산GDP이 축소되고 결과적으로 국가의 조세수입도 줄어들 수밖에 없다.

생산가능인구의 감소에 따라 숙련된 국가적 인적자원이 사장되고, 고령자의 소비가 줄어들어 내수가 위축되며, 기업의 신규 투자가 축소되어 국가 성장

동력이 약화된다.

한편, 인구가 급속하게 고령화됨에 따라 국민연금, 건강보험 등과 관련된 복지 재정은 크게 증가한다. 따라서 65세 이상 고령인구가 노동시장에서 대거 퇴장하는 경우 생산가능인구가 감당해야 하는 노인 인구에 대한 부양 부담은 대폭 증가하여 노인층과 청년층 간의 세대 갈등도 커질 수 있다.

인구 고령화에 따른 개인과 기업의 문제는 또한 각 주체가 해결해야 하지만 정부가 지원해야 할 중요한 과제이다. 고령화가 빠르게 진전되면 우리 경제와 사회 전체의 활력이 떨어지고, 국가의 경제성장이 지체되며 국제적으로는 국가 경쟁력이 하락할 것으로 예상된다. 이러한 문제는 전체 인구의 20%가 고령인구가 되는 초고령사회에 진입하면 더욱 심각해질 것으로 보인다.[1]

국가적 측면에서 고령화가 야기시키는 문제점을 정리하여 보면, 크게 ① 국가경쟁력 측면에서 생산가능인구의 감소와 성장동력의 약화, ② 사회적인 측면에서 노인 부양 부담과 세대 간 갈등의 증가 ③ 재정적인 측면에서 사회보험 지출과 공적연금 수급자의 증가 등이 주요 이슈가 될 것이다〈표 1-4〉.

표 1-4 국가 차원의 인구 고령화 주요 이슈

구분	주요 이슈
국가 경쟁력 측면	생산가능인구의 감소
	성장동력의 약화
사회적 측면	노인 부양 부담의 증가
	세대 간 갈등의 증가
재정적 측면	사회보험 지출의 증가
	공적연금 수급자의 증가

02 노동인력의 고령화와 성장동력의 약화

노동인력의 고령화

우리나라에서 생산가능인구15~64세 비율은 1970년 54.4%, 1980년 62.2%, 1990년 69.3%, 2000년 71.7%로 계속 증가하여 왔으며, 2011~2016년 73.4%로 최고점을 기록함으로써 그간 인구 보너스에 의한 경제성장을 계속해 왔다. 그러나 생산가능인구 비율이 2017년 73.2%로 하락한 이후 계속 감소하고, 반면 고령자65세 이상 비율은 계속 증가하여 인구구조 변화만 고려할 경우 경제성장 동력이 지속적으로 약화될 것으로 전망된다.[2]

특히 25~49세 핵심노동인구는 이미 2008년부터 줄어들기 시작했다. 이러한 추세라면 머지 않아 산업현장에서 젊은 근로자를 만나기가 점점 힘들어질 것이다.

출산 감소로 인해 생산가능인구에 신규로 편입될 인구가 줄어들면 생산가능인구의 평균연령도 고령화될 수밖에 없다. 노동인력이 고령화되어 전 산업 취업자의 평균연령이 상향 조정되고 있다. 전 산업 취업자 평균연령은 1995년에 35.1세에서 2010년 39세로 높아졌고, 2013년에 40세를 넘어선 후에 2015년에는 41.1세를 기록하였다.[3]

전체 취업자의 평균연령은 통계청 전체 인구추계의 중위연령과 유사하게 나타나고 있다. 전체 인구 중 연령순으로 중간에 있는 사람의 연령을 나타내는 중위연령은 2010년 37.9세, 2015년 40.9세로 나타났고, 2020년에 43.7세에서 2030년 49.5세, 그리고 2040년 54.4세로 증가하므로 산업현장의 취업자들이 급속하게 늙어갈 것으로 전망된다.[4]

노동생산성의 하락

생산가능인구의 축소와 노동인력의 연령 증가에 따라 노동생산성이 떨어진다면 고령화가 노동시장에 영향을 줄 수 있다. 그렇다면 연령이 증가할수록 노동생산성이 하락하는가? 이에 대해서는 이론적으로 찬반 양론이 있다.

즉, 고령화에 따라 노동생산성이 하락한다고 보는 '노화이론' 입장에서는 연령 증가에 따라 신체적인 근력, 인지능력과 문해능력이 감소한다는 연구결과를 제시한다. 반면, 고령화에 따라 노동생산성이 증가한다고 보는 '인적자본이론' 입장에서는 고령층 근로자들이 직무와 관련된 지식과 경험이 풍부하고 숙련된 기술과 노하우를 갖고 있으므로 젊은 근로자에 비해 경영성과가 높다는 근거를 제시한다.

학문적으로 고령화가 생산성에 미치는 영향은 산업구조, 업종, 기술수준이나 노동시장 여건에 따라 다르게 나타날 수 있으므로 사회 전체에 미치는 영향을 정확하게 측정하여 결론을 도출하기 어렵다.

그러나 산업현장에서는 노화이론에 따라 연령이 증가할수록 생산성이 하락한다고 보는 것이 지배적인 입장이다. 고령층이 재취업하는 경우 단순 노무직종으로 취업하는 경우가 많고, 임금 수준이 하락하기 때문에 고령자의 생산성이 젊은층에 비해 낮다고 인식하는 것이 일반적이라고 볼 수 있다.[5]

따라서 고령화가 생산성에 부정적 영향을 미치는지에 대한 논쟁보다는 고령자의 생산성을 어떻게 유지하거나 향상시킬 수 있는지에 대해 지혜를 모아 대안을 제시하는 것이 현실적이다. 고령자의 생산성을 유지·향상시키기 위해서는 고령자에 적합한 직무를 제공하고, 교육훈련 투자를 강화하며, 시간제 등 유연근무제도를 도입하고, 고령자에 적합한 임금체계를 마련하여야 한다.

새로운 생산기지로 각광을 받는 베트남을 보면, 인구는 2019년 기준 9,621만 명이고, 중위연령은 32.5세로 추산된다. 반면, 한국의 2019년 중위연령은 43.1세로 베트남보다 10.6세나 높다.[6] 노동력이 고령화되면 노동생산성이나 기업경쟁력 면에서 점점 불리해질 가능성이 커진다.

한편, 연령에 따른 생산성 저하 문제와는 별도로 우리나라의 노동생산성=전산업 국내총생산/총노동시간은 선진국에 비해 낮다. 2018년 기준 한국의 노동생산성은 39.6인 데 비해 미국은 70.8, 독일은 66.4, 영국은 58.5, 일본은 45.9로 나타난다.

따라서 고령 근로자의 생산성이나 성과에 따른 임금체계 마련 이외에 고령

근로자를 포함한 전체 근로자의 노동생산성을 향상시키는 것이 국가와 기업의 중요한 과제이다.[7]

성장동력의 약화

한국은행은 「주요 선진국 베이비붐 세대의 은퇴 및 고령화에 따른 영향과 시사점」이라는 보고서에서 베이비붐 세대의 은퇴대책으로 고령층 고용연장과 직업교육 확대를 제시하였다. 그중 강조한 것은 고령층의 고용연장이다. 720만 명에 달하는 베이비붐 세대가 한꺼번에 노동시장에서 나가게 되면 경제와 사회에 주는 충격이 크기 때문에 되도록 노동시장에서 오래 머무르도록 해야 한다는 것이다.[8]

우리나라의 생산가능인구 비율은 2017년부터 감소하기 시작했는데, 한편으로 일부 공장은 일손을 구하지 못해 문을 닫아야 하고, 다른 한편으로는 기업이 인력 부족과 인건비 상승에 대응하여 공장을 자동화함으로써 일자리가 사라지고 '고용없는 성장'이 나타나 실업 증가도 동시에 걱정해야 하는 상황이 된 것이다.

일본에서는 이미 저출산 고령화로 일본 총인구 중 생산가능인구 비율이 1990년 69.7%로 정점에 다다른 후 계속 하락하여 2015년 60.8%를 기록했고, 2019년에는 60.3%까지 감소함으로써 우리나라의 72.7%에 비해 12.4%p나 낮다.[9]

일본에서는 고령화에 따른 생산가능인구의 감소 등에 대응하기 위해 ① 2000년부터 추진한 65세 고용확보조치가 2013년에 완료되었고, ② 2020년 2월 일본 정부 각의에서 근로자가 70세까지 일할 수 있도록 '기업이 노력할 의무'를 규정하였으며, ③ 고령자의 기준 연령을 현행 65세에서 70세로 높이고 연금 수급 개시연령을 현행 65세에서 70~75세로 늦추려는 움직임도 보이고 있다.

03 노인 부양 부담의 증가

우리나라에서는 저출산이 지속되고, 평균 수명이 증가하며, 베이비붐 세대의 고령인구 진입이 늘어나면서, 총부양비와 노년 부양비가 계속 증가하여 생산가능인구의 경제적 부담이 점점 늘어날 것으로 전망된다.

총부양비는 생산가능인구 100명이 부양해야 할 유소년0~14세과 고령인구65세 이상를 나타내는데, 2020년 38.6명에서 2030년 53.0명, 2040년 77.5명, 2050년 95.0명으로 급격하게 증가한다. 그러므로 생산가능인구가 부양해야 하는 총부양 부담은 향후 20년 후에는 2배가 높아질 것으로 예상된다.

한편, 생산가능인구 100명이 부양해야 할 고령인구를 나타내는 노년부양비는 2020년 21.7명에서 2030년 38.2명, 2040년 60.1명, 2050년 77.6명으로 가파르게 높아진다〈표 1-5〉.[10]

즉, 2020년에는 4.6명의 생산가능인구가 고령자 1명을 부양해야 하는 상황이지만, 2030년에는 2.6명의 생산가능인구가 고령자 1명을, 2050년에는 1.3명이 고령자 1명을 부양해야 하는 심각한 상황에 직면하게 될 것으로 전망된다〈그림 1-4〉.[11] 이와 같이 생산가능인구의 고령자 부양 부담이 커질수록 세대 간 갈등이 심화되고, 늘어나는 국민연금 등 사회복지 비용의 부담은 세대 간 갈등을 증폭시킬 수 있다.

이케다 가요코의 『세계가 만일 100명의 마을이라면』의 비유를 적용하면,

표 1-5 생산가능인구 비율과 부양비 추이

(단위: %)

구분	2000	2010	2020	2030	2040	2050	2060
생산가능인구 비율	71.7	73.1	72.1	65.4	56.3	51.3	48.0
총부양비	39.5	36.9	38.6	53.0	77.5	95.0	108.2
노년부양비	10.1	14.8	21.7	38.2	60.1	77.6	91.4
중위 연령	31.8	37.9	43.7	49.5	54.4	57.9	61.3

자료: 통계청, KOSIS 국가통계포털, kosis.kr/

그림 1-4 **고령자 1명당 생산가능인구**

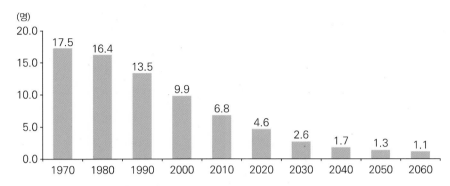

주: 고령자 1명당 생산가능인구=15-64세 인구/65세 이상 인구
자료: 통계청, KOSIS 국가통계포털, kosis.kr/

우리나라에 2020년에는 어린아이14세 이하가 12명, 생산연령 어른15~64세이 72명, 노인65세이 15명 살고 있다. 따라서 어른 72명이 일을 해서 노인 15명을 부양해야 하므로 어른 5명이 노인 1명을 먹여 살려야 된다.[12]

그러나 2060년에는 어린아이가 8명, 생산연령 어른이 48명, 노인이 44명 살게 된다. 따라서 어른 48명이 일을 해서 노인 44명을 부양해야 하므로 대략 어른 1명이 노인 1명을 먹여 살려야 하는 매우 힘든 상황이 발생한다.

즉, 한 가족 내에서 가장 1명이 한 달에 500만 원을 벌면 그중 250만 원은 나이 든 아버지를 부양하기 위해서 돈을 써야 하는 상황이 초래되는데 국가 경제와 가구 경제가 상당한 위기에 처할 것이므로 이에 대한 철저한 준비와 대책 마련이 필요하다.

04 사회복지 지출의 증가와 재정수지의 악화

고령화는 재정적 측면에서 아래와 같이 공공사회복지 지출, 공적 연금, 고령자의 진료비 증가를 야기하여 재정수지를 악화시키게 된다.[13]

첫째, 공공사회복지 지출이 크게 증가할 전망이다. 공공사회복지 지출은 일반재정 지출과 사회보험 지출로 구분할 수 있는데, 특히 국민연금, 공무원연금, 사학연금 및 건강보험, 고용보험, 산재보험 등 사회보험 분야의 지출 규모가 크게 늘어날 것으로 예상된다.

사회보험 분야 지출이 GDP 대비 2018년에 6.9%, 2020년에 7.7%를 차지하고 있으나, 2030년에 11.4%, 2040년에 15.8%, 그리고 2050년에는 20.3%에 이를 것으로 전망된다.[14] 즉 30년 후인 2050년에 사회보험 지출이 현재보다 2.6배 이상 증가하는데, 이는 인구가 고령화되고, 각 연금제도가 시작된 후 수급자가 본격적으로 증가하기 때문이다.

둘째, 공적연금인 국민연금, 공무원연금 및 사학연금 등을 받는 고령인구가 계속 증가하고 있다. 개인 차원에서는 공적 연금에 의한 노후소득 보장이 더 강화되지만 국가나 기업 차원에서는 연금 증가에 따라 복지비용이 지속적

그림 1-5 **공공사회복지 지출의 GDP 대비 비중 추이(2018~2060)**

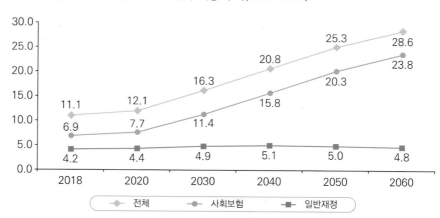

자료: 보건복지부, 제3차 중장기 사회보장 재정추계, 2019. 7.

으로 늘어나게 된다. 국가 차원에서는 재정부담이 상당이 커지지만 아직 공적 연금에 의해 보호받는 비율도 낮고, 연금액도 적정 생활비에 비해 크게 부족한 실정이다.

2019년 고령자55~79세 중에 공적 연금 수령자는 635만 8천 명으로 전체 고령자 중에 45.9%를 차지하고 있다. 2010년의 연금수령자 433만 5천 명에 비하면 200만 명 이상 증가하였지만 아직 연금에 의해 보호받는 비율이 고령자의 50%에 이르지 못하고 있다.15

또한, 국민연금 가입자의 연령군18~59세은 2019년 3,213만 명이고 이 중 사각지대에 있는 인구는 1,305만 명40.6%에 달한다. 이와 같이 공적 연금의 사각지대에 있는 국민들은 정기적으로 노후소득을 확보할 가능성이 낮아 노후 빈곤층이 될 가능성이 높다. 노인 빈곤이 증가할 경우 국가재정 차원에서 큰 부담이 될 수 있다.16 우리나라의 노인 빈곤율은 2017년 기준 44%로 OECD 국가중 가장 높은 수준이다.17

한편, 국민연금 수령자라 하더라도 연금수령액이 적정 생활비에 턱없이 부족하다. 연금수령자의 2019년 월평균 연금수령액은 61만 원으로 2010년 35만원에 비해 26만 원 증가하였으나, 중고령자가 노후에 필요로 하는 적정 수준의 월 생활비인 부부 기준 243만 원, 개인 기준 154만 원에 크게 부족한 실정이다.18

따라서 국민연금 수급자는 퇴직연금, 개인연금 등으로 다층연금체계를 갖춰 안정된 은퇴소득을 확보하여야 한다.19

셋째, 고령자의 진료비가 대폭 증가하므로 건강보험 재정 부담과 개인의 의료비 지출이 계속 커질 것으로 전망된다. 건강보험상 전체 진료비는 2018년에 약 77조 원이고, 이 중에 65세 이상 고령자에 대한 진료비는 약 31조 원으로 전체 진료비의 40%를 차지한다. 10년 전인 2008년에 전체 의료비는 약 35조원이었고 고령자 진료비는 10조 5천억 원전체 진료비의 30%으로 10년간 고령자 진료비가 약 3배나 증가하였다.

한편, 65세 이상 고령자 1인당 진료비도 매년 증가 추세를 나타내고 있어,

2008년 228만 원에서 439만 원으로 2배 가까이 증가하였다. 2018년 1인당 전체 진료비는 153만 원인 데 비해 65세 이상은 439만 원으로 전체 의료비에 비해 3배 정도 많다〈그림 1-6〉.[20]

그림 1-6 **건강보험상 진료비**

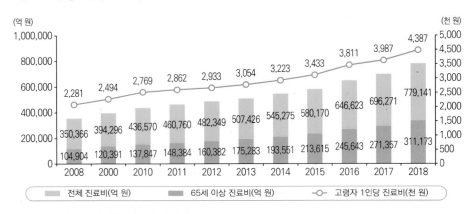

자료: 건강보험심사평가원, 진료비 통계지표.

제3장

활력 잃은 기업

우리 사회에서 인구 고령화가 급속하게 진행됨에 따라 정부는 정년을 60세 이상으로 의무화하였고, 공공기관과 300인 이상 대기업은 2016년 1월부터, 나머지 기업들은 2017년 1월부터 정년연장 규정이 적용되었다. 따라서 연공급 중심의 임금체계를 가진 한국의 기업들은 인건비 부담이 증가하는 것을 피할 수 없게 되었다.

정년 60세 이상 의무화 이전인 2013년 한국경영자총협회경총의 기업 정년연장 실태조사 결과는 기업들의 우려를 잘 보여주고 있다. 경총이 전국 30인 이상 근로자를 고용하고 있는 280개 기업을 대상으로 한 조사에 의하면 우리나라 기업들은 정년 60세 의무화로 인해 우려되는 점으로 ① 인건비 부담 증가54.7%, ② 고령화로 인한 생산성 저하52.6%, ③ 인사적체 등 인사관리 부담44.2%, ④ 신규채용 감소44.2% 등을 들었다〈표 1-6〉.

표 1-6 정년연장으로 인한 인력 운영상의 문제점

(단위: %)

구분	전체	규모별		업종별	
		300인 이상	30~299인	제조	비제조
인건비 부담 증가	54.7	66.0	43.8	62.3	41.2
고령화로 인한 생산성 저하	52.6	51.1	54.2	50.8	55.9
인사적체 등 인사관리 부담	44.2	53.2	35.4	37.7	55.9
신규 채용 감소	44.2	46.8	41.7	42.6	47.1

자료: 한국경영자총협회, 기업 정년연장 실태조사 결과, 2013.

그리고 정년연장으로 인해 대기업이 중소기업보다 인건비 부담, 인사적체 등으로 인한 인사관리 부담, 신규 채용 감소가 더 많이 나타날 것으로 예상하였다.[1] 한국 기업들은 사무직의 경우 경쟁을 거쳐 승진을 시키고, 이 경쟁에서 탈락한 직원은 자발적으로 또는 무언의 압력을 받아 조기퇴직_{명예퇴직 또는 희망퇴직}하기도 한다. 이른바 '승진을 하거나 나가거나Up or Out'하는 방식이다. 그러나 60세 이상 정년이 의무화되었으므로 이러한 시스템은 상황에 따라서 근로기준법상의 부당해고나 연령차별금지법 위반으로 법적 제재를 받을 수도 있다.

기업에서 60세 정년 법제화에 따라 조직의 고령화는 피할 수 없는 환경이 되었다. 따라서 기업은 ① 기업문화 측면에서 신구 세대 간 기업문화의 이원화, ② 인력구조 측면에서 고직급의 증가와 조직의 가분수화, ③ 인건비와 생산성 측면에서 인건비 증가와 생산성 저하, ④ 인사제도 측면에서 고령자 적합직무 부족과 모호한 직무평가, ⑤ 교육훈련 측면에서 고직급 대상 교육과 퇴직 지원 수요 증가 등 다양한 도전 과제에 직면하게 되었다〈표 1-7〉.

표 1-7 기업 차원의 고령화 주요 이슈

구분	주요 이슈
기업문화	신구 세대 간 기업문화의 이원화
인력구조	고직급의 증가와 조직의 가분수화
인건비와 생산성	인건비 증가와 생산성 저하
인사제도	고령자 적합직무 부족과 모호한 직무평가
교육훈련	고직급 대상 교육과 퇴직 지원 수요 증가

01 신구 세대 간 기업문화의 이원화

"예전에 비하면, 회식 빈도가 엄청나게 줄었지요. 그나마 팀 회식이라도 하려면, 한 달 전에는 공지를 해야 해요. 갑작스럽게 알리면 욕 먹습니다. 으쌰으쌰 하던 이벤트들은 사라져가고 있지요. 그저 자기 할 일만 잘하면 된다는 분위기입니다."

"굳이 내 할 일 다 했는데, 남아 있을 필요가 없다고 생각해요. 사회적 분위기도 그렇고. 입사 동기들이나 친구들과는 기꺼이 늦게까지 한잔 더 하고 있지만, 어색하게 회사에서 정한 회식에도 자리 지키고 싶진 않아요. 너무 늦게까지 무리하면 다음 날에도 지장이 있으니까요."

기업문화를 한마디로 정의하면, 기업 내에서 공유된 가치와 신념을 의미한다. 최근에는 '일하는 방식'으로 정의하기도 한다. 강하고 약한 정도의 차이는 있더라도 기업문화가 없는 기업은 없다. 대개 회식, 보고와 회의, 소통의 문화가 기업문화를 대변한다.

그렇다면 첫째, 회식 문화는 최근 한국에서 어떻게 바뀌고 있을까? 일반화하기는 어렵지만, 직장 내에서는 이제 회식을 즐기는 분위기가 대세가 아니다. 1차까지는 어떻게든 따라간다고 하더라도 2차부터는 굳이 즐기려고 하지 않는 분위기가 팽배하다. 신입사원, 젊은 층의 분위기가 이렇게 변했지만, 50대의 고직급, 고연령층은 여전히 이들을 이해하기가 어렵다.

"요즘 젊은 것들 버릇없다."는 말이 이집트 피라미드 내벽에도, 메소포타미아의 수메르 점토판에도, 고대 그리스의 소크라테스가 남긴 글에도 쓰여 있다고 한다. 위아래 세대 간의 문화적 차이 양상은 예나 지금이나 변함 없지만, 한국에서 그 괴리는 점점 커지고 있다.

더구나 최근에는 술을 거부하는 것이 당당한 시대가 왔다. '술=친목'이라고 강조하면서 '반강제'로 만들어졌던 과거의 술자리가 이제는 술을 완전히 거부하거나 '관계보다는 개성'을 앞세우는 문화로 전환되는 추세이기도 하다. 심지어 대학가에서는 '노알콜러'라는 신조어도 생기고 술 먹기를 거부하는 학생들이 모인 연합 동아리도 만들어졌다고 한다.[2]

이 같은 회식 문화 변화상은 여러 지표에서 확인된다. OECD경제협력개발기구에 따르면 한국의 술 소비량은 1980년에 34개 회원국 중에서 8위를 차지하여 '음주대국'이었으나 2013년에는 22위로 떨어졌다고 한다. 2차 회식의 대표격이었던 '위스키'도 2008년에 286만 상자상자 9리터 기준까지 판매되다 2018년에는 149만 상자까지 줄어들어 8년 연속 마이너스 성장을 기록했다고 한다.[3] 심지어 한때 국내에서 1위를 달리던 위스키 회사는 경영난 끝에 구조조정을 하고 판매권을 매각하기도 하였다.

이러한 상황을 바라보는 기성세대, 특히 기업 내의 간부들은 자신들을 따라오지 않는 후배들에게 뭐라도 한소리를 하고 싶지만, 그랬다가 '꼰대' 소리를 들을까 봐 맘놓고 말할 수도 없는 처지다. 한편, 최근 코로나19로 대면접촉을 최소화하면서 변화한 회식 문화가 더욱 빨리 확산될 것으로 보인다.

둘째, 보고와 회의는 어떠할까? 2016년에 실시한 한국 기업문화 실태 조사에 따르면 상명하복의 문화가 여전한 것으로 드러났다.[4] 국내 기업에 재직했던 한 외국인 임원은 "한국 기업의 임원실은 마치 엄숙한 장례식장 같다."며 "임원 앞에서 정자세로 서서 불명확하고 불합리한 리더의 업무지시에 와이Why도, 노No도 하지 못하고 고개만 끄덕이는 것을 보고, 그동안 이해할 수 없었던 한국 기업의 업무 방식이 쉽게 개선되지 않겠구나 하는 생각이 들었다."라고 지적했다.

많이 호전되었다고는 하나, 중후장대 산업을 중심으로 기업 특유의 상명하복 문화가 남아 있는 현장에서는 아직도 일방적인 보고 방식이 유지되고 있다. 보고는 어쩔 수 없다고 하더라도 회의 시에 소수의 몇 명이 이야기하고, 다수가 받아 적는 회의는 바람직하지 않다. 보고를 위한 보고, 불필요한 보고는 없애거나 시간을 단축하는 것이 맞다. 2020년을 강타한 코로나19 상황하에서는 보고도 비대면으로 바뀌는 추세이다.

셋째, 소통의 방식은 어떠할까? 사회마다 조금씩 시기가 다르지만, 한국전쟁 이후 인구가 급격히 증가하고, 경제가 빠르게 성장하면서 세대마다 특징이 존재한다. 특히 전쟁 이후 세대를 특별히 묶어서 보곤 하는데, 한국에서는 베이비붐 세대, 일본에서는 단카이 세대라고 일컬으며 빠른 경제성장으로 '무無'에서 '유有'를 창출해 낸 세대라고 인식한다. 그리고 지금 기업에서는 베이비붐 세대와 그 자녀 세대와의 차이점이 기업 내 세대 갈등의 요소로 나타나고 있다.

신입사원과 정년을 맞이하는 고직급자 간의 나이 간격은 예전보다 더 커졌다. '압존법'이란 용어를 알고 이를 지키기 위해 신경썼던 세대는 이제 구세대라고 해야 한다.

내가 말할 때 나보다는 윗사람과장이라고 하더라도, 듣는 사람팀장이 더 높은 직급의 사람이라면 문장의 주체과장를 낮추는 것이다. 예를 들면, "팀장님, 김과장은 지금 잠시 외근 중입니다."라고 말하는 식이다. "팀장님, 김과장님께서는 지금 잠시 외근 중이십니다."라고 말했다가 "그대에게나 과장님이지, 내게도 과장님이냐?"고 핀잔을 받았던 때가 있었다.

그런데 이제는 국립어학원 표준 언어예절에서조차도 직장 내에서도 압존법을 쓰지 않는 것이 바람직하다고 하는 상황이 되었다. 다음을 참고하여 보자. 2015년 3월에 국립국어원에서의 답변 중 일부이다.

> 표준 언어 예절에서 "듣는 사람이 지칭 대상보다 윗사람이거나 듣는 사람이 회사 밖의 사람인 경우에 "총무과장이 이 일을 했습니다."처럼 말해야 한다고 잘못 알고 있는 사람들이 있고, 또 사원들에게 이렇게 말하도록 교육하는 회사도 있다. 그러나 이러한 직장에서의 압존법은 우리의 전통 언어 예절과는 거리가 멀다. 윗사람 앞에서 그 사람보다 낮은 윗사람을 낮추는 것이 가족 간이나 사제 간처럼 사적인 관계에서는 적용될 수도 있지만 직장에서 쓰는 것은 어색하다. 따라서 직장에서 윗사람을 그보다 윗사람에게 지칭하는 경우, '총무과장님께서'는 곤란하여도, '총무과장님이'라고 하고 주체를 높이는 '-시-'를 넣어 '총무과장님이 이 일을 하셨습니다.'처럼 높여 말하는 것이 언어 예절에 맞다."

조직 내 엄격한 위계하에서 압존법을 입에 붙이기 위해 애썼던 당시의 신입사원들은 이제 중견 이상이 되었다. 시대는 변했다.

한편, 사회적으로 영향력을 발휘하는 베이비붐 세대는 인생에서 가장 중요한 가치가 '경쟁에서 승리하는 것'이라고 여기며 한강의 기적을 만들어 왔으므로 무엇이든 노력하면 이루지 못 할 일이 없다는 자신감이 있었다. 그러나 직장 내에서 20~30대이면서 사원, 대리 정도의 역할을 하는 세대들은 기대수명이 크게 길어졌으므로 긴 수명 중에서의 20대를 '실험을 위한 기간'이라고 생각하는 경향이 있다고 한다.

새로운 세대는 수명이 늘어나기 때문에, 20대에는 정착하고 안주하기보다 좀 더 탐색하고, 새로운 경험들을 통해 자아를 찾고 싶어 한다는 것이다. 젊은 세대가 이전 세대보다 더 느슨한 태도를 가지고 있고 이로 인해 최근 어렵게 취업에 성공하더라도 쉽게 그만두는 행태를 보이기도 하며, 세대 간 갈등을 야기하는 요인이 되기도 한다.

하나 더 생각해 보자. 고직급자들이 '예측 불가'라며, 고개를 내젓곤 하는 지금의 신입사원 세대는 1990년대생이다. 시간은 흐르기 마련이고, 곧 2000년대생들도 올 것이다. 이들은 또 다르다. 반모반말 모드, 친해졌다 생각하고서 반모할래요 물어볼 때 사용, 문찐문화 찐따, 최신 유행에 소외된 사람 등 가차 없이 줄여쓰거나 롬곡옾눞폭풍눈물을 뒤집은 말 등 기발한 말도 쓴다. 10년만 지나도 이들이 사회로 진입할 텐데, 1990년대생들이 당혹스러워 할 때도 올 것이다.

표 1-8 **기성세대와 젊은 세대의 차이**

구 분	기성 세대	젊은 세대
선호하는 조직	수직적 조직	협업적이고 수평적 네트워크형 조직
정보 획득 방식	신문과 방송 등 전통적인 미디어 활용	인터넷과 모바일을 적극적으로 활용하고 다양한 채널을 선호
시간 관념	업무시간 총량이 근무평가의 중요한 기준이 됨	업무의 결과가 중요하고 업무시간 총량은 중요하지 않음
삶에 대한 태도	직업이 자신을 정의함	일과 삶의 조화를 중요시함

지금 조직의 문화 하위그룹이 연령대별로 이원화되었다고 우려할 것이 아니라, 향후에는 더 다원화될 것이 예상되므로 이에 대한 기업의 대비가 필요하다.

야근의 아이러니

성장주(Growth Stock)의 개념을 정립한 현대 투자의 대가인 필립 피셔(Philip Fisher)가 CEO를 만났을 때 해당 기업의 비전, 경쟁력 등을 단번에 파악하기 위해 던진 질문은 "경쟁업체에서는 하고 있지 않지만, 당신 회사에서만 하고 있는 것은 무엇입니까?"였다고 한다.

동일한 질문을 한국 기업에 던지면 어떤 상황이 벌어질까? "무급 야근(unpaid overtime)을 잘하고 있다."고 했더니, 외국 기업에서 "납기일 잘 맞추겠다."며 계약이 성립했다는 에피소드를 다룬 만화도 있다.

이래서는 안되겠다 하여, '근로시간 단축'을 논의하기 위한 임원 회의를 '아침 7시에 조찬'으로 하는 경우도 발생한다.

이제는 다른 이야기다. 52시간 근로시간 단축으로 인해 야근도 함부로 못하는 상황이 되었다. 어떻게 야근을 줄일까, 고민으로 시간을 보내던 것조차도 추억으로 묻힐 시절이 지나가고 있다.

---

02 고직급의 증가와 조직의 가분수화

"회사는 매번 승진 시즌마다 곤욕이다. 직원들이 승진이 안 되면 나간다. 몇 달간 일손을 놓기도 한다. 예전엔 동기부여 차원에서 직급 단계가 좀 많아야 되지 않겠나 싶었는데 요새는 아닌 거 같다."

"사원, 주임, 대리, 과장, 차장, 부장, 이사대우…. 예전엔 계장도 있었다. 승진하면 기분은 좋은데, 일이나 역할이 달라지진 않는다. 똑같다."

"직급은 우리 회사에서 나의 위치이고, 신분이고, 호칭이다. 올라가는 맛이 있어야 한다. 승진을 해야 급여가 올라가니 매달릴 수밖에 없다."

"일단 차장, 부장 되면 토너먼트에서 승리한 것으로 여긴다. '내가 옛날에는…' 하면서 시키기만 하고 실무에서 손을 놓으려고 한다. 정작 일할 사람이 부족하다. 나일리지, 즉 나이와 마일리지의 합성어로 나이가 많다는 이유로 무조건 우대해 주기를 바라는 꼰대들을 비꼬는 단어가 그래서 나왔다."

우리 회사의 인력 구조는 현재 어떠한 모습일까? 향후 어떻게 변화할까? 우리나라의 제조업 공장들은 중국, 인도네시아, 베트남 등으로 많이 이전하였는데, 그 이유 중의 하나는 우리의 인건비가 월등히 높기 때문이다. 일본이 우리나라에게 조선업 세계 1위를 넘겨준 주요 요인은 노동력의 고령화와 상대적인 고임금을 꼽을 수 있다.

그러면 기업의 인건비는 왜 높아질까? 근본적으로는 조직이 고령화되고 연공급에 의해 연령과 근속기간이 늘어나면 보수가 증가하기 때문이다. 기존 직원들이 나가지 않는다면 회사가 지속적으로 성장하지 않는 한 신입사원을 채용하기가 어렵다. 그러니 세월이 지나면서 고참들만 많아지고 연령구조가 점점 기형적으로 변해 가는 것이다.[5]

더구나 2017년부터 모든 기업을 대상으로 정년을 60세 이상으로 의무화하는 시대가 열렸다. 일반적으로 사원, 대리와 과장, 차장, 부장 직급이 있다고 할 때, 임원이 되지 못한다는 전제하에서는 기업 내 팀장 직책 수가 제한적일 경우, 직책이 없는 차장이나 부장 직급의 인원이 상당수 양산되기 마련이다. 또한 과거보다 더 오랜 기간 동안 직급은 부장이면서 직책은 팀원으로 남아 있을 가능성도 높아진다.

예를 들어 남자 직원이 28세에 입사하는 것으로 가정할 때 2015년까지만 해도 47세 전후로 부장이 되고, 임원으로 승진하지 못하면 8년 정도 부장으로 일하다 정년인 55세에 이르렀다. 하지만 정년이 60세로 늘어났으니 임원이 되지 못할 경우 13년가량을 부장직에 머무르는 상황이 발생하므로 부장 근무 연한이 지나치게 길어지게 되었다.

더구나 '회사 안이 정글이면, 회사 밖은 지옥', '삽으로 퍼서 들어낼 때까지 자리를 지켜야 한다.'는 말까지 생기는 판이다. '아무리 재산세를 많이 내더라도 직장인의 신용보다는 못하다.'라는 이야기도 있다. 따라서 무언의 압력과 스트레스를 참을 수 있는 한 자리를 지키고자 하는 경향이 나타나기도 한다.

기업 내에서 그 결과는 어떻게 나타날까? 특별한 조치를 취하지 않고 그냥 두면, 역피라미드형의 인력 구조가 될 것이다. 차장, 부장 직급의 인력은 많아지고, 한창 실무적으로 일할 과장, 대리, 사원급은 줄어들 것이다. 이러한 상황에서는 조직 내 활력을 기대하기 어렵다. 승진은 점차 어려워질 것이고, 늘 승진자를 축하해 마지 않던 승진철에는 오히려 초상집 분위기가 될 것이다.

임원 회전율 높이기의 유혹에 빠진 기업들

최근 일부 기업들은 '이사 대우, 이사보'라는 임원 직급을 신설하고, 빨리 임원 임용을 하여 2~3년가량 성과 정도를 평가한 후에 임원 재계약을 냉정하고 엄격하게 하는 방법을 채택하고 있다.

대리, 과장까지의 승진은 그다지 어렵지 않다. 평가점수·어학점수·자격증 등으로 산정되는 포인트나 마일리지를 확보하고 큰 흠이 없으면 비교적 수월하게 승진한다. 승진심사나 승진시험이 있다고 해도, 시험을 앞둔 직원들은 따로 준비할 수 있게 시간을 할애하여 주거나 승진 정원(T/O)을 넉넉하게 가져가므로 승진 적체의 비중은 그렇게 높지 않은 편이다. 그러나 문제는 차장, 부장 직급에서의 승진에서 발생한다.

이때부터는 기업에서 승진 대상자에게 탁월한 업무 실적 외에도 다양한 잣대를 들이댄다. 이처럼 부장까지 승진한 사람들 중에서도 정말 어렵사리 오르는 자리가 임원이다. 2011년 한국경영자총협회가 전국의 254개 기업을 조사한 결과를 보면 대졸 신입사원에서 시작하여 임원이 되기까지 평균적으로 21.2년이 소요된다. 또한, 2015년 경총 조사에서 대졸 신입사원이 임원까지 오르는 비율은 0.74%에 불과했다. 2005년의 1.2%에 비하여 0.46%p 더 감소하였다. 특히 대기업에서의 임원 승진 비율은 더욱 낮게 나타났다.

이러니 '임원 자리 회전율을 높이는' 방법이 나타나게 된 것이다. 되고자 하는 사람은 많으나 자리의 수가 제한되어 있어서 자리를 빠르게 바꾸는 방안이 고안된다고 기업들은 이야기한다. 즉, 내보낼 사람이라면 정년 60세를 보장하지 말고, 40대에 임원으로 승진시켜 일찍 퇴직시키는 것이 인건비 절감 차원에서 낫다는 판단도 있다.

이 경우 초급 임원이 많이 양산되긴 하나, 그만큼 50대 초반 해고자들도 동시에 많이 배출할 수 있다. 실제로 연말마다 발표하는 대기업 임원 인사의 특징을 보면 임원이 된 지 얼마 안 된 사람까지도 퇴직한다는 점이었다. 예를 들어, 과거에는 상무가 되면 3년은 기본적으로 보장되었으나 이제는 그렇지 않다. 1, 2년차 상무들이 우르르 옷을 벗어야 한다.

물론 연령에 따른 생산성 저하 이슈의 측면에서 조직 내에 지속적인 긴장감을 조성한다는 일면도 있다. 예를 들면, 이사대우, 이사보는 임원 회전율을 높이는 자리로서, 진정한 임원이 될 수 있는가에 대한 테스트의 자리로 활용하는 현상이 나타난다. 기업에서는 '우리 회사에서는 상무부터가 진짜 임원'이라고 여기는 문화가 형성되고, 임원 처우도 상무 직급부터 초점을 두게 될 것이다.[6]

03 인건비 증가와 생산성 저하

"정년은 길어졌는데, 임금은 계속 오르고, 인건비 부담이 점차 상당히 커집니다. 최소한 개인별 생산성에 비례해서 상승하는 방식이었으면 좋겠어요."

"예측 가능하게 임금이 올라가는 게 제일 좋겠지요. 그동안 근속해 온 공로를 인정받으며 월급 받는 걸 선호합니다."

"윗분들이 자리만 지키고 않아 별로 일하시는 것 같지 않은데, 너무 많이 받아 간다는 느낌이 듭니다. 우리 세대가 추후에 그 정도 받을 수 있을 거라고 별로 생각이 들지 않아요."

한국의 임금체계는 외국과 비교해서 임금의 연공성이 매우 강하다고 알려져 있다. 아래 〈표 1-9〉는 근속연수에 따른 급여 증가분을 국제적으로 비교한 것인

표 1-9 임금 연공성의 국제비교

국가	1년 미만	1~5년	6~9년	10~14년	15~19년	20~29년	30년 이상
한국	1.00	1.59	2.33	2.72	3.33	4.04	4.39
프랑스	1.00	1.15	1.27	1.34	1.43	1.54	1.64
영국	1.00	1.16	1.32	1.40	1.51	1.60	1.67
네덜란드	1.00	1.21	1.41	1.45	1.57	1.63	1.65
독일	1.00	1.11	1.41	1.58	1.68	1.80	1.89

주: 임금격차(배)=근속구간별 근로자 평균임금/근속 1년 미만 근로자 평균 임금
자료: 한국경제연구원, 2014년 한-EU 근속별 임금격차, 2017; Euro Stat, Structure of Earning Survey, 2016; 고용부, '고용형태별근로실태조사' 원시자료, 2015.

데, 한국의 연공성이 다른 국가에 비하여 현저하게 높다는 사실을 알 수 있다.

근속기간이 1~5년인 근로자의 연공성을 주요 선진국과 비교해 보면, 한국은 1.59배인 데 비해 독일은 1.11배, 영국은 1.16배로 큰 차이가 나지 않으나, 근속기간 20~29년인 근로자의 경우 한국은 4.04배로 독일 1.80배, 영국 1.60배에 비해 임금 격차가 2배 이상 크게 나타났다.[7]

이와 같이 임원의 연공성이 크면 연령이 증가할수록 인건비 증가가 커지고, 개인의 직무나 성과에 따른 보수가 지급되지 않다 보니 기업들은 명예퇴직 등을 통해 조기퇴직시키는 방법을 선택하게 되는 것이다.

그리고 호봉제 운영실태를 보면, 호봉제 운영 비율이 근로자 수 100인 미만의 기업은 15.8%에 지나지 않으나, 100~299인 기업은 58.2%, 300인 이상 대기업은 60.9%로서 대기업의 연공성이 중소기업에 비하여 매우 크게 나타난다.[8]

한편, 한국에서의 연령에 따른 생산성 곡선은 전반적으로 40대 전반까지 상승하다가 40대 중반 이후 하락으로 전환한다는 연구결과가 있다. 특히 서비스업과 첨단산업에서 제조업보다 빠르게 하락하며, 근로자 수 1,000인 이상 기업에서는 40대 중반까지는 빠르게 생산성이 증가하다가 그 이후부터 하락한다는 것이다.

물론 평균 근속연수와 생산성이 전반적으로 정(正)의 관계를 보이기 때문에 긴 근속의 '고숙련' 근로자는 고령 근로자가 되더라도 생산성이 감소하지 않는다

는 연구도 있다.[9] 그러나 매출액으로 측정한 기업의 생산성이 50세 이상 근로자의 비율이 높을수록 낮아진다거나, 50세 이상 고령 근로자의 비중이 높을수록 1인당 부가가치로 측정한 기업 생산성은 낮아진다는 연구 등이 많이 있다.[10]

04 고령자 적합직무의 부족과 모호한 직무평가

'회사에 남기고자 하나 분위기만 흐릴 뿐, 시킬 일이 없다.'는 목소리가 있다. 여기서의 일은 직무를 의미하는데, 왜 이러한 말이 나올까? 대부분의 우리나라 기업들은 공채를 통하여 신입사원을 채용한 후 기업의 필요에 따라 서로 다른 직무에 배치하는 관행을 가지고 있다.

이 경우 똑같이 공채에 합격한 직원들에게 수행하는 직무의 가치가 다르다는 이유로 어떤 직원들에게는 높은 임금을, 다른 직원들에게는 낮은 임금을 지급한다면 이를 직원들이 그대로 수용하기는 어렵다. 따라서 그간 한국 기업의 조직은 직무보다는 사람 중심으로 운영되어 왔다고 할 수 있다.

물론 우리나라의 채용 관행은 그룹 차원의 공채에서 기업 차원의 공채로, 더 나아가 사무직군, 기술직군 등의 직군별 채용 시스템으로 변화해 오고 있다. 그러나 여전히 엄밀한 의미에서 직무중심의 인사관리의 도입을 가능하게 할 만큼 세분화되어 있다고는 보기 어렵다.

적합한 직무를 발굴해 내기만 한다면 오히려 비즈니스에 도움이 되는 경우도 있다. 미국 대형 서점업체인 보더스 그룹Borders Group은 책을 좋아하는 고령 인력을 판매직 사원으로 채용하여 활용하고 있다. 이 기업의 인사 담당자는 "50세 이상 근로자의 이직률이 30세 이하 근로자의 10분의 1 수준이며, 훈련이나 충원 비용 역시 젊은 근로자에 비해 훨씬 적게 소요되기 때문에 고령인력 활용 방안을 적극적으로 모색하고 있다."라고 말한다.

또한 평가에 대한 어려움을 호소하는 기업들에서 특히 평가자들의 고민이 크다. 모두가 임원이 될 수도 없고, 부서장이 될 수도 없다. 특히 요즘 같은 저

성장 시대에서는 상위 직급으로 갈수록 승진 정원은 더 감소하고, 승진 가능성
도 희박해진다.

일정 연령 이상이 되어버리면 직급은 차이가 나더라도 대리, 과장이 하는
일이나 차장, 부장이 하는 일이나 대동소이할 수 있는데, S나 A와 같은 상위 등
급을 주지 않으면 승진이 되지 않아 난처하고, 그렇다고 열외 취급을 하여 실제
일 잘하는 젊은 사원들에게 상위 등급을 주면, 고령 근로자들은 사기가 저하되
어 일을 더 하지 않는다는 것이다.

고령 근로자들은 나름대로의 고충을 호소한다. 청춘을 다 바쳐 이 정도로
회사를 일구고 성장시켜 왔는데, 이제는 나이를 이유로 홀대하고 인정해 주지
않아 서운하다는 것이다. 이러한 기조를 갖고 있는 회사도 야속하고, 최근의 젊
은 직원들은 패기가 없고, 기량, 경험이 한참 부족하다고 여긴다. 고령 근로자
들은 팀장이 주관적으로 평가하는 것이니, 이제는 달관하여 주는 만큼만 일하
겠다는 내심을 보이기도 한다. 임금피크제를 활용하고 있는 일부 기업들은 임
금피크제 대상에 대해 별도의 평가를 하지 않는 경우도 있다.

직무와 평가에 국한해서만이 아니라, 예전에는 한국 기업에서 고민하지 않
았던 인사제도가 부각되고 있다. 오르지 않으면 나가는 Up or Out 시스템이었지만,
최소 60세 정년이 보장되었기 때문에 이제 기업에서는 승진도 아니고, 퇴직도
아닌 고령자들만을 위한 고령 친화적 인사제도가 필요하게 된 것이다.

05 고직급 대상 교육과 퇴직 지원 수요의 증가

기업에서 생산인력의 고령화로 나타날 수 있는 생산성 하락 문제는 고령인
력의 질적인 경쟁력과 노동 생산성의 향상을 통해 해결할 수 있다. 그러나 한국
근로자의 연평균 교육훈련 시간은 미국 등 선진국에 비해 상당히 낮은 편이다.
특히 50세 이후 근로자에 대한 직업능력개발 참여 비율이 매우 낮으므로 이들
에 대한 기업의 교육훈련 투자가 확대되어야 한다.[11]

또한 교육훈련에는 합리적인 퇴직지원 프로세스도 포함할 수 있다. 정년 60세가 보장되어 있으나 평생직장이 아니라 평생직업이 대세인 상황에서 모두가 첫 직장에서 정년을 맞이하기란 현실적으로 어렵다. 심지어 '누구나 평생 한 번은 창업을 한다.'는 말까지 있다.

따라서 퇴직자의 재취업 및 경력관리를 위하여 전직지원 프로그램out-placement program을 활성화하는 것이 필요하다. 전직지원 프로그램, 경력관리 컨설팅, 취업상담을 통하여 퇴직자의 재취업을 촉진하고 경력을 관리한다. 전직지원 프로그램은 포괄적으로 진로상담 및 자문서비스를 뜻하며, 사업주의 지원하에 경영상의 이유로 퇴직하는 근로자가 신속하게 재취업할 수 있도록 서비스를 제공하는 프로그램으로 정의된다.

기업에서는 퇴직지원을 위한 프로세스로서 45세 이상 중고령자를 대상으로 근로자의 라이프 스타일에 따라 진로선택제를 도입하는 것이 바람직하다. 이들에게는 근로자의 희망 의견과 기업 상황에 따라 적합한 형태의 진로선택 기회를 부여한다.

한편, 퇴직예고제를 운영하면서 본인이 원하는 경우 퇴직 시기 2~3년 전에, 퇴직을 예고한 인력에 대해서는 퇴직 6~12개월 전부터 전직교육훈련이나 창업교육의 기회를 부여하기도 한다. 그리고 임금피크제 적용, 전문계약직으로 재고용, 창업지원 프로그램 이수 후 퇴직, 명예퇴직 등의 선택이 가능하도록 하기도 한다.

이와 관련하여 정부는 근로자 수가 1,000인 이상이 되는 대기업에 대해 2020년 5월부터 비자발적 퇴직자를 대상으로 전직지원서비스재취업지원서비스를 하도록 의무화하였다.

한편, 미국 기업들이 고령인력 모시기에 나서는 경우도 있는데 그 이유는 이들의 이직률이 낮고, 축적된 경험이나 능력의 활용 가치가 높기 때문이다. 실제로 홈디포Home Depot나 월마트Wal-Mart 등은 교회나 노인 센터, 미국은퇴자협회 AARP를 방문해 적극적인 고령인력 충원 작업을 벌이기도 한다.

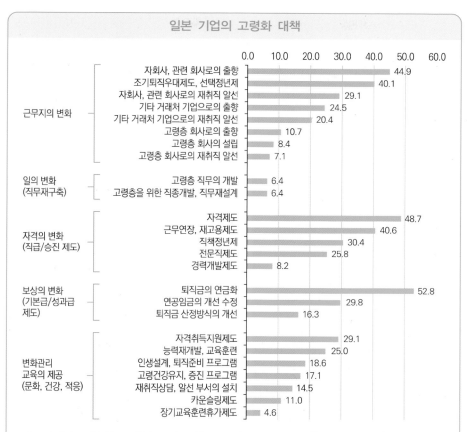

일본 기업의 고령화 대책

자료: 有利隆一, "高齢雇用対策の影響—5歳から60歳への定年延長の効果—", 国民経済雑誌, 180(2), 1999를 참조하여 재구성.12

일본 기업의 25개 고령화 대책들을 5개 부문으로 범주화하여 재구성하면 근무지의 변화, 일의 변화, 자격의 변화, 보상의 변화, 변화관리 교육의 제공으로 나누어 볼 수 있다. 이 대책들은 하나만이 아니라 복합적으로도 사용될 수 있다. 향후 우리나라 기업의 고령 인적자원 관리에 많은 시사점을 준다.

① 근무지의 변화   자회사·관련 회사로의 출항13과 재취업 알선이 대부분을 차지한다. 실제 응답을 보면, 대기업은 용이하게 활용할 수 있으나 중소기업에서는 적용하기 어렵다. 기타 거래처 기업으로의 출항, 자회사, 관련 회사로의 출항과 재취직 알선은 300인 미만 기업에서는 0의 응답을 보였다. 한편, 조기퇴직우대제도

의 경우는 해당 조직으로부터 이탈하지만, 선택정년제의 경우는 근무지의 변경 없이 계속 근로하게 된다는 면에서 차이가 있다.

② **일의 변화**　　고령층 직무개발, 직종개발, 직무재설계 등이 포함되나 전체 비중이 크지는 않다. 우리나라 정부에서는 기업의 고령자 적합직무 개발에 지원을 많이 하고 있는데, 일본의 경우는 일의 변화보다는 근무지 변화나 자격의 변화, 보상의 변화를 더 활용하고 있음을 확인할 수 있다.

③ **자격의 변화**　　대기업에서는 자격제도를 더 많이 활용할 수 있으나 중소기업은 자격을 세분화하지 않고 제너럴리스트로서 업무를 수행하는 경우가 많으므로 활용이 쉽지 않다. 한편, 근무연장, 재고용제도는 기업의 규모와 무관하게 많이 활용되고 있다.

직책정년제는 상위 직급의 직책이 부족한 대기업에서 많이 활용되고 있다. 전문직 제도는 직책을 갖지 않고 전문가로서 정년까지 활동할 수 있도록 하는 제도인데, 최근 한국 기업들도 많이 도입하고 있다. 경력개발제도의 경우, 한 직무를 오래 수행한 인력을 타 직무로 보내어 적응하게 하는 것이 비효율적이라고 보아 활용이 적고, 직무순환을 할 여유가 없는 중소기업에서는 실행이 어렵다.

④ **보상의 변화**　　퇴직금의 연금화(52.8%)가 25개 전체 대책 중에서 가장 많이 사용되고 있는데 한국에서는 퇴직연금 제도가 도입되어 있다. 연공임금의 개선은 일본 기업에서도 큰 관심사이다. 연공급과 직능급이 상당수 쇠퇴하고, 직무급과 역할급이 늘어나고 있다.

⑤ **변화관리 교육의 제공**　　자격증 취득지원 제도가 대기업에서 많이 활용되고 있는데, 다른 직무 수행을 위한 자격증을 확보하도록 돕고 있다. 일본에서도 능력개발, 교육훈련에 대한 응답은 대기업에서 높고, 중소기업에서 낮게 나타났다. 현실적으로 교육을 제공할 여력을 기업이 지니고 있는가에 따른 것으로서 한국에서도 중소기업을 대상으로 정부 지원이 확대되어야 할 것이다.

제4장

고령화의 도전 극복과 경제강국의 비전 실현

초고령사회가 쓰나미처럼 빠르고 강하게 다가오고 있지만 개인은 물론 기업과 국가도 아직 충분히 준비되어 있지 않다. 고령화의 위기를 넘어가지 못한다면 우리나라는 유사 이래 처음으로 천신만고 끝에 진입한 선진국의 문턱에서 좌절하고 일본과 같이 '잃어버린 20년'을 겪을 수도 있다.

따라서 재레드 다이아몬드Jared Dimond가 제시했듯이 우리보다 먼저 고령화를 경험한 국가가 문제를 해결하고 있는 방법을 철저히 분석하여 벤치마킹하고, 우리의 상황에 맞게 정치적·정책적 선택을 하여야 한다. 그리고 고령사회에서 초고령사회로 진행되면서 어떤 방향으로 나아가야 하는가에 대한 비전을 공유하고 구체적인 전략을 세워 실천해야 한다.

01 삶의 질 향상과 국가 경쟁력

우리나라가 초고령사회에서 추구해야 할 비전으로 '삶의 질 향상을 수반하는 국가 경쟁력 강화'를 제시한다. 고령화의 위기를 극복하여 기업과 국가 경쟁력을 향상시키고 형평성과 균형을 이룸으로써 국민의 삶의 질을 향상시키고 장기적인 복지를 증진시켜 나가야 한다.[1]

특히, 고령화의 문제를 극복하고 기업과 국가가 경쟁력을 강화하기 위해서는 고령사회에서 풍부한 자원인 고령 인적자원을 적극적으로 활용하는 것이 필수적인 과제이다. 인구구조가 고령화되면 노동력이 부족하게 되고, 생산성이 하락하며 노인빈곤 등의 문제가 발생한다.

　　노동력 부족 현상이 발생하면 청년실업이 줄어드는 것이 아니라 인구구조의 고령화로 인한 경제활력 상실과 내수시장 위축으로 오히려 청년실업이 심화될 가능성이 있다.[2] 그러므로 고령화 문제를 적극적으로 해결하여 경제성장과 내수시장 확대로 이어져야 청년실업 문제도 해결할 수 있다.

　　고령인력은 더 오랜 기간 노동시장에서 일을 해야 안정적으로 노후소득을 확보할 수 있고, 지속적으로 교육훈련을 받아 노동력의 질과 생산성을 높여 나감으로써 든든하고 행복한 노후생활을 보장받을 수 있다. 기업도 숙련된 인적자원을 계속 활용하고, 세대 간에 기술과 경험을 원활하게 전수할 수 있으며, 안정된 소비시장도 확보할 수 있어 지속적인 투자와 성장이 가능하다.

　　국가도 노동공급이 축소되지 않으면서 생산성을 유지함으로써 성장 동력을 지속적으로 확보할 수 있고, 고령층 복지에 지출되는 재정부담도 줄일 수 있으며, 노인 빈곤 등의 사회적 문제도 해결할 수 있다.

　　결국 고령 인적자원을 사장시키지 않고, 생산적인 인력으로 최대한 효과적으로 활용하는 것이 기업의 생산성을 높이고, 국가 경쟁력을 강화하며 국민의 삶의 질을 향상시킬 수 있는 핵심 과제가 된다.[3]

02 고령화 도전 극복을 위한 고령 인적자원의 활용

　　전 세계적으로 고령화가 진행되고 국가 간 경쟁이 심화되면서 경쟁력 강화는 기업, 산업과 정부의 중요한 목표가 되었다. 특히, 고령화와 세계화라는 환경 압박에 대응하여 국가 경쟁력 강화는 국가의 전략 목표 중의 하나로서 중요한 위치를 차지하게 되었다.

　　국가경쟁력은 한 국가에서 지속적으로 경제성장을 가능하게 하는 능력이

라고 할 수 있다. 경제성장에 영향을 미치는 핵심 요소로는 물적자본, 노동량인
인구, 인적자본, 그리고 기술진보 등이 있다.[4]

따라서 고령화를 극복하려면 노동의 양적인 면에서 노동총량인 노동인구
를 증가시켜야 하고, 질적인 면에서 교육훈련 등을 통해 인적자본의 지식과 기
술 수준 등을 높여야 한다.

고령화가 급속하게 진행되면 양적인 측면에서 생산가능인구의 감소로 인
해 노동력이 감축되고, 질적인 측면에서 지식, 기술, 경험을 갖춘 고령인력이
퇴직함으로써 인적자본의 상실이 문제가 된다. 특히 초고속도로 진행되고 있는
인구 고령화에 대응하여 경제·사회적으로 준비하고 대처할 시간이 부족하여,
국가, 기업과 개인에게 다가오는 부담이 점점 더 커지고 있다.

따라서 고령 인적자원에 대한 투자를 확대하고, 더 많은 고령인력을 활용할
수 있도록 제도를 개선하여 경쟁우위에 있는 인적자원을 활용하면 기업에서 생
산성이 향상된다. 그리고 이해관계자에 대한 성과배분이 공정하게 이루어질 때,
국민의 삶의 질이 향상되고 기업과 국가의 경쟁력이 높아질 수 있다〈그림 1-7〉.

고령화가 진행될수록 풍부해지는 고령 인적자원이 더 오래 일하고 경쟁력
을 유지하거나 향상시킬 수 있도록 할 때 우리나라는 고령화 문제를 주도적으

그림 1-7　**고령 인적자원 활용과 국가 경쟁력**

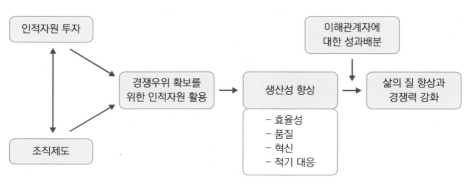

자료: Kochan, Thomas & Paul Osterman, The Mutual Gains Enterprise Boston: Harvard Business
　　School Press, 1994를 활용하여 작성

로 해결하고 선진강국으로 나아갈 수 있다.

이를 위해 정부에서는 ① 청년고용과 상생하는 방향으로 고용연장을 하고, ② 기업의 고령자 고용 확대를 정책적으로 지원하며, ③ 고령자 고용 관련 인프라를 강화하고, ④ 고령친화산업을 확대하며, ⑤ 관광산업을 활성화하여야 한다.

한편, 기업에서는 ① 세대 간 상생하는 기업문화를 재정립하고, ② 기업 내 인력구조를 개편하여야 하며, ③ 기업 내 임금체계를 개편하고, ④ 고령자 맞춤형 인사제도를 시행하며, ⑤ 교육훈련 프로그램을 강화하고, ⑥ 건강경영을 실행해야 한다.

'국가와 기업의 초고령사회 성공전략'을 정리하면 아래와 같으며, 이후에 서술할 제2부와 제3부의 체계이기도 하다〈표 1-10〉.

표 1-10 국가와 기업의 초고령사회 성공전략

구분	성공전략
국가 (제2부)	① 청년고용과 상생하는 고용연장
	② 기업의 고령자 고용 확대 지원
	③ 고령자 고용 관련 인프라 강화
	④ 고령친화산업 확대
	⑤ 관광산업 활성화
기업 (제3부)	① 세대 간 상생하는 기업문화 재정립
	② 기업 내 인력구조의 개편
	③ 기업 내 임금체계의 개편
	④ 고령자 맞춤형 인사제도 시행
	⑤ 교육훈련 프로그램 강화
	⑥ 건강경영 실행

제2부

정부의
일자리
성공전략

02

제 1 장
고령사회의 일자리 자화상

01 베이비부머 철수와 영희

베이비부머의 삶

　　베이비부머baby boomer가 초등학교당시 국민학교에 다닐 때 배웠던 교과서에는 늘상 둥그스름한 얼굴에 학생 모자를 눌러쓴 '철수'와 머리에 나비 리본을 단 '영희'가 등장했다. 일제강점기와 한국전쟁을 겪은 부모들에게서 출생한 베이비 붐 세대인 철수와 영희는 경제빈곤, 정부주도형 경제성장, 민주화, 반복되는 경제위기를 경험하였고, 이미 은퇴하였거나 곧 은퇴를 앞두고 있다.

　　한국전쟁 이후 1955년부터 1963년 사이에 태어난 베이비붐 세대는 급격한 평균수명 연장에 대응한 노후 준비가 미흡하여, 미래에 고갈될지 모르는 국민연금과 향후 급증할 의료비 부담을 걱정하면서 장수사회에 대한 불안감을 떨치지 못하고 있다.

　　각 세대의 특성은 세대를 다룬 베스트셀러에서도 잘 나타난다. 베이비붐 세대에 대해서는 송양민 교수의 『밥ㅣ돈ㅣ자유』, 1980년대생에 대하여는 조남주 작가의 『82년생 김지영』, 1990년대생에 대해서는 임홍택 작가의 『90년생이 온다』가 각 시대상을 잘 그려내고 있다.

세대를 다룬 베스트셀러

각 세대의 특성이 부각된 책자가 베스트셀러가 되면서 사회적 관심을 불러 일으킨다.

2010년 송양민 교수의 『밥 | 돈 | 자유』에서는 한국 베이비붐 세대의 키워드로 세 개의 단어를 제시한다.[1] 치열한 삶을 살면서, 배불리 먹고 싶어 했고, 민주주의에 대한 열망이 가득했으며, 풍요롭게 살려는 열망을 가진 베이비붐 세대를 심층적으로 분석하고 있다.

2016년에 출간된 조남주 작가의 장편소설 『82년생 김지영』은 한국 사회에서 여자로 살아가는 과정에 대한 사회과학적인 문제의식을 소설로 표현하여 사회적인 주목을 받았고 2019년에는 영화(정유미 주연)로도 만들어졌다.[2]

또한, 2018년 출간되어 화제가 된 임홍택 작가의 『90년생이 온다』에서는 특히 기업들이 흥망성쇠를 좌우하는 신세대에 주목하였다.[3] 20대의 새로운 세대는 이전 세대와 다른 행태를 보이는데, 자신을 호갱으로 취급하는 기업을 외면하고 호구가 되기를 거부한다. 이러한 1990년대생의 솔직함과 단순 간결함을 우리 기성세대가 어떻게 보듬으면서 조화롭게 세대 간 공생을 할 것인지 고민하게 된다.

2010년 발간된 송양민 교수의 『밥 | 돈 | 자유』 이후 10년이 지난 현시점에서 이전과 가장 큰 차이점은 한국 사회가 급속하게 고령화되면서 사회보장 체계의 한계를 절감하고, 연금 고갈 등에 대비해 정부주도하에 근로자의 정년을 법으로 연장하였으며, 일하는 복지가 최고의 복지임을 강조하게 되었다는 것이다.

한국의 베이비붐 세대약 720만 명는 다른 나라의 지배와 전쟁의 폐해를 직접 목격하지는 않았지만, 현대사회에서 절대적 빈곤기인 1950년대부터 1960년대에 출생하고 어린 시절을 보냈다.

교육기회가 확대되는 1970년대 전후에 교육을 받으면서 미국의 구호물자로 만든 빵을 먹었고, 물질적으로 경제성장에 환호하면서도 정신적으로는 자유가 억압된 군사정권 시대를 겪었다. 청년기인 1980년대에는 민주화 시대를 경험하면서 사회에 진출하였고 부를 축적하기 시작하였다. 그러나 1990년대 경제

발전의 수혜를 누리려는 시점에 IMF국제통화기금 외환위기라는 최악의 경제 상황을 겪고 경제적인 박탈감을 강제로 체험해야만 했다.

　6·25 전쟁 이후 원조를 받아서 연명하던 시대에 대가족의 일원으로 출생해서, 수출주도의 경제성장을 견인해 왔고, 핵가족의 형태로 대량생산과 대량소비의 주체로 한국 경제를 지탱하여 왔다.

　부모세대를 부양하고 자식의 눈치를 살피는 낀세대인 베이비붐 세대는 중산층으로 살아왔다고 자부하지만, 자식 교육과 결혼에 대부분의 저축을 사용하고 막상 자신들의 노후를 전혀 준비하지 못한 상황에 직면하게 되었다.

　또한, 노후소득 자체가 적어서 결국에 노인빈곤에 빠져버린 베이비붐 세대가 한국사회에 부담이 되고 있다. 베이비붐 세대는 점점 더 재도전의 기회를 찾기가 쉽지 않고, 한번 사업에 실패하면 빈곤의 덫에서 빠져나오기 어렵다.

준비 없이 은퇴하는 베이비붐 세대

　베이비붐 세대는 전쟁이나 불경기가 끝난 후에 출생률이 급격하게 증가하는 시기에 태어난 세대를 말하며, 각국의 생산, 고용과 소비를 주도하다가 이들이 고령이 되어 은퇴하면 국가 경제사회에 미치는 영향이 크게 나타난다.

　한국에서 1차 베이비붐 세대는 한국전쟁 이후 1955년부터 1963년까지의 출생자를, 2차 베이비붐 세대는 1968년부터 1974년까지의 출생자를 일컫는다. 미국의 베이비붐 세대는 1946년부터 1964년까지의 출생자들이고, 일본의 베이비붐 세대인 단카이세대는 1947년부터 1949년까지의 출생자를 말한다.4 한국에서 베이비붐은 산아제한 정책이 실시된 지 1년 만인 1963년에 멈추었다.

　우리나라와 미국의 베이비붐 세대는 노후를 대비하는 경제적인 여력에서 크게 대비된다. 미국에서는 베이비붐 세대가 은퇴해도 소비가 지속적으로 이루어져 경제의 한 축으로 남을 수 있는지가 정책적인 관심 사항이다. 또한, 그들이 소비를 위해서 주식시장에서 인출하는 금액에 따라, 향후 미국 주식가격이 어떻게 변할지에 대한 관심이 증폭된다.

이러한 현상이 노인빈곤을 걱정해야 하는 우리에게는 이질적으로 느껴질 수밖에 없다. 베이비붐 세대가 퇴직을 맞이하면서 경제성장률의 저하, 조세수입의 감소, 사회보장 비용의 막대한 지출이 예상된다. 결국 노후에 대한 준비 없이 은퇴하는 베이비붐 세대는 자녀교육, 부모봉양 등 낀세대로서 부과된 의무를 담당하다가 빈털터리가 되어 '해제장치 없는 시한폭탄'으로 여겨진다.[5]

평생을 앞만 보고 달려왔지만 다른 세대에 비해 부유하더라도 집 한 채가 전부인 베이비붐 세대는, 그래도 집이라도 가지고 있지 않느냐는 젊은이들의 부러움과 원망 속에서 자신과 가족을 위해 또 다른 일자리를 찾아 나선다. 아직 건강한 신체에도 불구하고 스스로 이미 늙어버렸다는 인식 때문에 심리적으로 위축되고 주류에서 밀려난 자신을 발견한다.

베이비붐 세대는 자신들의 주된 일자리에서 희망하는 연령보다 이른 시기에 비자발적으로 퇴직하지만, 그 이후에 만족할 만한 근로활동이나 사회활동을 경험하기가 어려운 상황이다. 평균수명이 증가하고 노후준비가 부족한 상황 속에 베이비붐 세대는 일할 의지도 능력도 갖추고 있다. 그러나 2017년 모든 산업에 60세 이상 정년 의무화가 되었음에도 불구하고 주된 일자리에서는 50대 후반 고령자를 사용하는 인사관리 관행이 아직 충분히 형성되지 않은 것으로 보인다.

국가와 사회는 베이비붐 세대를 중요한 인적자원으로 보고 산업현장에서 생산성을 유지하면서 다양한 근로활동에 참여하도록 다양한 노력을 기울이고 있다. 그러나 현실을 보면 기업에서 고령인력 활용을 위한 별도의 직무나 임금체계가 미비하다 보니 주된 직장에서 조기 퇴직을 하게 되고, 그 이후 새로운 경제활동에 참여하여도 주된 일자리에서의 경험과는 무관한 질 낮은 정규·비정규 일자리를 갖거나 비자발적으로 영세 자영업자가 되는 경우가 많다.

02 은퇴 이후에도 계속 일해야 하는 고령자

왜 고령층은 주된 일자리에서 이직하거나 은퇴한 이후에도 지속적으로 일하고 싶어 하는 것일까? 왜 우리나라 고령층은 세계 최장의 근로를 한 다음에도 계속 일하고 싶어 하는 것일까? 그리고 고령층은 어떤 일자리에 종사하는가?

고령자와 관련된 용어 정리

고령자와 관련된 고용 현황과 장래 근로에 대한 희망 분석, 정부의 일자리 정책 등을 수립하기 위해서는 50세 이상 고령층의 상황을 분석하여야 하는데, 정책의 중점에 따라 각각 용어를 달리하여 사용하고 있다.

우선 '고용상 연령차별금지 및 고령자고용촉진에 관한 법률고령자고용법 시행령'에는 취업지원 대상인 준고령자50~54세와 고령자55세 이상에 대해 연령을 정하고 있다.

그리고 고령사회 일자리 전략을 분석하고 대안을 제시하기 위해서는 통계청의 경제활동인구조사 고령층55~79세 부가조사결과를 사용할 수 있고, 국제비교 등을 위해 고령자55~64세를 분석할 수도 있다. 고용률 국제비교에서 상한 연령을 64세로 정한 이유 중의 하나는 OECD 국가에서 65세 이후부터 연금이 지급되어 고령층이 노동시장에서 은퇴하는 경우가 많기 때문이다.

또한, 정부는 고령자가 되기 전부터 정책적 지원을 해야 하므로 준고령자를 포함한 장년長年, 50세 이상을 정책 대상으로 하기도 하고, 전체 인구의 1/4, 생산가능인구의 1/3을 차지하는 신중년50~69세을 정책 대상으로 하기도 한다.[6]

준고령자와 고령자가 고령자법에 따른 용어이기는 하나 고령자가 노동시장에서 은퇴할 사람이라는 인식을 줄 수 있어 정부 정책에서는 장년長年이라는 용어를 사용하기도 한다. 그러나 30대에서 40대를 가리키는 장년壯年과 한글 발음이 같아 혼동되는 단점이 있다.

따라서 법률적, 통계적 용어로는 고령자 또는 고령층이라는 용어를 사용하고, 다만 이들이 국가적으로 사장되는 인력이 아니라 나이와 상관없이 계속 일할 수 있는 주요 인적자원이라는 점을 강조하는 차원에서 정책적 용어로 일부 '장년長年'이라는 용어를 사용하고자 한다. 정부는 추후 고령자와 관련된 용어를 정리하고 통일할 필요가 있다.

고령층이 계속 일해야 하는 이유

고령자의 신체적인 건강상태가 지속적으로 좋아지면서, 노동시장에 남아 있는 고령층이 증가하는 추세이다. 핵심 근로연령대에 주된 일자리에서 종사하다가 40대 후반 또는 50대 초반에 비자발적인 퇴직을 당하거나 이직한 후 빈약한 노후소득을 보충하기 위해 생계형 취업을 하고 있는 사례가 많다. 노동시장에 재진입한 인력은 고용이 불안정하고 임금 수준이 낮은 일자리에 머물고 있는 것이 현실이다.

2020년 기준 고령자55~64세가 가장 오래 근무한 일자리를 그만둘 당시에 평균연령은 49.4세이고, 고령층55~79세의 평균 은퇴연령은 72세이며, 이들이 계속 근로를 희망하는 연령은 73세까지이다.[7]

20대부터 50대까지는 60대 초중반에 은퇴를 희망하지만, 60대에서는 70세, 70대에서는 76세로 은퇴시점을 늦추기를 원하고 있다. 한국의 고령자는 계속 일하고 싶어 하고, 고령자 고용률이 지속적으로 증가하고 있다. 고령자55~64세 고용률은 2019년 기준 66.9%이고 향후 지속적으로 증가하여,[8] 2022년에는 70%를 넘어설 것으로 전망된다.

세대 간 비교를 해 보면, 2019년 고령자 고용률66.9%은 상대적으로 청년15~29세 고용률43.5%에 비해 높은 수준을 보이고 있다. 고령자는 남은 취업 가능 연수가 짧으므로 노후소득 보전을 위해 직업의 종류나 질적 수준보다는 임금을 우선하여 일자리를 구하려고 한다.

반면, 청년은 진입단계의 일자리에 따라 평생 일자리가 결정되므로 청년이 원하는 일자리와 기업이 원하는 일자리 간의 미스매치가 발생하고, 일자리를 찾는 기간이 길어질수록 취업이 어려워지는 '실업의 이력현상'이 발생하는 등의 이유로 고용률이 낮게 나타난다.

그러면 고령자가 경제활동에 계속 참여하고 싶어하는 이유는 무엇일까? 경제활동에 자발적으로 참여하는가, 아니면 할 수 없이 비자발적으로 참여하고 있는가?

고령층의 경제활동 참여 의사는 점점 커지고 있다. 통계청의 「경제활동인구조사 고령층 부가조사 결과」를 보면 고령층55~79세 중에서 장래에 일하기를 원하는 비율은 2010년 60.1%, 2015년 61.2%, 2020년 67.4%로 매년 증가 추세에 있다.9 2020년 기준 고령층 인구 1,427만 명 중에서 장래에 일하기를 희망하는 인구가 962만 명에 이른다. 즉, 1천만 명에 가까운 '고령층 군단'이 일할 의지와 능력을 갖고 있는 것이다.

이들의 근로희망 사유를 보면, 생활비에 보탬58.8%, 일하는 즐거움33.8%, 무료해서3.2%, 사회가 필요로 해서2.0%, 건강 유지1.7%의 순으로 나타나고 있다.

이 통계에서 보듯이 고령자가 일하고 싶어하는 첫 번째 이유는 경제적인 측면에서 생활비를 벌기 위한 것이 압도적으로 크다.

우리나라 취업자들은 퇴직 후 소득이 충분하지 않아 소득을 창출하기 위해서 은퇴시점을 미루고 취업상태를 유지하고 있다. 내구재 관련 지출은 30대 이후에 비중이 줄어들고, 사교육, 유학비용, 대학등록금 등의 교육비 지출은 50대에서 가장 높게 형성되며, 50대 전후로 의료비 지출이 상승하게 된다.10

노후소득은 일반적으로 국민연금 또는 공무원연금 등 공적 연금을 기본으로 하며, 금융소득이 거의 없는 하위그룹은 기초연금에 의존하고 있다. 한편, 중위그룹과 하위그룹은 최소생활비 확보를 위해서 은퇴 이후에도 일정 수준의 노동을 지속해야 한다. 특히, 주된 일자리로부터 은퇴하는 시기인 50대 초중반에 소득의 절반 이상이 감소하는 '소득절벽'을 경험하게 된다.

한편, 일정 규모 이상인 기업에 다니는 40대 직장인은 기업 임원으로 승진 여부가 매우 중요하다. 기업에서 관리자가 된 경우 임원으로 승진해야 회사에서의 대우도 다르고, 50대까지 근무가 연장된다. 임원으로 승진하지 못한 일부 직장인들은 정년제가 제도적으로 보장되어 있어도 끝까지 버티기가 어렵다.

임원으로 승진한다고 해도 낮은 단계의 임원이나 파트너에게는 권한이 많이 주어지지 않고, 한 단계 더 높이 진급해야 기업 내의 결정권한이 생기게 된다. 즉 임금 근로자는 관리자가 되더라도 새로운 목표를 향해서 계속 달려야 하는 것이다.[11] 이와 같이 자발적이든 비자발적이든 가능한 한 더 오래 일하는 것이 노후대비의 중요한 수단이 되고 있다.

고령자가 두 번째로 계속 일하고 싶어하는 이유는 '일하는 즐거움'이다. 직장은 경제적 생활수단을 제공하고 개인이 일을 통해 성취감을 느끼며 자아실현을 하고 존재하는 의미를 부여받는다. 사람은 교육을 받은 후에 사회에 진출하여 가장 중요한 청장년기를 직장에서 보내면서 경제적인 소득도 확보하지만 사회적 관계를 만들고, 일을 통해 조직과 사회에 기여하며, 개인의 타고난 능력과 잠재력을 발휘하면서 삶의 보람도 느낀다.

그런데 직장에서 은퇴하면 이러한 '일하는 즐거움'을 가질 기회가 갑자기 박탈된다. 현재의 베이비붐 세대를 포함한 고령층은 한국전쟁 이후 가난을 딛고 개인, 가족과 조직의 성장을 위해 한평생을 바쳤고, 우리나라의 경제성장을 견인하여 현재의 1인당 국민소득 3만 달러 국가를 만들었다.

이러한 고령인력은 계속 일을 하고 싶어하고 계속 일할수 있는 기술, 능력과 경험을 갖고 있다. 따라서 고령 인적자원이 국가적으로 사장되지 않고 계속해서 일 속에서 즐거움을 찾을 수 있도록 개인, 기업, 국가가 계속 지혜를 모아 나가야 한다.

고령층의 경제활동과 고용 현황

고령층55~79세의 경제활동과 고용 현황을 구체적으로 살펴보면, 2020년 고령층의 인구는 1,427만 명전체 인구 중 31.9%으로 2010년 948만 명23.1%, 2015년 1,181만 명27.3%에 비해 지속적으로 증가하고 있다〈표 2-1〉.[12]

2020년 고령층의 고용률은 55.3%로 해당 연령의 절반 이상이 취업을 하고

표 2-1 **고령층 경제활동상태별 인구 현황**

(단위: 천 명, %)

구분	항목	2010	2015	2016	2017	2018	2019	2020
15세 이상 인구	15세 이상 인구	40,748	43,194	43,571	43,902	44,141	44,460	44,756
	경제활동인구	25,293	27,453	27,617	27,987	28,184	28,468	28,209
	고용률(%)	60.1	61.2	61.1	61.5	61.3	61.5	60.2
	실업률(%)	3.2	3.7	3.6	3.6	4.0	4.0	4.5
고령층 (55~ 79세)	고령층인구	9,480 (23.1)	11,807 (27.3)	12,438 (28.5)	12,929 (29.5)	13,441 (30.5)	13,843 (31.1)	14,271 (31.9)
	경제활동인구	4,872	6,542	6,890	7,287	7,621	7,974	8,208
	- 취업자	4,767	6,376	6,715	7,117	7,421	7,739	7,895
	- 실업자	105	165	175	171	200	235	314
	고용률(%)	50.6	54.0	54.0	55.0	55.2	55.9	55.3
	실업률(%)	2.2	2.5	2.5	2.3	2.6	2.9	3.8

주: 1) 고용률(%)=(취업자/15세 이상 인구) * 100
　　2) 실업률(%)=(실업자/경제활동인구) * 100
자료: 통계청, 경제활동인구조사 고령층 부가조사 결과, 2019년 5월, 2020년 5월(매년 5월 기준)

있다. 실업률은 3.8%로 전체 실업률 4.5%보다 낮고, 노동의 질이 보장되는 것은 아니지만, 일하고자 하는 의지를 갖고 있으면 취업이 가능하다.

일부는 고령층의 고용 현황이 전체 연령보다 양호하므로 고령층을 위한 별도의 고용 지원정책이 필요한가에 대한 의문을 제기하기도 한다. 그러나 고령화가 아주 빠른 속도로 진행되고, 재취업 시 고용이 매우 불안정해지며 고용의 질도 대폭 낮아진다. 이들에 대한 국민연금 등 사회보장이 아직 불충분한 상황에서 근로조건이 하락하면 결국 가구 전체의 생계를 위협하게 된다.

특히 고령인력이 사장되면 국가의 인적자원 손실을 초래하고 국가 재정에 막대한 부담을 주며, 국가 경쟁력을 하락시키는 중요한 요인이 된다.

국제적으로는 고령자의 고용률을 비교하기 위해 55~64세의 고용률을 사용한다. 〈표 2-2〉에서 보는 바는 같이, OECD 주요 국가에서 고령화가 진행되면서 고령자의 고용률은 증가하고 있다. 우리나라도 고령자 고용률이 2000년 57.8%, 2010년 60.9%, 2019년 66.9%로 계속 높아지고 있다. 2019년 기준 우리

표 2-2 **고령자(55~64세) 고용률의 국제 비교**

(단위: %)

국가명	2000	2005	2010	2015	2016	2017	2018	2019
한 국	**57.8**	**58.7**	**60.9**	**66.0**	**66.2**	**67.4**	**66.8**	**66.9**
일 본	62.8	63.9	65.2	70.1	71.6	73.4	75.3	76.4
독 일	37.6	45.5	57.7	66.2	68.6	70.2	71.4	72.7
영 국	50.4	56.7	56.9	62.2	63.3	64.1	65.3	66.3
미 국	57.8	60.8	60.3	61.5	61.8	62.5	63.1	63.7
이탈리아	27.7	31.4	36.5	48.3	50.3	52.2	53.7	54.3
프 랑 스	29.4	38.5	39.7	48.7	49.8	51.3	52.3	53.0
OECD평균	**44.1**	**49.0**	**52.2**	**58.1**	**59.2**	**60.4**	**61.4**	**62.0**

자료: OECD Data, data.oecd.org/

나라 고령자 고용률은 OECD 평균인 62.0%보다 4.9%p 높은 수준인데, 일본, 독일보다는 낮고 미국, 이탈리아, 프랑스보다는 높게 나타난다. 한국 고령층 고용률이 높게 나타나는 데는 노후소득의 불충분성에 기인한 비자발적인 취업도 한 요인으로 판단된다. 우리나라에서 고령자의 고용률은 계속 증가하고 있고, 일본이나 독일의 사례에서 보듯이 계속 증가할 것으로 전망된다.

인구 고령화가 가속화됨에 따라 65세 이상 고령인구 비율은 계속 늘어나고, 생산가능인구 비율은 점차 줄어들게 된다. 선진국에서 그 유례를 찾기 어려울 정도로 매우 빠르게 고령화가 진행되고 있으므로, 더 많은 고령인력이 더 오랫동안 경제활동에 적극 참여하도록 보다 많은 정책적 지원이 긴요한 상황이다.

취약한 고용 수준

우리나라 취업자들은 주된 일자리에서 퇴직한 후에 재취업을 하면 대개 고용의 질이 낮아지고, 결과적으로 노후 소득보장도 미흡해진다.

2020년 기준 취업자들이 가장 오래 근무한 일자리를 그만두는 평균연령은 49.4세남자 51.2세, 여자 47.9세에 불과하다. 일자리를 그만 두는 이유를 보면 정년퇴직자는 7.8%에 불과하고, 연공급 위주의 임금체계나 경기불황 등으로 인해 권

고사직, 명예퇴직, 정리해고 등 조기 퇴직하는 비율이 12.5%에 이른다.13

고령층의 고용은 양적인 측면에서 우려할 만한 정도는 아니지만 질적인 측면에서는 매우 취약한 상황에 이르게 된다. 고령층의 취업실태를 보면, 산업별로 사업·개인·공공 서비스업과 음식·숙박업에 절반이 종사하고, 직업별로 단순 노무, 기능·기계 조작, 서비스·판매 종사자가 과반수에 이른다.14

고령층55~79세 취업자의 2020년 산업별 분포를 살펴보면, 전체 취업자에 비해 고용의 질이 낮은 산업에 종사하는 경향을 보인다. 고령층은 사업·개인·공공서비스업37.1% 분야에 가장 많이 종사하며, 그 다음으로 도소매·음식숙박업19.2%, 농림어업13.7%순으로 취업하고 있는 것으로 나타났다. 전체 취업자에 비하면 상대적으로 근로조건이 좋은 제조업 종사자가 줄어들고 농림어업 종사자가 크게 늘어난다.15

고령층 취업자의 직업별 분포를 분석해 보면, 단순노무종사자24.0%가 가장 높게 나타나고, 서비스·판매종사자23.0%, 기능·기계조작 종사자21.4% 등의 순으로 나타나므로 임금수준 등 일자리의 질이 좋지 않은 직업에 주로 종사하고 있음을 알 수 있다. 전체 취업자와 비교하면 상대적으로 근로조건이 좋은 관리자·전문가, 사무종사자 비율은 크게 줄고, 임금 등 근로조건이 낮은 수준인 농림어업숙련종사자, 단순노무종사자의 비율이 크게 늘어난다.16

또한, 규모별로 근로자 수 4인 이하 사업장에 절반이 종사하고, 종사자 지위별로 상용직은 적고, 나머지는 임시·일용직, 자영업에 종사한다. 따라서 55세 미만 취업자와 비교하면 임금, 근로조건이나 고용안정 면에서 매우 취약한 부문에서 일을 하고 있다.

주된 일자리에서 퇴직하는 고령층은 새로운 일자리의 질이 떨어지더라도 생계유지 차원의 노후보장을 위해서 재취업을 하는 현상이 발생한다. 단기적으로 OECD 선진국과 같이 충분한 노후보장 체계가 마련되기 어려운 현실을 감안하면, 직업훈련 등을 통해 고령층의 고용의 질을 높이는 방향으로 정책을 시행해 나가야 한다.

낮은 수준의 사회보험 가입과 직업훈련 참여

임금 근로자의 사회보험 가입률2017년 기준을 보면 30대의 사회보험 가입률이 가장 높고 40대, 50대, 60대로 연령이 올라갈수록 보험 가입률이 하락한다. 특히 임금 근로자 중에서 60세 이상의 사회보험 가입률국민연금 7.5%, 건강보험 48.1%, 고용 보험 36.2%이 급격히 떨어진다표 2–3. 이는 50대 이상 임금 근로자에게 사회보험의 필요성이 더욱 커지고 있지만 사회보험 보장이 미흡한 현실을 나타내고 있다.

한편, 연령별 직업 관련 교육 참여율2019년을 보면, 35~44세 25.0%, 45~54세 20.0%, 55~64세 12.4%, 65~79세 4.9%로 연령이 증가할수록 낮아지고, 특히 55세 이후에 현격하게 하락한다.[17] 고령층에 대해 현재의 일자리에서 더 오래 일하고, 주된 일자리에서 퇴직 후에 양질의 신규 일자리를 찾도록 생산성 향상과 신기술 교육을 위한 직업훈련을 더욱 강화할 필요가 있다.

표 2-3 **임금 근로자의 연령계층별 사회보험 가입 현황**

(단위: 천 명, %)

	임금 근로자 수	사회보험 가입률		
		국민연금1)2)	건강보험1)	고용보험
전 체	19,903	69.6	74.8	71.9
15~29세	3,695	72.5	73.6	72.8
30~39세	4,754	85.1	85.8	84.5
40~49세	5,066	79.4	79.9	78.2
50~59세	4,180	70.4	71.2	69.1
60세 이상	2,208	7.6	48.3	36.5

주: 1) 직장가입자만 집계하였고, 지역가입자, 수급권자 및 피부양자는 제외
　　2) 공무원, 사립학교 교직원 및 별정우체국 직원 등 특수직역 연금 포함
자료: 통계청, 지역별 고용조사 연령별 사회보험 가입률, 2017.

고령층의 장래 근로에 대한 희망

앞서 설명했듯이 우리나라에는 장래에 일하고 싶어하는 고령층 인력이 1천만 명에 이른다. 그러면 이들의 일자리 선택 기준과 희망 일자리 조건에 대해 알아보자.

고령층의 일자리 선택 기준은 '일의 양과 시간대'가 27.3%로 가장 높고 임금 수준22.1%, 계속 근로 가능성17.6%, 일의 내용13.7%순으로 나타났다. 이 통계에서 보면 고령층은 '임금 수준'보다 '일의 양과 시간대'를 중시함을 알 수 있다.

희망 일자리 형태는 전일제가 56.7%, 시간제가 43.3%로 시간제에 대한 수요도 많음을 알 수 있다.

그리고 장래 희망하는 월평균 임금 수준도 '150~200만 원 미만'이 22.7%로 가장 많고, '100~150만 원 미만'이 19.5%, '200~250만 원 미만'이 17.9%로서 고령층 중에서 월평균 200만 원 미만을 받고도 일할 의사가 있는 고령층이 60%를 넘고 있다〈그림 2-1〉.

따라서 고령층의 장래 근로에 대한 희망을 종합하면, 고령층은 평균 73세까지 일하기를 희망하며, 취업을 원하는 이유로 생활비 확보, 일하는 즐거움을

그림 2-1 **고령층의 희망 임금 수준**

(단위: 원, %)

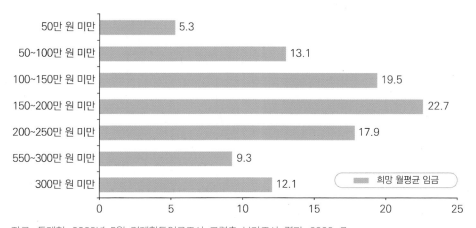

자료: 통계청, 2020년 5월 경제활동인구조사 고령층 부가조사 결과, 2020. 7.

들고 있다. 희망 일자리를 선택하는 기준으로는 일의 양과 시간대, 임금 수준을 중요시하며, 월 평균 임금 200만 원 미만으로도 일하고 싶은 고령층이 많다는 것을 알 수 있다.

고령층에게는 소득보전, 삶의 의미, 노후 보장 차원에서 일자리 자체가 큰 의미가 있기 때문에 많은 고령층이 일자리를 찾고 가능한 한 오래 일할 수 있도록 지원하는 것이 중요하다.

03 고령자 취업의 또 다른 얼굴 자영업자

우리나라 자영업자의 진실

자영업자는 고용원이 있는 고용주와 고용원이 없는 자영자를 포괄하는 통계적 개념의 취업자이다. 우리나라 전체 사업체 중에서 자영업자의 비중이 높고 특히 영세 자영업자의 비중이 높다.[18]

자영업자는 법인사업체가 아닌 사업체를 운영하는 개인사업자로 정의되고, 영세 자영업자는 부가가치세법에 따른 간이과세사업자로 연간 매출액이 4,800만 원 미만인 사업자로 정의된다.

일반 사업체의 연평균 매출액이 56억 원인 반면, 자영업자의 연평균 매출액은 1억 8,400만 원에 불과하고, 평균 종업원수도 2.9명에 불과하다. 따라서 영세 자영업자는 낮은 매출액에 기초하여 영업이익이 낮고, 지식과 경험이 불충분한 상황에서 소규모 자본금을 가지고 창업을 하며, 고용하는 종업원 수도 적고 노동생산성도 낮게 나타난다.

전체 취업자 수 증가를 보면 2000년에서 2020년 사이에 임금 근로자는 57.1% 증가한 데 비해, 비임금 근로자는 11.3% 감소하였고, 자영업자는 1.9% 감소하여 큰 변화를 보이지 않았다〈표 2-4〉.[19]

2020년에 우리나라 자영업자는 546만 명비임금 근로자 중에서 무급가족 종사자 제외으로 최근 10년간 자영업자는 미세하게 감소하고 있다. 세부적으로 지난 10년

표 2-4 **자영업자의 증감 현황**

(단위: 천 명, %)

구분	2000년	2010년	2015년	2020년	증가율(%) 2000~2020년	증가율(%) 2010~2020년
합계	20,210	23,041	25,392	26,800	24.6	16.3
비임금 근로자	7,242	6,621	6,472	6,423	-11.3	-3.0
- 자영업자	5,569	5,517	5,459	5,462	-1.9	-1.0
• 고용원이 있는 자영업자	1,402	1,544	1,574	1,450	3.4	-6.1
• 고용원이 없는 자영업자	4,168	3,973	3,884	4,011	-3.8	1.0
- 무급가족 종사자	1,673	1,104	1,013	962	-42.5	-12.9
임금 근로자	12,968	16,419	18,920	20,376	57.1	24.1
- 상용근로자	6,203	9,796	12,458	14,586	135.1	48.9
- 임시근로자	4,528	4,891	4,934	4,423	-2.3	-9.6
- 일용근로자	2,236	1,733	1,529	1,367	-38.9	-21.1

자료: 통계청, 종사상 지위별 취업자 통계, kosis.kr/, 각 연도 1월 기준

간 고용원이 있는 자영업자는 약간 감소한 반면, 고용원이 없는 자영업자는 증가하고 있어 자영업자 간에도 차이가 발생하고 있다.

우리나라의 자영업자는 자발적인 선택의 결과인가? 아니면 임금 근로자로 일자리를 찾지 못해 비자발적으로 선택한 결과인가?

'어결치어차피 결국은 치킨집', '대끝치대기업의 끝은 치킨집'란 유행어에서 보듯이 많은 임금 근로자가 퇴직 후 소득 보전을 위해 치킨집, 카페 등 생계형 창업을 선택한다.

정규직 임금 근로자에서 자영업자로 이행할 때 일부 소득이 증가하는 경우도 있다. 그러나 비정규직 임금 근로자가 정규직 근로자에 비해 자영업자로 이행할 확률이 높은데, 이들은 노동시장에서의 지위가 취약하고 불안전하여 임금 노동시장에서 밀려나 어쩔 수 없이 자영업을 선택하게 된다. 한편, 고령층 자영업자가 심각한 영업 부진을 겪어 근로소득이 줄어들면 질 낮은 임금 노동 일자리로 이동하기도 한다.[20]

국내 프랜차이즈 산업은 고용원이 있는 자영업자의 대표적인 부문으로 부

상하고 있다. 2017년 말 기준으로 프랜차이즈 종사자는 가맹본사, 점주, 점주가 고용하는 직원을 포함하면 125만 명에 이르고 있고, 우리나라 국내 총생산의 10%를 차지한다. 그러나 최근 최저임금 인상에 따른 인건비 부담의 상승, 프랜차이즈 시장의 경쟁 심화, 내수경기의 불황, 그리고 코로나19 상황이 겹쳐 어려움을 겪고 있다.

선진국 자영업자와의 비교

한국의 자영업자 비율은 OECD 국가 중 상위권에 들고 있다. 2018년을 기준으로 자영업자 비율을 살펴보면, 한국이 25.1%로 OECD 국가 중에 그리스, 브라질, 터키, 멕시코, 칠레 다음으로 높다. 그리고 선진국인 영국 15.1%, 일본 10.3%, 미국 6.3%에 비하면 현저하게 높은 수준을 나타내고 있다〈표 2-5〉.

우리나라보다 자영업자 비율이 높은 국가뿐만 아니라 일본, 미국 등 자영업자 비율이 낮은 국가들도 자영업자 비율이 줄어들고 있다.

한국에서 자영업자는 다른 대안이 없어 비자발적으로 선택하는 경우가 많다. 치킨집, 카페, 편의점, 분식집 등을 운영하는 영세 자영업자는 상용 근로자보다 소득수준도 낮고, 폐업 비율도 높으며, 사회보장제도의 수혜율도 낮다.

특히 영세 자영업자가 많은 숙박·음식점업의 기업 생존율을 보면, 1년 생존율이 61.5%, 3년 생존율이 32.8%, 5년 생존율이 19.1%에 불과하다.[21] 즉, 창업 후에 3년이 지나면 1/3만 살아남고, 5년이 지나면 1/5만 살아남는다. 직장인이 퇴직 후에 퇴직금을 투자하여 치킨집 등을 운영하다가 원금 회수도 못하고 폐업을 하는 경우 노후빈곤, 더나아가 노후파산의 원인이 된다.

일본의 경우 자영업자의 비율이 2000년에는 16.6%, 2010년에는 12.2%, 2018년에는 10.3%로 하락하고 있다. 조상 때부터 대를 이어 사업체를 이어받아 우동도 만들고, 공예품도 만든다고 알려진 일본에서 자영업자가 10% 수준에 불과한 것은 상당히 놀라운 사실이다. 일본에서는 100년 가계를 운영하는 사례도 찾아볼 수 있는데, 우리의 자영업과 관련된 전통과 문화와는 차이가 있다.

표 2-5 **국가별 자영업자 비중**

(단위: %)

국가	2000	2010	2017	2018	2010~2018 증가율
그리스	41.8	35.6	34.1	33.5	-2.1
브라질	-	26.5	32.3	32.5	6
터키	51.5	39.1	32.7	32.0	-7.1
멕시코	-	33.4	31.5	31.6	-1.8
칠레	-	54.4	27.4	27.1	-27.3
한국	36.9	28.8	25.4	25.1	-3.7
이탈리아	28.2	25.3	23.2	22.9	-2.4
영국	12.3	14.0	15.4	15.1	1.1
프랑스	-	11.5	11.6	11.7	0.2
일본	16.6	12.2	10.4	10.3	-1.9
독일	11.0	11.6	10.2	9.9	-1.7
미국	7.4	7.0	6.3	6.3	-0.7

자료: OECD, Employment and Labour Market Statistics[22]

　　미국의 자영업자는 지난 20여 년간 그 비중이 크진 않지만 지속적으로 감소하고 있는데, 농업 자영업의 감소를 반영하고 있으며 영세농의 감소와 대규모 농장형태의 자영업 증가와 관련되어 있다. 즉, 개인별로 운영하던 자영업이 기업 형태의 자영업으로 변천해 가고 있는 것이다. 고령층의 자영업자 비율이 청년층의 자영업자 비율보다 월등히 높고, 특히 65세 이상 연령에서 뚜렷하게 자영업의 비중이 높다.

　　우리나라의 자영업자를 보면, 직장 퇴직 후에 생계를 위해 경제활동을 계속해야 하는 고령층이 대표적인 경우이다. 프랜차이즈 회사의 지점을 운영하는 경우도 있고, 고용원이 없는 자영업자가 되어 최저임금 정도의 소득을 버는 경우도 많다. 유럽에서 다양한 분야에 자신의 장점을 살려가는 프리랜서가 확충되고 있는 것과 대비된다.

일본에서 자영업자가 줄어가고 있지만, 종신고용 체계에서 떨어져 나온 일부의 사람들이 지속적으로 자영업자로 남아 있게 되고, 일부는 주된 직장 은퇴 후에 부모님이 운영하던 자영업을 물려받아 운영하기도 한다. 미국에서는 농업 부문에 있던 소규모 자영업자들이 기업화하면서 자영업의 규모를 키워가고 있고, 농업 부문 종사자의 감소와 더불어 미국 자영업자의 비중이 줄어들고 있다.

우리나라의 고령층 영세업자들은 노후소득이 충분하지 않고, 임금 근로자로 전환하기 어려운 경우도 있어 지속적으로 자영업자로 경제활동을 하게 되는 것이다.

우리나라의 자영업자 비율은 조금씩 낮아지는 추세이나, 선진국인 미국, 독일, 일본, 영국 등에 비해 상당히 높은 편이다. 그리고 자영업자의 생존율도 낮아 파산 시 노후를 위협하는 요인이 되고, 소득 수준도 낮은 편이며, 노동시장에서 다른 일자리를 찾지 못해 어쩔 수 없이 영세 자영업에 종사하는 경우도 많다.

따라서 정부는 우선 영세 자영업자에게 질 좋은 일자리를 제공하는 방향으로 나아가야 한다. 첫째, 퇴로 단계에 있는 자영업자에게 임금 근로자로 전환할 수 있는 직업교육 기회를 부여하고, 낮은 생산성을 극복하기 위해 경쟁력을 가질 수 있는 새로운 창업 프로그램을 제공하여야 한다.

둘째, 창업을 희망하는 사람들에게는 창업 관련 정보를 제공하고, 창업 교육 및 창업 자금을 지원하여야 한다. 자영업이 기술환경 변화에 따라가지 못하면 도태될 수밖에 없고 충분한 준비 없는 창업은 성공 가능성이 매우 낮아진다.

따라서 정부는 개인에게 충분한 교육훈련을 받고, 관련 분야 경험을 한 다음 창업하도록 안내하는 것이 중요하다. 고령의 나이에 창업을 했다가 파산하면 다시 회복하기 어렵고, 노후 빈곤의 원인이 됨을 다양한 사례를 통해 충분히 알려줄 필요가 있다.

셋째, 성장단계에서는 세금, 카드수수료 등 경영비용에 대한 부담을 완화해 주고, 안정적 임차환경 조성, 가맹본부-가맹점 간 불공정행위 방지 등을 통한 공정한 거래질서를 확립하며, 일자리 안정자금, 근로장려금EITC 등 직접적인 지원을 확대해 나가야 한다.[23]

제 2 장

청년고용과 상생하는 정년연장

01 영화 인턴과 현실

2015년 개봉한 영화 '인턴'에서 인터넷 의류업체를 창업하여 1년 만에 직원 220명의 기업으로 키운 30세의 줄스 오스틴앤 해서웨이 역은 전화번호부 회사의 임원으로 근무하다 퇴직한 70세의 벤 휘태커로버트 드 니로 역를 노인 인턴 프로그램으로 채용한다. 처음에 줄스 사장은 개인 인턴으로 배정된 벤을 회의적인 시각으로 대하고 다른 부서로 보내려고 한다.

▶ 영화 인턴(2015년)

그러나 벤이 그간의 직장생활과 인생에서 얻은 풍부한 경험과 삶의 지혜를 바탕으로 줄스의 경영과 인생에 대해 조언을 해 주면서 서로에게 꼭 필요한 친구가 되고 마지막에 공원에서 태극권을 같이 하면서 영화가 막을 내린다.

이 영화와 같이 퇴직한 고령자가 다시 취업을 하여 열정과 새로운 기술로 무장하였지만 경험이 부족한 젊은 청년을 돕는다면 사회적으로 청년층의 고용을 줄이지 않으면서 고령층의 취업도 늘어날 수 있을 것이다. 그러면 이러한 상황이 현실에서 일어날 수 있을까?

정년연장이 청년고용에 미치는 관계를 보려면 반드시 설명하고 넘어가야 할 개념이 있다. 바로 부분최적과 전체최적이다. 부분최적의 합이 반드시 전체최적이 되는 것이 아니다. 즉 부분적으로 최적의 상태가 된다고 해도 전체적으로 최적의 상태가 되지 않을 때가 있다. 반대로 부분최적의 양보나 희생이 있어야 전체최적이 달성 가능할 수도 있다.[1]

별자리인 큰곰자리URSA Major 꼬리에 북두칠성北斗七星이 있다. 그러나 서양에서는 큰곰자리를 주로 보고 동양에서는 부분인 북두칠성을 중요시한다.[2] 따라서 각자 처한 상황에 따라 서로 다른 것을 볼 수 있음을 인정하고 적어도 정년연장과 관련해서는 전체와 부분을 구분해서 볼 필요가 있다.

경제 전체로 보아 정년을 연장하여 고령층의 고용도 늘고, 청년층의 고용도 증가한다면 전체최적 상태가 된다. 그러나 청년층이 일하고 싶어하는 일정 부문에서 정년연장으로 인해 청년고용이 줄어든다면 부분최적이 되지 않을 수도 있다.

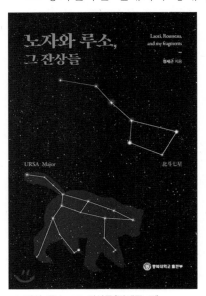

▶ 노자와 루소, 그 잔상들(정세근 저)

정년연장이 과연 청년고용을 축소시키는가에 대한 오랜 논쟁이 있었다. 이 논쟁은 부분최적과 전체최적을 구분하지 않는 데서 발생하는 것으로 보인다. 적어도 정년연장과 관련해서는 『노자와 루소, 그 잔상들』의 책표지에 있는 큰곰자리전체와 북두칠성부분을 구분해서 유심히 살펴볼 필요가 있다. 이에 대해서는 다음 '정년연장과 청년고용 간의 관계'에서 더 상세하게 설명하기로 한다.

ⓞ2 정년연장과 청년고용 간의 관계

보완관계라는 입장

우선 고령자 고용의 증가가 청년고용을 감소시키지 않으며 보완관계에 있다는 주장에 대해 살펴본다. 이 주장의 기본적인 논리는 '고용량 불변의 가정'이 잘못되었다는 것이다. 즉 하나의 경제에서 일자리 수는 한정되어 있으므로 한 사람이 일자리를 갖는 경우 다른 일자리가 줄어든다는 가정이 잘못되어 있다는 것이다.

OECD 국가들은 고령자 고용률이 높을 때 청년층 고용률도 높고, 고령자와 청년층 고용률이 함께 증가하는 경향을 나타냈다는 것이다. 또한 프랑스 등 일부 OECD 국가에서 80년대 중반에 청년실업 문제를 해결하고자 고령자의 조기퇴직을 권장했지만 결과적으로 청년고용은 늘지 않고 재정부담만 커졌다는 사례를 증거로 든다.

우리나라에서도 2010년대 초 연구에서는 고령자 고용과 청년층 고용이 보완관계에 있다는 연구결과들이 있다.3 그리고 이러한 연구결과 등을 기초로 2013년에 60세 이상 정년 의무화가 이루어졌다.

사회 전체적으로 정년연장이 청년고용을 증가시킬 수도 있고 감소시킬 수도 있다. 그러나 우리나라와 같이 노동시장이 양분화되어 있는 곳에서 정년연장이 전체 노동시장과 청년고용에 미치는 영향은 큰 의미가 없다.

왜냐하면 청년고용의 증감에 영향을 미치는 수많은 요인이 있고, 정년연장이라는 하나의 제도보다는 경기의 확장·축소, 신기술의 발전이나 생산성 증가, 경쟁력 향상 등이 고용에 더 큰 영향을 미치기 때문이다. 즉 경기가 확장 국면에 있을 때는 고령층과 청년층의 고용이 함께 증가할 수 있다.

또한, 정년연장이 청년고용에 미치는 영향을 보려면 경제 전체보다는 기업 규모별 영향에 대해 별도로 심층 분석하여야 한다. 2018년 기준 근로자 수 100인 미만 사업체가 전체 사업체의 99%를 차지하고, 전체 종사자의 73%가 취업을 하고 있다.4 따라서 전체 노동시장을 대상으로 통계분석을 하는 경우 청년들의 선호와 수요를 제대로 반영하지 못할 수 있다.

청년들은 일단 근로자 수 300인 이상 대규모 기업, 또는 100인 이상 중견 기업에 취업하고 싶어하는데 100인 미만 사업체의 통계가 전체 통계의 결과를 좌우하는 분석을 기반으로 정년연장을 논의하면 현실에 맞지 않는 정책이 나올 수 있다.

대학 입학 수험생들이 선호하는 대학부분이 있고, 입시 경쟁도 치열하다. 그러나 저출산으로 인해 대학 학령인구가 대학의 입학 정원전체보다 부족하고 앞으로는 대학 정원을 채우지 못하는 대학이 많아질 것이다. 이런 상황에서 수 험생들에게 대학 정원은 충분하니 대학 입학에 대해 걱정하지 말라고 하는 것 이 수험생들에게 무슨 의미가 있겠는가?

문제는 청년이 입학하고 싶은 대학, 취업하고 싶은 직장부분. 북두칠성이 따로 있고 경쟁도 치열하다는 것이다. 이런 상황에서 대학 정원 전체나 노동시장의 일자리전체. 큰곰자리에 대한 분석결과를 갖고 대학에 들어가기 쉽다거나 정년연장 이 청년고용을 대체하지 않는다고 하는 것은 청년층의 선호와 수요를 제대로 반영한 것이라고 보기는 어렵다.

대체관계라는 입장

정년연장이 대체관계에 있다는 입장에 따르면, 첫째, 정년연장이 청년고용 에 미치는 영향을 보기 위해서는 청년들이 선호하고 취업하고자 하는 근로자 수 기준 300인 이상 대기업 또는 확대하여 100인 이상 중견기업을 심층적으로 분석하여야 하는데, 노동시장 전체를 분석한 결과를 가지고 서로 보완관계에 있다고 주장하는 것은 청년들의 대기업 또는 중견기업 선호 수요를 반영하지 못한다는 것이다.

둘째, 청년 선호 조직인 대기업, 금융기관, 정부기관 등의 일자리 수는 일 정한데, 이 부문에 종사하는 고령인력이 은퇴하지 않고 남아 있으면 그만큼 청 년을 채용하지 않을 것이라는 것이다.

셋째, 기업의 정년이 늘어난다면 기업은 당연히 새로운 인력을 덜 뽑게 될 것이고, 조직은 새로운 인력으로 순환되지 못하고 정체될 것이므로 생산성에도 악영향을 미칠 것이라는 것이다.

정년연장이 청년고용에 미치는 영향을 분석하기 위해서는 청년층이 가고 싶어하는 대기업, 공공기관, 금융기관, 정부기관 등 청년선호 부문을 대상으로 하여야 하는데, 근로자 수 100인 미만 사업체를 포함한 전체 사업체 분석을 기초로 잘못된 결론을 내릴 수 있다. 즉 청년층이 관심 있는 부분을 중심으로 분석해야 하는데 근로자 수 100인 미만 사업체가 전체 사업체의 99%인 경제 전체를 대상으로 분석하여 청년들의 선호와 수요를 제대로 반영하지 못하고 있다.

청년층은 위 큰곰자리 별자리에서 북두칠성부분, 동양의 관점을 바라보고 있는데 큰곰자리전체, 서양의 관점를 분석한 결과를 갖고 경제 전체적으로 정년연장은 청년고용과 보완적 관계가 있다는 결론을 내린다면 청년층에게 무슨 의미가 있겠는가? 청년층은 고용시장에서 취업할 때 우선적으로 북두칠성을 바라본다. 청년들이 선호하고 일하고자 하는 별자리는 전체인 큰곰자리가 아니라 부분인 북두칠성이다.

정년연장과 청년고용의 관계를 분석하려면 우리나라 노동시장의 이중구조를 반드시 고려해야 한다. 대기업과 중소기업, 정규직과 비정규직 간 임금격차가 존재하고, 대기업과 정규직이 중소기업과 비정규직에 비해 고용도 안정되어 있다.

대기업의 정규직은 노동조합의 보호를 받아 고용도 안정되고, 임금도 중소기업에 비해 높다. 기업 규모별 노동조합 조직 현황2019년을 보면, 근로자 수 30인 미만 기업의 노동조합 조직률은 0.1%, 30~99인은 1.7%, 100~299인은 8.9%, 300인 이상은 54.8%로 기업의 규모가 클수록 높은 조직률을 나타내고 있다.[5]

그리고 부문별 노동조합 조직률을 보면 민간부문은 10.0%인 데 비해, 공공부문은 70.5%로 공공부문이 앞도적으로 높다. 비정규직의 노동조합 조직률2019년은 3.0%로 정규직의 노동조합 조직률 17.6%의 1/6 수준에 불과하다.[6]

상대적으로 고용이 더 안정되어 있고 임금수준이 높은 대기업, 공공부문, 정규직 근로자들은 노동조합의 보호를 더 많이 받고, 고용이 불안정하고 임금

수준이 낮은 중소기업, 비정규직 근로자들은 노동조합의 보호를 더 적게 받고 있는 것이 현 상황이다.

그리고 사업체 규모별 시간당 임금 수준을 보면 300인 미만 중소기업 정규직은 300인 이상 대기업 정규직 근로자의 57%에 불과하고 대기업 비정규직 임금보다 낮은 수준이다〈그림 2-2〉.

정년연장이 청년고용에 미치는 영향을 보고자 할 경우에는 반드시 이러한 노동시장의 이중구조와 청년의 수요를 고려하고, 정년연장의 수혜자와 피해자가 누가 될 것인가를 신중하게 분석해야 한다.

통계청의 2020년 12월 고용동향을 보면, 청년15~29세 실업률은 8.1%로 전체 실업률 4.1%에 비해 2배 정도 높고, 체감실업률확장실업률은 26.0%에 이른다.[7] 취업준비생을 포함한 확장실업률이 높은 이유 중의 하나는 청년층이 대기업이나 공공·금융기관에 취업을 하거나 공무원이 되기 위해 취업준비를 하면서 중소기업에 가지 않으려 하기 때문이다.

중소기업에는 아직도 많은 일자리가 기다리고 있고 그중의 상당수는 내국인이 가지 않기 때문에 외국인 근로자들이 채운다. 정년연장이 청년고용에 미치는 영향을 분석하기 위해서는 반드시 청년의 확장실업률까지 고려해야 한다.

그림 2-2 **사업체 규모별 시간당 임금 수준**

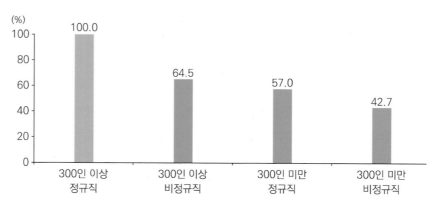

자료: 통계청, 2019년 6월 기준 고용형태별 근로실태조사 결과, 2020. 4.

정년연장이 청년고용에 미치는 영향을 분석하기 위해 경제 전체를 분석할 필요는 없다. 청년 선호 기업, 예를 들어 전체 종사자의 16%를 차지하는 300인 이상 기업, 더 확장하더라도 27%를 차지하는 100인 이상 기업을 대상으로 통계 조사를 하면 된다.

사회적으로 바람직한가 여부를 떠나 많은 청년들이 취업하고자 하는 직장은 레드 오션red ocean 부분이고, 기존의 중고령 근로자들도 더 오래 일하고 싶어하므로 진입하기 위한 경쟁도 심하고 청년층과 중고령층의 노동시장도 중복된다.

물론 청년들이 새로운 아이디어와 기술을 바탕으로 창업할 수도 있다. 그러나 그러한 블루 오션Blue ocean 취업 시장은 고령자 노동시장과 중복되지 않으므로 정년연장 시 대체관계를 고려할 필요가 없다.

결과적으로 청년층의 관심이 적고, 정년연장의 효과가 크지 않으며, 중소기업이 대부분을 차지하는 노동시장 전체를 대상으로 정년연장의 효과를 분석하는 이유는 무엇인가? 정년연장에 따른 청년고용의 감소 효과가 주로 대기업 등 청년 선호기업들을 중심으로 발생하기 때문에 이 기업들을 대상으로 분석해야 한다.

또한, 앞에서 고령자 고용의 증가가 청년고용을 감소시키지 않고 보완관계에 있다는 근거 중 하나인 '고용량 불변 가정'의 오류에 대해 다시 한번 살펴보기로 하자.

청년층이 선호하는 공공·금융·정부 기관은 어느 정도 정원 관리를 하고 있고, 대기업의 경우에도 경기침체 국면에 있거나 기계화, 자동화 등으로 고용을 더 이상 늘리지 않을 경우에는 고용 총량이 정해져 있다. 즉, 특정 부문에 고용량이 증가하지 않고 불변하는 경우 정년연장과 청년고용 간에 대체관계가 발생할 수 있는 것이다.

경기호황 국면에서는 고령층이나 청년층 고용이 모두 증가할 것이므로 이 상황에는 정년연장으로 인한 청년층 고용 감소에 대해 고민할 필요가 없다. 그러나 경기침체, 저성장, 고용 없는 성장 시기에는 고용 총량이 어느 정도 정해져 있으므로 청년층이 가고 싶어 하는 대기업 등에는 정년연장과 청년고용 간에 대체관계trade-off가 발생한다.

다만, 장년고용과 청년고용을 모두 늘리려면 대기업에서 매출액과 이익, 생산성과 경쟁력을 향상시켜 기업 규모를 확장하고, 중견기업을 청년층이 가고 싶은 직장으로 만들어 고용 총량을 증가시키면 된다.

정년이 60세에서 65세로 늘어난다면 결과적으로 그 혜택은 청년 선호기업에 종사하는 고령자에게 돌아가고 청년고용은 줄어들 수밖에 없다. 기업은 9천만 원을 받는 60세 근로자 대신에 3천만 원을 받는 청년 근로자 3명을 신규 채용할 수 있다. 이렇게 본다면 60세의 대기업 근로자의 정년이 늘어나는 대신에 청년 근로자가 원하는 기업에 취업을 못할 수도 있다.

청년층이 북두칠성에 가서 일하고 싶다면 북두칠성에서 일하던 고령층은 60세 정년이 되면 과감하게 일자리를 물려주자. 청년 단계에서 정규 일자리를 잡지 못하면 기술과 경험을 축적할 기회를 잃어버려 평생 비정규직으로 살 수도 있다.

단, 고령인력이 대기업이나 중견기업에서 기술 전수를 위해 남아야 하거나 일하고 싶은 경우에는 바뀐 직무체계와 보수체계를 수용해야 한다. 우선 기존의 직책과는 다른 전문직으로 일을 하면서 직무와 성과에 따른 보수를 받으면 기업에 부담이 되지 않는다. 그러면 고령자도 일하면서 1~3명의 청년 근로자를 신규 채용할 여력이 생긴다.

결론적으로 북두칠성부분에서는 기득권을 가진 고령 근로자의 양보가 전제되어야 큰곰자리에서의 전체최적이 달성되어 청년층의 고용이 줄지 않으면서 경제 전체의 고용이 증가할 가능성이 높아진다.

03 60세 이상 정년 의무화의 효과

60세 이상 정년 법제화와 정년 퇴직 현황

정부가 2013년 5월에 '고용상 연령차별 금지 및 고령자고용촉진에 관한 법률고령자고용법'을 개정하고 대기업은 2016년, 중소기업은 2017년부터 60세 이상 정년제를 실시함으로써 국가·지방자치단체를 포함한 모든 사업장에서 60세 이상 정년이 법적으로 의무화되었다.

이는 국민의 평균수명이 증가하고, 국가적으로 계속하여 고령 인적자원 활용이 필요하므로 고령인력이 주된 일자리에서 더 오랜 기간 일할 수 있도록 하기 위해서였다.

그러면 60세 이상 정년 의무화로 인해 더 많은 고령자가 직장에서 더 오래 일하고 있을까? 2020년 「경제활동인구조사 고령층 부가조사」에서 가장 오래 근무한 일자리를 그만 둔 이유를 보면 60세 이상 정년제가 전 기업으로 적용된 2017년 이후나 그 이전이나 정년 퇴직자 비율은 7.1~8.2%로 큰 변동이 없다.

2020년 정년퇴직자의 이직연령은 평균 58.8세로, 이에는 주로 정년까지 일을 할 수 있는 대기업 생산직, 공공기관 종사자들이 포함된 것으로 보인다.

60세 이상 정년 의무화가 산업현장에 시행되기 이전인 2015년에도 평균 이직연령이 58.0세인 것을 고려하면 60세 이상 정년의무화 시행 이후에도 정년 퇴직자의 평균 이직연령은 거의 변화가 없고, 추가적인 정년연장으로 인해 혜택을 본 근로자 수 비율도 증가하지 않았다.[8]

반면, 권고사직, 명예퇴직, 정리해고 등으로 인해 조기 퇴직한 사람들의 비율은 전체 근로자 중 2014년에 10.1%, 2017년에 11.9%, 2020년에 12.5%로 점차 증가하고 있다〈그림 2-3〉.[9] 경기침체가 한 요인일 수도 있지만 기업이 정년연장에 따른 비용증가에 대응하기 위해 조기퇴직 수단을 활용했을 수도 있다.

기업은 영리를 목적으로 하는 조직이기 때문에 개인에게 지급하는 보수가 개인의 생산성에 현저하게 미치지 못할 경우에는 조기퇴직 수단을 택할 가능성이 높다.

그림 2-3 　**가장 오래 근무한 일자리를 그만둔 이유**

(단위: 연도, %)

주: 조기퇴직에는 권고사직, 명예퇴직, 정리해고를 포함
자료: 통계청, 각 연도 5월 경제활동인구조사 고령층 부가조사 결과

　　추후 추가적인 고용연장 또는 정년연장을 시행하기 위해서는 가장 오래 근무한 일자리를 그만 둔 이유 중에 정년 퇴직자 비율이 10%도 안되는 이유, 정년연장에도 불구하고 조기 퇴직 비율이 늘어난 이유, 조기퇴직이 많이 발생하는 부문, 정년퇴직자가 많은 조직 등에 대해 정부나 국책연구기관에서 심층적으로 연구·분석할 필요가 있다.

　　정년 60세 이상 법제화에도 불구하고 정년퇴직자보다 조기퇴직자 비율이 높은 원인 중의 하나로 호봉제 또는 연공급제 임금체계를 들 수 있다. 근로자가 기업에 오래 근무할수록 보수가 증가하기 때문에 근로자의 생산성이 보수에 미치지 못하면 기업은 조기퇴직의 방법을 고려하게 된다.

　　즉, 근로자가 기업의 이익에 연 3천만 원 정도 기여하는데 호봉제에 의해 연봉을 9천만 원을 받는다면 기업은 권고사직, 명예퇴직 등을 통해 조기퇴직시키는 것이 합리적이라고 판단할 것이다.

　　그러면 대기업의 일부 정규직 근로자가 낮은 생산성에도 불구하고 호봉제를 유지하면서 60세 정년을 채우면 어떤 현상이 발생할까? 대기업은 그 비용을 2차 또는 3차 하청기업, 또는 비정규직 근로자에게 전가하는 방법을 찾게 된다.

경기불황이 발생하더라도 대기업에서 정규직 근로자에 대한 해고와 임금 저하가 어렵다면 비정규직 근로자가 불황의 비바람을 그대로 맞아야 하고, 하청기업 근로자는 일자리를 잃거나 더 낮은 임금에 시달릴 수밖에 없다. 따라서 근로자 간에 양극화가 더욱 심화되는 요인이 되기도 한다.

60세 이상 정년 의무화가 청년층 고용에 미친 영향

우리나라에서 정년 60세 이상 의무화가 전 사업장에 시행된 2017년 이후의 정년연장이 청년층 고용에 미치는 효과에 대한 연구를 보면 정년연장이 청년고용을 줄였다는 연구결과들을 주로 볼 수 있다.

KDI의 한요셉은 2016년부터 2017년까지 단계적으로 도입된 60세 이상 정년 법제화에 따라 민간기업에서 고령층55~60세의 일자리는 늘어났으나 청년층 15~29세의 일자리는 줄어들었고, 이러한 청년고용 대체효과는 기업규모가 크거나 고용 보호가 강한 산업에서 크게 나타난다고 하고 있다. 이 연구결과를 보다 상세히 설명하면 다음과 같다.

첫째, 민간기업에서 정년연장의 수혜자가 1명 증가할 경우 고령층의 고용은 0.6명 늘어나고, 청년층의 고용은 0.2명 줄어든 것으로 나타났다.

둘째, 공공기관의 경우에는 정년연장 이후 고령층 고용과 청년층 고용이 모두 증가하였는데, 이는 임금피크제를 실시하여 절감된 예산을 청년채용에 사용했기 때문으로 보인다.

셋째, 60세 이상 정년 의무화에 따라 상대적으로 기업의 규모가 클수록 청년고용을 감소시키는 효과가 크게 나타났고, 근로자 수 100인 미만의 중소기업에서는 정년연장에 따라 청년고용이 감소되는 효과가 나타나지 않았다.[10]

고용노동부의 「사업체노동실태현황 조사 결과」2018년 기준를 보면, 전체 사업체 203만 개 중 10인 미만 사업체 수는 전체 사업체 중 84.4%, 30인 미만 사업체 수는 95.9%, 100인 미만 사업체 수는 99.1%를 차지한다. 그리고 종사자 비중을 보더라도 100인 미만 사업체에 72.9%, 300인 미만 사업체에 84.4%가

표 2-6 **종사자 규모별 사업체 현황**

	사업체 수(개소)	비중(%)	종사자 수(명)	비중(%)
1~4인	1,228,376	60.5	3,328,655	18.3
5~9인	486,131	23.9	3,124,324	17.2
10~29인	233,738	11.5	3,623,613	19.9
30~49인	39,809	2.0	1,492,242	8.2
50~99인	25,026	1.2	1,698,500	9.3
100~199인	10,383	0.5	1,405,732	7.7
200~299인	2,837	0.1	683,374	3.8
300~499인	1,821	0.1	687,152	3.8
500~999인	1,065	0.1	733,105	4.0
1,000인 이상	596	0.0	1,422,096	7.8
전규모	2,029,782	100.0	18,198,793	100.0

자료: 고용노동부, 사업체 노동실태현황(2018년 기준), laborstat.moel.go.kr

근무하고 있다(표 2-6).

일반적으로 근로자 수 100인 미만 사업장과 같이 규모가 작은 조직은 고용이 안정되어 있지 못하고, 입직·퇴직이 빈번하며 임금도 낮은 수준이므로 정년연장이 큰 영향을 미치지 못하고, 따라서 청년고용 감소 효과도 거의 나타나지 않은 것으로 판단된다.

향후 정년연장이 청년고용에 미치는 효과를 분석할 때는 반드시 기업 규모별로 분석할 필요가 있다. 그러하지 않으면 우리나라에서 다수를 차지하는 근로자 수 100인 미만 소규모 기업에 대한 분석이 청년층의 수요를 왜곡시킬 가능성이 높다.

한국노동연구원 남재량 박사의 연구에 따르면 정년 60세 이상 의무제 시행이 사업체의 고용을 감소시키는 효과가 통계적으로 유의미하게 나타났고, 임금피크제를 실시하고 있는 사업체는 미실시 기업에 비해 고용에 긍정적인 영향을 보였다. 이 연구에서는 60세 이상 정년연장법이 고용에 부정적인 영향을 미쳤으므로 추가적인 정년연장은 신중하게 검토해야 한다고 밝혔다.[11]

정년 60세 이상 의무화 이후에 정년연장이 청년고용에 미친 영향에 대한 연구를 보면 거시경제적 측면의 연구가 주를 이룬다. 그러나 향후에는 미시경제적 측면에서 정년연장과 기업의 인적자원관리 관행 간의 관계를 더 심층적으로 분석해 보아야 한다.

즉, 기업의 연공급, 직무급 등 임금체계, 임금피크제 도입 여부, 직위와 직책 관련 제도, 기업의 생산성과 매출 증가 등 기업별 특성에 따라 정년연장이 청년고용에 어떤 영향을 미쳤는지 심층적으로 분석해야 한다. 그래야 향후 추가적인 고용연장 또는 정년연장 시 청년고용 대체효과가 발생하지 않으려면 국가와 기업 차원에서 어떤 대응이 필요한지 알 수 있다.

기업은 영리를 목적으로 하는 조직이므로 타기업에 비해 경쟁력을 강화하기 위해 총비용 중에서 인건비가 차지하는 비율을 현상 유지하거나 축소하려고 하는 경향이 강하다. 인건비 비중은 총 매출액에서 인건비가 차지하는 비중을 나타낸다인건비 비중=인건비/매출액.

연공급 임금체계를 갖고 있던 기업에서 현재 60세 정년에 다다른 근로자의 정년을 65세로 늘린다고 가정한다면, 매출액이 일정한 경우 인건비 비중이 증가하므로 정년에 임박한 근로자를 조기퇴직시키고자 하는 유인이 커진다. 그리고 정년 65세가 법적으로 의무화되면 인건비 비중이 커져 신규 청년을 채용할 여력이 축소된다.

정년이 60세였다면 정년이 된 근로자를 내보내고 임금이 상대적으로 낮은 청년 근로자를 채용할 수 있었으므로 65세 이상으로 정년연장이 되는 경우 청년고용을 대체하는 현상이 나타날 것이다. 임금피크제를 시행하면 인건비를 절약한 만큼 신규 고용을 할 여력이 생긴다. 또한 기업이 생산성을 향상시켜 매출액을 증대한다면 고령자 고용을 연장하면서도 청년을 고용할 수 있는 가능성이 커질 것이다.

향후 정년연장이 청년고용에 미치는 효과를 보기 위해서는 거시경제적 연구뿐만 아니라 기업의 정년연장과 관련된 인적자원관리 연구, 기업 규모별 비교 연구, 공공기관과 민간기관, 금융기관 등 특정 부문에 대한 연구, 기업의 생산성이나 매출액 증가가 청년·장년 고용에 미치는 영향 등에 대해 심층적으로 연구하여야 하며, 이러한 연구결과 등을 기초로 고용연장이나 정년연장을 검토하고 시행하여야 한다.

04 정년연장에 대한 원칙 확립과 단계적 접근

65세 이상 정년연장에 대한 논의 배경

우리나라는 1991년에 60세 이상 정년 노력 의무가 법에 명시되었지만, 산업현장에서 임금체계의 개편이 제대로 진척되지 않은 상황에서 2013년에 60세 이상으로 정년을 의무화하는 고령자고용법 개정이 전격적으로 이루어졌다.

2017년에 전 산업현장에 시행된 고령자고용법제19조의2에는 정년을 연장할 경우 노사 모두는 임금체계의 개편 등 필요한 조치를 해야 한다고 규정하였으나 권장사항에 머물러 결과적으로 의무사항인 정년만 60세 이상으로 연장되고 임금체계 개편은 제대로 이루어지지 않아 기업에 부담 요인으로 작용하게 되었다.

기업이 개인에게 지급하는 연봉이 9천만 원인 데 비해 개인이 기업에 벌어다 주는 수입이 3천만 원에 불과하다면 이러한 보수체계는 지속가능하지 않다. 결국 기업은 임금을 삭감하든지 아니면 고용관계를 종료하는 방안을 고민하게 된다.

반면, 우리나라에서 고령화가 급속하게 진행됨에 따라 국가적으로는 고령 인적자원을 활용하고 국가 재정부담을 줄이기 위해, 개인적으로는 노후소득 확보와 자아실현 등을 위해 고령자들이 더 오래 노동시장에 머물러야 할 필요성이 증가하였다.

그 이유를 보면 첫째, 향후 전체 인구 중에 생산가능인구의 비중이 감소하므로 국가적으로 더 많은 노동력을 확보해야 한다. 그리고 2025년에는 65세 이상 인구가 20% 이상이 되어 초고령사회가 된다. 따라서 생산가능인구의 급격한 감소에 대응하고, 고령층 인력이 노동시장에서 은퇴하여 경제 전체에 부담이 되는 상황이 발생하지 않으려면 향후 65~70세 이상까지 일을 해야 한다.

둘째, 급속한 고령인구 증가에 따라 기초연금, 국민연금 지급액이 증가하

표 2-7 국민연금 수급 연령

연도(년)	2013~2017	2018~2022	2023~2027	2028~2032	2033
연령(세)	61	62	63	64	65

자료: 국민연금법 부칙 제3조

고, 건강보험 재정이 악화되는 등 사회보장 부담이 커지므로 고령자가 더 오래 경제활동을 해야 한다.

셋째, 개인적으로 평균수명이 빠른 속도로 증가하다 보니 노후소득 확보를 위한 준비가 미흡한 상황이다. 특히, 국민연금 수급 연령이 증가하여 소득 단절 현상이 발생할 수 있으므로 고령층 인력이 더 오래 일할 필요가 있다.

국민연금의 수급 연령은 현재 62세로부터 매 5년마다 1세씩 늘어나므로 2018년에 62세, 2023년에는 63세, 2033년에는 65세로 증가한다(표 2-7). 2017년에 전 산업에 60세 이상 정년이 의무화됨에 따라 국민연금 수급연령과 1세의 차이가 발생하였고, 2018년에는 2세의 차이가 발생하였으며, 2023년에는 3세, 2033년에는 5세의 격차가 발생한다. 그러므로 국민연금 수급연령이 65세가 되는 2033년까지는 고령층 인력이 65세 이상까지 일할 수 있는 방안을 강구하여야 한다.

한편, 2019년 2월 대법원은 도시 일용노동의 육체 가동 연한을 기존 60세에서 65세로 늘리는 판결을 하였다. 이를 정년을 65세로 연장하는 근거로 직접 삼기는 어렵지만, 일할 수 있는 나이를 65세까지 보아 보상을 하라는 점에서 의미있는 판결이라 할 수 있다.

그리고 2020년 2월 고용노동부의 연두 업무보고에서 '고용연장'이 거론되었고, 8월 관계부처 합동의 「인구구조 변화 대응방향」 보고서에서 고용노동부는 고령자 고용을 활성화하기 위해 '계속고용제도' 등 다양한 제도를 설계할 것이라고 밝혔다.

고령화가 가속화됨에 따라 고령인력이 더 오래 일해야 할 필요성이 증가하고 있어, 어떤 형태로는 고령자의 고용기간을 연장할 수 있는 제도 도입에 대한 구체적인 논의가 필요한 시점이다.

OECD 선진국의 정년 관련 제도

우리나라가 향후 추가적으로 고령자의 고용을 연장하려면 선진국의 사례를 벤치마킹하여야 시행착오를 최소화하고 실효성을 제고할 수 있다.

OECD 선진국 중 정년제가 주로 문제가 되는 국가는 종래 종신고용제와 더불어 연공급제 임금체계를 도입한 일본과 이러한 영향을 받은 우리나라뿐이다.

전통적으로 연공급제 임금체계를 운영하고 있던 일본의 기업은 60세 이상 정년 의무화를 시행하기 전에 임금체제를 개편하거나 보완할 수 있는 기간을 충분히 가졌다. 산업현장에 60세 이상 정년제도가 상당한 정도 정착된 후에 정년이 법제화되었기 때문에 기업과 경제 전반에 주는 부담이 그다지 크지 않았다.

즉, 일본은 ① 1973년부터 연공급제 임금체계 개편과 임금피크제 도입 등을 통해 기업의 추가 인건비 부담을 줄이기 위한 노력을 해 왔고, ② 1986년에 60세 이상 정년 노력 의무를 시행한 다음, ③ 8년 후인 1994년에 60세 이상 정년 법제화를 위한 법 개정을 하였으며, ④ 다시 4년 후인 1998년에 법을 적용하기 시작했다.

일본에서는 60세 이상 정년제를 위한 법 개정을 한 1994년 당시에 이미 기업의 84%가 이 기준을 충족하고 있었으므로, 1998년에 60세 이상 정년제가 본격적으로 실시되었지만 기업에 주는 부담은 크지 않았다.

65세 이상 고령자 고용확보 조치에 대한 의무화도 2004년에 고령자법을 개정한 다음 2006년부터 2013년까지 단계적으로 적용하였다. 즉, 정년을 65세 미만으로 규정하고 있는 사업체의 사업주는 고령자의 고용안정을 위해 ① 65세까지 계속고용제도를 도입하거나, ② 65세까지 정년을 연장하거나 또는 ③ 정년 폐지 제도 도입 중에서 하나 이상을 도입하도록 의무화하였다.

특히, 계속고용제도는 근로자 본인이 원하는 경우 정년 후에도 계속 고용을 하거나 재고용을 하도록 하는 제도이다. 기업은 고령 근로자를 반드시 정규직이 아니라 촉탁직·계약직 등으로 고용할 수 있고, 임금도 직무급·성과급 중심으로 운영된다. 2013년 이전에는 계속 고용 대상자를 노사협정에 따라 한정할 수 있도록 하였으나, 2013년 이후에는 희망자 전원을 계속 고용하도록 하였다. 다만,

계속 고용의 대상이 되는 일자리는 소속 기업뿐만 아니라 그룹사도 인정된다.12

고용확보 조치가 전면적으로 시행된 2013년에 고용확보 조치를 적용한 기업이 이미 집계 대상 기업의 92.3%에 도달하였다. 그리고 일본 후생노동성의 「레이와令和 1년2019년 고령자 고용상황 집계결과」에 따르면 집계 대상인 종업원 31명 이상 기업 161,378개사 중 고령자 고용확보 조치를 실시한 기업은 161,117개사로 집계 대상 기업의 99.8%에 이른다. 고용확보 조치를 이행한 기업 중 ① 계속 고용제도 도입 기업은 77.9%, ② 정년연장 기업은 19.4%, ③ 정년폐지 기업은 2.7%를 차지한다.13

따라서 향후 우리나라에서 고용연장이나 정년연장을 65세 이상으로 의무화할 경우 일본의 사례와 같이 우선 상당한 기업에서 65세 이상 고용관행이 확립된 이후에 관련 법을 적용하여야 현실적으로 40대 후반 또는 50대 초반부터 명예퇴직 등 조기퇴직하는 현상이 발생하지 않을 것이다.

한편, 미국이나 유럽 선진국은 해고 등과 관련된 고용 유연성이 있고 성과급, 직무급 보수체계에 따라 임금 유연성이 확보되어 있어 정년제나 정년연장이 기업에 부담이 되지 않으므로 정년을 폐지하여 연금 수급 연령이 사실상 정년이 되고 있다.

미국은 1986년에 연령차별 금지 차원에서 정년제도 자체를 폐지하였고, 영국도 2011년에 정년퇴직 연령을 폐지하였다. 독일도 2012년부터 100% 연금수급이 가능한 퇴직연령을 65세에서 67세로 단계적으로 연장하고 있다(표 2-8).

이들 선진국이 정년을 폐지할 수 있는 이유를 보면 다음과 같다. 첫째, 고용 유연성이 높은 국가는 정년제도를 둘 필요성이 낮아진다. 예를 들어 미국은 해고자유원칙employment at will을 따르고 있어 우리나라와 같이 노동법에 따른 '정당한' 해고 사유를 필요로 하지 않으므로 정년제도를 폐지하고 연령차별 금지 제도만 두고 있다.

둘째, 직무급, 성과급이 발달되어 있는 경우 임금 유연성이 높아 기업은 고령 근로자가 기업에 기여하는 만큼 보상을 하므로 기업이 자율적으로 고용을 연장한다.

표 2-8 세계 주요 국가의 정년 관련 제도

국가명	정년 관련 제도	시행연도
미국	정년제도 폐지, 연령차별 금지	1986년
영국	정년퇴직 연령 폐지, 연령차별 금지	2011년
독일	65세 → 67세(단계적 상향, 연령수급 연령)	2012년
일본	60세 → 65세 이상 고용확보 조치	2013년
한국	55세 → 60세 이상 정년 법제화	2017년

자료: 세계법제정보센터(world.moleg.go.kr) 등을 참조하여 작성

셋째, 일본과 같이 고용확보 조치를 통해 고용을 연장하더라도 기업의 상황을 고려하여 다양한 선택지와 준비할 수 있는 기간을 주고 단계적인 고용연장 조치가 이뤄졌으므로 고용연장이 기업에 주는 충격과 부담이 크지 않다.

이러한 선진국의 사례를 볼 때, 우리나라가 고령인력의 고용 기간을 65세 이상으로 연장하여 고용을 안정시키려면 60세 이후부터는 계약직·시간제 등 고용 형태가 유연해지고, 직무급·성과급 등을 통해 임금이 탄력적으로 운영되어야 하며, 일본의 계속고용제도와 같이 단계적으로 기업의 상황을 세밀하게 고려하여 제도를 만들고 적용하여야 할 것이다.

정년연장에 관한 기본 원칙

초고령사회가 다가옴에 따라 정년 상향 조정의 필요성에 대한 주장이 다시 나오게 될 것으로 예상되는데, 정년연장보다는 노동시장의 원리에 따르면서 기업의 실정을 반영하는 '고용연장'으로 나아가야 한다. 정년연장은 기업에서 근로자가 일할 수 있는 법적 정년을 일률적으로 늘리는 것이다. 반면, 고용연장은 기업에 고용을 연장할 의무를 부여하지만 고용형태를 기업이 선택하도록 하는 제도로 60세 이상 정년 이후 촉탁직, 계약직, 시간제 등으로 근로계약 형식을 바꾸어 재고용하거나 유관 기업에 취업을 하게 하는 등 실질적으로 노동시장에서 일할 수 있는 연령을 늘리는 방식이다.

고용을 연장시키려면, 우선 기업이 생산성과 경쟁력이 높아져서 더 많은

청년, 중고령자를 고용해야 하며, 근로자도 지속적인 교육훈련 등을 통해 생산성을 높여야 한다. 그리고 기업이 직무와 성과에 맞는 임금체계를 갖추면, 고령자도 개인의 생산성에 맞는 보수를 받게 되므로 기업이 고령자 고용연장에 부담을 갖지 않게 된다. 또한, 고령자에 맞는 직무를 개발·부여하고, 직위와 직책을 분리해서 운영하여야 고령인력이 더 오래 일할 수 있는 업무 환경이 조성된다.

경제 규모가 커질수록 정책 전환은 신중하게 시간을 갖고 해야 한다. 작은 배는 빠르게 방향을 바꿀 수 있지만, 커다란 배는 빠르게 방향을 바꾸면 전복될 가능성이 커진다. 그리고 경제규모가 커지고 선진국으로 나아갈수록 시간의 여유를 갖고 정책을 예측가능하게 실시해야 한다.

그리고 향후 근로자에 대한 고용연장을 의무화하는 경우 다음과 같은 원칙을 갖고 시행해야 한다. 즉, 근로자의 고용이 연장될 경우 고용 안정성이 증가하므로, 이에 상응하여 임금 유연성이 높아져야 한다. 이와 함께 생산성이 증가하여 기업의 성과가 높아지면 기업은 그 성과를 공정하게 배분하면서 지속가능한 경쟁력을 갖게 되고 국가도 경쟁력을 향상시킬 수 있다〈그림 2-4〉.14

향후 우리나라에서 고령화가 계속 빠른 속도로 진전되어 일본의 65세 이상 고용확보 조치와 비슷한 고용연장 제도를 도입하고자 할 경우에는 기업에서 직무와 성과에 따라 임금체계를 개편할 수 있도록 준비 기간을 충분하게 주어야 한

그림 2-4 **고용연장과 국가경쟁력**

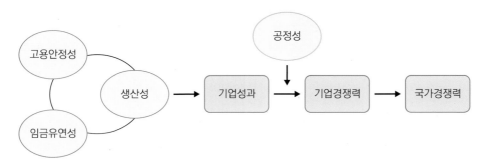

다. 그리고 어느 정도 산업현장에서 65세 이상 고용이 뿌리내린 다음 고용연장을 법제화하여야 산업현장의 부담을 최소화하면서 기업이 경쟁력을 유지할 수 있고, 사회적으로 청년층 고용을 줄이지 않으면서 고령층 고용도 확대할 수 있다.

05 임금체계 개편과 고용연장 방안

일의 가치를 반영하는 임금체계

우리나라에서 평균수명 증가와 초고령사회 진입이라는 환경 압박에 대응하기 위해서는 고령 인적자원 활용이 기업과 국가의 경쟁력을 강화하는 주요한 전략이 될 수 있다.

국가적으로 고령인력 활용이 중요함에도 불구하고 기업이 정년연장에 부담을 갖는 이유는 연공급 임금체계가 지속되고 있기 때문이다. 앞서 다른 선진국 사례에서 보았듯이 성과급이나 직무급 등과 같이 일의 가치를 반영하는 임금체계를 갖고 있는 국가에서는 정년연장이 문제가 되지 않는다. 또한 기존에 연공급 임금체계가 관행화되어 있던 일본도 정년연장이나 고용연장을 의무화하기 이전에 이미 오랜 기간 준비를 거쳐 임금체계를 개편해 왔다.

65세 이상 고용연장 또는 정년연장 논의를 하면서 반드시 이루어져야 할 것이 임금체계 개편이다. 현재 정년 60세 이상 법제화가 되었음에도 불구하고 고령층 부가조사55~64세 결과 가장 오래 근무한 일자리를 그만 둔 평균연령은 49.4세이고, 정년퇴직자는 고령층의 7.8%에 불과하며, 조기퇴직자가 12.5%로 점차 증가하는 추세에 있다.[15]

우선 현 정년제도하에서 현재의 재직자들이 더 오래 기업에서 일하게 하려면 정년퇴직자를 늘리고, 조기퇴직자를 줄여야 하는데 이를 위해서는 임금체계가 직무나 성과에 맞게 개편되어야 한다.

기업에서 임금체계를 전면적으로 개편하기에는 시간과 노력이 많이 들 수 있다. 따라서 기업에서 고용연장에 따른 인건비 부담을 완화하기 위해 우선 단

기적 처방으로 임금피크제를 도입하고, 중장기적으로 성과급 또는 직무급 등
연공보다는 성과나 직무 특성에 따른 임금체계를 적용할 수 있다.

임금피크제는 근로자를 계속적으로 고용하기 위해서 피크peak 연령을 기준
으로 임금을 조정하는 대신에 일정 기간 추가적으로 고용연장을 보장받는 제도이
다. 정부는 정년연장을 촉진하기 위해 임금피크제 지원금을 지원하였으나 2018년
말로 임금피크제 지원사업을 종료하였다.

기업에서 전면적인 임금체계 개편 이전에 단기적인 처방으로 임금피크제
를 사용할 수 있으므로, 향후 정부가 기업에서 퇴직 인력의 고용을 65세 이상으
로 연장하도록 촉진하기 위해 임금피크제 지원금 제도를 다시 활용할 수 있다.

임금체계 개편과 연계한 고용연장

10년 후에 나무를 사용하려면 10년 전에 나무를 심고 가꿔야 한다. 정부는
좀 더 장기적인 관점에서 향후 고용연장에 대비하여 임금제도를 개선해 나가야
한다.

기업에서 현재의 고령인력에 대해 추가적인 고용연장이 이루어지려면 명
예퇴직 등 조기퇴직의 원인이 되는 연공급 임금체계를 선진국형 임금체계로 바
꾸어 나가야 한다.

직무와 성과 중심의 보수체계에는 ① 직무 특성, 난이도, 책임 정도 등 직무
가치에 따른 직무급, ② 숙련도, 자격, 경력, 훈련, 역량 등과 같이 직무능력에 따
른 직능급숙련급, ③ 역할의 크기와 성과 등 역할 가치에 따른 역할급, ④ 개인이
나 집단의 성과에 따른 성과급이익분배제, 성과배분제 등 다양한 제도가 있다표 2-9).[16]

그리고 이러한 임금체계를 전 근로자에게 적용하는 것이 어렵다면, 퇴직한
후 재고용하는 인력, 신규 채용 인력을 중심으로 먼저 적용하고 점차 확대해 나
가는 것도 한 방법이 될 것이다.

임금체계 개편 문제가 근본적으로 해결되어야 추후 정년이나 고용이 연장
되더라도 기업의 부담이 줄어들어 실질적인 고용연장이 이루어질 수 있다.

표 2-9 임금체계의 유형

유형	임금 결정·조정 요인	주요 내용
연공급	근속연수	호봉에 따른 자동적 임금 인상
직무급	직무의 가치	직무 특성, 난이도, 책임 정도 등
직능급	직무능력의 수준	숙련도, 경력, 훈련, 자격, 역량 등
역할급	역할의 가치	역할의 크기, 성과 등
성과급	개인성과, 집단성과	이익분배제, 성과배분제

자료: 고용노동부, 직무중심 인사관리 따라잡기, 2019를 참조하여 작성

따라서 기업의 임금체계를 직무와 성과 중심으로 개편할 수 있도록 정부 지원을 대폭 확대해야 한다. 직무와 성과 중심의 임금체계에 대해서는 '제3부 기업의 인적자원관리 성공전략'에서 상세하게 설명하기로 한다.

향후 적어도 10년간 정부는 기업의 임금체계 개편을 위해 예산과 조직, 인력 등에 전폭적인 투자를 해야 한다. 기업에 대한 컨설팅을 확대하고, 업종별로 임금모델을 개발·보급하며, 우수사례를 전파하여야 한다. 그리고 이를 위한 컨트롤 타워control tower를 설치하거나 대폭 확대하고 공공기관이나 민간 컨설팅 기관, 전문가 등을 활용하여 기업의 임금체계 개편을 대대적으로 지원해야 한다.

향후 고용연장 제도 도입 방안

우리나라는 2025년에 65세 이상 인구의 비중이 20%를 넘어서는 초고령사회에 진입할 것으로 예상되는데, 일본은 우리보다 20년 전인 2005년에 초고령사회에 진입하였다. 따라서 일본은 우리보다 20년 정도 앞서 고령화에 대응하여 정책과 제도를 발전시켜 온 경험이 있으므로 일본에서 시행되고 있는 고령자 고용확보 조치를 살펴볼 필요가 있다.

우리나라는 과거 일본의 연공급 임금체계를 유지하고 있으나 영국이나 미국과는 다른 해고제도, 임금제도와 사회보장제도를 갖고 있어 서구권 국가의 제도를 본보기로 삼기에는 한계가 있다.

앞서 일본의 65세 이상 고령자 고용확보 조치는 'OECD 선진국의 정년 관련 제도'에서 설명했는데, 이 중 특히 우리나라가 향후 65세 이상 고용연장 시 벤치마킹할 사항을 중심으로 설명하기로 한다.

첫째, 일본 정부는 고령자 고용확보 조치 의무화를 위해 2004년부터 9년간에 걸쳐 단계적으로 법을 적용하였다. 그리고 기업의 상황에 따라 ① 계속고용제도 도입, ② 65세까지 정년연장 또는 ③ 정년폐지 도입 중에서 하나 이상을 선택하도록 의무화하였다.

따라서 우리나라도 향후 고용연장 시 기업이 제도 변화에 준비할 수 있도록 충분한 기간을 두면서 단계적으로 법을 시행하고, 기업의 실정에 적합한 제도를 도입할 수 있도록 다양한 선택지를 제시해야 한다. 65세 이상 정년연장이나 정년폐지를 하는 기업은 이러한 제도를 도입할 수 있는 상황이거나 인력부족에 처해 있는 조직이므로 정부는 '계속고용제도'를 도입하려는 기업을 위해 보다 세밀하게 제도를 설계해야 한다.

둘째, 계속고용제도에서 가장 중요한 부분은 대상자 선정이다. 일본은 2006년부터 계속 고용 대상자를 노사협정에 따라 한정할 수 있도록 하였고, 2013년부터는 희망자 전원을 고용하도록 의무화하였다.

이와 관련해서 일본은 2004년 당시 고령자고용안정법을 개정하면서 고용확보조치 중 계속고용제도의 적용에 대해 단서를 두고 2006년부터 시행하였는데 이를 참고할 필요가 있다. 즉, 기업에서 계속고용제도를 도입할 경우 과반수 노동조합이나 근로자 과반수 대표와 서면협정을 통해 계속고용조치의 대상이 되는 고령자에 대한 기준을 정할 수 있도록 하였다.

그러나 2013년 고령자고용안정법을 개정하면서 노사 자율협정으로 계속고용 대상자를 정할 수 없도록 하고, 희망자 전원을 계속 고용하도록 의무화하였다.

우리나라 기업이 정년연장 시 가장 부담을 갖는 부분은 정부가 고령자고용법을 개정하여 모든 직원의 정년을 일률적으로 연장하고 정년까지 고용관계를 종료할 수 없도록 하는 것이다.

우리나라에서는 징계해고, 정리해고, 통상해고 등의 제도를 갖고 있지만 해고의 사유와 절차가 명확해야 근로관계 종료가 가능하므로 일단 정년이 연장되면 해고가 매우 어렵다. 이는 영미 등 선진국에 비해 퇴직 후에 새로운 일자리를 찾기가 어렵고, 사회보장제도도 아직 덜 발달된 데 기인한 것으로 판단된다.

기업에서 보수에 비해 생산성이 현저히 떨어지거나, 건강이 좋지 않아 근무에 지장을 주거나, 다른 직원과 조직화합에 문제가 있는 직원 모두에 대해 정년을 의무적으로 연장시키기에는 부담이 크다. 따라서 노사가 정하는 기준에 따라 계속 고용 대상자를 정하도록 하는 것이 매우 중요하다.

장기적으로 우리 산업현장에서 계속고용제도가 상당한 정도 안착되고, 재고용자의 임금이 직무나 성과에 따라 정해지는 관행이 정착되는 경우 계속 고용 희망자 전원에 대해 계속 고용을 의무화하는 제도를 도입할 수 있을 것이다.

셋째, 근로자의 정년 이후에 기업은 재고용 방법을 택할 수 있고, 촉탁직, 계약직, 시간제 등으로 재고용이 가능하도록 해야 한다. 또한 기업에서 근로자를 재고용할 경우 임금제도는 정년 이전과 다르게 설계할 수 있다.

기업에서 정년연장이 아니라 재고용하는 경우 대상자에 대해 별도로 직무나 성과에 따른 임금체계를 적용하더라도 근로조건 저하 금지의 원칙에 위배되지 않는다. 그리고 임금체계와 임금수준도 정년 이전과 다르게 정할 수 있다.

일본에서는 기업이 60세 정년이 된 근로자를 촉탁직·계약직으로 재고용 시 임금이 30~40% 하락한다. 그러나 정부에서 고령자고용계속급부나 재직노령연금를 통해 임금을 보전받으므로 총수입은 대략 정년 이전의 70% 수준이 된다.[17]

고령자고용계속급부는 임금이 60세 도달시점과 비교하여 75% 미만으로 감소된 피보험자에게 임금 감소율에 따라 고용보험에서 급부금을 지원하는 제도이다. 그리고 재직노령연금은 65세 미만 재직자가 후생연금보험에 가입되어 있는 경우 총보수월액 상당액과 연금월액의 합계액에 따라 지급정지액을 결정하고 연금월액에서 지급정지액을 제외한 연금을 지급하는 제도로서 기업의 인건비 부담을 줄여준다.[18]

향후 우리나라 65세 이상 고용연장 제도를 도입할 경우 기업에서 근로자를 60세 이후에 재고용하면서 임금이 감소할 수 있으므로 정부는 임금 보전을 위해 고령자 계속고용장려금, 신중년 적합직무 고용장려금, 워라밸 일자리 장려금 등을 확대 지원하고, 일본의 고령자고용계속급부와 유사한 제도를 도입할 수도 있다.

넷째, 계속 고용 대상자를 고용하는 기업의 범위를 60세 정년 당시 고용기업뿐만 아니라 특수관계에 있는 사업주, 계열사, 하청기업까지 확대하도록 할 필요성이 있다. 왜냐하면 대기업의 경우 근로조건이 좋으므로 기존 근로자는 더 오래 일하려고 하고, 청년 근로자도 신규 취업하려고 경쟁이 치열하기 때문이다. 이 제도를 활용할 경우 대기업의 기술을 관련 중소기업에 전수할 수 있고, 청년 고용과 대체관계 문제도 해결할 수 있다.

우리나라도 이제 경제강국 수준에 맞게 초고령사회에 대응하여 정책이 나아가야 할 방향을 정확히 제시하고, 좀 더 중장기적인 관점에서 정책을 수립하고 시행하여야 한다. 적어도 고용연장과 임금체계 개편에 대해 10개년 계획을 수립하여 비전을 제시하고 실천 전략을 만들며 산업현장에 지속적이고 일관되게 정책을 집행해 나가야 한다.

또한, 일본의 고용확보 조치와 유사한 제도를 도입할 경우에도 경제사회노동위원회 등에서 충분히 시간을 갖고 논의하여 기업이 수용할 수 있는 제도를 설계하고 기업에 적응할 기간을 부여하면서 단계적으로 시행해 나가야 우리나라가 초고령사회에서도 국제경쟁력을 유지하고 경제강국으로 계속 발전해 나갈 수 있을 것이다.

06 기업에서의 정년연장과 노동법상 쟁점

정년연장 시 법적 고려사항

기업에서 고령 근로자를 더 오래 활용하기 위해서 자율적으로 정년연장이나 고용연장을 추진하려고 할 때 노동법상 검토해야 할 사항이 많다. 노동법적인 검토를 충분히 하지 않고 제도를 도입할 경우 기업에서는 근로자의 고용을 연장해 준다는 선한 의도와 관계없이 법적 소송에 휘말릴 수 있다.

우선 기업에서 근로자의 정년을 취업규칙 개정 등을 통해 일괄적으로 현행 60세에서 65세로 연장하는 경우 다음과 같은 사항을 면밀하게 검토한 후 추진해야 한다.

첫째, 기업은 취업규칙의 불이익 변경 금지 원칙을 준수해야 한다. 즉 취업규칙 변경 시 기업에서 이전보다 근로조건을 저하시키거나 복무규율을 강화시킬 수 없다. 근로자에게 불리한 취업규칙의 변경 시에는 근로자 과반수 노동조합 또는 노동조합이 없는 경우에는 근로자 과반수의 동의를 받아야 한다근로기준법 제94조제1항.

기업에서 현재의 근로조건을 그대로 유지하면서 정년을 65세로 연장하는 경우 법적 문제는 발생하지 않겠지만 기업의 재정적 부담이 커진다. 그리고 정년을 연장하면서 임금체계를 개편하는 경우, 경우에 따라 근로조건 저하의 문제가 발생할 수 있으므로 근로자의 동의를 받아 추진해야 한다.

둘째, 기업에서 연공급 또는 연공서열형 임금체계를 갖고 있는 경우 연령이 증가함에 따라 계속하여 임금이 상승한다. 따라서 임금체계 변경 없이 모든 소속 근로자에 대해 정년을 연장하는 경우 기업의 인건비가 증가하여 기업 경영에 부담이 될 수 있다. 그리고 60세 정년에 다다른 근로자가 기여에 비해 더 많은 급여를 받는 경우 청년 근로자를 신규 채용할 여력이 없어져 조직이 활력을 잃을 수 있다.

셋째, 기업에서 취업규칙을 개정하여 모든 정규직 근로자에 대해 정년을 연장하면 정년까지 사실상 해고가 어렵다. 고용관계 종료의 방법으로는 징계해고, 정리해고, 통상해고, 권고사직과 명예퇴직 등이 있으나 해고의 정당성과 절차를 둘러싸고 법적 다툼이 발생하거나 합의금 등이 증가할 수 있다.

징계해고의 경우 근로기준법 제23조에 정당한 이유가 있는 경우에만 해고를 시킬 수 있고, 해고 시 엄격한 징계절차를 거쳐야 하며, 정당한 이유가 없거나 사소한 징계절차라도 위반한 경우 노동위원회나 법원은 부당해고로 판단을 하여 해당 기업은 근로자를 원직복직시키고 해고 기간 중의 임금을 지급해야 한다. 소송이 장기화되면 대법원 확정 판결까지 3년 정도 걸리며, 부당해고로 판결이 나면 해고기간 중 임금을 2억 원 이상 지급해야 하는 경우도 발생한다.

정리해고의 경우에도 근로기준법 제24조에 따라 ① 긴박한 경영상의 필요, ② 해고 회피 노력, ③ 합리적이고 공정한 해고 대상자 선정, ④ 근로자와의 성실한 협의 등 요건을 갖춘 경우에만 정당성을 인정받는다. 따라서 우리나라 현행 근로기준법 하에서 징계해고나 정리해고는 매우 어려우므로 기업의 상황이 악화되거나 근로자에게 문제가 발생해도 고용관계를 종료시키기는 상당히 어렵다.

통상해고는 근로자의 일신상 또는 행태상 사유로 인해 근로계약 의무를 이행하지 못하거나 장래에도 근로관계를 유지할 수 없어 이루어지는 해고이다. 통상해고 사유로는 질병·부상 등 신체적 장해, 자격 등의 상실, 업무능력 결여와 저성과 등이 인정된다.

이 중 특히 법적 다툼이 많은 것이 저성과자 해고인데, ① 현저한 업무수행 능력의 결여와 업무성과 부진, ② 객관적이고 공정한 평가, ③ 고용유지를 위한 노력 등의 조건을 모두 갖추어야 하므로 해고의 정당성을 인정받기가 상당히 어렵다. 특히 고용유지를 위한 노력에는 근로자의 자율개선 촉구, 교육훈련 기회 제공, 해고회피 및 고용유지 조치 등이 따라야 한다.[19]

권고사직이나 명예퇴직의 경우 사용자와 근로자가 합의에 의해 근로관계를 종료하지만 합의금, 위로금 등의 비용이 발생한다. 특히 명예퇴직 수당 등이 정년퇴직 연령에 비례하는 경우 정년이 늘어나면 연장된 만큼 명예퇴직 비용이 증가할 수 있다.

또한, 정년을 전체 근로자에 대해 일률적으로 연장시킬 경우 생산성, 건강, 조직화합 등에서 문제가 있는 직원 모두의 정년을 일률적으로 연장시켜야 한다. 그러므로 정년연장 시 고용관계를 종료시킬 수 있는 기준에 대해 근로자의 동의를 받아 명확하게 취업규칙 등에 규정해야 한다.

현행법 체계하에서 고용연장 방안

현재 정부에서는 일본의 고용확보 조치 등을 참고하여 계속고용제도 도입 등 고용연장 방안을 검토하고 있다. 따라서 기업은 고령자의 재고용 노력을 하면서 65세 이상 고용연장 법제화에 미리 대비해야 한다. 아래에서는 그간 현장 경험을 바탕으로 현행법 제도하에서 법적 문제가 발생하지 않도록 재고용하는 방법을 제시한다.

첫째, 취업규칙상 정년이 60세로 정해져 있는 경우 일단 정년 60세에 고용관계를 종료한다. 근로자가 60세 정년 이후에 바로 이어서 촉탁직으로 재고용하는 경우가 있는데, 해당자 전원을 재고용하지 않았을 때 재고용에서 탈락하는 근로자가 불복했을 경우 법적인 문제가 발생할 수 있다.

2017년 2월에 대법원에서는 정년이 지나 기간제로 일하는 골프장 사원에 대해 근로계약 갱신기대권을 인정하는 판결을 하였다. 따라서 정년이 지난 기간제 근로자에 대해 근로관계를 종료하는 경우 계약갱신 거절의 합리적 사유를 갖추지 못하면 해당 근로자를 원직복직시키고 해고기간 중 임금을 지급해야 하는 사례가 발생할 수 있으므로 정년 시 근로관계를 명확하게 종료하여야 한다.

그리고 정년 이후 촉탁직으로 재고용할 경우 근로계약 갱신기대권 문제가 발생하지 않도록 하려면 정년 시 근로관계를 공식적으로 종료한 후 채용절차를 다시 진행하여 재고용하는 것도 한 방법이다.

둘째, 사용자가 근로자와 재고용 계약을 체결하는 경우 계약기간, 신분(정규직, 계약직, 기간제 등), 근로시간 및 시간제 고용 등에 대해 명확하게 한 후 근로계약을 체결해야 한다. 그리고 재고용 근로자에 대한 별도의 취업규칙이나 근로계약서를 마련하는 것이 바람직하다. 기존 근로자의 취업규칙을 개정하여 재고용 근로자에게 적용할 경우 근로조건 저하 금지, 임금체계 개편을 둘러싼 근로자 동의 등과 관련한 복잡한 문제가 발생할 수 있다.

그리고 60세 정년 이후의 근로자는 55세 이상 고령자에 해당되므로 사용자가 2년을 초과하여 고용하더라도 기간이 정함이 없는 근로자_{정규직}로 전환의무는 발생하지 않는다.

셋째, 정년으로 고용관계가 완전히 종료된 상태에서 촉탁직 등으로 재고용할 경우 정년 이전에 적용하던 임금체계를 적용하지 않고 새로운 임금체계를 적용할 수 있다. 정년 이전에 연공급을 적용하였다 하더라도 정년 이후에 재고용 대상자에 대한 별도의 취업규칙을 만들거나 새로운 근로계약을 체결하여 직무와 성과를 반영하는 임금체계를 적용하면 된다. 정년에 의해 퇴직한 직원을 재고용하면서 종전 임금의 1/2~2/3 정도를 지급한다면 새로운 청년 직원을 채용할 여력이 생긴다.

기업에서는 직무와 성과를 반영하는 임금체계를 만들어나가면서 단기적으로는 임금피크제를 적용할 수 있고, 시간제 재고용을 통해 보수를 조정할 수도 있다. 그리고 기업에서 인건비 부담을 줄이면서 고령자 고용을 늘리기 위해 아래에 설명하는 정부 지원금을 활용할 수도 있다.

07 기업의 정부 지원금 활용하기

고령자 계속고용장려금

고령자 계속고용장려금은 중소기업이나 중견기업의 근로자가 60세 이상 정년 이후에도 주된 일자리에서 계속적으로 근무를 할 수 있도록 정년 퇴직자에 대해 계속고용제도를 도입·적용한 사업주를 재정적으로 지원하는 제도이다.

근로자 수 300인 미만의 중소기업을 포함한 우선지원대상기업_{단, 제조업은 500인 이하}과 중견기업을 대상으로 한다. 지원 요건을 보면 정년을 1년 이상 연장 운영하고, 취업규칙이나 단체협약 등에 계속고용제도, 즉 ① 정년을 1년 이상으로 연장하거나, ② 정년을 전면 폐지하거나, ③ 정년을 유지하지만 정년에 이른 자를 1년 이상 계속 고용또는 3개월 이내 재고용하는 제도를 갖춘 사업주에게 지원한다.

지원금액은 계속 고용 근로자 1인당 분기별 90만 원월 30만 원. 피보험자 20% 한도이고, 지원기간은 계속고용제도 시행 후 최초 계속 고용한 근로자를 기준으로 2년이다.[20]

신중년 적합직무 고용장려금

신중년 적합직무 고용장려금은 전문성, 경험과 노하우를 갖고 있는 신중년들이 50세를 전후하여 주된 일자리에서 나오고, 이러한 퇴직자의 규모도 지속적으로 증가하는 상황에서 신중년의 고용을 촉진하기 위해 기업에 인건비를 지원하는 제도이다.[21]

이 고용장려금은 사업주가 만 50세 이상 구직자를 신중년 적합직무에 채용하는 경우 우선지원대상기업은 3개월 240만 원최대 960만 원, 중견기업은 3개월 120만 원최대 480만 원을 최대 1년간 인건비로 지원한다.

신중년 적합직무는 신중년의 특성이나 경력 등을 고려하여 신중년이 노동시장에 재진입하는 데 적합한 직무로, 그간의 경력과 전문성을 적극 활용할 수 있는 직무, 중단기 교육과 훈련을 받고 노동시장 재진입을 쉽게 할 수 있는 직무, 새롭게 만들어진 직무 중에서 다른 세대에 비하여 신중년의 업무수행이 보다 적합한 직무를 선정하였다.

구직자·구인기업 수요조사와 노사·관계부처·전문가 의견수렴을 토대로 2018년에 55개 직종의 적합직무를 정하였다. 2019년에는 70개로 확대하였는데, 이에는 경영·인사 전문가, 정보보안 전문가, 사회복지사 및 상담사, 사회복지·교육 관련 신직업전직지원전문가, 노년플래너 등이 포함되었다.

기업이 신중년 적합직무 고용장려금을 받고자 하는 경우 고용보험시스템 ei.go.kr을 이용하거나 고용복지플러스센터에 신청할 수 있다.[22]

워라밸 일자리 장려금

　정부는 고령사회에 대비하여 중장년들이 직무역량을 강화하고 퇴직 후 재취업 등 인생 2, 3모작과 근로자의 점진적 은퇴를 재직과정부터 준비할 수 있도록 '장년 근로시간단축지원금'을 지원하였으나 2020년 1월부터 '워라밸 일자리 장려금'으로 통합하여 지원하고 있다.23

　워라밸 일자리 장려금은 전일제 근로자가 은퇴준비, 가족돌봄, 본인건강, 학업 등 필요한 때에 소정 근로시간 단축 제도를 활용할 수 있도록 사업주를 지원하는 제도이다.

　사업주에게 임금감소액 보전금 월 24~40만 원을 최대 1년간 지원하고, 인사·노무관리에 소요되는 비용을 근로자 1인당 20만 원 정액 지급한다. 그리고 기업에서 대체인력을 고용하는 경우 대체인력 지원금을 월 30~60만 원 지원받을 수 있다.

　고용노동부 고객상담센터나 홈페이지 moel.go.kr를 통해 필요한 정보를 얻거나 지원을 받을 수 있다.

제 3 장

기업의 고령자 고용확대 지원정책

기업이 고령인력을 더 많이 고용하고, 고령자의 경쟁력을 높이기 위해 정부에서는 다음과 같은 일자리 전략을 추진해야 한다〈표 2-10〉.

첫째, 고령인력이 현직에서 더 오랫동안 일하는 것이 바람직하지만, 청년고용과 상생할 수 있도록 고용을 연장하여야 한다. 고용연장과 연계하여 반드시 직무와 성과 중심의 임금체계 개편을 해야 한다. 정부는 기업에서 고령자를 계속 지원할 수 있도록 중소기업을 중심으로 다양한 장려금을 지원하고, 직무체계와 임금체계 개편을 위한 컨설팅과 교육, 우수사례 홍보 및 연구 등을 지원해야 한다.

둘째, 기업에서 생산성과 매출액 증가 등에 따른 경쟁력 향상이 이뤄져야 고령인력의 고용을 연장하는 동시에 청년층을 고용할 수 있으므로, 정부는 기업이 더 높은 성과를 창출할 수 있도록 고성과 작업시스템HPWS: High Performance Work Systems 도입과 확산을 지원해야 한다.

셋째, 정부는 기업에서 근로자를 더 오래 고용할 수 있도록 고령자들에게 특화된 장년친화적 인사관리시스템을 확산시켜야 한다. 즉, 기업에서 고령인력을 위한 인사관리, 임금제도와 직무체계, 교육훈련, 작업환경, 작업방식, 건강관리 등을 포함한 종합적인 시스템을 갖추도록 지원하여야 한다.

넷째, 정부는 근로자의 생산성을 유지하거나 향상시키기 위해서 근로자의 직업능력 개발 강화를 지원해야 한다. 고령자 적합 직무분석을 하고 특화된 직업훈련을 제공하여야 한다.

　다섯째, 정부는 고령자 고용 전문기관을 통해 사업주를 지원해야 한다. 일본의 '고령·장애·구직자고용지원기구JEED[1]'와 같은 전문기관을 통해 장려금 지급, 컨설팅, 우수사례 전파, 산업별 장년고용 지원 등 전문적인 서비스를 제공해야 한다.

표 2-10　기업의 고령자 고용확대 지원정책

구분	정부의 지원정책
고용연장	청년 고용과 상생하는 고용연장
	임금체계 개편과 연계한 고용연장
고성과 작업시스템 확산 지원	근로자에 대한 능력개발, 참여기회, 동기부여 확대를 통한 조직 성과 향상 지원
장년친화적 인사관리 시스템 확산	기업에서 인사관리, 교육훈련, 작업환경, 작업방식, 건강관리 등 종합적인 시스템 구축 지원
근로자 직업능력 개발 강화	고령자 적합 직무분석과 직업훈련 지원
	고령인력의 숙련기술 전수
	지역별·업종별 특화된 직업훈련 확대
고령자 고용 전문기관 통한 사업주 지원	고령자 고용 전문기관 설치
	재정지원, 컨설팅, 교육, 우수사례 전파 등 역할 확대
	산업별 고령자 고용 지원제도 도입

01 고성과 작업시스템 도입 확산

고성과 작업시스템의 도입 배경

기업이 고령인력을 계속 고용하기 위해서는 고령자의 생산성이 높아져야 한다. 정년연장을 의무화한다 하더라도 개인의 생산성이 지급하는 보수에 미치지 못하면 결과적으로 기업은 명예퇴직, 권고사직 등 조기퇴직 방법을 찾는다.

기업의 입장에서도 근로자의 생산성이 높고, 매출액과 이익이 증가하여야 계속 고령인력의 고용을 유지하거나 신규로 청년을 고용할 여력이 생긴다. 즉 기업의 성과와 경쟁력이 높아져야 고령자와 청년의 고용이 동시에 증가할 수 있다. 그러면 기업의 성과를 높일 수 있는 인적자원관리 시스템이 있는가?

미국, 영국, 일본 등 선진국의 기업에서는 국제경쟁의 심화, 기술혁신 등 환경변화에 신속·유연하게 대응하기 위해 기업 성과를 높일 수 있는 새로운 작업시스템과 인적자원관리 관행을 도입하고 확대하여 왔다.

즉 기업은 근로자들이 상사의 지시나 통제만 따르는 생산체제로는 경쟁에서 생존하기 어렵다는 현실을 인식하고, 근로자의 지식, 기술과 헌신을 최대한 활용할 수 있는 생산체제를 발전시켜 왔다.

이러한 헌신형 모델 중 대표적인 모델인 고성과 작업시스템HPWS: High Performance Work Systems은 '근로자의 능력개발, 참여기회, 동기부여 확대를 통해 기업에 경쟁우위를 제공하는 인적자원관리 시스템'이다.[2]

즉 근로자의 능력을 개발하고, 현장에 참여기회를 확대시키고, 성과에 따른 공정한 보상이 주어질 때, 품질 및 노동 생산성 향상, 기술혁신, 매출액 증가 등 생산성과 재무성과가 높아진다는 것이다.

이미 많은 연구에서 이러한 새로운 인적자원관리를 도입할 때 기업의 성과가 높아진다는 것이 증명되었으므로 이를 '고성과' 작업시스템이라고 부른다. 고성과 작업시스템과 전통적 작업시스템의 차이를 보면 〈표 2-11〉과 같다.[3] 기업이 고성과 작업시스템을 갖출 때 기업의 성과와 경쟁력이 강화되어 고령 근로자가 더 오래 일하고, 새로운 청년 근로자가 충원될 수 있다.

표 2-11　전통적 작업시스템과 고성과 작업시스템의 차이

구분	전통적 작업시스템	고성과 작업시스템
능력개발	제한된 범위의 교육훈련 낮은 수준의 채용기준	광범위한 교육훈련, 다기능 훈련 높은 수준의 채용기준
참여기회	제한된 정보 공유 근로자 참여 제한 권위적, 수직적 위계조직 규칙과 절차에 의한 통제	광범위한 정보 공유(열린 경영) 근로자 참여 확대 참여적, 수평적 평면조직 목표공유에 의한 조정과 권한 위임
동기부여	연공급 개인적 동기부여	성과급, 직무급, 능력급 팀 단위 동기부여
노사관계	대립과 갈등	참여와 협력
사업전략	비용 최소화 전략	품질 향상 전략

고성과 작업시스템의 3대 부문

고성과 작업시스템에 대해 능력개발, 참여기회, 동기부여 등 3대 부문으로 구분하여 설명한다.[4]

첫째, 기업에서 근로자의 능력개발을 위한 교육훈련 확대를 위해서는 ① 교육훈련 조직과 인프라를 갖추고, ② 현장훈련, 온라인 교육, 다기능 훈련, 경력개발 등 교육훈련 프로그램을 지원하여야 하며, ③ 교육 훈련비나 교육시간 측면에서 경쟁기업보다 더 투자를 해야 하고, ④ 교육 수료 후 설문, 현장복귀 후 행동 변화 및 사업성과의 변화 등을 측정하는 등 교육훈련의 평가와 활용 시스템을 잘 갖추어야 한다.

둘째, 근로자의 참여기회 확대를 위해서는 ① 경영설명회 개최, 경영정보 공지, 노사 간 핫라인 운영 등 근로자 또는 노동조합과 경영정보를 공유하여야 하고, ② 제안제도, 소집단 활동, 품질관리써클 QC, 자율경영팀, 문제해결팀, 종업원 설문조사 등 근로자 참여 활동을 활성화해야 하며, ③ 30인 이상 기업에 설치가 의무화되어 있는 노사협의회 운영이 활발히 이루어져야 한다.

셋째, 근로자에 대한 동기부여 확대를 위해서는 ① 경영자가 고용안정에 관

심을 갖고 근로자와 협의하며, 불가피한 고용조정 시에도 보상·훈련·취업알선 등을 지원하는 고용안정 정책을 실시해야 하고, ② 합리적 평가기준, 절차와 과정의 공개, 이의제기 절차 등 공정한 인사평가 제도를 갖추어야 하며, ② 이익분배제도, 성과배분제도, 우리사주제도 등 성과에 따른 공정한 보상제도를 갖추어야 한다.

이 중 이익분배제도profit sharing는 기업에서 발생한 이익 중에 일부분을 근로자에게 분배해 주는 제도이다. 성과배분제도gain sharing는 근로자들이 원가절감, 품질향상, 생산성 증가 등에서 미리 정해 놓은 목표를 달성했을 경우 발생한 이익을 나누어주는 제도이다. 그리고 우리사주제도는 근로자에게 기업 주식의 일부를 보유하도록 하는 제도이다.

근로자에 대한 보상이 연공급이 아니라 기업의 이익, 품질향상, 생산성 증가 등에 따라 주어진다면 기업은 고령자의 계속 고용이나 채용에 대해 부담이 적어지므로 고용을 유지하거나 확대할 수 있다.

고성과 작업시스템 확산 지원 정책

이러한 고성과 작업시스템은 기업과 국가의 성과와 경쟁력을 높일 수 있으므로 미국, 영국 등 선진국에서 기금grants, 자문과 컨설팅, 교육훈련 등을 통해 적극 지원해 왔고, 우리나라에서도 1999년부터 2002년까지 정부의 7대 국정과제 중의 하나로 '신노사문화의 창출'을 추진한 이후 현재는 '일터혁신'이란 이름으로 고성과 작업시스템을 지원하고 있다.[5]

그간 정부는 재정지원, 노사문화우수기업 인증 및 벤치마킹 지원, 컨설팅과 교육, 각종 정보제공 등을 통해 고성과 시스템의 확산을 촉진해 왔다. 그리고 1999년에 시작한 정부의 정책지원이 그 후 10년간 기업의 고성과 작업시스템의 도입에 어떠한 영향을 미쳤는지 연구한 결과 긍정적 효과를 보인 것으로 나타났다.[6] 정부의 정책적 지원이 고성과 작업시스템 도입에 어느 정도 긍정적 영향을 미쳤지만 앞으로 그 지원 규모와 예산을 더욱 확대하여 초고령사회에 대비해야 한다.

그리고 고령인력들이 주된 직장에서 더 오래 일을 하려면 임금체계 개편만으로는 미흡하다. 즉, 직무급, 이익분배제, 성과배분제 등 도입과 같은 임금체계 개편뿐만 아니라 직무·직급·승진 체계의 개선, 직무 재배치나 전문직제의 도입, 고령자 적합직무의 발굴, 직무 전환을 위한 훈련 등 직무체계 개편이 동시에 이루어져야 한다.

따라서 정부는 기업이 임금·직무 체계 측면에서 고성과 작업조직 또는 장년친화 조직으로 전환될 수 있도록 기업별로 컨설팅 비용 또는 개편 실행비용을 대폭 지원하여야 한다. 그리고 임금·직무체계가 근로자의 능력과 성과를 반영하는 방향으로 개편된다면 기업에서 고용연장이나 정년연장을 수용할 수 있는 여건이 조성될 수 있을 것이다.

02 장년 친화적 인사관리 시스템 확산

장년 고용안정체계 구축 컨설팅 지원 현황

고성과 작업시스템은 기업의 성과를 높임으로써 청년층과 고령자의 고용을 증가시킬 수 있는 보다 보편적인 인적자원관리 시스템이다. 그러나 고령 근로자가 기업에서 더 오래 경쟁력 있게 일하기 위해서는 정부가 고령인력에 특화된 인사관리시스템 확산을 지원해야 한다.

현재 노사발전재단에서는 일터혁신 컨설팅의 일환으로 임금체계 개선, 평생학습체계 구축, 장년 고용안정체계 구축 등 9개 분야에 대한 컨설팅을 제공하고 있다. 여기에서는 노사발전재단에서 공식적인 사업명으로 사용하는 '장년長年'이라는 표현을 쓰기로 한다.

현재 '장년 고용안정체계 구축 컨설팅'은 60세 이상 정년제가 근로자의 고용안정과 기업의 경쟁력을 향상시키는 데 기여하도록 기업의 자율적인 인사관리 제도 개편 등에 대해 제공되고 있다. 이에는 ① 장년 친화 인사제도 정비 승진, 직무, 직무체계 등, ② 장년 적합직무의 발굴, ③ 장년 근로시간 단축, ④ 숙련

전수 시스템멘토제, 역멘토제 등과 임금피크제 등에 대한 컨설팅이 포함된다.7

그리고 이러한 컨설팅은 신중년적합직무 고용지원금, 고용촉진 장려금 등과 연계하여 제공되고 있다. 그러나 일터혁신 컨설팅의 많은 과제 중에 일부분으로 진행되다 보니 고령인력에 대해 특화된 전문적인 컨설팅 제공이 부족한 상황이다.

일본의 고령자 고용 어드바이저 제도

정부가 종합적인 장년 친화적인 인사관리 시스템을 지원하기 위해서는 일본 '고령·장애·구직자고용지원기구JEED'의 고령자 고용 어드바이저 제도를 벤치마킹할 필요가 있다.

일본의 고령자 고용 어드바이저 제도는 '고령자 등의 고용안정 등에 관한 법률고령자법'에 따라 65세까지 고용 확보 조치의 도입과 정착을 지원하고, '평생현역 사회' 구현을 위해 고령자가 능력을 발휘하여 일할 수 있는 환경을 만들 목적으로 도입되었다. 기업에서 고용확보 조치 실행을 위해서는 임금과 퇴직금을 포함한 인사관리제도의 재검토, 직업능력 개발, 직역 개발 등 다양한 제도를 정비해야 되기 때문이다.8

'고령자 고용 어드바이저'는 기업 실정에 맞게 계속고용제도나 정년제도를 정비할 수 있도록 고령자 고용 분야에 대해 정통한 경영노무 컨설턴트, 사회보험 노무사 또는 중소기업 진단사 등 실무 능력과 경험을 가진 전문가들을 JEED의 도도부현 지부를 통해 전국에 배치하여 활용하고 있다.9

이러한 제도를 통해 첫째, JEED는 기업에서 고령자를 계속 고용하기 위해 필요한 고용환경 정비에 관하여 무료로 '상담과 조언'을 제공한다. 어드바이저는 기업의 요청에 따라 고령자 고용확보조치의 도입·확대, 인사관리 제도 개편 등을 위해 노력 중에 있는 기업을 방문하고, 기업진단시스템을 활용하여 고용환경과 근로조건 개선을 저해하는 요인을 분석하며, 문제 해결을 위한 절차나 방법 등에 관해 전문적이고 기술적인 조언 또는 컨설팅을 해 준다.

둘째, 고령자 고용환경 개선을 위해 '기획 입안 등 서비스'를 통하여 구체적인 방안을 제시한다. 어드바이저에 의한 상담·조언 과정에서 나타난 제도 정비를 위해 필요한 인사 처우제도 등에 대한 구체적인 개선 방안을 작성·제안한다. 이러한 서비스는 유료로 제공되는데 JEED가 소요 경비의 50%를 부담한다.

셋째, 고령인력을 전략적 인재로 만들기 위하여 기업의 '교육과 연수'를 지원한다. 기업에서 고령 근로자의 전력화를 지원하기 위해 어드바이저가 기업수요에 맞는 커리큘럼을 만들어 고령자가 많은 직장의 관리감독자를 주요 대상으로 연수를 실시한다. 취업의식 향상훈련은 유료로 지원되고, JEED가 소요 경비의 50%를 지원한다.

넷째, 고령자 활용과 관련된 과제를 '기업 진단 시스템'을 통해 분석하고 해법을 무료로 조언한다. 기업의 고령자 고용환경정비를 지원하는 기업진단 시스템에는 건강관리·고용관리·직장개선·교육훈련 진단, 근로능력 파악 도구 등이 포함된다. 어드바이저는 설문응답표 내용을 분석한 다음 진단결과를 기업에 전달하고, 해결책에 대하여 컨설팅을 제공한다.[10]

JEED의 컨설팅은 전문가가 보고서 작성뿐만 아니라 기업의 담당자와 협의하고, 개선활동에 대해 점검하여 효과를 분석하는 활동을 통해 기업에서 고령자를 실질적으로 고용할 수 있도록 도와준다.

장년 친화적 인사관리 시스템 발전방안

향후 일본의 JEED에서 실시하고 있는 '고령자 고용 어드바이저' 제도를 참고하여, 고령자 고용 촉진을 위한 임금직무체계, 환경 개선 및 각종 제도 개편 등이 기업진단, 계획수립 및 교육·연수 등 일관된 추진체계를 갖고 시행되어야할 것이다.

또한 더 나아가 핀란드에서 발전된 장년 친화적 일터age friendly workplace 개념을 도입·확산하여 고령인력에 대한 종합적·체계적 일터 시스템을 구축해야한다. 장년 친화적 일터는 '장년 근로자가 연령과 관계없이 차별을 받지 않고

건강과 안전을 유지하면서 자신을 능력을 발휘하여 생산성을 향상시킬 수 있는 일터'를 말한다.[11]

장년 친화적 일터는 작업환경, 작업방식, 인사관리, 교육훈련, 건강관리 등 영역을 모두 포괄하여 발전되어야 한다. 현재는 임금체계 개선, 직무체계 개선, 고령자 고용안정체계 구축 등 정부의 지원 정책이 각각 다른 사업 체계하에서 수행되고 있어 종합적·체계적으로 시행되지 못하고 있다.

향후 초고령사회에서는 고령인력의 적극적 활용이 중요한 국가적 과제이 므로 일터혁신 컨설팅 사업 중에 하나로서 장년고용안정체계 구축사업을 진행할 것이 아니라 별도로 특화된 사업으로 '장년 친화적 인사관리 시스템' 지원 사업을 추진해야 한다.

일터혁신의 여러 가지 사업 중에 하나로 추진하면 전문성도 확보하기 어렵고, 관심도 분산되어 고령자에게 친화적인 일터 구축이 소기의 성과를 거두기 어렵다. 따라서 일본의 JEED와 같은 전문 조직이 고령자 고용 어드바이저와 같은 전문가를 통해 체계적인 서비스를 제공해야 한다.

또한, 고령자와 관련된 ① 작업환경, ② 작업방식, ③ 임금직무 체계, ④ 채용관리, 경력관리관리직·전문직와 퇴사관리 등 인사제도, ⑤ 경력단계별 교육훈련, ⑥ 건강관리 등에 대한 진단과 컨설팅 등을 종합적으로 지원해야 한다.

따라서 장년 친화적 일터의 다양한 분야에 대해 ① 사업장을 진단하고, ② 컨설팅을 제공하며, ③ 교육 연수를 지원하고, ④ 제도 도입에 대해 평가하고 제도를 개선하는 일관성 있는 지원 시스템을 갖춰야 한다. 즉, 독립된 사업으로 고령인력과 관련된 모든 사업이 통합적·체계적으로 일관성을 가지고 추진되어야 할 것이다.

03 고령 근로자 직업능력개발 지원

고령자 직업능력개발과 평생학습 현황

우리 사회에서는 인구 고령화에 따라 평균수명이 증가하면서 고령층의 건강수명도 젊어지는 동시에 일할 의지와 학력수준, 역량수준도 높아지고 있어 노동시장에 머무르는 기간이 길어지고 있다.

또한 4차 산업혁명 시대가 시작되면서 급격한 기술 진보로 인해 직업의 생성과 소멸이 빨라지고, 직무내용, 작업방식, 숙련수준이 빠르게 변화하고 있다.

따라서 개인이 일할 수 있는 수명은 늘어나는 데 비해 직업과 직무의 수명은 단축되고 있으므로 평생 직업능력 개발에 대한 국민적 관심과 정책적 지원이 더욱 필요한 시점이다.[12]

특히, 저출산·고령화에 따라 생산가능인구가 감소되므로 고령인력에 대해 평생학습 기회를 제공하여 노동생산성을 높임으로써 지속적인 경제성장이 가능하도록 해야 한다. 따라서 정부는 개인의 고용 가능성 제고와 일자리의 질 향상을 위해 평생직업능력 지원 시스템을 강화해야 한다.

평균수명 연장으로 인해 평생학습의 필요성이 증가하고 있지만 국민의 평생학습 참여율은 2015년 40.6%, 2019년 41.7%로 40% 초반대에 머물러 있고, 40대 이후에는 연령이 높아질수록 참여율이 낮아지고 있으며, 학습에 대해 학생기에는 과다 투자하고 성인기에는 과소 투자하는 경향을 나타내고 있다.[13]

또한, 임금 근로자의 교육훈련 경험비율을 보면 2010년 31.2%에서 2015년 53.2%, 2019년 53.9%로 지속적으로 증가하고 있으나, 기업에서 총노동비용 중에서 교육훈련비가 차지하는 비중은 2010년 24.5%, 2015년 23.8%, 2018년 22.8%로 오히려 줄고 있다.[14]

한편, 임금 근로자의 연령별 직업 관련 교육훈련 참가율을 보면 제1장에서 설명한 바와 같이 연령대가 높아질수록 그 비율이 현격하게 낮아진다. 고용형태별 교육훈련 참가율을 보면 비정규직 교육 참가율이 정규직에 비해 현저하게 낮다. 그리고 사업장 규모별 교육 참가율을 보면 300인 이상 대규모 기업 근로

자에 비해 중소규모 기업 근로자의 비율이 낮게 나타난다.[15]

고령자 직업능력개발 강화 방안

정부는 초고령사회에서 생산가능인구의 감소, 4차 산업혁명 시대의 기술발전에 대응하기 위해 개인의 평생학습 참여율을 높이고, 고령층, 비정규직, 중소기업 근로자에 대한 교육훈련 기회를 확대할 필요가 있다.

이를 위해 정부는 첫째, 전 생애에 걸친 평생직업능력개발 시스템을 강화해야 한다. 개인의 주된 일자리, 재취업 일자리, 사회공헌 일자리로 이어지는 인생 3모작 시대에 대비하고, 급격한 기술 변화에 선제적으로 대응하기 위해 학교교육, 직무교육, 평생교육을 연계한 평생학습 체계를 구축해야 한다. 그리고 전 생애에 걸친 학습 체계 속에서 고령층에 대한 교육훈련이 통합적으로 이루어져야 한다.

둘째, 고령자에 적합한 직무를 분석하고 특화된 직업훈련 과정을 개설하여 실시해야 한다. 우선 베이비붐 세대가 주된 직장에서 퇴직함에 따라 한국폴리텍대학 등에 이들이 재취업을 준비할 수 있는 신중년 특화 캠퍼스 운영을 확대해 나가야 한다.

현재 한국폴리텍대학에서는 신중년의 인생 2, 3모작 지원을 위해 직무능력을 향상시키는 맞춤형 직업훈련 서비스를 제공하고 있다. 우선 '신중년 특화과정'에서는 만 50세 이상의 미취업자를 위해 자동차 복원, 공조냉동, 특수용접, 전기설비기술, 시니어 헬스케어 등 과정에 대해 5~6개월 정도 훈련을 지원한다 1일 6~8시간.

신중년 특화과정에서는 핵심 기술·기능과 창업컨설팅·마케팅 등 창업스쿨을 포함하여 맞춤형 훈련을 제공한다. 서울정수캠퍼스, 서울강서캠퍼스, 남인천캠퍼스, 대구캠퍼스 등 7개 캠퍼스에서 운영하고 있다.

또한 40~65세의 실업자나 영세 자영업자를 대상으로 '중장년 재취업과정 베이비부머 과정'을 운영하고 있다. 전기설비, 특수용접, 기계정비 등 뿌리산업·서비스 분야 등을 중심으로 주간 3~6개월1일 4~6시간의 교육훈련을 전국 30개 캠퍼스에서 실시하고 있다. 신중년 특화과정과 같이 교육비, 식비 등을 전액 국가가 지원하며, 매월 훈련수당과 교통비 등도 지원한다.[16]

셋째, 정부는 고령자에 대한 IT, 컴퓨터 활용에 대한 교육도 강화해 나가야 한다. 우리나라 고령자 중 1/3은 컴퓨터 사용 경험이 거의 없거나 컴퓨터 장치 활용에 대한 친숙도가 매우 낮아서 OECD 다른 국가에 비해 경쟁력이 떨어지므로 이 분야에 대한 교육을 확대해야 한다.[17]

넷째, 기업 내에서 퇴직하는 고령인력의 숙련 기술과 경험을 후배 근로자에게 전수시킬 필요가 있다. 고령인력이 갖고 있는 업무에 대한 풍부한 지식, 기술, 경험과 노하우를 '기능 전수서'로 제작하여 전수하면 숙련 근로자의 퇴직에 따른 숙련 공백 문제를 해결할 수 있다.[18]

다섯째, 지역별, 업종별로 고령층에 특화된 직업훈련을 제공해야 한다. 지역별로 고령인력에 대한 기업 훈련수요를 파악하여 훈련공급이 부족한 분야에 대한 훈련과정을 마련해야 한다. 특히 지역별로 섬유 업종 등 특화 산업이 있으면 업종별 협의회, 산업별 노동조합 및 연구기관과 협력하여 업종별 맞춤형 훈련을 제공해야 할 것이다.

04 대기업의 재취업지원서비스 제공 의무화

2025년 초고령사회 진입에 대비하여 50대 이상 고령층이 보다 오래 경제활동에 참여할 수 있도록 하기 위해 정부는 2020년 5월부터 근로자 수 1,000인 이상을 고용한 기업을 대상으로 비자발적 이직 예정자에 대해 재취업지원서비스를 제공하도록 의무화하였다.

즉, 근로자 수 1,000인 이상 대기업은 50세 이상인 근로자가 1년 이상 재직하고, 정년, 희망퇴직 등의 비자발적인 사유로 이직하는 경우에는 이직일 직전 3년 이내에 진로상담과 진로설계, 직업훈련, 취업알선 등의 재취업지원서비스를 의무적으로 제공해야 한다.

이 제도의 시행으로 약 900개 기업에서 50세 이상의 중고령 근로자 중 최대 5만여 명 정도가 재취업지원서비스를 받을 수 있을 것으로 보인다. 기업은 인구 고령화에 맞춰 고령인력을 적극 활용하고, 퇴직 이전에 퇴직 이후의 진로를 설계하고 직업훈련 등을 지원해야 하나 현재는 근로자 수 1,000인 이상 기업 중에는 약 19.5%, 전체 기업 중에는 1% 정도만 이러한 재취업지원서비스를 제공하고 있다.

재취업지원서비스는 진단과 상담·컨설팅을 기반으로 하며, 진로설계, 취업알선 및 재취업 창업 지원 교육 등으로 구성된다. 사업주는 자체적으로 서비스를 제공할 수도 있고, 전문기관에 위탁하여 실시할 수도 있다.[19]

고용노동부는 중장년일자리희망센터를 통해 중소기업 재직자와 이직자를 대상으로 생애경력설계서비스와 전직지원서비스를 무료로 제공하고 있다. 향후 정부는 재취업지원서비스 의무화 대상을 근로자 수 300인 이상 대기업으로 확대해 나가고, 중소기업 근로자에 대한 생애설계와 전직지원 서비스에 관한 프로그램을 개발하고 전문화된 서비스를 제공해야 할 것이다.

제 4 장

고령자 취업 지원 인프라 강화

01 고령자 고용 지원 전문조직의 확대

고령자 고용 지원 전담기관의 필요성

우리나라는 향후 고령자가 급격히 늘어날 것이 예상되므로 고령자 고용에 대한 체계적이고 전문적인 지원기관이 필요하다.

고령자 또는 고령인력에 대한 고용정책을 주관하는 부서는 고용노동부이다. 통합고용정책국장 아래에 고령사회인력정책과 직원 14명이 우리나라의 장년 고용과 관련된 정책을 총괄한다. 그리고 직원들은 전문가가 아니라 순환보직에 의해 근무하는 일반 행정직이다.

2025년부터 초고령사회에 진입하는데 고령인력 정책을 총괄하고, 전문적으로 연구하고 컨설팅해 줄 수 있는 인프라가 매우 부족한 상황이다. 마치 KTX 고속전철이 높은 속도로 달려야 하는데 철도는 과거 그대로인 경우 속도를 낼 수 없는 것과 같다. 초고속도로 달려오고 있는 초고령사회에 대응하여 조직 인프라를 확실하게 갖추어야 고령 인적자원을 최대한 활용하여 고령화 위기를 극복하고 국가 경쟁력을 강화할 수 있다.

고용노동부는 매년 '고령사회 고용노동정책포럼'을 운영하고 있으나 포럼 운영자가 공모에 의해 선정되다 보니 직업능력개발원, 한국고용정보원 등이 순환하여 운영하고 있어 연구가 축적되지 않고, 체계적이고 지속적인 연구가 이루어지기 어려운 상황이다.

그리고 노사발전재단에서 중장년일자리희망센터를 운영하고 있으나 중장년에 대한 취업지원을 주로 하고 있고, 일터혁신 컨설팅의 9개 영역 중 하나로서 장년고용안정체계 구축을 컨설팅하고 있어, 중장년에 대한 전문적이고 체계적인 컨설팅도 부족하다.

2020년에 고령층55~79세 인구는 1,427만 명이고, 이 중 경제활동인구만 해도 821만 명으로 전체 경제활동인구의 29%를 차지한다. 그리고 인구의 20% 이상이 65세 이상인 초고령사회가 다가오고 있는데, 고령층 인적자원의 활용이 국가의 경쟁력과 흥망을 가를 중요한 시기이므로 이를 뒷받침할 조직 인프라 확충이 필수적이다. 초고령사회라는 위기가 급속하게 달려오고 있지만 상대적으로 풍부해지는 고령인력의 효과적 활용 여부에 따라 우리나라가 선진강국으로 발전하느냐 중진국으로 후퇴하느냐가 달려 있다고 해도 과언이 아니다.

따라서 고령인력 정책을 총괄할 고용노동부 조직을 확대하고, 싱크탱크Think Tank 역할을 할 전담 연구기관을 설치하여야 한다. 또한, 일본의 '고령·장애·구직자 고용지원기구JEED'와 같이 고령인력 활용에 대해 기획하고 컨설팅하며 평가하고 연구하는 전담기관이 필요하다. 구체적인 조직 인프라 확충 방안에 대해서는 일본 JEED의 운영 현황을 살펴본 다음 설명하기로 한다.

일본의 JEED 벤치마킹

일본 정부는 고령자에 대한 고용서비스 중의 일부분을 '고령·장애·구직자 고용지원기구JEED'를 통해 지원하고 있다. 2003년에는 일본장애인고용촉진협회와 고령자고용개발협회의 업무를 통합하여 고령·장애인고용지원기구를 설립하였고, 2011년에는 고용능력개발기구의 업무를 추가하면서 '고령·장애·구직자 고용지원기구'로 명칭을 변경하였다. 이 조직은 '독립행정법인 고령·장애·구직자 고용지원기구법'에 따라 설치되었고, 고령자, 장애인 및 직업능력 개발 업무를 복합적으로 수행하고 있다.

JEED는 후생노동성의 고령자 고용안정을 위한 주요 업무를 수행하고 있다. 사업주가 고령자를 위해 임금·직무체계, 근로시간, 작업방법, 작업환경 및 직업훈련 등의 분야에 대해 필요한 조치를 취하는 경우 사업주에게 고령자 고용촉진 지원금을 지원한다. 그리고 고령자 고용 어드바이저가 기업 상황에 적합하게 맞춤형으로 컨설팅, 상담과 조언 등을 제공한다. 근로자를 대상으로 직업정보 제공, 상담창구 연계 활동을 하고 있으며, 각종 조사연구, 교육활동, 우수사례 전파 등을 업무를 수행하고 있다. JEED의 업무를 정리하면 〈표 2−12〉와 같다.[1]

표 2-12 **JEED의 주요 업무**

구분	주요 업무
사업주 대상 업무	• 고령자 고용촉진 장려금 지원 • 기획입안 서비스, 제도 개선 제안 • 기업진단 시스템 • 고령자 고용 어드바이저의 상담과 조언 • 65세 이상 고용 추진 매뉴얼 발간 • 산업별 고령자 고용 지원 사업
근로자 대상 업무	• 이모작 직업에 대한 취업, 교육훈련, 자격 등 정보 제공 • 상담창구 연계
이벤트 및 교육 활동	• 고령자 고용개발 포럼 운영 • 심포지엄, 지역 워크숍 개최 • 고령자 고용개발 콘테스트 개최
생애현역사회 구현 정보 제공	• 70세까지 일할 수 있는 기업 관련 자료 제공
조사 연구	• 고령자 고용 대책 관련 조사·연구 • 고령자 일자리 나누기 사업 관련 사례 연구 • 평생 현역을 위한 직장 만들기 연구
각종 정보와 자료 제공	• 월간지 '엘더(elder)' 발간 • 평생현역사회 실천 우수사례 제공 • 70세 고령자 고용 우수사례집 발간 • 고령자 고용 개발대회 수상 기업 우수사례 제공 • 65세 이상 고용능력 평가 체크리스트 제공

자료: 일본 고령·장애·구직자 고용지원기구(JEED) 홈페이지, jeed.or.jp/elderly/

산업별 고령자 고용 지원 제도 도입

일본 정부는 JEED를 통해 산업단체업종별 협회 등에 위탁하여 산업별로 '고령자 고용 가이드라인'을 작성하도록 하고, 이를 회원사에게 보급하고 있는데, 산업별 맞춤형 서비스가 제공되므로 소속 기업의 만족도가 높다.

일본 정부는 산업별로 노동인구의 고령화 실태, 당면 경영환경, 근로형태, 근로자 특성 등 고령자 고용과 관련한 상황에 차이가 있다는 점을 주목하고, 각 산업별로 구성되어 있는 산업단체를 대상으로 고령자 고용을 산업 특성에 맞게 지원한다.

산업단체는 JEED의 공모에 선정되어 만든 가이드라인을 회원사에게 보급하고, 각 기업은 가이드라인을 기초로 제도와 관행을 개선함으로써 고령자의 고용 확대에 기여하고 있다. 2020년까지 제조자동차, 조선, 철강, 전자, 서비스, IT, 건설 등 다양한 분야에서 총 86개 업종95건에 대한 가이드라인을 만들어 보급하고 있다.[2]

이 가이드라인은 산업별 특성을 반영하여 맞춤형으로 분석, 제안 및 우수 사례 등을 제공하고 있으므로 기업들로부터 긍정적인 평가를 받고 있다. 산업단체별로 1차 연도에는 설문조사를 통해 기초 데이터를 모으고 사업 보고서를 작성한다. 2차 연도에는 기업 담당자가 구체적으로 적용가능한 가이드라인을 확정하고, 세미나 등을 전파를 하며, 최종 사업보고서를 작성한다.[3]

고령 근로자에 대한 적합직무, 인사와 평가, 임금과 근로시간, 능력개발 등에 대하여는 해당 산업·업종에서 가장 잘 알고 있다. 따라서 향후 제조업, 서비스업, 건설업, IT 업종 등 각 분야별로 업종별 협회나 경영자 단체에 위탁을 주어 소속 기업들의 고령자 고용을 지원하도록 하는 프로그램을 도입할 필요가 있다.

초고령사회에 대비한 전문 조직 확대와 연구 강화

기업과 국가의 경쟁력을 유지하고 강화시키기 위해서는 고령 인적자원을 적극 활용하고 생산성을 향상시키기 위한 종합적인 정책을 수립·시행하여야 한다. 즉, 정부는 ① 고령 근로자에게 특화된 직업훈련과 취업지원을 위한 정책을 수립·집행해야 한다. ② 고령인력이 조직에서 더 오래 일할 수 있도록 적합직무를 개발·안내하고, 임금직무 체계를 개선하면서 특화된 인사관리를 하도록 컨설팅을 제공하며 우수사례들을 확산시켜야 한다. ③ 고령 근로자가 더 오래 안전하게 일할 수 있도록 근로자의 특성을 반영한 고령 근로자 산업안전보건 종합대책을 수립·시행해야 한다. ④ 고령자의 사회공헌 활동과 노후소득을 보장할 수 있도록 해야 한다. ⑤ 이와 같은 업무를 추진하기 위한 인프라를 확대하고, 고령자 고용 분위기를 확산시키기 위한 홍보를 강화해야 한다.

이와 같은 종합정책의 수립과 집행을 위해서는 첫째, 고용노동부의 고령사회인력 담당 조직을 확충하고 전문직위를 확대하여 보다 많은 공무원이 전문성을 갖추도록 할 필요가 있다.

둘째, 현재의 포럼 운영이나 연구과제 중심의 체제로는 장년 고용 관련 체계적이고 지속적인 연구에 한계가 있으므로 싱크탱크로서 독립적인 전담 연구기관을 설치하거나 한국고용정보원, 직업능력개발원 또는 노동연구원 등에 전담 연구센터를 두어야 한다.

이러한 연구기관에서는 각 고령화 단계에서 선진국들이 경험하고 시행한 정책 사례들을 심층적으로 연구하고 벤치마킹하여 우리 산업현장에 부합하는 고령자 고용 지원 정책과 제도를 한 단계 더 발전시켜 나가야 한다.

특히, 일본은 노동시장 또는 인적자원관리 측면에서 우리나라와 유사한 측면이 많기 때문에 일본에서 고령화가 진행됨에 따라 단계적으로 실시했던 정책과 제도의 성공사례와 실패사례를 심층 연구하여야 한다. 독일, 미국 및 영국 등 선진국 사례에 대해서 이제까지 주로 기초연구만 단편적으로 수행되었는데, 각 국가별로 정년연장과 연금제도, 연령차별금지, 임금직무체계 고용지원, 직업훈련 제도 및 노후소득 보장제도 등에 대해서 종합적으로 정책연구와 사례연구를 해야 한다.[4]

셋째, 향후 우리나라도 초고령사회에 진입하는 2025년 전에 고령인력 활용을 적극적으로 지원하기 위한 특화된 전문기관을 설치하고, 사업주와 근로자 대상 지원 활동, 교육 및 조사연구 활동 등을 체계적으로 하고, 산업별, 지역별 특화된 고령자 고용지원 제도를 실행해 나가도록 해야 한다.

또한, 일본의 JEED에서 실시하고 있는 고령자 고용 어드바이저 제도 등을 참고하여 고령자 고용을 증진시키기 위한 임금직무체계 및 각종 인사제도 개편, 환경 개선 등이 기업진단, 기본계획 수립, 교육·연수 등과 같이 일관된 추진체계를 갖고 시행되어야 할 것이다.

우리나라에서는 현재 노사발전재단 등을 통해 임금직무체계 컨설팅, 장년친화 인사제도 도입 등을 위한 재정지원을 실시하고 있으나 고령인력에게 특화된 서비스가 부족하다. 따라서 향후 고령자 고용 관련 전문기관에서 종합적이고 체계적인 서비스를 제공하는 방향으로 나아가야 한다.

현재 고용노동부는 '장애인고용과'의 업무를 뒷받침하기 위해 한국장애인고용공단직원 약 1,300명을 운영하고 있다. 장애인고용공단에서는 장애인 고용 관련 연구와 실태조사, 장애인과 사업주 지원, 장애인고용부담금, 교육훈련 등 장애인과 관련된 업무를 종합적으로 하고 있다.

그리고 보건복지부 산하 준정부기관인 한국노인인력개발원직원 약 160명에서도 연구사업, 교육사업, 노인일자리사업, 정보시스템 운영 등을 종합적으로 하고 있다. 따라서 초고령사회에서 고령인력의 활용의 중요성과 시급성을 고려하여 고용노동부의 장애인고용공단이나 보건복지부의 노인인력개발원과 같이 별도의 지원 조직을 만들 필요가 있다.

넷째, 고령자 취업 지원을 위한 조직을 정비하고 확충할 필요가 있다. 현재는 지방고용노동관서의 고용복지플러스센터와 노사발전재단을 중심으로 중장년일자리희망센터경제단체와 고령자인재은행 등에서 각각 소관 업무를 수행하고 있다. 따라서 지역의 고용복지플러스센터를 중심으로 하여 지역의 고령자 고용지원 정책을 총괄하게 하고 내부 조직 간, 그리고 지역의 유관 기관 간에 네트워크와 협업을 강화하여야 할 것이다.

⑫ 지역 맞춤형 고령자 고용 지원제도의 도입

고용복지플러스센터와 중장년일자리희망센터

전국적으로 100여 개가 설치되어 있는 고용복지플러스센터에서는 고용센터 고용노동부, 일자리센터지방자치단체, 중장년일자리희망센터노사발전재단 등, 여성새로일하기센터여성가족부, 복지지원팀보건복지부, 지방자치단체, 서민금융센터금융위원회, 제대군인지원센터국가보훈처 등 다양한 기관이 참여하여 일자리와 복지, 서민금융 등과 관련된 상담과 지원을 한곳에서 제공하고 있다.[5]

중고령자의 일자리와 관련해서는 정부의 고용·복지서비스 통합 방침에 따라 고용복지플러스센터 내에 중장년 일자리희망센터의 컨설턴트가 입주하여 한곳에서 통합된 고용지원 서비스를 제공한다.

즉, 재직자를 대상으로 생애경력설계, 심리안정 등 전직교육, 역량진단, 취업·창업 정보제공, 1:1 상담 컨설팅 등을 제공하고, 구직자를 대상으로 생애경력설계, 재취업지원교육, 구직활동 동아리 운영, 취업·창업 정보 제공, 1:1 상담 등을 지원한다.

또한, 고용노동부는 40세 이상 중장년을 대상으로 '장년워크넷'을 운영하고 있는데, 채용정보를 제공하고, 중장년일자리희망센터 업무, 생애경력설계서비스, 전직지원서비스 및 사회공헌활동 지원사업, 취업뉴스 등에 대해 안내하고 있다.[6]

한편, 고용노동부는 전국의 중장년일자리희망센터를 통해 퇴직 중견 전문인력을 대상으로 재취업 알선·상담을 하고, 전문인력을 활용하여 중소기업의 경영애로를 해소하는 데 도움을 주고 있다.

노사발전재단, 지역경영자총협회, 상공회의소 등에서 정부의 예산 지원을 받아 운영하고 있는 중장년일자리희망센터는 기업체에는 맞춤형 인재를 추천하고, 40세 이상의 중장년 퇴직자 또는 퇴직예정자들에게 생애경력설계, 전직, 재취업 또는 창업 등에 대한 종합적인 서비스를 제공한다.

지역에 특화된 고용전략 수립과 집행

고용노동부는 고용복지플러스센터와 중장년일자리희망센터 등을 통해 각 지역의 중장년을 대상으로 한 취업지원서비스를 제공하고 있다. 그러나 독일의 '퍼스펙티브 50플러스Perspective 50plus'와 같이 지역에 특화된 고용전략을 수립하고 지역 맞춤형 프로그램을 제공하는 수준까지는 이르지 못하고 있다.

따라서 고용노동부에서 각 지역별로 고용전략을 수립하고, 그에 맞는 프로그램을 개발·실시하게 하면서 이에 대한 재정지원을 하는 방향으로 나아가야 한다. 그리고 지역에 특화된 고용전략을 수립·집행하기 위해 독일 연방정부와 일본 정부의 정책을 벤치마킹할 필요가 있다.

독일 연방정부는 '장기 실직 고령자에 대한 지역 고용 협정 프로그램'으로서 '퍼스펙티브 50플러스Perspective 50plus'를 도입·시행하였다. 이 프로그램은 '이니셔티브 50플러스Initiative 50plus'의 일환으로 실시되어 지역에 중점을 두고, 지역 협약을 추진해 왔으며, 노사 간 사회적 파트너십을 바탕으로 고령 근로자에게 더 많고 더 나은 일자리를 제공한다는 목표를 갖고 있다. 이 프로그램은 장기 실업자들을 다시 경제활동에 참여하도록 하고, 공공 캠페인을 통해 기업이나 경영자의 태도를 바꾸는 데 중점을 두고 있다.[7]

또한, 독일 연방정부는 지역별로 자체 수립한 고용전략과 프로그램의 개발·시행을 재정적으로 지원한다. 이 프로그램은 저숙련 또는 반숙련 장기 실업자를 주요 대상으로 하고, 지역차원에서 고용센터 또는 공인된 지역단체가 참여할 수 있다. 연방정부는 장기 고령 실업자를 위한 취업전략, 사업 타당성 및 지역 특성과의 연계성 등을 평가한 후에 선정된 개별 프로그램에 대해 지원한다.[8]

이 프로그램에 따른 협정에는 프로파일링profiling, 기업 임금보조, 시간관리, 기업 인턴십, 특수 훈련, 홍보 캠페인 및 평가 등 다양한 정책수단을 포함한다.[9]

한편, 일본은 2016년부터 지방자치단체를 중심으로 구성된 '협의회'의 제안에 따라 지역 실정에 맞춰 고령자 취업촉진에 기여할 수 있도록 '생애현역촉진 지역연계사업'을 폭넓게 실시하고 있다.

특히 일본의 베이비붐 세대가 2014년에 65세에 도달하여 많은 고령인력이 퇴직함에 따라 지역사회에서 퇴직자들이 활동할 수 있는 여건을 조기에 정비하기 위해 이 사업을 시작하였다.

2019년까지 총 79개소의 협의회(지방자치단체가 중심이 된 합의체) 설치를 지원하였다. 이 사업은 공모제로 실시되어 기획 제안을 받아 선정을 하며, 1개소당 매년 3천만 엔 정도를 최대 3년간 지원한다.

주요 사업으로는 ① 고령자에 대한 정보 제공, 관계 기관과 관련 사업 소개, ② 고령자에 대한 직업 생활 설계 등 세미나 개최, ③ 기업에 대한 생애현역 촉진 세미나 개최, ④ 고령자의 고용·취업에 관한 합동 설명회 개최, ⑤ 가이드북 정보지의 작성·보급, ⑥ 고령자의 고용·취업에 관한 요구사항 조사·분석, ⑦ 고령자 고용·취업 장소의 창출 등이다.

우리나라에서는 고용노동부의 고용복지플러스센터 등에서 지역에 맞는 일반적인 고용서비스를 제공하고 있으나 아직 지역단위에서 고령인력에 특화된 직업훈련, 취업알선, 지역활동 참여 등에 대해 계획을 체계적·전문적으로 수립하고 시행하는 상황까지 이르지 못하고 있다. 그러므로 지역 공모사업을 통해 지자체 등이 참여하는 협의회를 구성하고 지역에 연계한 고령자 고용촉진 사업을 실시할 필요가 있다.

03 고령자 고용 사업의 브랜드화와 고령자 고용 분위기 확산

고령자 관련 용어 통일

고용노동부는 2014년에 장년고용 종합대책, 2016년에 장년 고용서비스 강화방안, 2017년에 신중년 인생 3모작 기반구축 계획 및 제3차 고령자 고용촉진 기본계획 등을 발표·시행하면서 적극적인 홍보활동을 펼치고 있으나 고령자와 관련한 용어 통일이 되어 있지 않고, 고령자 고용 정책과 관련한 명확한 브랜드명도 아직 없는 상황이다.

특히 고령자 관련 용어 정리가 필요한 상황이다. 현재 정부에서 활용하고

있는 고령자 관련 용어를 정리하면 〈표 2－13〉과 같다. 우선 '고령자'도 고령자
법에서는 55세 이상이라고 정의하고 있는 반면, 통계청의 '고령자 통계'에서는
65세 이상을 조사하고 있다. 적어도 통계청의 '고령자 통계'는 '고령자65세 이상
통계'라고 연령을 부기해야 할 것으로 보인다. 그리고 고령자 관련 용어에 대해
공모를 통해 선정을 하면 국민적 관심도 이끌어낼 수 있고, 용어도 통일할 수
있다.

표 2-13 **고령자 관련 용어 사용 현황**

명칭	근거	연령	소관 부처
고령자	고령자고용법	55세 이상	고용노동부
	고령자 통계	65세 이상	통계청
준고령자	고령자고용법	50~54세	고용노동부
장년	장년고용 종합대책(2014년) 장년 고용서비스 강화방안(2016년)	50세 이상	고용노동부 (관계부처 합동)
신중년	신중년 인생 3모작 기반 구축계획(2017년)	50~69세 (5060세대)	고용노동부 (관계부처 합동)
고령층	경제활동인구 고령층 부가조사	55~79세	통계청
노인	노인복지법(생업지원 대상, 경로우대 대상 등)	65세 이상	보건복지부

고령자 고용 사업의 브랜드화

고령자 고용 관련 브랜드 사업으로 독일은 '이니셔티브 50플러스'란 명칭
아래 종합적인 장년 고용 지원 정책을 시행하고 있고, 일본은 '생애현역사회'
구축을 목표로 전문 전담조직인 JEED를 통해 고령자 고용 지원 사업을 추진하
고 있다. 우리나라는 중앙정부 차원에서 브랜드명이 없이 노사발전재단, 중장년
일자리희망센터 등에서 고령자 고용 지원 사업을 하고 있고, 여러가지 사업 중
에 하나로 고령자 관련 사업을 수행하고 있다. 다만 서울시는 '50플러스'라는
브랜드로 장년층의 은퇴 전후의 새로운 인생 준비와 성공적인 노후생활을 위한
사회참여 활동을 지원하고 있다.

독일은 통일 이후 극심한 경기침체와 복지비용 증가 등을 겪으면서 '유럽의 병자'라고 불렸으나 노동시장 개혁에 성공하고 이제는 '유럽의 엔진'으로 EU의 경제를 선도하고 있다. 그 배경에는 노동시장의 개혁 등을 추진했던 '하르츠 개혁'이 있었고, 그 일환으로 고령자에 대한 실업해소, 고용안정 및 고용안정을 위하여 '이니셔티브 50플러스Initiative 50plus'를 추진하였다. 독일의 고령자 고용촉진 정책이 우리에게 주는 시사점을 보면 다음과 같다.10

첫째, 슈뢰더 총리가 '하르츠 개혁'을 추진한 이후 정권이 교체되었지만 메르켈 정부도 지속적으로 노동시장 개혁을 추진하였다. 고령자 고용촉진 정책은 단독으로 제한적 효과밖에 나타나지 않으므로, 다른 노동시장 개혁과 함께 추진해야 그 성과가 크게 나타난다.

독일은 하르츠 개혁 Ⅰ-Ⅳ를 추진하면서, 신규 일자리의 창출, 재고용 기회의 확대, 미니잡과 미디잡을 활용한 고용 확대, 근로자 취업을 촉진하기 위한 실업급여 제도 개선 등과 같은 다양하고 광범위한 정책을 집행하였다. 또한 정권이 바뀌었지만 계속하여 하르츠 개혁이 추진되었다. 즉 2003년부터 하르츠 개혁을 추진한 사회민주당의 슈뢰더 총리가 총선에서 패배하고, 기독교민주연합의 메르켈이 2005년 총리가 되었음에도 불구하고 하르츠 개혁은 지속되었다. 고용정책은 단기간에 그 효과를 나타내기 어려우므로 일관성 있게 중장기적으로 추진해야 한다.

둘째, 독일 정부는 고령자의 고용기회를 확대하기 위해 '이니셔티브 50플러스'라는 브랜드하에서 고용지원 전략을 종합적·체계적으로 추진하였다. 하나의 마스터 플랜master plan을 갖고 근로자에게 실업급여 대신에 임금보조금을 지급하였으며, 사업주에게는 채용장려금을 지원하였다. 그리고 지역 고용 차원에서 '퍼스펙티브 50플러스Perspective 50plus' 프로그램을 시행하였다.

독일은 노동시장 개혁을 추구한 '하르츠 개혁'이라는 담대한 비전하에서 다시 고령자 취업부문에서 '이니셔티브 50플러스'라는 청사진을 갖고 사업을 시행하였다. 이에 국민들이 쉽게 이해하고 공감하여 자발적으로 참여함으로써 정책의 효과성을 높일 수 있었다.

셋째, 지역 차원에서는 '퍼스펙티브 50플러스' 프로그램에 의해 경제 주체 간의 협력을 증진시켜 사업의 현장 수용성을 높였다. 또한 지역에서 독립적이고 지역 특성을 반영한 고용전략을 수립하고 집행하도록 하여 취업 측면에서 그 효과가 크게 나타났다.

따라서 우리나라도 근로자, 사업주들과 국민들이 적극적인 고령 인적자원 활용에 대한 공감대를 가질 수 있도록 공모 등을 통해 브랜드명을 만들고 홍보도 더욱 강화해야 한다. 그리고 인구구조의 변화와 고령화는 장기적인 추세이므로 장기적인 전략하에 전문 전담기구를 통해 정책과 사업을 일관성 있게 종합적이고 체계적으로 추진해야 한다. 아울러 지역 차원에서 자율적으로 고용전략을 수립하고 집행할 수 있도록 중앙정부에서 지원을 해야 지역 밀착형 고령자 고용 대책이 되어 정책의 실효성을 높일 수 있다.

민간 고령·은퇴자 관련 단체의 지원

초고령사회에 대비하기 위해서는 정부 조직만으로는 한계가 있다. 따라서 정부는 고령층의 문제와 상황에 대해 가장 잘 알고 있는 고령자 관련 단체가 활발하게 참여하고 활동할 수 있도록 지원해야 한다.

우리나라에는 고령자의 권익보호를 위한 민간단체로서 대한은퇴자협회KARP, 대한노인회, 한국시니어클럽협회 등이 있고, 노인 일자리 사업, 취업 지원, 노인 자원봉사 지원 사업 등을 하고 있으나, 다양한 서비스를 통합적으로 제공하고 있지는 못하다. 따라서 고령자 관련 단체의 활성화를 위해서는 초기에 마중물 역할을 할 수 있도록 예산 지원이 필요하다.

미국은퇴자협회AARP: American Association of Retired Persons는 고령 은퇴자들의 권익을 대표하는 비영리 민간 단체로 회원수가 3,800만 명에 이르고, 자원봉사자가 430만 명, 시니어 유급 직원이 1,800명이나 되는 세계 최대의 노인단체이다. AARP는 회원을 대상으로 노후를 위한 정보와 할인혜택 등을 제공하면서 직업훈련, 취업알선, 우수 고령친화기업의 선정 및 취약계층을 위한 봉사활동

등 다양한 활동을 하고 있다.[11]

AARP는 1947년 전국은퇴교직원 협회에서 출발하여 1958년 미국은퇴자협회로 명칭을 변경하였다. AARP는 만 50세 이상의 은퇴자를 대상으로 하고, 1년에 16달러의 연회비와 광고수입으로 운영되는 조직이다. 정당으로부터 독립되어 있으나 의회를 상대로 활발한 입법 활동을 벌여 65세 이상자에게 무료 의료혜택을 제공하는 '메디케어' 제도의 도입1965년, 기업의 정년제 폐지1970년대 말등의 성과를 냈다.

AARP는 회원들에게 매월 4천만 부를 발행하는 AARP 매거진과 소식지를 통해 재무, 건강, 여가 등에 대한 정보를 제공한다. 그리고 영리기관인 AARP Sevices Inc.를 통해 회원들에게 기업과 단체의 광고를 해 주면서, 광고 수입으로 각종 사업을 하며, 회원은 생명보험, 건강검진, 여행상품, 항공권, 건강검진 등에 대해 할인 혜택을 받을 수 있다. 따라서 고령친화산업의 발전을 촉진하는 기능도 한다.

또한, AARP는 저소득층 노인을 중심으로 재취업을 위한 직업훈련을 지원하고, 일자리 복귀를 위한 취업알선 프로그램도 운영하고 있으며, 높은 생산성과 효율성을 보이면서 일자리를 제공하는 고령친화기업을 선정하여 수상도 하고 있다.

한편, 자선단체인 AARP Foundation을 통해 저소득층과 여성, 소수민족 등에 대해 기아, 소득, 주거와 고립 등 문제 해결을 위한 자선활동을 하고 있다.

인구 고령화에 따라 고령인구가 점증하고 있는 만큼 민간단체가 고령자의 권익을 대변하고, 고령자에 맞는 서비스를 제공하며, 사회봉사 활동 등을 체계적으로 할 수 있도록 정부 차원에서 지원을 확대할 수 있는 방안을 마련해야 한다.

또한, 기업에서 고령인력이 증가하고, 퇴직자가 늘어남에 따라 조직과 재원을 갖고 있는 개별 노동조합이나 상급 노동단체에서 조합원과 퇴직자를 위해 노후설계 서비스를 안내하고, 취업 알선, 자원봉사 활동 등을 지원하는 역할을 할 수 있다.

「나, 출근합니다」 제작기

한때 산업역군으로, 세상은 넓고 할 일은 많다며 세계를 누비는 수출역군으로 경제성장을 주도했던 베이비붐 세대. 720만 명 정도로 전체 인구에서 약 14%를 차지하는 베이비붐 세대들이 한꺼번에 은퇴를 맞이하다 보니 사회적으로도 문제가 되었다.

그런 사회적 분위기를 반영해서 기획한 프로그램이 바로 KBS1TV에서 2014년 10월부터 2015년 5월까지 방영된 「중장년 재취업 프로젝트 - 나, 출근합니다」이다.

이 프로그램의 목적은 아직 꺼지지 않은 열정과 노동력이 남아 있는 중장년층 은퇴자들의 오랜 경험과 전문성을 살려 재취업의 기회를 만들고, 재취업을 통해 가정 경제를 회복시켜 건강한 사회 구성원으로 거듭나게 만드는 것으로 이제까지 한번도 시도된 적이 없는 새로운 기획이었다.

이 프로그램은 은퇴로 인해 사기가 떨어진 아버지들의 기를 살려주고 나아가 재취업까지 연결하고자 하였다.

재취업을 원하는 전국의 45세 이상 가장들을 모집한다는 안내가 나가자 은퇴한 본인은 말할 것도 없고, 전국에서 수많은 지원자들이 몰려들었다. 아들을 추천한 일흔이 넘은 노모부터 친정 아버지의 실직을 가슴 아파하던 시집간 딸도 아버지를 꼭 취직시켜 달라고 연락했다. 그만큼 직장이라는 것과 그것으로 인해 발생하는 수입은 생존의 절대적 비중을 차지함을 말해 주는 것이었다.

우선 '희망캠프'라는 합숙소를 만들어 심신에 지친 아버지들을 힐링시키고 또 재취업에 관한 다양한 교육을 제공하였다. 그리고 출연자들이 가장 관심을 갖는 재취업 대상 회사 방문까지 1주일 내내 다양한 재취업 프로그램이 이어졌고, 실제 면접을 보고 재취업하는 과정이 생생하게 그려졌다.

재취업을 위해 고군분투하는 아버지들의 모습과 사연이 담긴 이 프로그램은 시청자와 은퇴자들에게 많은 감동과 희망을 주었다.

〈KBS1TV, 「나, 출근합니다」, 연출 이남기 작성〉

제 5 장

고령친화산업과 일자리 전략

01 고령화의 위기와 고령친화산업의 기회

위기는 기회와 함께 온다. 우리나라는 2018년부터 고령사회를 경험하고 있고, 더 나아가 2025년에는 초고령사회에 진입할 예정이다. 그러므로 생산가능인구의 감소와 함께 소비도 줄어들어 경제성장이 지체되는 인구 오너스 위기가 심화될 것이다.

그러나 거꾸로 보면 전체 인구의 20%인 1천만 명 이상이 65세 이상 고령자가 되므로 고령 소비자를 대상으로 하는 고령친화산업은 더욱 확대될 것이다. 인구 고령화라는 위기는 고령친화산업의 확대라는 기회와 함께 찾아온다.

미국의 경제잡지 「포브스」는 인구 고령화가 오히려 축복이 될 것이라고 하였고, 「이코노미스트」도 고령층 소비자들이 경영의 지평을 새롭게 변화시킬 것이라고 주장하였다.[1] 고령사회와 초고령사회가 진전될수록 고령친화산업 분야의 블루오션인 실버시장이 점점 더 커지게 될 것이다.

정부 정책 차원에서는 「고령친화산업 활성화 전략」이 2005년 1월 국정과제회의에서 보고되었고, 2007년에 '고령친화산업 진흥법'이 시행되어 고령친화산업을 체계적으로 뒷받침하게 되었다. 이 법에서는 '고령친화산업'을 고령친화제품 등을 연구·개발·제조·건축·제공·유통 또는 판매하는 업으로 정의하였고, '고령친화제품 등'을 노인을 주요 수요자로 하는 제품 또는 서비스로 정의

하면서 다음과 같이 열거하고 있다.

즉, ① 노인이 주로 사용하거나 착용하는 용구·용품 또는 의료기기, ② 노인이 주로 거주 또는 이용하는 주택 그 밖의 시설, ③ 노인 요양 서비스, ④ 노인을 위한 금융·자산관리 서비스, ⑤ 노인을 위한 정보기기 및 서비스, ⑥ 노인을 위한 여가·관광·문화 또는 건강지원서비스, ⑦ 노인에게 적합한 농업용품 또는 영농지원서비스, ⑧ 그 밖에 노인을 대상으로 개발되는 제품 또는 서비스로서 대통령령이 정하는 것이다.

그리고 대통령령인 '고령친화산업진흥법 시행령'에는 ① 노인을 위한 의약품·화장품, ② 노인의 이동에 적합한 교통수단·교통시설 및 그 서비스, ③ 노인을 위한 건강기능식품 및 급식 서비스, ④ 그 밖에 노인을 대상으로 개발되는 제품 또는 서비스를 포함하고 있다.

이러한 고령친화제품의 품목은 고정된 것은 아니고 시간이 경과하면서 사회경제적 변화와 수요자의 선호를 반영하여 변화해 나간다.

02 고령친화산업의 성장 가능성

고령친화 제품과 서비스 수요 증가

우리나라 고령친화산업은 2006년부터 시작된 저출산·고령사회 기본계획의 수립과 집행에 따라 발전해 왔다. 제1차2006~2010년 기간에는 기본계획을 마련하였고, 제2차2011~2015년 기간에는 고령친화제품과 서비스 표준화 지원 등에 힘입어 발전해 왔으며, 제3차2016~2020년 기간에는 정보통신기술ICT을 연계한 스마트 헬스 케어, 고령친화 관광상품의 개발과 식품산업의 육성 등을 위한 정책적 지원에 따라 빠르게 성장해 왔다.

고령친화산업의 시장 규모는 2012년에는 23조 8천억 원, 2018년 56조 7천억 원에서 2020년에는 72조 8천억 원으로 확대될 것으로 전망되었다.[2] 지난 8년간 고령친화산업 규모는 연평균 13% 정도로 급속하게 성장해 왔는데, 향후 고령화가 빠르게 진행되고 고령자의 경제력이 커지면서 고령친화산업의 성장 가능성도 점점 높아질 것으로 예상된다.

고령친화산업의 성장 가능성은 무엇보다도 경제력 있는 고령자 수가 급격히 늘면서 수요가 커지는 데서 확인할 수 있다. 앞으로는 고령자라고 하더라도 이전의 고령자들과는 달리 경제적 자립의 정도와 소득 수준이 높은 사람들이 많으므로 고령친화용품에 대한 유효수요를 크게 키울 잠재력을 갖고 있다.

현재 은퇴가 진행 중인 베이비붐 세대 중 많은 사람들이 국민연금에 가입하여 기초연금 이외의 공적 연금을 받을 뿐만 아니라 퇴직연금 및 개인연금을 받을 것으로 예상되므로 이전 세대보다 경제력이 훨씬 좋아질 것이기 때문이다.

산업별·품목별 성장 가능성

고령친화산업의 산업별 시장규모2020년 전망치를 보면, 여가26.2조 원, 식품17.6조 원, 요양10조 원, 의약품9.8조 원, 의료기기3.2조 원, 용품2.3조 원, 화장품2.2조 원, 주거1.4조 원의 순으로 나타난다〈그림 2-5〉.

그림 2-5 **고령친화산업의 분야별 시장 규모와 성장성**

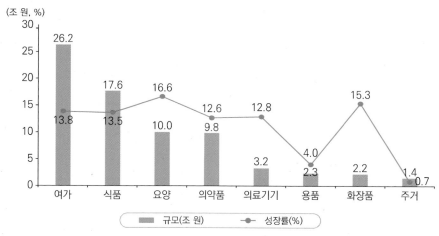

주: 규모는 2020년 기준이며, 성장성은 2012~2020년간 연평균성장률
자료: 문혜선, 고령사회 수요 변화에 대응하는 고령친화산업 발전 과제와 시사점, 산업연구원, 2019.

이러한 고령친화산업의 성장잠재력이 크기는 하지만 성장 정도는 세부 산업별로 다르게 나타난다. 지난 8년간의 통계를 보면 요양, 화장품, 식품, 여가, 의료기기, 의약품은 성장률이 높은 반면, 주거나 용품개인건강·의료용품, 이동기기, 배변용품 등은 상대적으로 성장률이 낮은 것으로 나타났다.

이러한 차이는 수요자들이 기존 제품이나 서비스를 통해 해결할 수 없어야 새로운 제품이나 서비스를 찾기 때문이다. 예를 들어 주거의 경우 유니버설 디자인을 적용하여 욕실이나 거실 및 침실을 리모델링할 수요가 필요하나, 그러한 수요가 필요할 때 대개는 고령자에 대한 수발도 같이 필요하여 요양원 또는 요양병원에 입원할 가능성이 높기 때문이다.

또한, 요즘 신축된 주거시설에는 대부분 문턱이 없어 욕실 벽이나 거실 벽에 붙이는 안전손잡이 또는 안전레일 등 기타 보조적인 수준의 장치로 문제가 해결되는 경우가 많다.

한편, 수요자들에게 1백만 원을 주고 어떤 고령친화제품을 구매할 의사가 있는지 설문조사를 해 보면, 건강식품이 20만 3천 원으로 가장 높게 나오고, 그 다음으로 노화방지 화장품, 패션용품, 질병치료를 위한 의약품, 가정용 의료기기, 여가·문화생활용품, 주거 및 설비용품, 정보통신기기, 일상보조용품순으로 나타난다.

그리고 고령친화서비스에 대한 지불 의사를 설문조사해 보면 건강지원서비스에 대한 지불의사가 26.8만 원으로 가장 높고, 이어서 문화와 여가 관련 서비스가 17.5만 원, 주거 지원서비스가 16.6만 원순으로 지불의사가 높은 것으로 나타났다.[3] 무엇보다 건강을 중시하고 있음을 알 수 있는데, 나이가 많을수록 건강을 더 중시하고 있는 것으로 나타났다.

2019년에 한국보건산업진흥원에서 조사한 결과도 이와 유사하게 나타난다. 의약품, 의료기기, 개인건강·의료용품에 높은 관심을 보이는 반면에, 스포츠 관람, 엔터테인먼트·예술 서비스, 주거설비용품 등의 서비스에는 상대적으로 관심이 낮았다(그림 2-6).

이 두 조사결과를 기초로 판단할 때 건강 관련 용품이나 서비스에 대해서

그림 2-6 **고령친화산업 제품과 서비스 관심도**

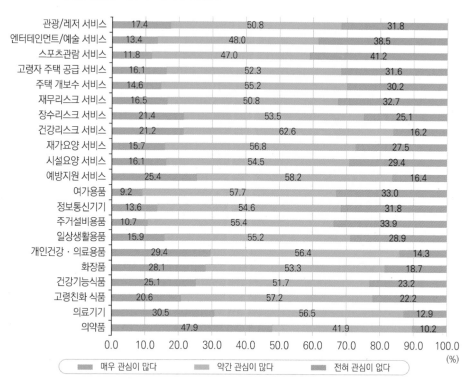

주: 만 60세 이상 노인과 돌봄자 1,052명을 대상으로 조사한 결과
자료: 보건복지부·한국보건산업진흥원, 2019년도 고령친화산업 육성사업, 2019.

관심이 크고 주거설비용품에 대해서는 관심이 낮을 것으로 보인다.

또한, 현재 월소득 300만 원 이상인 고령자들은 고령자 전체에 비하여 정신 건강 유지에 대한 욕구가 크고, 사회활동과 경제활동, 기타 즐거움과 정보 접근에 관한 욕구도 전반적으로 크게 나타나고 있다〈표 2-14〉.

따라서 향후 고령자의 소득이 상승함에 따라 소비능력이 높아지면 기본적인 의식주 이외에 화장품, 식품, 여가 등에 대한 지출이 더 늘어날 것으로 보인다.

일본 등 해외사례나 기존 연구문헌을 기초로 고령친화산업의 산업별 성장 가능성이 높은 유망 품목을 보면 〈표 2-15〉와 같이 정리할 수 있다. 이들 품목은 고령자의 소득 증가에 따라 소비의 여유가 커져 취향이 다양해지고 고급

표 2-14 **소득 수준에 따른 삶의 질 향상 욕구의 중요도 차이**

		월소득 300만 원 미만	월소득 300만 원 이상
건강	신체건강	9.26	9.18
	정신건강	8.26	8.70
생활환경	쾌적한 주거 및 환경	8.17	8.47
	안전한 환경	8.29	8.44
	(이동) 편리	8.17	8.31
사회활동	사회적 관계	7.64	8.07
	자기개발 및 사회 기여	6.82	7.82
경제활동	직업활동	6.35	7.61
	자산관리	7.17	8.08
기타	즐거움	7.64	8.25
	정보접근	5.82	7.20

주: 서울시에 거주하는 만 55세 이상 고령자 140명을 대상으로 대면조사
자료: 문혜선, 고령사회 수요 변화에 대응하는 고령친화산업 발전 과제와 시사점, 산업연구원, 2019.

표 2-15 **고령친화산업의 유망 품목**

산업	성장 유망 품목
여가	시니어 패키지여행, 의료관광, 영화 및 드라마 구독서비스, 시니어 피트니스, 시니어 스포츠 시설, 교양강좌, VR
식품	건강기능식품, 가정간편식품, 치료식, 식이관리서비스, 식사배달서비스
요양	돌봄로봇, 전동침대
의료[1]	고혈압용제, 당뇨병용제, 치매용제, 저주파자극기, 원격진단기기, 원격투약관리, 원격의료
용품	온수매트리스, 욕창예방매트리스, 낙상감지장치, 응급상황 알림장치, 스마트 기저귀, 대화로봇
화장품	노화방지 화장품, 체취방지 화장품
주거	자동 온도조절기, 자동 습도조절기, 화재방지장치, 공유주택
이동	전동 휠체어, 보행보조로봇, 자율주행 휠체어, 자율주행 자동차
금융·보험	자산관리, 신탁, 치매보험, 장기간병보험
기타	시니어 패션, 임종 서비스

주: 1) 의약품 및 의료기기를 포괄한 구분

화되면서 생활방식 변화에 영향을 받을 것이다. 그리고 4차 산업혁명의 영향으로 각종 용품과 서비스가 스마트화되는 영향도 동시에 받을 것으로 예상된다.

그럼에도 불구하고 고령친화산업의 품목들은 다음과 같은 문제점을 갖고 있어 개선해 나가야 할 필요가 있다. 첫째, 여전히 자체 기술개발을 기초로 한 제품 생산 및 서비스 제공 수준은 높지 않은 것으로 평가되고, 많은 업체들이 영세성도 극복하지 못한 것으로 나타나고 있다.[4] 둘째, 표준화 등 품질을 인증할 제도적 장치가 마련되어 있지 않은 품목이 많다. 셋째, 고령자 전용상품이 낙인효과를 발생시킬 수 있는 점도 극복해야 할 과제이다.

향후 이러한 문제점을 극복하고 빠른 고령화에 대응하여 좋은 제품과 서비스를 개발하여 제공할 수 있다면 후발 고령화 국가들을 대상으로 제품을 수출할 수 있는 기회를 가질 수 있을 것이다.

특히, 고령친화제품이 통신, 전자, 의료 등이 융합되어 제조되거나 서비스가 제공됨을 생각할 때 이들 분야에 경쟁력을 가진 우리나라가 고령친화산업에서도 경쟁력을 가질 것이다. 2018년 기준으로 업체당 연간 11.4억 원을 수출했는데, 향후에는 규모가 더 확대될 것으로 예상된다.[5]

급속한 고령화는 위기이기도 하지만 고령친화산업의 발전을 통해 국내 생산과 소비를 진작시키고, 우리나라가 고령친화산업을 선도할 경우 해외의 고령자를 대상으로 하는 수출도 증가시킬 수 있다.

03 4차 산업혁명과 고령친화산업

전 세계적으로 진행되고 있는 4차 산업혁명은 고령친화산업을 한 차원 더 높게 발전시킬 수 있는 계기가 될 것이다. 4차 산업혁명의 핵심 기술인 인공지능AI, 사물인터넷IoT, 자율주행기술, 정보통신기술ICT 등을 개별적으로 또는 결합하여 사용함으로써 고령친화용품 및 서비스를 혁신시킬 수 있기 때문이다.

사물인터넷과 정보통신기술이 결합하여 제공할 수 있는 용품 및 서비스는 건강증진용품, 건강진단용품, 응급상황 알림장치, 고령자 위치 확인, 스마트홈 등을 대표적으로 들 수 있다.

① 건강증진용품은 현재도 많이 사용되고 있는데, 예를 들어 1달 동안 매일 1만 보씩 걸으면 보험료를 할인하거나 커피 교환권을 제공하는 서비스와 결합하여 제공되기도 한다.

② 건강진단용품은 착용자의 체온, 혈압, 혈당 등 생성한 생체정보를 분석하여 사용자와 의료인에게 필요한 정보를 제공한다. 이미 기술적으로 상당한 진전을 이루었으나 광범위한 이용을 위해서는 의료법 등의 개정이 필요하다. 당뇨 등 만성질환을 가진 이용자가 의료기관 등과 연계하여 편리하게 활용할 수 있을 것이다.

③ 응급상황 알림장치는 독거노인이 집안에서 갑자기 쓰러져 일정 시간 동안 움직이지 않는 상황에서 응급구조가 가능하게 연락할 수 있게 한다.

④ 고령자 위치 확인은 GPS가 내장된 기기를 통해 치매노인이 길을 잃고 헤맬 경우 쉽게 찾을 수 있게 한다.

그리고 ⑤ 스마트홈은 실내 온도 및 습도의 자동조절, 조명의 자동조절 등과 같이 다양한 편의를 제공할 수 있다.

한편, 인공지능과 로봇이 결합되면 요양보조로봇, 재활보조로봇 또는 보행보조로봇, 대화로봇, 복약지원로봇 등의 역할을 할 수 있다. 요양보조로봇은 와상환자를 침상으로 옮길 때 등에 유용하게 활용될 수 있다. 일본 리켄Riken사의 북극곰 모양 로봇인 로보베어RoboBear는 간호사를 보조하여 와상환자를 옮길 수 있다.

재활보조로봇 또는 보행보조로봇은 거동이 불편한 고령자가 보행을 할 수 있게 하거나 근력의 약화를 보완할 수 있다. 현대자동차에서 이미 2016년에 보행이 가능한 웨어러블 로봇을 개발한 상황이다. 대화로봇은 말을 걸어 홀로 사는 고령자가 외로움을 느끼지 않도록 도와줄 수 있다. 일본의 러봇Lovot: Love+Robot은 스스로 이동할 수 있는데, 러봇을 만지거나 안거나 바라만 보아도 편안함을 느끼게 해 준다고 한다.

복약지원로봇은 정해진 시간에 맞추어 약을 복용할 수 있게 지원하는 역할을 한다. 일본의 케어봇사는 이미 2015년 봄에 상자형의 복약지원로봇을 개발하여 판매하였다.

자율주행기술이 상용화되면 고령으로 인해 생길 수 있는 이동권 제약을 벗어날 수 있게 된다. 자율주행 자동차가 나오면 고령이 되어 운전을 못하더라도 자동차를 호출하여 편리하게 이동할 수 있게 될 것이다. 현재 자율주행 3단계까지 기술 수준이 진척되어 있으므로 머지않은 시기에 고령자들이 자율주행 자동차를 이용하게 될 것으로 전망된다.

인공지능과 정보통신기술이 결합되어 엔터테인먼트, 사이버 교육, 원격의료 등의 서비스가 제공될 수 있게 된다. 가상공간에서 다양한 게임, 영화 또는 음악 감상 등을 할 수 있도록 한다. 또한 무언가 새로운 것을 배우고 싶은 사람은 인터넷 기반의 교육을 받을 수 있게 된다. 나아가 일상적인 건강 체크 및 상담을 원격으로 정기적으로 받을 수 있게 되어 건강관리가 용이해지게 된다.

영국의 바빌론 헬스Babylon Health는 휴대전화에 있는 애플리케이션을 통해 질환 관련 정보를 입력하면 적절한 건강 및 치료 우선순위에 관한 정보를 제공하고, 나아가 의사 및 의료 전문가와의 원격 상담을 제공하고 있다. 또한 챗봇 방식으로 쌍방향 대화를 통해 건강상태 및 징후 체크가 가능하다.

이들 용품 및 서비스는 첨단의 용품 및 서비스이지만 고령자가 사용하는 것을 고려하여 직관적으로 이해하기 쉽고 사용하기 편리해야 할 것이다. 또한 가격이 비싸면 수입에 제약이 많은 고령층이 이용하기 쉽지 않다. 따라서 고령층이 이용하기 쉽게 기능을 단순화하고 가격도 적정하게 책정하여 판매하는 것이 바람직하다.

04 고령친화산업과 일자리의 확대

고령화가 빠르게 진행되면서 내수시장의 주요 소비층이 되는 고령층을 대상으로 하는 고령친화산업의 성장 가능성도 커지므로 그에 따른 고용효과도 긍정적일 것으로 예상된다. 특히 고령친화산업은 고용유발계수가 11.4로 전 산업 평균 8.6보다 1.3배 높으므로 다른 산업 분야에 비해 더많은 고용을 창출할 것으로 보인다.[6]

그리고 고령친화산업은 고령층 고객에 특화된 수요에 맞춰야 하므로 중소기업에 적합한 산업이기도 하다. 즉, 고령친화산업에 종사하는 인력은 산업의 특성상 대기업보다는 중소기업에 종사하고, 고령친화산업의 모태산업과 연계성을 높게 갖고 중첩적 또는 독립적 위치에서 종사하게 된다.

또한, 고령친화산업의 제조 분야가 인공지능AI 기반 로봇 등에 의해 노동력이 대체됨에 따라 제조 분야보다는 연구개발 분야 및 서비스 분야에 종사하는 인력의 수가 더 많아지는 고용구조를 보일 것이다.

고령친화산업 취업자 수는 2005년에 처음 예상한 것보다 증가 속도가 더 빨라지고 있다. 고령친화산업 발전을 실무적으로 뒷받침하는 한국보건산업진흥원이 조사한 자료에 따르면 2018년 기준으로 업체당 평균 20명을 고용하고 있는 것으로 나타났다.[7]

그리고 한국보건산업진흥원의 「유망 고령친화산업 현황 및 전문 인력 수요 예측」2017 보고서에 따르면 향후 유망한 6대 고령친화산업2020년에 대해 식품산업은 145만 5천 명, 요양산업은 71만 5천 명, 여가산업은 52만 7천 명, 용품산업은 31만 3천 명, 정보산업은 26만 7천 명, 교육산업은 24만 1천 명이 종사할 것으로 예측되었다.

또한, 2014년을 기준으로 2025년에는 요양295.2%, 정보122.0%, 용품99.1%, 여가69.9%, 식품45.6%, 교육43.3%순으로 각각 증가할 것으로 전망되었다. 이 중 특히 고령친화산업과 매우 높은 연관성이 있는 요양산업133만 9천 명과 정보산업 58만 1천 명의 종사자 수의 증가세가 두드러져 고령친화산업의 성장을 크게 견인

할 것으로 예상하였다.[8]

　이러한 자료들을 통해 볼 때 고령친화산업은 향후 산업 평균에 비해 더 많이 고용할 것으로 전망된다. 더구나 저출산·고령사회기본법제28조에서 저출산·고령화에 대응할 전문인력 양성을 명문화하고 있고, 고령친화산업진흥법제6조에서 국가 및 지방자치단체가 고령친화산업을 육성하기 위해 필요한 전문인력을 양성할 것을 의무화하고 있어 이 분야의 고용은 크게 늘 것으로 전망된다.

　다만 최근 전 산업과 경제에 부는 4차 산업혁명 바람으로 인공지능이 적용된 로봇의 활용이 확대될 경우 생산량은 증가하더라도 일자리는 늘지 않거나 오히려 줄어들 가능성도 있다. 그럼에도 불구하고 고령친화산업을 위한 연구개발의 역할은 더욱 강조되고 있어 지식집약산업으로 발전할 가능성이 높다.

　특히 4차 산업혁명의 성과를 고령친화제품에 적용하기 위해서는 융복합형 연구개발이 중시될 것이다. 따라서 고령친화산업은 연구개발 분야와 요양산업, 여가산업 등 인적 서비스가 강조되는 분야에서 산업발전과 함께 고용이 크게 늘 것으로 전망된다.

　이러한 흐름 속에서 부모 세대가 운영하던 전통식품 제조, 음식점 운영 등이 고령자를 고용할 수 있는 고령친화 식품산업의 한 분야로 발전할 수 있을 것이다. 다른 분야도 고령친화산업으로 발전할 수 있을 사례가 있으나 수적인 면에서 많지 않은 것이 현실이다.

　중소벤처기업부에서는 업력이 30년 이상된 가게 중에서 '백년가게'를 2022년까지 1,300개를 선정한다는 목표하에 2018년부터 선정해 오고 있는데, 2020년 8월까지 485개를 선정하였다.[9]

　우리나라에서 노포대대로 물려 내려오는 점포라 불릴 정도의 가게는 대개의 경우 1세대가 고령이 되어 가업을 승계하지 못하게 되면 폐업하는 경우가 많다. 이는 창업한 지 100년 이상된 가게가 2만 개가 넘고 비교적 가업승계가 이루어지는 일본에 비해, 우리나라는 가업 승계의사가 11.3%로 극히 낮기 때문이다.[10]

　물론 일본에서 백년가게의 승계는 꼭 친족에게만 이루어지는 것이 아니라 종업원 중 능력이 가장 우수하다고 인정되는 사람에게도 이루어진다. 더구나 우리나라는 근현대에 일제강점기와 한국전쟁 등을 거치며 가게를 한곳에서 장기간 운영하기 어려웠던 환경도 있어 100년 이상된 가게는 찾아보기 어렵다.

가게가 자체 경쟁력이 없다면 폐업해야겠지만 경쟁력이 있는 경우라면 자녀 세대 등에게 승계가 이루어질 수 있도록 지원하면 고용증대 효과가 있을 것이다. 백년가게를 위해 지원할 사항으로는 자가건물을 보유하고 있지 않은 백년가게가 한 곳에서 영업을 계속하도록 가능한 한 임차권 보장을 지원하고, 상속·증여세 부담을 완화시킬 필요가 있다. 또한, 법인의 형태를 취하지 않는 가업의 경우 상속증여세법에 특별조항을 두어 가업승계가 활성화될 수 있도록 지원할 필요가 있다.

일본의 경우 자녀가 대학을 나와 대기업에 다니다가도 가업을 승계하는 경우가 많은데, 우리나라에서도 일본과 같은 문화가 자리 잡을 수 있어야 할 것이다. 이와 같이 가업을 승계하는 사례가 많아지면 고령친화 전통산업도 살리고 더많은 중고령자를 고용하는 효과도 커질 것이다.

제6장

초고령사회 블루오션 관광산업

01 고령화의 위기와 관광산업의 기회

관광산업의 확대 필요성

최근 우리나라의 문화가 세계적인 주목을 받고 있다. 봉준호 감독의 영화 '기생충'은 2020년 2월에 열린 제92회 아카데미 시상식에서 비영어 영화로는 최초로 작품상, 감독상, 각본상 및 국제영화상 등 4관왕을 차지하여 전 세계를 놀라게 하였다.

2020년 9월에는 보이그룹 방탄소년단BTS의 노래 '다이너마이트Dynamite'가 미국 빌보드 메인차트인 '핫 100'의 정상을 세 번이나 차지했다. 그리고 이어 10월에는 걸그룹 블랙핑크BLACKPINK가 빌보드 '아티스트 100' 차트에서 1위에 오르고, 12월에는 방탄소년단의 'Life goes on'이 '핫 100'의 정상을 다시 차지하여 K팝의 세계적인 위상을 보여주었다.[1]

이러한 현상은 영어권이 아닌 한국의 영화나 노래 등 문화가 세계의 중심이 되고, 세계를 선도할 수 있음을 보여주고 있다. 이는 우리나라가 경제강국으로 발전해 나감과 동시에 문화강국으로 성장해 나갈 수 있음을 보여준다.

미국, 영국, 프랑스, 이탈리아 등 선진국은 경제강국인 동시에 문화강국이다. 그리고 문화와 역사, 사회와 자연을 관광자원으로 삼아 관광강국이기도 하다. 전쟁만으로 지속적으로 세계를 제패할 수 없듯이 경제만으로 선진강국이 될 수 없다. 따라서 세계의 문화를 선도하고 한국의 문화를 즐기게 하며 전 세계의 많은 외국인들이 우리나라를 방문해야 진정한 선진국이 될 수 있다. 그리고 문화와 관광은 다시 국가의 수입으로 선순환되어 경제강국이 되는 것을 촉진시키는 역할을 한다.

관광강국이 되려면 관광자원을 최대한 활용하여야 하는데 관광자원은 크게 문화 관광자원역사, 문화유적, 사회 관광자원예술, 행사, 풍속, 음식, 레크레이션 시설 등, 자연 관광자원자연환경, 천연자원, 동식물으로 구분된다.

그러면 고령사회, 초고령사회와 관광산업은 무슨 관계가 있을까? 인구 고령화가 심화되어 생산가능인구가 감소되면 국내의 생산능력이 축소될 뿐만 아니라 총소비와 총투자, 즉 내수가 줄어든다. 이러한 내수의 감퇴를 완화하고 내수와 국내 소비를 획기적으로 개선시킬 수 있는 전략이 바로 소비자를 외국으로부터 불러들이는 것, 즉 관광산업을 획기적으로 활성화하는 것이다.[2]

최근 코로나19로 인해 관광산업이 어려움을 겪고 있는데 이를 우리 관광산업을 되돌아보고 세계적인 수준의 관광국가로 발전시킬 수 있는 새로운 전략을 고민하는 기회로 만들어야 한다.

우리나라에서 인구 고령화가 매우 빠른 속도로 진행됨에 따라 생산가능인구는 2016년 3,763만 명으로 정점을 기록한 이후 2017년부터 감소하여 2040년에는 3,000만 명 이하로 내려갈 것으로 전망된다.[3]

따라서 생산가능인구와 소비 감소에 대응하고 국내 소비를 촉진하기 위해서는 더 많은 외국인이 한국을 방문하도록 하고, 국내 고령인구가 국내의 관광자원을 더 많이 소비하고 활용할 수 있도록 관광산업을 획기적으로 키워 나가야 한다.

일본에서 베스트셀러가 된 모타니 고스케의 『일본 디플레이션의 진실』이란 책에서 저자는 디플레이션 극복을 위한 세 가지 처방 중의 하나로서 외국인 관광객의 유치를 들고 있다. 다른 두 가지는 여성의 취업과 경영 참가의 증대, 그리고 고령 부유층에서 젊은 세대로의 소득 이전 실현이다.[4]

모타니 고스케는 3천 번 이상 실시한 강연 경험을 바탕으로 쓴 『일본 디플

레이션의 진실』에서 가장 효율적인 내수 확대 방안으로 외국인 관광객을 증가
시키고, 체류일수를 늘려 외국인이 국내에서 최대한 많은 소비를 하도록 하는
방법을 제시하고 있다.5 또한, 관광산업은 항공, 운송, 여행업, 음식·숙박업 등
서비스 업종과 연관되어 고용창출 효과가 높다.

　이처럼 디플레이션과 고령화를 극복하기 위해서 관광산업이 중요한데 우
리나라에서는 고령화 위기 대응 수단으로 관광산업 확대에 대한 관심이 부족해
보인다.

　정부에서는 현재 범부처 '인구정책 TF'를 가동하여 인구구조 변화 대응방
향'2020년 8월을 발표하고 ① 생산연령인구 확충, ② 절대인구 감소 충격 완화,
③ 고령인구 증가 대응, ④ 복지지출 증가 관리 등 4대 전략과제를 중심으로
20개 정책과제를 추진하고 있다.6 그러나 관광산업 관련 과제는 제외되어 있다.

　전략과제 중인 하나인 '② 절대인구 감소 충격 완화'에 관광산업 확대 과
제가 추가되어 추진되어야 할 것이다. 저출산고령사회위원회에서 관계부처 합
동으로 정책을 수립할 경우에도 반드시 관광산업 확충을 주요 정책과제로 포함
하여 추진해야 한다. 우리나라에서 고령화의 도전을 극복하기 위한 중요한 과
제로서 관광산업의 확대에 대한 전 국가적인 관심과 지원이 필요한 때이다.

　외국인과 내국인을 대상으로 하는 관광산업 활성화는 심각한 고령화 문제
를 해결하는 방법 중에 하나이기도 하지만 경제강국에 걸맞은 문화강국, 관광
강국을 만들기 위해 반드시 추진해야 할 핵심 과제 중의 하나이다.

국가별 관광객 현황

　세계관광기구UNWTO는 관광산업이 전 세계 일자리의 10%, 전 세계 GDP의
10%, 전 세계 수출의 7%, 전 세계 서비스 수출의 30%를 차지한다고 하면서 관
광산업의 중요성을 강조하고 있다.7 이를 보다 구체적으로 보면, 전 세계의
GDP 기여도 총 효과2018년는 10.5%직접 효과 3.3%, 전 세계의 고용 기여도 총 효과
는 10.1%직접 효과 3.8%로 나타난다. 반면에 우리나라에서 관광산업의 GDP 기여도

총 효과2018년는 4.7%직접 효과 1.6%, 고용 기여도 총 효과는 5.3%직접 효과 2.1%로 나타나 전 세계 평균의 절반 정도에 지나지 않는다.[8]

　　2019년의 국내 관광산업의 GDP 기여도는 2.8%이고, 고용 기여도도 3.1%로 세계 주요 국가에 비해 매우 낮게 나타난다. 물론 우리나라에서 반도체, 자동차 등 제조업이 차지하는 비중이 크기는 하지만 관광산업이 국가의 경제성장이나 고용창출에 중요한 역할을 하고 있고, 인구 고령화를 극복하는 중요한 수단이 될 수 있으므로 관광산업에 대한 국가 전략 차원의 투자와 노력이 필요하다.

　　최근 코로나19로 인해 관광산업이 어려움을 겪고 있지만 백신과 치료제 개발 등으로 코로나19 위기에서 벗어나면 다시 이전 상태를 회복할 것이므로 지금과 같은 시기에 우리의 현 위치를 되돌아보고 중장기적인 관점에서 비전과 전략을 수립해야 한다.

　　국가별 관광객 수 순위를 입국자 수 기준2018년으로 보면 프랑스가 8,940만 명으로 1위를 차지하고, 미국이 3위, 이탈리아가 5위, 독일이 8위, 영국이 10위, 일본이 11위를 차지하고 있어 세계적인 경제대국이 관광객 수에서도 앞서 있다.[9] 이미 경제적으로 부유한 국가에 다른 국가의 관광객이 찾아가 소비를 하면서 내수를 진작시켜 줌으로써 더 부강한 나라로 만들어주고 있는 것이다.

　　우리나라는 2018년 기준 외국 관광객 수가 1,535만 명으로 관광객 규모에서 세계에서 27위를 차지하고 있다. 아시아에서는 중국, 태국, 일본, 홍콩, 말레이시아, 마카오, 인도, 베트남에 이어 9위를 차지하고 있다〈표 2-16〉.

　　앞으로 더 많은 관광객을 유치하기 위해 전방위적인 노력를 기울여 초고령사회 진입 이후 총인구와 생산가능인구 감소, 내수 축소 등에 대비해야 한다.

표 2-16 **국가별 관광객 수 순위(입국자 수 기준)**

(단위: 천 명)

순위	국가명	2010년	2017년	2018년
1	프랑스	77,648	86,918	89,400
2	스페인	52,677	81,869	82,773
3	미국	60,010	76,941	79,618
4	중국(A)	55,665	60,740	62,900
5	이탈리아	43,626	58,253	62,146
6	터키	31,364	37,601	45,768
7	멕시코	23,290	39,291	41,447
8	독일	26,875	37,452	38,881
9	태국(A)	15,936	35,483	38,277
10	영국	28,296	37,651	36,316
11	일본	8,611	28,691	31,192
12	오스트리아	22,004	29,460	30,816
13	그리스	15,007	27,194	30,123
14	홍콩, 중국(A)	20,085	27,885	29,263
15	말레이시아(A)	24,577	25,948	25,832
16	러시아	22,281	24,390	24,551
17	포르투갈	6,832	21,200	22,800
18	캐나다	16,219	20,883	21,134
19	네덜란드	12,470	18,400	19,623
20	마카오, 중국(A)	10,883	17,924	19,014
21	사우디아라비아	11,926	17,255	18,493
22	인도(A)	5,776	15,543	17,427
23	헝가리	9,510	15,785	17,152
24	크로아티아	8,966	15,593	16,645
25	UAE	7,432	15,790	15,920
26	베트남	5,050	12,922	15,498
27	한국(A)	8,798	13,336	15,347
28	사우디아라비아	10,850	16,109	15,293
29	싱가포르(A)	9,161	13,909	14,673
30	우크라이나	21,203	14,421	14,207

주: (A)는 아시아 지역 국가

자료: UNWTO(World Tourism Organization), International Tourism Highlights, 2019.

02 경제강국에 걸맞은 문화유산 만들기

우리나라에는 불국사와 석굴암, 종묘와 창덕궁, 조선왕릉 등 13개의 유네스코 문화유산이 있지만 전 세계적으로 관광객을 유치하기에는 경제·문화 강국이었던 국가에 비해서는 부족한 점이 있다. 따라서 다른 국가들의 과거와 최근의 문화유산을 살펴보고 경제강국의 수준에 걸맞은 문화유산 만들기를 제안하고자 한다.

인도의 타지마할과 악샤르담 사원

인도는 한반도 면적의 15배 정도 크기이고, 1인당 국민소득은 2,081달러에 불과하다. 2019년 기준 13억 7천만 명의 인구를 가진 나라로서 2027년에 인구가 14억 7천만 명이 되어 중국의 인구를 추월할 전망이다.[10]

인도는 무굴 제국의 후예답게 세계 7대 불가사의이자 세계에서 가장 아름다운 건축물로 꼽히는 타지마할을 가지고 있고, 최근에는 세계 최대의 힌두교 사원인 악샤르담 사원을 건설하였다.

1648년에 완공된 타지마할은 1,600년대 무굴제국의 샤 자한 왕에 의해 건설되었다. 외형을 보면 궁전 같지만 실제로는 샤 자한 왕과 왕비인 뭄타즈 마할의 무덤이다. 아이를 낳다가 사망한 왕비를 추모하기 위해 22년에 걸쳐 타지마할을 완성했다.

이 대공사로 인해 재정이 파탄났고, 샤 자한 왕은 아들에 의해 유배를 당했다. 그러나 현재는 타지마할 덕분에 연간 6백만 명의 관광객이 찾아오며, 인도인들과 아그라 시민들에게 국가적 자부심을 느끼게 하는 동시에, 엄청난 관광수입도 안겨준다.

한편, 인도 델리에는 악샤르담 사원복합단지Akshardham Temple Complex가 있다. 이 악샤르담 사원은 면적이 100에이커로 축구장 16배 크기인 세계 최대 규모의 힌두교 사원이다.

힌두교 지도자인 요기지 마하라즈Yogiji Maharaj가 1968년 야무나 강변에 사원을 짓겠다고 서약하고 노력을 기울였으나 완공을 보지 못하고 사망하였으며, 결국 그의 후계자인 쁘라무쿠 스와미 마하라즈Pramuch Swami Maharaj가 요기지 마하라즈의 소원을 실현하게 된다.[11]

악샤르담 사원은 부지를 확보하는 데 32년이 걸렸고, 우여곡절 끝에 부지를 확보한 2000년 이후 5년 만인 2005년 11월에 사원이 완공되었다. 약 1만 1천 명의 성자, 건축·공예 전문가와 자원봉사자가 사원 건축에 참여하였다. 30만 개가 넘는 돌을 조각하고 사원을 완공하는 데 3억 시간이 소요되었고, 미국의 디즈

▶인도의 악샤르담 사원(akshardham.com/)

니랜드와 유니버설 스튜디오 등을 벤치마킹하여 테마파크까지 조성함으로써 사원복합단지가 완성되었다고 한다.

이 악샤르담 사원에서 특히 인상적인 곳은 가젠드라 삐트Gajendra Peeth이다. 148마리의 코끼리, 42마리의 동물과 125개의 인물상을 돌로 조각하였는데, 커다란 코끼리의 모습이 너무나 생생하여 당장 튀어 나올듯하다. 이 사원은 이제 델리 관광객의 70%가 방문하는 타지마할에 버금가는 종교 유적지가 되었다.

악샤르담 사원을 방문하면 그 방대한 규모와 정교함에 감탄하게 된다. 인도인들은 무굴제국의 후예답게 타지마할에 이어 현대에도 향후 자자손손 길이 남을 건축물을 지어 후대에 남기는 비전과 스케일을 갖고 있다. 우리나라도 경제강국이라는 국격에 맞게 100년 후 세대에 어떤 문화유적을 남길까에 대해 고민하고 새로운 문화유적을 만들 때가 되었다.

황룡사 9층탑을 복원하자

인도나 이탈리아 등은 역사적으로 석조 건축물이 많아 아직도 문화 유적지가 많이 남아 있지만, 우리나라는 목조 건축물이 많아 전쟁 등을 겪으면서 많은 유적지와 유적이 소실되었다.

그러면 문화유산이자 관광자원으로서 후대에 길이 남길 건축물이 무엇이 있을까? 문화유산은 인도의 타지마할처럼 선조로부터 물려받은 것도 있지만, 악

샤르담 사원처럼 새로 만들어 대대손손 물려줄 수도 있다. 그리고 과거의 찬란한 문화유산 중 소실된 것을 복원할 수도 있다.

신라 천년기원전 57~935년의 역사를 간직하고 있는 경주의 경우는 많은 건축물들이 목조로 지어져 전쟁 등을 거치면서 사라졌고, 1천 년 이상 오랜 세월이 지났으므로 건축물이 이탈리아의 로마나 터키의 이스탄불처럼 잘 보존되어 있지 않다.

경주시는 관광회사와 함께 경주시티투어를 운영하고 있다. 시티투어 버스를 타고 불국사, 석굴암, 첨성대, 동궁과 월지안압지 등을 가이드의 재미있는 역사 스토리를 들으며 여행하면 신라 천 년 역사가 살아 숨쉬는 듯하다.

경주에는 신라시대에 가장 컸던 사찰인 황룡사가 터만 남아 있다. 황룡사는 삼국을 통일하고자 하는 간절한 소망을 담아 지은 것으로 자장율사에 의해 건축이 시작되었다고 한다. 진흥왕이 창건533년한 이후 선덕여왕이 9층탑을 조성645년하는 데까지 90년이 소요되었다.

황룡사터는 약 2만 평으로 추정되고, 황룡사 9층 목탑은 최대 높이 80m 정도로 지금의 아파트 30층 정도의 높이에 맞먹으며 고려, 조선시대, 그리고 1969년 완공된 KAL빌딩82m 이전에 가장 높은 건축물이었다고 한다.

타워 크레인도 없던 시기에 지어진 이 황룡사 9층 목탑으로 당시의 토목공법과 건축기술이 얼마나 뛰어났는지 알 수 있다. 이 9층 목탑이 현재까지 남아 있다면 인도의 타지마할 못지않은 세계문화유산이 되고, 한국을 방문하는 외국 관광객이라면 꼭 한번 봐야 하는 명소가 되었을 것이다.

문화재청에서 2014년부터 신라왕조 핵심유적 복원·정비사업을 벌이고 있지만 하나의 핵심 사업에 선택과 집중을 해야 한다. 예를 들면 향후 2030년 또는 중장기적으로 2050년까지 황룡사와 황룡사 9층 목탑을 복원한다는 계획을 세우고 문화재청의 브랜드 사업으로 정해 모든 정부 예산과 역량을 투입해야 한다.

황룡사 9층 목탑이 신라 통일의 염원을 담고 있듯이 향후 1인당 국민소득 4만 달러, 5만 달러의 경제 강국, 국민이 함께 잘사는 나라를 만들자는 염원을 담아 국민적인 대사업을 벌여야 한다.

불교계의 지도자가 적극 주도하되, 불교신자뿐만 아니라 전 국민으로부터 성금도 모금하고, 은퇴하는 베이비붐 세대 등을 대상으로 자원봉사자도 모집하며, 정부 예산도 집중적으로 투입하여 우리나라를 대표하는, 외국인이 한국에 와서 반드시 보아야 하는 대표

▶ 경주 황룡사지(gyeongju.go.kr/)

적인 건축물로 황룡사 9층 목탑을 복원할 필요가 있다.

관광산업을 확대하고 더 많은 외국인이 한국을 방문하게 하려면 선택과 집중은 필수적이다. 단기간 한국을 방문하는 외국인이 100개 지역을 관광할 수는 없다. 따라서 외국인들 입장에서 꼭 방문하고 싶고, 귀국해서 주위의 다른 사람들에게 꼭 방문하라고 추천할 수 있는 10곳을 선정하여 유적을 복원하고, 새로운 문화유산을 만들고, 뛰어난 자연환경에 대한 접근성을 높이는 사업을 적극적으로 실시해야 한다.

이러한 사업을 통해 문화재 복원 역량도 키우고, 건설 경기도 살아날 수 있으며, 일자리를 창출할 수 있고, 향후 더 많은 국내외 관광객을 유치하여 내수를 진작시킬 수도 있다. 국내에서 도로와 교량과 터널을 건설하여 내수를 진작하는 것보다 국가적인 관광명소를 만드는 건설 사업이 후대를 위해 훨씬 의미 있고 보람 있는 사업이 될 것이다. 이제 우리도 1년 후, 5년 후가 아니라 1백 년 후, 5백 년 후를 내다보며 정부 예산을 투입할 수 있는 경제강국이 되었다.

용산공원에 에펠탑과 같은 상징물을 만들자

주위의 사람들에게 서울을 상징하는 랜드마크로 무엇이 떠오르는지 물어보았다. 대답은 남산타워! 남산타워N서울타워는 서울의 대표적인 랜드마크 중의

▶ 남산서울타워

▶ 프랑스 파리의 에펠탑

하나로서 1975년 방송용 송신탑으로 지어졌으며, 송신탑과 전망탑을 겸하고 있다. 타워 자체의 높이는 237m으로 파리의 에펠탑보다 낮지만 남산의 높이까지 고려하면 480m가 되어 날씨가 맑은 날이면 서울 어느 곳에서나 볼 수 있다.

그러나 남산타워는 전망대로서 가치는 있을지 모르지만 문화적·예술적 가치가 높다고 말하기는 어렵다. 향후 남산타워를 리모델링할 때는 정부가 남산타워를 매입하여 문화적, 예술적 가치가 있는 문화유적으로 만들 필요가 있다. 또한 남산타워 이외에도 향후 1백 년 후를 내다보고 전 세계로부터 온 관광객이 반드시 한 번은 가봐야 하고, 대대손손 자랑스럽게 물려줄 수 있는 문화유산을 만들어야 한다.

앞서 인도의 악샤르담 사원 건축 과정에서 부지를 확보하는 데 30년이 걸린 사례에서 보듯이 대형 건축물을 세우려면 부지 확보가 가장 중요하다. 그런데 우리에게는 다행히 용산공원이 있다. 2018년 6월 주한 미8군 사령부가 73년의 역사의 막을 내리고 평택으로 이전함에 따라 미국 뉴욕의 센트럴 파크와 버금가는 공원을 조성할 수 있는 부지가 확보되었다. 정부는 2019년부터 2027년까지 용산공원을 단계적으로 완성해 갈 계획이지만 아직 서울, 더 나아가서 대한민국을 상징하는 랜드마크를 건축한다는 계획은 눈에 보이지 않는다.

관광산업의 핵심은 선택과 집중이다. 그리고 장기적인 전략이 필요하다. 100억 원 상당의 건축물 10개를 짓는다고 관광 포인트가 되지 않는다. 매년 100억 원을 투입하여 10년간 1천억 원 상당의 예술적 가치가 있는 건축물을 짓는다면 서울 또는 대한민국의 관광명소가 될 수 있을 것이다. 더 나아가 꼭 많은 예산을 투입하지 않더라도 세계적으로 공모를 하면 한국을 상징하면서도 서울을 대표하는 예술성 높은 랜드마크를 만들 수 있다.

프랑스 파리하면 에펠탑이, 미국의 뉴욕, 워싱턴하면 자유의 여신상과 워싱턴 기념탑Washington Monument이, 브라질 리우데자네이루하면 예수상이 떠오른다. 서울하면 무엇이 떠오르는가? 문화적·예술적 가치를 지니고 상징성 있는 아름다운 조형물 건축을 위해 공모를 하고, 예산을 투입하고, 국민의 성금을 모금하고, 자원봉사자를 모집하여 10년 또는 20년간 공사를 하고 100년 후, 500년 후 후손들에게 남겨줄 수 있는 문화유산을 만들자.

이제 우리나라는 인구 5천만 명 이상, 1인당 국민소득 3만 달러를 넘는 7개 국가 중의 하나이다. 경제강국의 수준에 걸맞게 세계적인 관광명소가 될 수 있는 문화유산을 만들고, 전 세계로부터 관광객을 불러들이면서 1천 년 후에도 후손들이 자랑할 수 있는 예술작품을 남기자.

03 국내 관광산업 활성화와 일자리 전략

정부는 2017년 12월부터 '국가관광전략회의'를 개최하고 있고, '관광진흥 기본계획'도 확정하여 시행하고 있다. 그러나 경제강국에 걸맞은 문화강국, 관광강국을 만든다는 그랜드 비전을 갖고 접근하며, 보다 선택과 집중을 할 필요가 있다.

그리고 국내 소비와 내수를 진작하고 일자리를 창출하고 고령화 위기를 극복하기 위해 관광산업 활성화를 중요한 정책과제로 삼아 추진해야 한다. 한편, 고령층은 청장년층에 비해 여가와 건강에 대한 욕구가 높고, 시간적 여유도 있으며, 재정적 여유가 있는 고령층도 많으므로 국내 관광산업을 고령친화적으로 만들 필요가 있다. 아래에서는 일자리 전략 차원에서 국내 관광산업을 활성화할 수 있는 방안을 제시한다.

세계적인 문화유산 새로 만들기

해외 관광객을 유치하기 위해서는 우선 우리나라의 5천 년 문화유산을 적극 활용하고, 후대에 길이 남길 문화유산을 만들어야 한다. 한국에는 불국사와 석굴암, 종묘와 창덕궁, 경주역사유적지구, 백세역사유적지구, 조선왕릉, 한국의 서원 등 13개의 유네스코 세계문화 유산이 있다. 이를 적극 홍보하고 외국인을 대상으로 한 국내 관광의 포인트로 삼아야 한다.

그러나 과거에 제국을 건설했던 국가의 문화유산과 비교할 때 우리에게 주어진 문화유산만으로 외국 관광객을 유치하기에는 한계가 있다. 과거 제국을 건설했던 국가들은 프랑스 베르사유 궁전, 이탈리아의 콜로세움과 성베드로 대성당, 터키의 성 소피아 사원과 블루 모스크, 중국의 만리장성과 자금성, 그리고 인도의 타지마할 등과 같이 전 세계적으로 유명한 문화유적을 갖고 있다.

이와 같은 세계적인 문화유산을 시대를 거슬러 만들 수는 없지만 인도의 악샤르담 사원의 사례에서 보았듯이 경제강국에 걸맞은 문화강국으로서 비전을 갖고 100년, 500년, 1,000년 후를 바라보면서 세계적인 건축물을 현대에 새롭게 만들 수도 있다. 도로나 교량이나 터널 등 인프라를 구축하는 데 정부 예산을 사용할 수도 있지만 장기적인 관점에서 문화유산을 복원하고 새로운 문화유산을 만드는 데도 정부 예산을 투입할 수 있다. IMF 외환위기를 금 모으기 등 국민의 참여를 통해 극복했듯이 국민의 성금을 활용할 수도 있다.

외국 관광객이 한국의 구석구석을 알고 찾아오기를 바라는 것은 무리이므로 외국 관광객을 유치하려면 선택과 집중을 해야 한다. 한국을 상징하고, 한국 하면 떠오르는 문화유산을 만들어 후대에 남겨야 한다.

자연 관광자원에 대한 접근성 높이기

앞서 살펴보았듯이 세계적인 문화유산도 중요하지만, 자연 관광자원 또한 중요한 자산이다. 따라서 더 많은 외국 관광객을 유치하고 우리나라의 고령층이 자연 관광자원을 더 많이 활용하게 하려면 접근성을 높여야 한다.

외국인이 관광목적이나 사업목적상 우리나라에 오거나 국제회의 참가를 위해 한국을 방문한 경우에도 하루 이틀 만에 우리나라의 금수강산을 볼 수 있도록 최대한 접근성을 높일 필요가 있다.

그리고 고령화가 진행될수록 거동이 불편한 고령자가 많아지므로 자연자원에 쉽게 접근하고 여행하기 편리한 환경을 조성하여 고령자의 관광추구권을 지원해야 한다.

인구가 고령화되고 평균 수명이 늘면서 90세, 100세까지 수명이 연장되고 있다. 80세, 90세, 100세를 기념하여 가족과 함께 해외가 아닌 우리나라의 아름다운 산에 가서 절경을 만끽하며 서로 행복을 축원해 주고, 몸이 불편한 장애인도 산 정상에 올라 금수강산을 보고 즐길 수 있어야 한다.

스위스의 자연경관과 관광지를 보면서 놀라운 것은 뛰어난 자연자원을 훼손하지 않으면서 인간이 자연 속에 동화되면서 함께 즐길 수 있도록 만들었다는 것이다. 융프라우, 마테호른, 쉴트호른 등 절경을 자랑하는 높은 산이 있으면 산악열차, 산악터널, 케이블카 등을 통해 거의 정상까지 올라갈 수 있다.

우리나라는 국토의 70%가 산림으로 이루어져 있다. 자연환경을 훼손하지 않으면서도 이동이 불편한 고령자나 장애인도 빼어난 경치를 즐기고, 해외여행 대신에 간편한 차림으로 한국의 아름다운 산을 찾고, 외국 관광객도 하루 만에 한국의 절경을 느끼고 갈 수 있도록 접근성을 높이기 위한 방법을 찾기 위해 지혜를 모을 필요가 있다.

우리가 선조로부터 물려받은 아름다운 금수강산을 원형 그대로 다시 후손에게 물려줄 것인가? 아니면 자연환경을 보존하면서도 내국인과 외국인이 쉽게 경치를 즐길 수 있도록 접근성을 높여 관광산업도 활성화하고 고령화 문제도 극복할 것인가? 국민적 공감대 형성과 선택의 문제이다.

지역관광 활성화

인구가 고령화되고 청년층이 도시로 나가면서 지방소멸이 점점 심화되고 있다. 국가적으로 생산가능인구의 감소를 극복하고 내수를 진작시키기 위한 중요한 수단으로 관광산업을 확대할 필요가 있듯이, 지역 차원에서 지방소멸과 고령화에 대응하기 위해서는 지역관광을 활성화해야 한다.

한국고용정보원의 「지방소멸지수 2019」에 의하면 전국 228개 시·군·구 중 소멸위험지역이 97개42.5%에 이르고, 2020년에는 100곳을 넘게 될 것으로 보고 있다. 지방소멸위험지수는 지역의 가임여성20~39세 인구수를 65세 이상 고령인구 수로 나눈 숫자로서 5단계로 구분하는데 0.2 미만은 소멸 고위험 단계, 0.2~0.5 미만은 소멸위험진입 단계에 속한다. 17개 전국 광역자치도·시별로 보면, 전라남도0.44, 경상북도0.50순으로 소멸 위험이 높은 것으로 나타났다.

이러한 지방소멸에 대응하기 위해 지방자치단체는 인구의 지역 유입 지원 정책 등을 사용하고 있지만 저출산 고령화가 가속화됨에 따라 한계에 직면하고 있다. 2025년 초고령사회가 다가오면서 모든 지역이 관광산업을 확대할 수는 없겠지만 자연관광자원과 문화유산이 있는 지역을 중심으로 지역관광을 확충할 수 있도록 인프라 투자를 강화해야 한다.

한편, 건강하고 소득이 어느 정도 이상 되는 고령층을 위해 장기체류형 관광상품을 개발할 수도 있다. 미국의 예를 보면 경제적으로 여유있는 고령자들이 겨울에는 따뜻한 플로리다에서 보내고, 여름에는 캐나다 국경 근처에서 시원한 여름을 보내기도 한다.

다행히 최근에 '한 달 살아보기' 바람이 불고 있는데, 이를 잘 살려 은퇴한 고령자를 대상으로 세 달 살아보기, 반년 살아보기 등으로 발전시키고, 숙박·민박 시설 등 인프라를 갖출 필요가 있다.

고령화가 진행되고 연령이 높아질수록 고령자는 해외 여행보다 국내 여행을 선택하고, 장거리 여행보다는 단거리 여행을 선호할 가능성이 높아진다. 초고령사회가 된다는 것은 65세 이상 고령자 비율이 높아지는 것을 의미하므로 이는 또한 70대, 80대도 많아진다는 것을 의미한다.

따라서 경제적으로 여유 있는 고령자들이 외국에 가는 대신에 겨울에는 따뜻한 제주도나 남해안에서 체류하고, 여름에는 시원한 강원도에서 보낼 수 있으므로 이와 관련된 관광상품이나 숙박시설을 개발·제공하면 지역 경제에도 많은 도움이 될 것이다.

시니어 관광인력의 활용 확대

고령화가 진행되고 있지만 상대적으로 일하고 싶어 하는 건강한 고령자가 많아지고 있으므로 관광산업에 시니어 인력을 적극적으로 활용할 필요가 있다.

베이비붐 세대 중에는 문화, 예술이나 자연에 조예가 깊은 사람들도 많으므로 이들을 문화해설사, 숲해설사, 관광안내원 등으로 활동하게 할 필요가 있다. 이탈리아 로마에 가보면 많은 노인들이 관광안내에 종사하고 있고, 스위스 산악지역의 케이블카 매표소에서도 고령자들이 많이 일을 하고 있다.

그리고 고령층의 신체적인 조건이나 취향을 잘 알고 있는 고령자를 여행 프로그램을 기획하고 진행하는 관광전문 인력으로 양성할 필요가 있다. 주된 직장에서 퇴직한 베이비붐 세대가 고령층을 대상으로 하는 관광 전문인력으로 인생 제2막을 살 수도 있다.

한편, 베이비붐 세대 중에는 재능기부 차원에서 문화해설, 숲해설 등에 참여하려고 하는 사람들도 많이 있으므로 재능기부가 체계적으로 이루어지도록 재능을 등록하고, 관련 단체와 연결하는 매칭 프로그램을 개발한다. 또한, 체계적으로 교육을 시키며, 재능기부에 참여한 사람에 대해 최소한의 경비를 지원하는 시스템을 확대해야 한다.[12]

우리는 현재 고령사회에서 초고령사회로 나아가고 있으므로 그만큼 고령자와 고령인력이 많아진다. 따라서 고령자를 위해 고령친화적인 관광 생태계를 만들고, 관광산업에 고령인력 활용을 적극 확대해 나가야 할 것이다. 급속한 고령화 위기의 뒷면에 숨어 있는 기회를 보자.

제3부

기업의
인적자원관리
성공전략

03

제1장

세대 간 상생하는 기업문화의 재정립

직장인은 하루 24시간 중에서 상당한 시간을 직장에서 보내고 있다. 전일제 정규직의 경우, 휴일과 생존에 꼭 필요한 수면 시간을 제외하면, 출퇴근 시간을 포함하여 적어도 1/3 이상을 직장생활에 할애한다.

근로자의 관점에서 본다면, 평균 기대수명이 연장되면서 금전적이나 비금전적인 면에서 직장생활을 더 오래 유지해야 할 필요성은 증가할 수밖에 없다. 장기간 재직을 중시하는 분위기가 생겨나고, 직장 내에서 큰 성공을 위해 노력하기보다는 급여는 적더라도 이른바 '가늘지만 길게 가자'는 경향이 생겨나고 있다.

임원이나 상위 중간 관리자로 승진하는 발령을 거부하는 일도 발생하고 있는데, 이는 임원으로 1~2년 정도 일하고 회사를 나오는 것보다 부장으로 정년까지 가거나, 노동조합의 보호 아래 노동조합원으로 있는 것이 생애 총소득 면에서 더 유리하다고 판단했기 때문이다.

종업원 대다수가 직장 내에서의 장기근속을 바란다면 기업의 입장에서 가장 걱정스러운 것은 인건비 부담, 생산성 저하, 인사 적체, 신규 채용 감소 등이다. 기업 입장에서는 이러한 우려들을 해소하기 위해 인력구조와 임금체계를 개편하고, 고령자 맞춤형 인사제도를 도입하고 교육훈련을 강화하고자 할 것이다.

한편, 사회적으로 고령화의 진행에 따라 기업에서는 고령층 근로자와 청장년층 근로자가 함께 일하면서 기술과 지식 수준, 근무태도, 보고와 회의, 소통, 회식 등에서 신구 세대 간 이원화된 기업 문화가 나타나 갈등을 일으키기도 한다.

우문현답. 우리의 문제는 현장에 답이 있다. 그러면 기업에서는 세대 간 이원화된 기업문화를 해결하기 위해 어떤 노력을 경주하고 있을까? 또한 그 사례들은 어떤 것들이 있을까?

기업에서는 청년 근로자와 고령 근로자 사이의 이원화된 기업문화를 재정립하기 위해 ① 세대가 함께하는 인사제도와 프로그램, ② 스킨십 제고를 위한 사무환경 변화, ③ 최고 경영자의 관심과 지원, ④ 상사의 솔선수범 등이 필요하다〈표 3-1〉.

표 3-1 세대 간 이원화된 기업문화 해결방안

구분	주요 내용
세대가 함께하는 인사제도와 프로그램	역멘토링 프로그램
	회의문화 개선 프로그램
	소통문화 개선 프로그램
	장시간 근무 문화 타파 프로그램
	회식문화 개선 프로그램
스킨십 제고를 위한 사무환경 변화	대면 접촉 확대를 위한 배치
	사람과 비품이 함께 움직이는 배치
	사옥 자체의 디자인
최고경영자의 관심과 지원	인사철학
	현장중심 경영
	일하기 좋은 문화
상사의 솔선수범	금지사항
	권장사항

01 세대가 함께하는 인사제도와 프로그램

역멘토링 프로그램

기업에서 세대가 함께할 수 있는 프로그램으로 4차 산업혁명으로 인해 가속화되는 디지털 환경에서 업무 수행에 필요한 기술적 스킬technical skill을 확보하도록 도와주는 역멘토링 프로그램이 있다.[1] 젊은 직원과 나이 든 임원을 짝지어 상사가 부하직원에게 디지털 스킬을 전수받는 것을 '역逆 멘토링'이라고 한다.

노동인력의 고령화에 따라 한 조직에서도 최연소자와 최연장자의 간극은 점차 벌어지고 있고, 결과적으로 소셜미디어를 능수능란하게 다루는 20대 직원과 상대적인 컴맹 혹은 그에 준하는 임원, 상사들 간의 직장 내 디지털 격차가 벌어진다. 상급자가 비대면 회의에 이용하는 줌Zoom을 잘 다루지 못하여 부하직원이 보조하는 경우도 있다.

상대적으로 낮은 경쟁률 상황에서 입사했던 고령층의 팀장, 임원들은 의사결정을 주로 한다는 이유로 정작 문서 작업이나 기본적인 엑셀, 파워포인트 작성에 대해 손을 놓은 지가 오래인 경우가 많다. 문서 작성을 도맡는 젊은 층이 보기엔, 'MS 오피스 프로그램을 못 다뤄도 자리 지키는 데는 문제 없는 분들, 글씨체, 폰트도 바꿀 줄 몰라 일일이 시키는 분들, 지금 당장의 채용 프로세스라면 들어오지도 못했을 분들'로 폄하되고는 한다.

이를 타개하기 위해 고안된 역멘토링 제도는 '기업 리더들의 디지털 IQ를 제고하는 것을 주목적'으로 하되, 젊은 멘토mentor는 부담감을 느끼지 않고, 나이 든 멘티mentee는 디지털, 오피스 지식 습득을 멈추었다는 사실을 밝히는 것에 대해 부끄러워하지 않아야 성공할 수 있다.

최근처럼 좋은 질문이 위력을 발휘하는 때가 없는 만큼, 불치하문不恥下問: 아랫사람에게 묻는 것을 부끄러워하지 않음을 원칙으로 하고, 직장 내 고령자들이 무엇을 습득할지 목표를 명확히 하며, 서로를 배려하고, 마음을 연다면 성공적인 결과를 얻을 가능성이 높아질 것이다. 그러면 디지털 격차뿐만 아니라 세대 차이도 극복하고 직장 내 세대 간의 관계도 돈독해질 것이다.

그림 3-1   관리자에게 요구되는 스킬

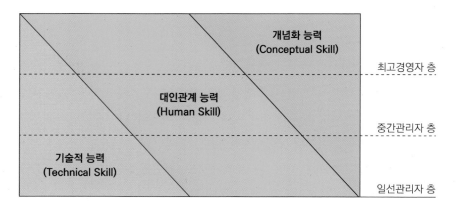

경영학의 기초를 되돌아보면, 로버트 카츠Robert Katz는 관리자에게 요구되는 스킬Managerial Skill을 크게 세 가지로 분류했다. 기술적 능력Technical Skill은 직무 분야의 고유 기술에 관한 능력을 말한다. 대인관계 스킬Human Skill은 부하에게 동기 부여하는 능력, 대인 갈등의 해결능력 등을 말한다. 개념화 능력Conceptual Skill은 현상을 보고 그 본질을 파악, 의미를 부여하며 구조화하는 능력을 말한다.

계층의 관리자마다 더 중요한 능력과 덜 중요한 스킬이 있다. 여기서 주목할 것은 심지어 최고경영자까지도 기술에 대한 지식은 반드시 있어야 한다는 것이다. 본래는 직무에 대한 기술을 일컬으나 최근에는 일반적인 정보통신IT 기술까지 확장되었다.

충전식 버스카드가 처음 나왔던 때가 1995년이었다. 기사가 운전해 주는 승용차만 타느라 버스를 한 번도 타본 적 없던 임원이 은퇴를 하고 버스 탈 일이 생겼다. 도저히 계산하는 방식을 몰라서 다른 승객들이 하는 행동을 유심히 살피다가 드디어 원하는 버스에 올라탔다. 운전사가 "왜 계산을 하시지 않느냐" 물으니, "나도 내 지갑을 보여드리지 않았습니까?"라고 하였다. 당시에는 신용카드에 버스카드 기능이 없어 별도의 카드를 구매해야만 하던 시절이었고, 이전직 임원은 버스카드란 것이 있는 줄도 몰랐던 터였다. 이젠 20년도 더 지난 일이라서 나는 해당되지 않는다고 여길 수도 있다.

　　그러나 요즘 초중등생들은 페이스북의 메신저를 자기들끼리 이용하고, 유튜브 계정으로 방을 만들어 하루하루 채팅을 한 후 폭파시킨다. 왜냐하면 그래야 엄마에게 친구들과의 대화 내용을 들키지 않기 때문이다. 10~15년 후면 이들이 사회에 진출한다. 고용연장 또는 정년연장이 되면, 한 조직에서 이들과 어울릴지도 모르는데 기술적으로 따라갈 자신이 있는지 자문해 봄직하다.

회의문화 개선 프로그램

　　권위주의 문화 타파의 일환으로서 회의문화를 개선하고자 하는 프로그램이 운영된다. 이는 세대 간 간극을 좁히고 업무 생산성을 높이기 위해 비효율적 회의를 개선하고자 하는 것이다. 불필요한 회의 절반을 합하거나 줄이고, 동시·실무·간단 보고라고 하는 스피드 보고 3원칙을 수립한 사례도 등장했다.[2]

　　윗 사람의 일장연설을 묵묵히 받아 적기만 하는 팀장에게 다가가 "본인의 의견 개진을 안 할 거라면 다음부터는 회의에 들어오지 마세요."라고 귓속말을 건넨 최고경영자가 있는가 하면, 짧은 회의는 29분 내, 긴 회의는 49분 내 마치자는 '29−49 운동'을 펼치기도 한다.

　　조직 내의 정기적·비정기적 회의체를 모두 나열해 보고, 누가 참석하는지, 어떤 내용을 다루는지, 주요 결과물이 무엇이고, 어떤 영향을 미치는지 등을 열거해 본 후 생산성이 떨어지는 회의들은 과감히 축소·폐지·통합하는 사례들도 나타난다. 회의 시에 세대 간극을 좁히고 수평적 의견 개진을 위해 호칭까지도 대리, 과장 등이 아니라, 영문으로 바꾼 사례가 있을 정도다.

　　예를 들면, "김 대리, 지난번 해당 투자 건 어떻게 됐지? 결과 나왔나?", "네, 팀장님, 최 과장과 회의한 후에 처리 완료했습니다."라는 대화와 "포세이돈, 지난 해당 투자 건 어떻게 되었지요? 결과 나왔나요?", "네, 제우스와 회의한 후에 처리했어요."라는 대화는 존중감이 다르다. 특정 산업이긴 하지만, 최고경영자와 인턴까지도 격식 없이 회의를 하는 기업도 있다.

소통문화 개선 프로그램

최근 붐이 일고 있는 기업문화상 변화 중의 하나는 사원, 대리, 과장, 차장, 부장 등의 직급별 호칭에서 탈피하고 '~님'과 같은 호칭제를 도입하여 소통문화를 바꾸는 것이다. 이는 직급 체계와는 별도로 호칭에서만이라도 수직적인 조직문화를 개선하여 수평적이고 자율적인 소통문화를 도입하고자 하는 데서 비롯되었다.

상하관계에 얽매이지 않고 자유롭게 소통할 수 있어 업무 효율성을 높이고 창의적인 아이디어 개발도 가능하므로 그 사례가 빠른 속도로 증가하는 추세이다.

님이나 매니저와 같은 전형적인 호칭 이외에도 프로, 리더, 파트너 등 기업들이 추구하는 가치를 반영한 닉네임이나 영어 이름 등 이채로운 호칭들도 등장하고 있다.

구성원 하나하나가 전문가로서의 자긍심을 가지라는 의미에서의 '프로'란 명칭을 도입한 것이다. 직급 내에 자신의 능력을 제한하지 말고 모두가 리더가 되자는 의미로서, 구성원들이 회사에 대한 주인의식을 지닐 뿐 아니라 업계를 선도하는 리더십을 배양하자며 '리더'란 명칭을 도입한 곳도 있다.

한편 대외적으로 상생을 강조하고, 내부적으로 수평적, 창의적 조직문화를 구축하자는 의미에서 '파트너'를 사용하는 곳도 있다. 본인이 불리고 싶은 별명을 만들어 부르는 곳도 있고, 앞서 말했듯이 영어 이름을 사용하는 곳도 있다.[3]

아무래도 IT, 게임 산업, 스타트업에서 도입한 사례가 많은데 네이버가 '님'과 '매니저'를, 넷마블, 넥슨코리아, 엔씨소프트는 '님'을 사용한다. 카카오는 영어 이름을 사용한다.

대기업 중에서는 2000년부터 CJ그룹이 꿋꿋이 '님'을 사용해 오고 있다. 아모레퍼시픽도 그 역사가 오래 되었으며, 웅진코웨이, 유한킴벌리, 엘지유플러스 등도 '님'을 사용한다. SK그룹은 '님, 매니저, PL프로젝트 리더' 등을 사용한다.

호칭 이야기를 하다 보면 꼭 나오는 이야기가 있다. 수평적 호칭 제도를 도입했다가 다시 직급 호칭으로 되돌아간 곳들이 있다. 모 회사가 2009년, 모

회사가 2011년, 모 그룹이 2012년 '매니저'로 호칭을 통일했다가 몇 년 지나지 않아 사원, 대리 및 과장, 차장, 부장 직급 호칭으로 되돌렸다.

왜 그랬을까? 일부는 외부에서 온 신임 회장이 전임자의 그림자를 지우기 위해, 그리고 일부는 회장이 일선에 복귀하며 조직 내에 충격을 주기 위해 직급을 원위치했다고 한다. 그리고 이렇게 되돌린 사례조차도 정년 60세 이상 법제화 이야기도 없었던 과거의 일이다. '다른 회사는 호칭을 바꾸지 않는데 우리만 바꿔서 혼선이 있다'던 이야기도 이젠 통하지 않을 것이다.

삼성그룹, 현대자동차그룹, SK그룹, LG그룹 등이 모두 바꾼 상황이다. 지금은 2020년대다. 직급의 간소화, 호칭의 통일은 수단이다. 이를 통해 수직적 조직문화를 바꾸고, 그러면서도 업무 책임의 불명확성을 없애야 한다.

한편, 타운홀 미팅이나 정기적인 대 직원 커뮤니케이션 채널을 사용하는 곳도 증가하고 있다. 비공식적 커뮤니케이션의 중요성을 놓치지 않은 나머지, 협업을 위해 '혈연, 학연, 지연보다도 중요한 것은 흡연'이라며 전문경영인인 CEO가 비흡연자임에도 건물 층마다 흡연 부스를 마련한 사례도 있다. 모두 소통을 증진하고자 노력한 사례이다.

장시간 근무 문화 타파 프로그램

주 52시간 근무시간 단축에 편승한 장시간 근무문화 타파 프로그램이 있다. 고직급자에게는 과거 상사나 동료가 일을 마치지 못하면 그 일을 돕진 못하더라도 함께 남아 본인의 일을 추가로 하곤 했던 '찬조 야근'의 전통이 있었다. 개인적으로 접이식 간이침대일명 라꾸라꾸 침대를 구입해서 토막잠을 자가며 밤샘 근무하던 시절을 영웅담으로 이야기하는 임원들도 있다. 이젠 신입사원을 비롯한 젊은 층에겐 환영받지 못하는 악습이라고 하겠다.

젊은 직장인들은 기존의 직장인들보다 삶의 질을 더 중요시한다. 심지어 일과 삶의 균형work and life balance을 뜻하는 '워크 앤 라이프 밸런스'에서 유래한 '워라밸'이란 신조어를 즐겨 쓴 지 오래다. 저녁이 있는 삶을 위해 잘 다니던 회

사를 그만두고 이전보다 대폭 삭감된 월급을 감수하며 회사를 옮기기도 한다.[4]

월 150만 원을 덜 받게 되었지만, '나는 오후 6시 칼퇴근 권리를 돈 주고 샀다. 야근 탈피권을 신규로 구매했다'고 생각한다는 것이다. 살아남아 조직에 충성을 다해 온 임원, 팀장급들은 이해하기 어려운 태도와 행동이다. 물론 워커홀릭들은 여전히 존재한다.

칼퇴근을 돈 주고 샀다?

인간다운 삶을 위해 돈은 다소 포기할 수도 있다는 것이 '워라밸'을 찾는 젊은 직장인들 생각이다. 10대 그룹 계열사에 다니던 A과장은 규모는 크지 않지만 기업문화가 좋은 곳으로 이직하면서, '칼퇴근을 돈 주고 샀다'고 생각한다. A과장은 야근하다가 부친의 임종도 지키지 못했다. 이후 '이렇게 살아서 무엇하나' 하는 회의감이 들기 시작했다고 한다. 이직을 한 이유다.

B회계법인에 근무하는 고위 임원은 젊은 회계사들의 모습을 보며 격세지감을 느꼈다고 한다. 경쟁사인 C회계법인이 부실감사 책임으로 1년 동안 감사업무의 신규 계약 금지 처분을 받게 되자 곧바로 '스카우트 작전'에 돌입했는데, '러브콜'을 받은 C회계법인 젊은 회계사들은 거부 반응을 보였기 때문이다.

C회계법인의 젊은 회계사들은 "업무 강도가 높은 회계사의 직업 특성상 언제 이런 안식년을 누리겠느냐"며 B회계법인의 스카우트를 고사했다고 한다. B회계법인의 임원은 "우리 때 같았으면 한창 일할 나이에 더 좋은 기회를 찾아 곧바로 이직했을 것"이라며 "젊은 회계사들이 '좀 더 쉬겠다'며 스카우트 제의를 거절하는 모습을 보며 시대가 달라졌다는 생각이 들었다."고 한다.[5]

그러다 보니 직장인들의 자발적 몰입과 집중력을 강화하자는 취지에서 장시간 근무하는 문화를 바꾸는 사례가 생겨나고 있다. 습관적인 야근, 눈치 보는 잔업, 주말마다 특근하는 관행을 줄이고 가족사랑 휴가나, 자기계발 휴가 등을 원할 때 자유로이 신청할 수 있는 휴가 제도를 도입한다는 것이다.[6]

또한, 저녁 특정 시간이 되면 사무실 불을 끄는 소등제, 자동으로 사무실의 데스크톱, 노트북 등을 끄는 셧다운제, 연차 소진이 별로 없거나, 야근이 많은 팀장에게 평가상 감점을 주는 제도 등이 도입된다.

'주 52시간 근무' 시대는 많은 것을 바꾸기 시작했다. 하루 8시간씩 5일 일하고, 여기에 연장근로 12시간을 합한 52시간이 1주일에 일할 수 있는 노동시간의 최대치이다. 기존 68시간에서 16시간이 줄어들었는데, '전에는 68시간이었다고?'라며 새삼 놀랄 사람들도 있을 것이다.

한 기업에서 인력계획을 수립하기 위해 미시적 적정인원 산정 작업을 하다 보면 양식을 팀 단위로 전달하고, 과업별로 지난 1년 동안의 팀 내 소요 시간을 기록하게 한다. 늘 과대 작성되어 온 것을 검증 단계에서 '맞네 아니네' 옥신각신했었다.

어쨌든 그 결과는 '어떤 팀의 업무량이 많고, 어떤 팀은 비교적 적정하고, 어떤 팀은 업무량이 적다'는 스토리로 나오곤 했다. 이젠 52시간 근로시간 단축으로 인해, 전 팀이 유사하게 나온다. 52시간을 지키라고 일괄 PC도 꺼버리고, 사무실에서 쫓아내는데 까다롭게 예외적으로 신청하지 않는 한 어떤 특정 팀에서 높게 또는 낮게 나올 수 있겠는가?

최근 정규직과 비정규직 간의 임금격차가 문제라는 이야기를 많이 듣는다. 예전엔 비정규직들이 '정규직들은 늘 남아서 야근을 하는데, 난 그래도 일찍 가니까'라며 임금격차의 정당성을 스스로 부여하곤 했었다. 그런데 이제는 모두 일사불란하게 똑같은 시간에 집에 간다! 그래서 오히려 불만이라는 목소리도 나오고 있다.

보여주기식으로 성급히 도입된 제도는 부작용을 낳는다. 셧다운이 된 후 데스크톱, 노트북을 켜면 공식적으로 연장 근무를 신청하는 절차를 따라야 하니 귀찮아서 개인 휴대용 노트북을 별도로 쓰거나, 아예 시간 설정을 다시 오전으로 돌려놓기도 한다. 팀원들의 출입카드를 한데 모아서 특정인에게 야근, 주말 근무 기록이 몰리지 않기 위해 소위 '저공 비행'을 하도록 돌려쓰기도 한다. 결국은 본질적인 의식전환과 문제해결이 필요하다.

회식문화 개선 프로그램

회식문화가 변하고 있고 회식을 대체하는 프로그램을 도입하는 기업이 증가하고 있다.

회식문화 자체도 예를 들면, '119 문화' 등이 정착되면서 바뀌고 있다. 119는 한1 가지 술로, 한1 장소에서, 저녁 9시까지만 먹는다는 의미의 절주 캠페인이다. 아예 인사팀에서 9시 이후에 회사 주변 술집을 돌아다니며 해당 회사 직원들을 발견하면 조용히 이름을 적는 엄격함까지 보이는 바람에 주변 술집들이 폐업하는 사례도 있었다.

이런 분위기가 되니 밤 늦도록 흐드러지게 휘청대며 회사 정책에 대한 뒷이야기들을 나누고 우애를 다지던 고직급 직장인들은 입맛이 쓰다. 그러나 11시에 술자리를 마무리하지 않고 '한 잔만 더'를 외치며 동료의 손목을 잡은 사람은 아침에 카드값 25만 원이 빠져 나간 것을 발견하게 될 것이다. '스튜핏어리석다!!! 그러니 그전에 집에 가라!'란 방송7을 가족들과 함께 보노라면 수긍할 수밖에 없다.

또한, 2016년에 실시한 한국 기업문화 실태 조사에 따르면, 한동안 심각한 구식문화로 지적되곤 하던 회식문화는 매우 개선된 것으로 조사되었다.8 빈번한 회식이 업무나 개인생활에 지장을 주는가를 묻자 직장인 76.7%는 '그렇지 않다'고 응답했고, 회식 횟수도 주 평균 0.45회로 집계되었다는 것이다.

실제로 화합과 소통을 위해 전가의 보도처럼 사용되던 회식을 대신한 이벤트를 마련한 회사들은 점차 증가하고 있다. 예를 들면, 격주 금요일마다 팀별 아침식사를 준비하여 직원들에게 판매하는 '해피 프라이데이'를 여는 회사도 있다. 팀별 아침식사를 준비하고 타 부서 직원들과 어울려 함께 식사를 하면서 아이디어를 나누고 직원들 간의 화합을 목적으로 하는 시간이 된다. 판매금 전액은 캠페인 기부금으로 사용한다.

대표이사, 직원들이 다 같이 점심식사를 하면서 소통하고 재충전의 시간을 가지는 'CEO 런치 타임'도 있다. 매월 말에 임원진과 사원까지 함께 전국의 숨은 맛집을 탐방하는 '먹방 기행'을 진행하는 곳도 있다. 맛있는 음식을 자신의 쇼핑몰에 유치하기 위한 목적이 있지만 먹방 기행 과정에서 상·하 간의 벽이 없어지고 자연스런 소통이 촉진된다는 것이다.

매주 수요일 아침마다 진행하는 '바나나 심포지엄'이란 것도 있는데, 바나나를 먹으며 포럼을 하는 이색적인 이벤트이다. 각 팀에서 추진 중인 업무를 공유하고 신입사원들로부터 신선한 아이디어를 얻기 위해 기획된 프로그램이라고 한다. 경영진과 직원들의 소통 계기를 만들고 따뜻한 금융 소식을 전파할 목적으로 '따뜻한 금융 코칭데이'를 매 분기마다 열고, 본점의 직원이 조를 짜서 전국의 지점을 찾아가는 직원 소통 프로그램으로서 '서프라이즈 데이'를 실시하는 곳도 있다.

시간은 흐르기 마련이고, 언제나 송년회의 시즌은 돌아온다. 저녁에 하는 송년회는 옛말이고, 점심에 함께 식사하는 방식이 확산되고 있다. 직원 수가 100명 미만인 경우, 영화관을 빌려 영화도 보고, 간단히 패스트푸드를 먹으며 송년회를 대신하는 곳도 생겨난다.

근무 없이 아점아침 겸 점심을 먹고 종료하는 브런치 송년회도 있고, 오전 근무 후 좀 더 버티다 뷔페 식사 후 바로 퇴근하는 방식도 인기가 높다. 영화나 연극, 뮤지컬 등 뭔가를 꼭 봐야 하는지도 이젠 조심스럽다. '어, 전 이미 봤는데요' 하는 직원들이 하나둘 있으면 선택의 폭이 좁아지기 때문이다.

물론 1차로 아쉽다고 하면, 따로 소규모 무리를 지어 더 모이기도 하지만 이는 공식 행사는 아니다. 구성원들의 다양한 수요를 모두 충족시켜 주기란 어렵지만, 이제는 밀레니얼 세대들의 목소리에 더 귀를 기울이지 않으면 안 되는 시대이다. 그리고 예나 지금이나 가장 높은 분들은 적절한 시점에 스윽 빠져주는 것은 진리이자 예의이다.

금요일 저녁에 하는 송년회는 금물이다. 연말이 될수록 연차를 소진하는 경우가 많은데, 금요일에 반차나 연차를 사용하기 때문에 참석률이 저조해지기 때문이다.

02 스킨십 제고를 위한 사무환경 변화

전통적으로 연공서열이 엄격한 조직일수록 직급이 높은 사람의 자리는 출입구에서 먼 구석에, 부하들이 뭘 하고 있는지 한눈에 보이는 곳에 위치해 있었다. 그러면서도 본인이 뭘 하는지는 잘 알 수 없도록 데스크톱 컴퓨터나 노트북은 절묘하게 숨겨져 있곤 했다. 심한 경우 칸막이를 높게 쳐서 혼자만의 공간을 만들기도 한다. 책장을 이용해 4면을 모두 가리기도 한다.

이러한 근무환경에서 고직급자와 젊은 직원들 간의 소통이 원활히 이루어질 수 있을까? 의견이라도 구하고자 이 '요새'에 들어가기 전에 부하들은 어떤 생각을 할까? 그러면 스킨십skinship을 높이기 위한 사무환경 변화 방법을 알아보자.

첫 번째, 대면 접촉이 증가하도록 배치를 바꾼다. 벽은 칸막이로 바꾸고, 임원실은 회의실로 전환하여 직원들이 자유롭게 미팅을 하도록 한 기업 사례가 많다. 그리고는 최고경영자CEO 등 최고 임원 3명은 한 개의 사무실을 함께 사용한다. 실장과 본부장급은 별도 방이 아닌, 직원들과 마주 보고 앉도록 전진 배치하여 원활한 소통을 하게 했다. 나머지 임원들은 아래 직원들과 섞여 일하도록 했다.

처음에는 모두 불편하고 어색하게 느껴졌던 분위기가 몇 달 지나지 않아 확실히 의사결정이 빨라졌다. "전에는 보고하려면 임원실 약속 잡고, 시간 맞춰 찾아가서 인사한 뒤 보고를 해야 했는데 그런 불필요한 과정이 사라졌다."고 말한다. 모 그룹도 미국 실리콘밸리에 위치한 북미 법인부터 임원실을 없애가는 실험을 시작했다는 소식도 있다.9 또한, 임원실의 방문을 늘 열어두는 것은 어제오늘의 일이 아니다.

두 번째, 사람뿐만 아니라, 비품이 통째로 움직이도록 한다. 글로벌 게임개발사인 밸브Valve는 사무실 모든 책상의자가 아님에 바퀴가 달려 있어서 언제라도 책상을 끌고 다른 직원들과 만나며 정보를 공유할 수 있도록 했다고 한다. 심지어는 직원들이 오가기 쉽도록 5층부터 9층을 통하는 계단을 설치했다. 젊은 직원이 많고 창의성이 더욱 요구되는 산업이라고는 하지만 시사하는 바가 있다. 아래는 그 매뉴얼 내용이다.10

그림 3-2 **밸브 채용 안내문 내 자리 옮기기 매뉴얼 내용**

자료: Harvard Business Review, 왜 사무실 자리를 바꾸면 좋을까, 2018년 3~4월호

　그림에 이어 아래에는 "① 벽에서 플러그를 뽑는다, ② 책상을 옮긴다, ③ 플러그를 벽에 꽂는다, ④ 일을 시작한다"라고 적어 놓았다. 얼마나 쉬운가?

　꼭 소통 때문만은 아니지만, 복리후생, 협업증진 측면에서 한국에서도 훌륭한 회사들이 속속 생겨나고 있다. 회의 공간까지 마련된 찜질방과 스파실, 실내체육관, 세미나홀, 강의실, 미팅룸, 라운지, 피트니스센터 등을 갖춘 곳도 있다.[11]

　세 번째, 다소 거창하긴 하지만, 사옥 자체를 새로 디자인하는 경우도 있다. 구글Google은 소통을 위한 근무환경Great Atmosphere 면에서 많은 관심을 기울였는데, 신사옥은 구부러진 직사각형 형태의 다리를 통해 모든 건물이 연결되고 150초 내에 누구나 물리적으로 마주칠 수 있게끔 설계되었다고 한다.

　한편, 애플은 미국 캘리포니아주 쿠퍼티노시에 일명 '우주선Space Ship'이라고 불리는 신사옥을 지었다. 이 사옥의 건설은 스티브 잡스Steve Jobs 사망 4개월 전 발표한 프로젝트로서 타원형으로 설계한 독특한 모양인데 총 1만 3,000명

▶구글 신사옥의 모습

▶애플 신사옥의 모습

의 직원들이 함께 근무할 수 있다.

스티브 잡스는 생전에 네 가지 개념을 주문하였는데 "첫째, 사옥은 공동작업이 가능해야 한다. 둘째, 언제나 직원들이 움직이는 느낌을 갖도록 유동성이 있어야 한다. 셋째, 근무자들의 상상력을 이끌어낼 수 있도록 열린 공간이 되어야 한다. 넷째, 실내에서 근무하더라도 마치 자연 속에서 근무하는 듯 착각할 수 있도록 해야 한다."는 것이었다. 여기에서도 협업과 소통이 가능한 공간을 창출하는 것을 첫 번째 조건으로 삼았음을 알 수 있다.

03 최고경영자의 관심과 지원

조직문화에 영향을 미치는 여러 변수들에는 ① 조직을 둘러싼 조직환경, ② 구성원들이 공유하고 있는 가치, ③ 조직의 기본가치를 확립하는 데 중심적인 역할을 하는 중심인물, ④ 업무수행 시 모든 구성원들이 규칙적으로 지켜나가는 의례와 예식, 그리고 ⑤ 조직의 기본가치와 중심 인물이 추구하는 목적을 전달해 주는 비공식적 매체인 문화망 등이 있다.12

인사철학

조직문화의 형성에는 최고경영자가 어떠한 인사철학을 지녔는가가 매우 중요하다. 고령자를 숙련도를 보유한 회사 내 자산으로 볼 것인지, 또는 대체

가능한 생산요소 중 하나로 볼 것인지에 대해서는 최고경영자에 따라 다르다.

해당 산업, 경쟁 정도, 고객과의 관계, 노동시장으로부터의 대체 가능성 등에 따라 달라지지만, 근본적으로 최고경영자의 '종업원을 바라보는 관점'에 따라 고령자와 젊은 층이 융합되는 조직문화가 될 것인가, 위계질서가 뚜렷한 문화가 될 것인지가 결정될 것이다.

따라서 최근 대한상공회의소에서 기업문화 개선을 위한 주요 액션플랜을 마련하고, 최고경영자CEO의 의지 확립에 중점을 둔 '기업문화 선진화 포럼'을 운영13하고자 한 것은 이상한 일이 아니다.

현장 중심 경영

최고경영자의 현장 중심 경영에서 비롯된 MBWA의 활성화가 있다. MBWA Managing By Wandering Around, Managing By Walking Around는 최고경영자가 두문불출하고, 멋진 사무실에서 보고만 받는 것이 아니라 직접 몸을 이끌고 부하 직원들을 찾아다니며 현장 이야기와 고충도 들어보는 것이다.

원래 MBWA라는 용어는 휴렛 패커드 HP에서 1940년대에 처음 도입하여 사용했는데, 1982년 톰 피터스Tom Peters가 저술한 『초우량기업의 조건』에서 숫자 중심의 경영에 경종을 울리며 HP-Way를 설명하던 중 MBWA를 언급한 덕분에 알려지게 되었다. 최고경영자가 현장을 중시하고 부하를 존중하는 기업문화는 당시 HP의 지속적 성장을 가능케 한 원동력이 되었다고 한다.

한국에서는 2, 3세 소유 경영자들로 갈수록 생산형, 엔지니어형이었던 창업주에 비교하여 해외에서 MBA를 취득한 전략형, 기획형이 많으므로 오히려 MBWA의 중요성이 높아졌다. 또한 이를 임원에까지 내려서 제도화한 경우도 나타나고 있다.

일하기 좋은 문화

최고경영자가 일하기 좋은 문화에 얼마나 관심을 가지는가가 중요하다. 회사는 기본적으로 자선단체가 아니다. 이익을 추구하고 돈을 벌지 못하면 존속할 수가 없고, 당연히 구성원들에게 근로의 대가로서의 월급을 줄 수가 없다. 그럼에도 불구하고 매번 '위기'를 강조하며 농업적 근면성을 강조하면 어떻게 될까? 회장님, 창업주와 생사고락을 함께 했던 임원들, 소위 가신들은 만성이 되어 익숙할 수 있다.

그러나 젊은 직원들은 지치게 된다. 일시적으로는 성과급, 일의 재미, 본인의 성장, 상사로부터의 인정 등을 확보하며 만족할 수는 있어도 어떤 순간이 되면 급속히 무너지는 경우가 많다. 특히, 타인의 페이스북, 인스타그램 등의 '보여주기식' 소셜네트워크를 보면서 '내가 왜 이러고 있지'를 문득 되뇌다 훌쩍 해외여행을 가기 위해 이직을 결심하기도 한다. 최고경영자부터 이러한 젊은 층의 성향들을 파악하고 세상이 달라졌음을 인식해야 할 때이다.

야근을 강조하는 최고경영자의 성향은 회사 온라인 게시판에 종종 뿌려지는 '전년 부서별·개인별 출퇴근시간과 하루 평균 근무시간 데이터'에서 드러난다. 1등부터 꼴등까지 근무시간 순위를 확인한 직원은 사무실에 자연스레 더 머물게 된다.

회장님, 사장님의 전용차가 사무실이나 공장 정문을 통과하는 순간, 해당 사업장 내부에 벨이 울리고, 팀장들의 책상 위에 녹색불이 들어오는 회사도 있다. 그 불이 꺼지기 전까진 아무도 퇴근하지 못하기도 한다. 이러한 현상들은 이제 과거의 일이 되길 바란다.

이쿠보스 운동의 확산

일본에서는 이쿠보스 운동이 펼쳐졌다. '이쿠보스'란 '부하·동료의 일과 생활의 균형을 생각하고 그 사람의 경력과 인생을 응원하면서, 조직의 성과도 내고, 자신도 일과 사생활을 즐길 수 있는 상사'를 의미한다. 소위 한국에서 말하는 '꼰대'와는 완전히 다른 '깨어 있는 상사'가 되자는 개념이다.

한국에서는 '열린 상사' 운동으로 호칭하고 확산 캠페인을 펼치면 어떨까?

04 상사의 솔선수범

새로운 제도도 만들고, 사무환경도 첨단으로 갖추면 모든 문제가 다 해결될까? '회사 보고 들어와서 상사 보고 나간다'란 말이 있다. 심지어 제아무리 최고경영자가 깨어 있어도 중간관리층에서 그 뜻을 막아버린다면 제대로 소통하는 조직이라고 보기 어렵다.

중간관리층은 자주 접하는 직원들, 특히 젊은 직원들에게 큰 영향을 미친다. 나이 든 상사의 대오각성이 필요한 대목이라고 하겠다. 몇 가지 고려사항을 권장사항과 금지사항Do's & Dont's의 개념으로 설명하고자 한다.

금지사항

① 가정의 날에 회식 잡기 No, No

일주일의 중간인 수요일에 '가정의 날' 또는 비슷한 명목으로 정시 퇴근을 의무화하는 회사들이 증가하는 추세다. 오후 6시에 경쾌한 음악과 함께 업무를 마감하고 가정으로 돌아가라는 칼퇴 종용 방송도 나온다. 그러나 약주를 즐겨 하는 팀장이 있다면 이날은 팀 내 비공식 회식 날이 되는 수가 있다. 수요일이 아니라 '술요일'이 된다. 더구나 그 팀장이 기러기 아빠 상황에 직면했다면 그럴 확률은 더 높아진다. 화합과 소통을 도모한다는 팀장의 순수한 의도도 한두 번이지, 반복되면 팀원들은 괴롭다.

이 와중에 매번 "저는 중요한 약속이 있어 먼저 가보겠습니다."라며 과감히 불참하곤 한 신입사원이 있었다. 팀장이 "도대체 무슨 약속이냐?" 물어보니, "가정의 날, 절대 회식하러 가지 않겠다는 저와의 소중한 약속입니다."라고 답변했다는 일화는 더 이상 전설이 아니다.

② 휴가조차도 눈치 주는 건 No, No

휴가에 대한 조정을 시원시원, 명쾌하게 해 주는 것이 상사의 덕목 중 하나다. 상사나 부하나 할 것 없이 누구나 전차처럼 달리다가 잠시 쉼표를 찍는 휴가 시즌을 기다린다. 20년 넘게 조직 생활을 해 온 부장급 직장인들이야 심드렁할 수 있겠지만, 대리급 이하에게는 '휴가'란 여전히 설레는 연중 이벤트이다. 문제는 "주어진 휴가 일자를 언제 사용할 수 있는가?" 하는 타이밍이다.

시간은 재고가 없으므로 수요, 공급의 법칙에 따라 항공료, 숙박비는 성수기에 극도로 비싸진다. 이를 절감하기 위해 성수기를 피하고자 하는 젊은 층이 있는가 하면, 학부모들은 자녀와 함께 보내기 위해 눈물을 머금고 모두가 몰리는 7월 말, 8월 초에 휴가를 내기도 한다.

한 부서 내의 구성원들이 선호하는 휴가 일정이 골고루 퍼져 있으면 문제가 없지만, 몰려 있을 때가 문제고, 상사들이 휴가 선택 우선권을 쥐었다고 할 때 눈치 싸움이 극대화되기도 한다. 한편, 상사와의 휴가일과 조금이라도 겹치

지 않게 확보하려 애쓰기도 한다. 상사는 건재하나 부재중인 것이 좋음을 부하
들은 익히 알고 있기 때문이다. 아무리 좋은 상사라도 자리에 없는 상사만은 못
하다는 것이다.

③ **정치적 견해는 혼자만 간직, 강요는 No, No** 　　상사는 본인의 개인적·정
치적 의견을 일기장에나 써두어야 한다. 이를 부하에게까지 주입하고, 실제 투
표와 같은 행동에까지 영향을 미치려 드는 것은 금물이다.

　　조직 내에서의 다양성을 강조하고, 다양한 의견을 개진하는 것이 점차 권장
되고 있다. 창의성이 증진되고, 조직성과가 제고되는 계기가 마련된다. 그러나
분단 현실하에서의 한국의 특수성에서 비롯된 격동의 시기에 탄핵, 대선, 총선,
지방선거 등이 잇따르다 보면, 어쩔 수 없이 누구나 나름의 '관(觀)'이 생긴다. "최
소한 이건 아닌 거 같다.", "이건 바람직해 보이는데 좀 더 지켜보자." 등이다.

　　그런데 회식 자리, 회의 석상, 심지어 화장실에서조차도 '이러이러하므로
누구누구는 뽑으면 안 된다.'는 식의 정치 설교를 넘어 포교를 듣다 보면 부하
들은 지친다. 정치적 견해가 다름을 피력했다가 팀장에게 부여된 평가권이 엄
연히 있는데 공연히 본인의 평가에 악영향을 미칠까 우려하지 않을 수 없기도
하다. 정치 관련 논의를 금지해 버린 회사도 있다고 한다.

④ **지나친 의전은 꼴불견, 지나친 기대도 No, No** 　　가지 많은 나무에는 바
람 잘 날이 없다. 대규모 조직일수록 경조사는 잇따르기 마련이고, 상사는 이에
대해서도 명확한 조율을 부하에게 해 줄 필요가 있다. 상사가 부하로부터의 아
부성 의전을 기대해서도 곤란하다.

　　조직 내에서의 생활이란 늘 예측대로, 계획대로 되는 것이 아니다. 느닷없
는 동료, 상사의 부고를 접하면 하던 것 모두 치우고 자리를 채워주어야 하는
관례도 허다하다. 품앗이하던 우리 민족의 전통이 없어지지 않았기 때문이다.
심지어 우리 조직이 아닌, 고객의 경조사까지도 챙겨야 하는 경우도 있다.

　　평일 데이트는 당연히 못하고, 주말에라도 오매불망 여행 약속을 잡아 놓았

는데, 지방에 가는 장례식 의전 때문에 약속을 깬다면, 이를 쉽게 이해해 줄 상대방은 거의 없다. 상사들은 '우리 땐 늘 그랬다'는 식이지만, 그저 관례상, 예의상 동원되어야 하는 세대들은 이해하기 어렵다. 더군다나 늘 동원되는 사람, 늘 빠지는 사람으로 구분되어 있다면 형평성 문제도 있다고 여기기 마련이다.

⑤ **SNS 간섭, No, No**　　상사가 친하게 지냄을 표시하기 위해 부하의 개인 공간인 SNS 친구 허락을 강요하거나, 해당 정보를 이용해 함부로 프라이버시를 침해하는 것 또는 침해했다고 느끼게 하는 것은 금물이다.

"다른 사람들은 친구도 받아주면서 왜 나는 안 받아주는가?", "지난번 페이스북에 올렸던 맛집에 대해 구체적으로 알려 달라.", "페이스북에 야근한다며 회사 상황을 그렇게 올리면 안 된다." 등등 상사의 한마디, 한마디는 SNS가 없었다면 듣지 않아도 되고, 받지 않아도 되는 것으로서 스트레스의 원인이 된다.

한국에서 연령대별로 가장 긴 시간 사용한 SNS를 보면, 10대는 페이스북, 20~30대는 인스타그램, 40대는 네이버 카페, 그리고 50대 이상은 밴드를 주로 사용한다고 한다.[14] '보여주기' 식의 관계 집착으로 인한 피로도 때문에 사용을 하지 않는 것일 뿐, 계정을 안 가진 사람은 별로 없을 것이다. 10년 후, 20년 후가 되어도 현재의 사용자들은 해당 계정을 보유한 채 고스란히 고령자의 길로 들어설 것이다. 바야흐로 SNS상에서의 매너까지도 학습하고 실천해야 할 시기에 이르렀다.

권장사항

그렇다면, 상사로서 해야 할 바람직한 행동은 무엇일까?

① **휴가 보장을 넘어선 중장기 휴가 배려로 Go, Go**　　직장인의 로망 중 하나가 한 번이라도 좋으니 주기적으로 긴 휴가를 통해 가보지 못한 곳으로 여행을 하면서 재충전하는 것이다. 이를 확보하기 위해서는 현실적으로 '현재의 직

장을 그만두고, 다음 직장으로 옮기는 사이'에나 가능한 이벤트로 여겨진다.

　　이 상황에서 '난 지난 15년간 제대로 된 휴가를 써본 적이 없다'는 식의 말을 달고 다니는 상사라면 빵점이다. 이제는 근로시간 단축, 일과 삶의 균형이 점차 강조되는 시기이니 상사들이 바뀌지 않으면 안 된다. 조직에서 허용하는 한도 내에서 조직원들의 휴가를 보장해 주고, 심지어 연차를 붙여 연휴를 소진 하고자 하는 그들의 니즈가 있을 때도 부하들의 형평성을 감안하여 과감히 허 락해 줄 수 있어야 한다. 때로는 솔선수범하여 본인이 먼저 휴가를 떠나버리는 것도 방법 중의 하나이다.

② **메뉴 선택권은 젊은이들에게, 그들 입맛에 맞춰 Go, Go**　　조직 내에 있 는 직장인들에게 '점심 식사'야말로 몇 없는 낙 중의 하나이다. 그런데 팀의 단 합을 위해 항상 함께 먹는 것을 고수하고, 본인의 식성에 맞추어주길 바라는 상 사가 있다면? 하루 이틀도 아니고 부하들은 대단히 고역이 아닐 수 없다.

　　'어제 과음을 했으니 오늘 점심은 해장국.', '내가 요새 다이어트 중이니 한 달간 밀가루 음식은 안돼.', '다른 요구가 없으면 청국장, 김치찌개, 된장찌 개….'라는 식이라면 곤란하다. 물론 김밥, 떡볶이 등 분식만 주식으로 하는 프 로젝트 매니저 때문에 힘들어 하는 경우도 있긴 하다.

　　상사들은 과감하게 젊은 직원들에게 메뉴 선택권을 주고 한발 물러설 필요 가 있다. 직원들은 이제 메신저의 인공지능AI에게 점심 메뉴를 물어보고 안내받 고, 저칼로리 메뉴를 묻고 추천받는 수준으로까지 진화했다.[15] 이젠 '뭘 먹지?' 고민하지 말고 부하들에게 맡겨도 될 것이다. 상사들은 가끔씩 스토리를 붙여 식사할 때만 메뉴를 정하라.

③ **게임도 함께 하며 공감대 형성 Go, Go**　　상사가 부하들과 더불어 함께 시간을 보내며 공감할 수 있는 것이 가능하다면 얼마나 좋을까? 하지만 술잔 나누는 것 이외에 노래방도 함께 가기 꺼려지는 최근이라면 차라리 시간을 주 지, 시간을 공유하자고 주장하기란 쉬운 일이 아니다.

그렇더라도 상사들은 신입사원들이 무엇에 관심을 가지고 있고, 무엇을 누리며 살아왔는지에 대한 정보를 확보하기 위해 최소한의 노력을 경주할 필요가 있다. 공감대를 형성할 수 있는 몇 마디만 적절한 시점에 던지더라도 효과를 볼 것이다.

사람들은 그래도 대학생 시절에 부르고 들었던 노래를 평생 동안 부르게 된다고 한다. 최근 가요의 흐름을 최소한도는 알아둘 필요가 있다. 우루루 몰려 나오는 팀 이름만 듣고도 최소한 남성 팀인지, 여성 팀인지는 알아야 하고, 히트곡의 제목이나 주요 멜로디만 숙지해 두어도 금상첨화일 것이다.

게임까지 파악하기란 쉽지 않다. 상사들은 늘 게임이란 나쁜 것, 공부를 못하게 하는 시간 도둑의 개념에서 살아왔으니까. 그래도 최근에 세태를 반영한 게임도 있다는 것을 양념 삼아 알아두자.

2015년 나온 '내 꿈은 정규직'이란 게임은 취업준비생들의 취업을 위한 고통, 그리고 취업 후에도 일어나는 젊은 직장인들의 치열한 생활을 다루고 있다. 이유도 없이 인턴에 불합격하고, 일이 너무 많으면 몸이 상해 퇴사, 일이 너무 없으면 회사 사정이 안 좋아 퇴사 등의 에피소드가 이어진다. 위로받기 위한 게임이다.

그림 3-3 내 꿈은 정규직 앱 게임 화면

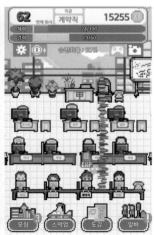

자료: QuickTurtle Co., Ltd.사의 게임 화면

④ **직원들은 모여서 어떤 이야기를 할까? 예측하고 공감 Go, Go**   상사들의 귀는 늘 열려 있어야 한다. 부하들의 동향을 파악하고 있다가 업무상 어려움이 발생하면 선제적으로 도와주는 것이 필요하다. 재량권을 주지만, 위기의 순간에는 늘 즉시 달려와 지원해 주는 상사가 될 필요가 있다.

상사만을 빼놓고 부하들이 무언가를 이야기하고 있는 것은 좋은 징조가 아니다. 특히 특정 상사 휘하에서 잦은 이직이 발생하면 그 조직의 사기가 저하된다. 부하들은 나름의 '퇴사 파티'를 열기 마련이고, 함께 일했던 선후배를 보내는 자리에서 '퇴사 성공 후기'가 주제로 올라온다면 그 상사는 빵점이다.

"점심시간엔 따로 빠져 나와서 카페에서 공부하라.", "회식 자리는 열외자 등급을 받아두고 무슨무슨 인강을 들으라."는 노하우를 듣고, "공기업 가장 많이 보내는 곳이 대학 아닌 중소기업이라는데 나도 해 볼까?"라는 고민을 자꾸 하게 되는 조직이라면 문제가 있다.

상사와 리더에 대한 다양한 글들이 있지만, 아래와 같은 글을 차용해 보며 마무리하고자 한다.[16]

상사와 리더

1. 상사는 카톡 지옥 가져오고, 리더는 토론 천국 가져온다.
2. 상사는 굽신대는 사람 높이 평가하고, 리더는 일 잘하는 사람 높이 평가한다.
3. 상사는 회식 때 자기가 먹고 싶은 것 먹고, 리더는 함께 맛집 찾는다.
4. 상사는 자기 자랑하고, 리더는 후배 자랑한다.
5. 상사는 책임 피하고, 리더는 책임 자처한다.
6. 상사는 지문이 없고, 리더는 막힘이 없다.
7. 상사는 지적질하고, 리더는 아이디어 낸다.
8. 상사는 자신이 해 본 적도 없고, 할 수도 없는 것을 시키며, 리더는 솔선수범한다.
9. 상사는 일을 그르치면 소리를 지르고, 리더는 일을 그르치면 농담을 한다.
10. 상사는 위와 같은 말을 들어도 자기 이야기인지 모르고, 리더는 아닌 말도 자신의 이야기로 받아들인다.

제2장

기업 내 인력구조의 재편

역삼각형 또는 역피라미드형 인력구조에 도달할 일이 머지않은 기업이라면 어떤 대책을 세워야 할 것인가, 실제 어떤 방안들을 마련하고 있는가?

그동안 한국 기업에서 대다수 사용해 온 사원, 대리 및 과장, 차장, 부장의 직급체계는 이른바 '직위등급제_{연공등급제}'라고 알려져 왔다. 그러나 직위등급제가 일부 연공서열 위주로 운영이 되면서 인건비 부담을 가중시키는 원인이 되고 있다.

따라서 기업에서 이러한 인력구조 문제를 해결하기 위해서는 ① 직급별 표준 체류 연한의 연장, ② 직급 세분화를 통한 직원 직급의 신설, ③ 역할 등급 중심의 직급 간소화, ④ 명예퇴직 등 방안을 활용할 수 있다_(표 3-2).

표 3-2 인력구조 해결방안

구분	주요 내용
직급별 표준체류 연한의 연장	대리, 과장, 차장, 부장 등으로 승진할 때 머무는 기한을 연장
직급 세분화를 통한 직원 직급의 신설	일반적인 사원, 대리, 과장, 차장, 부장 직급 사이, 혹은 위에 새로운 직급을 끼워 넣거나 추가
역할등급 중심의 직급 간소화	현실적 역할등급을 중심으로 직급을 통합·간소화하고 체류기간을 길게 한 후 호칭도 별도로 하는 방안
명예퇴직의 활용	위기상황, 한계상황에 처해 있는 기업들을 중심으로 구조조정을 하는 방안

ⓞ 직급별 표준체류 연한의 연장

정년 60세 시대를 맞아 직급과 승진상의 문제 해결방안을 보면, 우선 사원에서 대리, 과장, 차장, 부장으로 승진할 경우 각 직급별로 체류연한을 연장하는 제도를 도입할 수 있다. 기업 내의 팀장 직책 수가 한정적일 경우, 승진률을 관리하지 않으면 직책이 없는 부장 직급이 상당히 나타날 우려가 있기 때문이다.

기업에서는 각 직급별로 3년-4년-5년-5년 등으로 정해 두었던 체류연한을 약간씩 연장하는 현상이 나타나고 있다. 이에 따라 과거보다 더 오랜 기간 동안 과장, 부장으로 머무를 가능성이 높아진다.

그러나 이 방법은 신입사원이 2~3년 내에 이탈할 가능성이 높은 방식이 되기도 한다. 대리 승진을 위한 사원의 체류연한을 3년에서 4년 또는 5년으로 연장시켜 두면, 주변의 타 기업 친구들은 이미 대리 승진이 되었다는 것을 목격하게 되어 상대적 박탈감을 느끼기 때문이다. 특히 성장욕구가 강한 직장 초기 단계에서는 내가 사원인지, 주임인지, 대리인지가 중요하다.

따라서 이 방식을 사용할 경우는 사원에서 다음 직급으로 승진 시의 체류연한은 조직의 현황을 충분히 고려하여야 한다. 누구나 들어가고 싶어 하는 신의 직장이라면, 사원 체류연한이 다소 길어도 문제되지 않는다. 이직했을 때보다 나은 선택지가 없고, 어차피 오래 다닐 것이라고 구성원들이 여기기 때문이다.

02 직급 세분화를 통한 직급 신설

일반적인 사원, 대리 및 과장, 차장, 부장 직급 사이에 새로운 직급을 만들어 넣거나 위에 추가하는 방법도 있다. 직급 수가 많았던 과거 방식 직급체계로 도리어 회귀하는 것이다. 그래도 사원과 대리 직급 사이에 주임을 넣거나 대리와 과장 직급 사이에 과장대우를 두는 등의 방법은 많이 사용되지 않고 있다. 젊은 직원들은 상위 호칭에 대한 열망이 크기도 하거니와 '조직 내에서 내가 어떻게 불리는가'가 매우 중요하여 직급 상승이 지연된다는 느낌을 받으면 저항이 크기 때문이다.

그래서 부장 이후 새로운 직급을 추가하기도 한다. '수석부장'이나 '이사대우, 이사보' 직급을 신설하되, 임원이 아닌 직원 처우를 하는 것이다. 외부 고객을 자주 접해야 하는 직원이라면 이사대우, 이사보 직급을 사용하는 회사가 흔히 있다. 더 높은 직급의 책임자가 나와서 맞대응하여 주기를 원하는 고객을 위해 직급 인플레이션이 일어나는 것이다. 옥상옥屋上屋 형태의 직급체계이면서, 직원들이 승진이라고 여기고 추가적인 승진 인상분을 기대하므로 경영자들은 썩 좋아하지 않는 방안이기도 하다.

또한 신설된 상위 직급에 머무는 당사자들도 호불호가 갈린다. "한 단계 더 올라왔구나. 임원이 안 되어서 아쉽지만, 정년은 보장받으니까."라는 인식이 있는가 하면, "어차피 임원도 아니고, 조직 내에 몇 명 되지도 않는 직급인데, 뭔가 특별 관리받는 대상이 된 것 같다."라는 인식을 가지기도 한다.

따라서 직원 직급을 신설하는 방안은 회사의 상황에 따라 도입을 고려할 수 있다. 충분히 가설적으로 고안해 볼 수는 있지만 정년 60세 이상 의무화가 본격화된 현재 시점에서 볼 때 많이 사용되지는 않는 것으로 보인다.

03 현실적 역할등급을 중심으로 한 직급 간소화

직급을 통합5개 직급을 3~4개로 축소하고 직급별 체류기간을 더 길게 해서 기존의 직급 체계를 완전히 탈피할 수 있다. '님, 매니저, 위원, 프로, 파트너' 등 호칭을 사용한 통합 직급도 등장하고 있는 상황이다.

"예전에는 3월, 4월 승진 발표를 하면 축하해 주느라 바빴는데, 이제는 초상집 분위기이다. 고직급화가 두드러져 도무지 승진자가 나올 수 없다. 대체 누구를 위한 직급, 승진제도인가. 동기부여가 안 된다. 그래서 통합했다." 어느 기업의 최고인사책임자CHRO가 한 말이다.

"내가 대리에서 과장이 되어서, 과장에서 차장이 되어서 뭐가 달라졌는가." 등을 고민하지 않고, 직원, 특히 팀제하에서의 팀원 수준에서 실질적으로 역할 단계가 몇 개인가를 파악하여 간소화한다. 직군별로도 3단계, 4단계가 될 수 있으나, 한국에서 아직까지는 이른바 '전사全社 일체형 직급체계'를 설계, 도입하는 경우가 많다.

2019년 모 대학에서 20명의 직장 경력이 있던 MBA 학생들을 대상으로 강의할 때 설문을 해 본 결과, 6직급 이상은 0명, 5직급이 7명, 4직급이 4명, 3직급이 3명이었다. 일반화할 수는 없지만, 이미 직급 간소화가 상당히 진행되어 있음은 놀랍지 않은가?

세상은 바뀌었고, 한국에서 5단계 이상의 다단계 직급을 통해 임직원을 관리하던 시기는 지났다고 본다. 이제는 더 수평적 문화하에서 협업하면서 현장의 생산성을 높이도록 할 때이다.

한편, 직급을 통합하게 되면, 이제까지 승진 인상에 사용되던 임금인상분

예를 들어 8%을 종합평가에 따른 임금인상의 재원으로 사용할 수 있게 된다. 중요한 것은 제도 전환의 과도기이다. 승진을 바로 앞두고 있던 직원들이 상실감을 느끼지 않도록 승진 인상 기대분을 정밀하게 보전시켜 주는 것이 필요하다.

60세 이상 정년 법제화에 따라 기업 내부 인력들의 고령화가 예측되고 있다. 직급 단순화가 겨냥하는 바는 분명하다. 수평적으로 조직문화를 바꾸고 업무 효율성을 높이자는 것이다. 아래에서 일부 기업들의 직급체계 개선 사례를 살펴보자.

그림 3-4 **기업들의 직급체계 개선 사례**

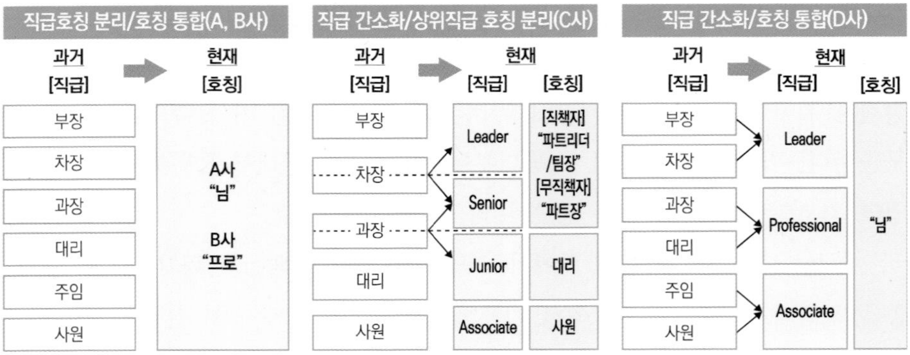

직급체계만 단독으로 바뀌는 것이 아니라, 당연히 승진제도나 보상제도와 연계가 되어야 한다. 역할등급에 따라 4단계로 축소하고 보상과 승진 운영에 반영한 국내 기업의 실제 사례들이 있다. 어떤 기업에서는 6단계 직급을 현실적인 역할 단계 수인 4개로 구분하고, 각 역할등급에 기존 직급의 직원들을 분포시켰다. 가장 아래의 '사원'에 해당하는 조직 적응단계인 G1등급에는 호봉제를, 그보다 상위 역할등급에서는 역할급을 적용시켰다.

팀장 직책에서는 직책 수의 관리 차원에서 공석이 생겼을 경우에만 연차와 무관하게 G4에서 선발하되, 직책 면직도 가능하도록 하였다. 승진에 있어서는 예전처럼 연차가 찼다고 하여 다음 직급으로 승진하는 '졸업방식'은 멀리하는 추세다.

또한, 낮은 직급에서의 승진은 특별 사유가 없다면 요건을 충족할 경우 승진시키는 완화된 정원T/O 관리를 하지만, 높은 직급에서의 승진은 승진 대상자를 추리고, 리더십 검증 심사를 통하여 승진자를 확정하는 엄격한 정원 관리를 하는 것이 일반적 추세로 자리 잡아 가고 있다.

새로운 직급체계 설계, 도입을 위한 절차는 어떻게 하면 될까? 첫 번째, 역할등급에 일치시켜 간소화된 직급체계를 만든다. 몇 개로 할지, 특히 직급 수를 전사적으로 통일할지, 산업에 특화된 연구개발, 영업 직군 등은 별도로 할지 등은 산업, 기업마다 처한 환경과 상황에 각각 적합하게 한다.

두 번째, 간소화한 후 직급별로 체류연한을 조정한다. 자사의 인력구조가 어떠한지, 동종의 타사, 해당 지역 기업들의 체류연한은 어떠한지 등을 함께 고려해야 한다.

세 번째, 기존 직급에서 새로운 직급으로의 전환 방안을 수립한다. 유불리 집단이 반드시 있으므로 승진 빈도를 한시적으로 조정하거나 몇년 동안 유예 기간을 두는 등 변화관리를 위한 설득이 필요하다. 이때 최대한 직원들의 처우가 저하되지 않도록 조심해야 한다.

네 번째, 직원들의 수용도를 높이기 위하여 호칭체계를 정비한다. '내가 우리 회사에서 무엇이라고 불리고 싶은지' 선택지를 만들고 공모하여 의견을 묻고 호응하도록 하는 것도 좋은 방법이다.

경영자들은 항상 '통제 가능한 상황'을 선호하기 때문에 내외부 인사 담당자, 전문가로부터 '눈에 보이는 것'을 보고받고 싶어 하는 경향이 있다. 경영자들이 많이 궁금해 하는 사안들 중 하나인 사업 계획별 인원 및 인건비 예측 보고도 가능하게 된다.

직급체계의 통합은 직원 수준에서뿐만 아니라, 임원 수준에까지도 확산되는 추세이다. 모그룹에서는 부사장, 전무, 상무로 구분된 임원 직급을 통합하는 방안을 추진하였다. 기존의 수직적 직급 체계하에서는 '일하는 방식의 혁신'을 이루기 어렵다는 한계가 있었다.

달라지는 점은 호칭상에 있어서, 부사장과 전무, 상무라는 '직급' 호칭을 사용하지 않고 모두 위계질서 없는 동급의 임원으로 간주하며, 본부장, 실장 등의 '직책'으로만 부른다는 것이다. 임원 명함에도 '이그제큐티브 바이스 프레지던트, 바이스 프레지던트' 등으로 표기한 영문 직급 표기를 '바이스 프레지던트 vice president'로 통일하였다. 미국 등에서도 최고경영자CEO를 제외한 임원을 모두 바이스 프레지던트로 표기하기도 한다.

04 명예퇴직제도

정부가 법적 정년을 60세 이상으로 정하면서 민간기업에서도 예전과 달리 50대 후반의 인력들이 계속 근무하는 것이 의무화되었다. 따라서 보다 다양한 연령대의 사람들이 조직 내에 머물게 된다. 그럼에도 고령자들을 중심으로 명예퇴직이란 이름으로 구조조정을 행하는 산업도 있다. 어쩔 수 없는 위기 상황, 한계 상황의 기업들뿐 아니라 금융권에서는 이미 이루어지고 있는 것이 현실이다.

물론 퇴직위로금과 자녀학자금 등을 당겨서 지급한다. 직원들이 매력적이라고 느끼면 이를 수용하고 회사를 떠난다. 그런데 이 퇴직위로금도 특정 연령대의 사람들이 가장 많이 받게 되고, 그 연령대를 넘겨 명예퇴직을 하면 퇴직위로금이 줄어드는 것이 일반적이다. 소위 '퇴직위로금 피크제'이다.

원칙적으로 본다면, 금융산업, 특히 은행에서도 고령자 적합직무를 개발하고 고령자들을 배치하는 것이 옳다. 임금의 연공성을 완화하고, 정년까지 일을 하게 하는 것이 원칙이다. 그러나 내부에 있는 직원들은 오히려 '은행에 들어온 이상, 명예퇴직금을 세게 한번 받고, 새로운 일을 시작해 보고 싶다.'는 경향이 강하다면? 그리고 정작 고령자 적합직무를 찾기도 어렵고, 고령자에게 막상 일을 주기도 어려운 구조라면 어떻게 할 것인가?

인사제도는 획일화되기 어렵고, 산업이나 기업 특유의 상황에 따라 구조조정이나 명예퇴직이 지속될 수도 있다. 그러나 퇴직위로금의 규모가 매력적으로 여겨질 만큼 기업의 여력이 계속 유지될지는 알 수 없다. 명예퇴직을 실시해도 '회사 밖에 나가봐야 뾰족한 수 없고 차라리 그냥 머무는 게 낫겠다.' 싶으면, 오히려 인력구조 재편의 목적은 달성하기 어렵다.

업황이 좋지 않으면, 퇴직위로금의 금액이 감소할 것이고, 그렇다면 고령 직원들이 명예퇴직을 할 유인은 감소할 것이다.

제3장
기업 내 임금체계의 개편

정년연장이 고용에 직접적인 영향을 미치는 이유는 한국의 생애 임금구조에 기인한다. 현재의 상당수 기업에서의 임금구조는 '젊어서 실제 일하는 것보다 적게 받더라도, 정년에 가까울수록 생산성보다 높은 임금을 받게 되는 형태'로 설계되어 있다. 정년연장이 되면 생산성을 초과한 임금을 받는 근로자는 보다 많아지게 되고, 기업은 노동비용 증가라는 압박을 받게 된다. 이에 대응하여 기업은 정년연장에 대해 고용을 줄이는 방안을 찾게 된다.

한편, 한국 기업 임금의 연공성이 OECD 국가들 중에서 상당히 높다는 사실은 잘 알려져 있다. 기업들은 연공성을 해소하고 제한된 인건비를 효율화하기 위해 어떤 노력을 하고 있을까? 그리고 그 기업에서 일하고 있는 사람들은 어떻게 대응해야 할까?

기업에서 제한된 인건비를 효율적으로 활용하고, 기업 성과를 높이기 위해 ① 과도한 임금 연공성의 완화, ② 직무급으로의 전환, ③ 역할급의 도입, ④ 연공급의 개선과 성과배분제 도입 등의 조치가 필요하다.

표 3-3 기업 내 임금체계 개편 방안

구분	주요 내용
과도한 임금 연공성의 완화	근속연수에 따라 임금이 인상되는 호봉제의 폐지
	호봉 간격의 축소
	말호봉 제도의 도입
직무급으로의 전환	직무의 가치에 따라 결정되고, 직무 특성, 난이도, 책임 정도에 따른 보수 지급
	직무분석, 직무평가, 직무등급 도출, 직무급 설계 절차
역할급의 도입	역할의 가치에 따라 결정되고, 역할의 중요도와 난이도, 역할 수행의 전략성, 이익에 대한 공헌도 등에 따라 보수 지급
	역할등급 유형 선택, 역할등급과 등급 기준 설계, 역할 파악과 평가 조건 정리, 가평가와 운용기준 설계, 역할등급 조정 절차
연공급의 개선	단일호봉을 직급별 호봉으로 개편
	직급별 호봉표 재산정, 호봉단계의 조정
	호봉간격의 점감과 격년제 승호
성과배분제	개인성과나 집단성과에 따라 보수 지급
	이익분배제, 집단성과급제

01 과도한 임금 연공성의 완화

임금체계와 임금형태

임금과 관련하여 연공급과 연공성을 완화하기 위한 임금체계, 직무급, 역할급 등에 대해 설명하기 전에 먼저 약간의 용어정리를 하고자 한다.

먼저, 임금수준이다. 임금수준은 일반적으로 종업원 1인당 지급되는 평균 임금의 수준을 나타낸다.

임금수준이란 일반적으로 기업이든 공공기관이든 임직원에게 제공하는 임금급여, 보수의 크기와 관련한 것으로 적정 보수수준은 직원의 생계비, 기관의 지불능력, 사회 일반의 임금수준을 고려해서 결정하며, 특히 공공기관의 경우 공무원의 보수와 마찬가지로 정부의 예산 제약이라는 특성을 가지고 있다.

임금수준의 관리는 임금수준 결정에 영향을 미치는 민간기업과 공공기관 내외의 여러 요소들을 검토함으로써, 조직에서 필요한 인력의 확보, 유지를 위하여 적절한 임금수준을 결정하는 것이 핵심 과제이다.

둘째, 임금체계이다. 임금체계는 근로자 개인에게 지급하는 임금액의 구성내용 또는 임금액의 결정기준이라고 할 수 있고, 일반적으로 임금의 구성내용으로 이해한다.

임금체계는 기본급 차등지급 원리를 뜻하는데, 경우에 따라 임금격차의 의미로도 사용된다. 기본급 차등지급 원리로서의 임금체계는 연공급호봉급, 직능급능력급/숙련급, 직무급 등으로 구분한다.

연공급호봉급은 해당 기업의 근속연수, 직능급능력급/숙련급은 보유지식이나 숙련 정도, 직무급은 담당 직무의 가치에 따라 기본급과 그 인상비율이나 인상액이 결정되는 체계이다.

셋째, 임금형태이다. 임금형태는 임금의 산정방법 및 지급형태를 의미한다. 다른 임금의 계산과 지불방법에 대한 것으로서, 근로자의 근로의욕 향상과 연관되고 고정급, 변동급제, 특수임금제 등 다양하게 존재한다.

임금형태 중 가장 중요한 것은 시간급제와 성과급제이고 추가급이나 특수임금제는 시간급과 성과급의 미비점을 보충하기 위한 형태이다.

기업 경쟁력 향상을 위한 임금 연공성의 완화

나이가 들면 생산성이 떨어지는 것일까? 한국노동연구원에서 사업체패널 조사와 고용보험 데이터베이스DB를 결합한 '사업체-근로자 연계자료'를 활용해 노동자의 연령과 생산성 간의 상관관계를 파악했다. 그 결과 생산성1인당 부가가치은 사업체 내 노동자의 평균연령이 40세가 될 때까지 증가하다 그 이후부터

그림 3-5 **사업체 근로자의 평균 근속기간별 1인당 부가가치와 인건비**

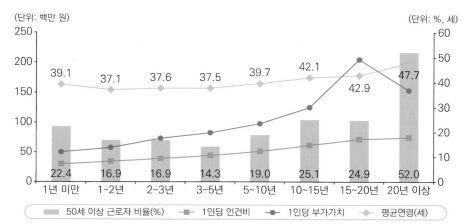

자료: 김기민, "사업체 근로자의 고령화와 생산성의 관계", 「패널 브리프」, 한국노동연구원, 2017. 6. 30.

감소하는 '역U자형'의 모양이 나타났다.[1]

한국노동연구원의 「임금체계 실태조사」에 따르면 임금의 과도한 연공성 완화를 위한 기업들의 기대 수준을 알 수 있다. 현재의 임금곡선은 근속연수 증가에 따라 임금수준도 지속적으로 상승하는 '증가율 일정형'이 압도적으로 많다. 그러나 향후에는 '증가 후 감소형'을 원하는데, 정년연장에 따른 부담을 덜어내고자 하는 바람이 보인다고 할 수 있다.

그런데 구체적으로 실제 도입 추진 중인 임금관리 방식에 대한 응답을 보면, 엄격한 승진관리를 통한 고직급화 문제해결이라든가, 직급단계 축소나 통폐합, 그리고 직급체계 자체의 개편 등 직급, 승진제도의 변화를 통한 방식 비중이 높았다.

또한, 임금곡선의 완화 자체를 목적으로 한다기보다는 기본급을 인상할 때 개인별 평가차등을 도입하거나, 확대하는 등 여전히 성과차등 강화에 더 주력하고 있었다. 즉, 임금곡선 자체를 생산성에 따라 완만하게 하는 데에 직접적인 영향을 주는 노력 중 하나인 호봉급 폐지, 호봉간 금액 차이 축소 등의 방식은 추진되는 경우가 많지 않았던 것이다.

따라서 향후 기업경쟁력 확보와 고용안정을 위해서는 호봉제를 대체하는 임금체계를 만들거나, 이것이 어렵다면 최소한 호봉의 간격을 줄이거나, 호봉 상위 끝에 도달하면 승호를 억제하는 末호봉 제도의 도입 등이 지속적으로 뒤따라야 할 것으로 보인다.

누구나 '나는 우리 조직에서 열심히 일하고 있다'고 스스로 생각하고, 더 많은 보상을 받기를 원한다. 다만, 하는 일은 변함이 없는데 단순히 오래 그 일을 했다고만 해서 지속적으로 임금이 상승하기만을 바라서는 곤란하다.

동일한 일을 하는 사람들끼리조차도 소위 '근속 기간'에 의거해서 심한 격차의 임금수준을 초래하는 방식은 지양하고 임금 연공성을 완화하면서 성과와 직무에 연동된 새로운 임금체계를 도입할 필요가 있다. 고직급자들은 상한 없는 호봉제만을 주장하는 단계에서 벗어나 고용안정을 확보한 만큼, 생애 총임금의 관점에서 '내가 얼마나 기여하고, 얼마나 임금을 누적적으로 확보할 수 있을까'를 중심으로 판단해야 한다.

현 기득권 세대가 지속적으로 누리려고만 하면 곤란하다. 세계 3대 투자가로 유명한 짐 로저스Jim Rogers는 2020년 도쿄 올림픽 이후 일본의 부채가 더 커지고 그 폐해가 일본을 침식시킬 것이라고 전망하였다. 이어 지적한 것은 일본의 청년들이 공무원을 취업 희망 1위로 여기고 있음을 비판했다. 2017년에는 '내가 10살의 일본인이라면 자동소총을 사거나 나라를 떠날 것'이라며 일본의 미래를 비관적으로 보았다.

주된 이유는 미래 세대로 넘긴 청구서를 지불할 시기가 되었을 때 국민 전체가 불안을 느낄 것이고, 이러한 불안은 범죄와 폭동, 혁명으로 나타날 것이라 내다봤다. 한국은 어떠한가? 미래 세대가 응당 가져야 할 몫을 당겨 받거나 현 세대가 지속적으로 '나이가 많다'는 이유만으로 기득권을 누리게 되면 어떤 일이 벌어지게 될까?

이와 같이 미래에 발생할 문제를 해결하는 한 방법으로 기업 차원에서 임금의 과도한 연공성을 완화하기 위해서는 직무급으로의 전환, 역할급의 도입, 연공급의 개선과 성과급의 도입 등의 방안을 강구할 수 있다.

⑫ 직무급으로의 전환

직무급 운영 현황

연공성을 억제하는 효과적인 방법 중 하나로 알려진 직무급은 한국에서도 오랫동안 주창되어 왔다. 일반적으로 직무분석, 직무평가, 직무급 도입이라는 과정을 거친다.

실제로 과거 한국의 일부 회사에서 직무급 도입을 시도하였지만, 완전히 정착되지는 못하였다. 그 이유는 직무분석 및 평가에 노력과 비용이 매우 많이 들어가고, 신규 직무 및 신규 사업장이 수시로 생기거나 사라지는 산업, 기업에서는 직무급으로 대응하기에 제약이 있으며, 직무별 시장임금 정보가 미흡하였기 때문이었다. 또한 직원들이 희망에 따라 원하는 직무에 배치되기보다는 발령에 의해 타의적으로 직무 순환을 하고 있다는 현실적인 문제도 있었다.

그 결과 고용노동부의 「2015년도 임금제도 실태조사」에서는 "전체 직무급의 비중은 최소 2.9%에서 최대 5.3%로 추정되며 대체적으로 직무급이 5% 내외를 차지한다고 할 수 있다."고 하였다. 오랫동안 다양한 이해관계자들이 '직무성과 중심의 임금체계'를 언급하고, 주창해 왔지만 막상 한국 기업에서의 도입 상황이 위와 같다고 하면, 구호와 현실 사이에는 많은 격차가 있는 셈이다.

그럼에도 현재 성공적으로 직무급을 도입한 기업들은 철저한 준비를 바탕으로 인사 담당자의 교체를 최소화하면서 제도가 안정되고, 정착되도록 노력하고 있다. 또한, 도입 대상, 임금구조 면에서도 다양한 사례가 나타나기 시작하였다. 전체 직원을 대상으로 하거나, 상위 직급자 중심의 일부 직원이나 임원만을 대상으로 하거나, 수당형 직무급 형태를 활용하는 방식도 활용되고 있다.

직무급 도입이 어려운 이유

직무급을 도입하고자 하는 노력에 비해 그 도입이 더딘 이유는 무엇이고 어떻게 타개할 수 있을까? 첫 번째는 직무job라는 개념 자체의 불명확성에서 찾을 수 있다. 한국 기업에서는 오랜 기간 일보다는 사람 중심의 인사관리에 익숙하다. 때문에 잘하는 사람에게는 일이 더 몰리고, 조직의 직무와 업무task를 정의하고 구분하여, 이에 사람을 연계하는 방식에 익숙하지 않다는 것이다. 일시적으로 이를 실행했다고 하더라도 시간이 경과함에 따라 팀원의 이탈이 발생하면 기존 팀원들이 일을 나눠 가지는 등 연속성이 사라진다. 결국 지속가능성 없이 예전 방식으로 회귀한다는 것이다.

이를 해결하기 위해서는 직무급 도입을 위한 사전 준비로서 기업 내 직무분류 체계를 구체화하고 직무분석을 통한 직무기술서를 고도화해야 한다. 그리고 제도 정착을 위해 담당자와 책임자가 상당 기간 교체 없이 뚝심 있게 밀어붙여야 한다.

두 번째는 직무평가 항목에 대한 오해, 직무평가 정당성 확보의 이슈이다. 직무평가를 통해 직무들 간의 등급이 결정되면 이는 임금수준에 영향을 미친다. 조직 내에서 직무들 간의 상대적 가치가 높으면 높은 임금수준을, 낮다면 덜 높은 임금수준을 지급하는 것이 직무급의 원리이다.

직무평가를 수행할 때에도 도출된 직무등급에 대한 수용도를 높이기 위해 더 공정하고 객관적인 절차를 거칠 필요가 있다. 그러려면 직무평가 과정을 충분히 거치고 해당 결과를 기록한 후 직무평가 결과에 대하여 노사 간, 기관 내 직군 간 충분한 협의를 통해 점진적으로 결과 수용성을 높여나가야 한다.

세 번째는 직무별 시장임금 정보 확보의 어려움이다. 직무급 설계 절차상 직무평가 결과를 바탕으로 직무등급을 만들 때에는 직무별 시장임금 수준도 고려하게 된다. 직무평가 결과로 직무의 상대적 가치기준을 설계하는 것이 조직 내부의 공정성을 확보하는 것이라면, 동종 산업계를 중심으로 형성되어 있는 직무별 시장임금을 파악하는 것은 조직 외부 공정성을 확보하기 위한 것이다.

내부적으로 직무평가를 잘해서 납득했다 하더라도, 소속 기업의 임금수준이 타 기업과 비교하여 현저히 낮고 이직을 쉽게 할 수 있다면 인력의 유지가 어렵다. 그동안 한국에서는 직무별 시장임금에 대한 정보 자체가 부족하고 그나마 확보되는 임금정보도 신뢰성이 문제되는 경우가 많았다.

그러나 이제 한국에서도 4대 보험을 근거로 한 임금정보는 점차 정교화되고 있다. 임금정보를 다양한 기준으로 제공하는 민간, 공공의 웹사이트도 늘어나고 있다. 또한 지역이나 동종업체 간 인사담당자가 공유하는 정보들은 양성화되어 있지 않더라도 늘 해마다 연봉 협상 시 기업에서의 참고자료로 활용되곤 한다. 물론 아직까지는 대부분 기업들이 개별 직무보다는 직급, 근속연수에 따른 데이터들을 확보하고 있기는 하다.

기업들이 산업과 무관하게 공통으로 보유하고 있는 인사, 총무, 재무, 회계, 구매 등 경영지원 직무들부터 조직규모, 매출액, 산업, 지역 등을 기반으로 임금 정보를 모으게 된다면, 직무급을 새롭게 설계하거나 사후적으로 운용하는 기업에 매우 유용한 정보가 될 것이다.

일본에서의 직무급

연공서열이 강했던 일본 기업들에서는 어떠한 입장이었을까? 직무 가치에 의해서만 인사 운용을 하는 것은 기업의 고용관행을 저해하는 요인이 되고, 실제적이 아니라는 입장이다. 따라서 직무등급 제도는 인사 운용을 하다가 허용 가능한 범위에서 그 차이가 인정되면, 그룹핑을 한 후 서열 구분을 실시하고이를

그림 3-6 **직위를 구성하는 과업**

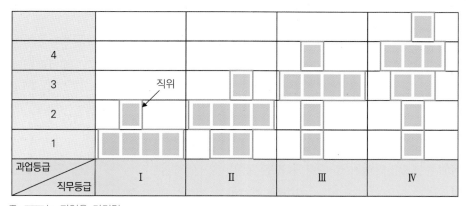

주: ■는 과업을 가리킴

직무등급을 만든다고 한다, 동일 그룹직무등급에 속하는 직무는 동일 가치 직무로 인사 운용을 하고 있다.

직무등급 제도의 경우 경영상 필요한 직위를 구성하는 과업은 기업의 경영 목표를 효율적으로 달성하기 위해 배분하는 것이다. 원칙적으로 담당자의 직무 수행 능력과 경험의 정도, 단위조직 내 인원 때문에 해당 직무에 배분된 과업이 변하지는 않는다.

직무급의 도입 절차

직무급을 도입하기 위한 방법으로는 직무분석을 통한 직무기술서들을 작성하고, 직무기술서를 바탕으로 직무수행자들은 배제한 채 직무평가를 하여 직무등급을 도출한다. 그리고 해당 직무등급에 따라 임금의 상한값과 하한값을 두어 직무급을 설계하는 것이다.

예를 들어, 직무기술서 100개가 나왔다고 하면, 조직에서의 상대적 가치에 따라 등급을 매긴다. S, A, B, C, D 등의 성적 등급을 생각하면 될 것이다. 직업에는 귀천이 없지만, 직무에는 귀천이 있다. 이렇게 만들어진 등급에 따라 높은 등급을 부여받은 직무는 연 7,000만~8,000만 원 사이의 임금을 받을 수 있고, 낮은 등급을 부여받은 직무는 연 6,500만~7,500만 원 사이의 임금을 받을 수 있도록 설계한다. 중첩된 구간을 둘 경우 낮은 직무등급에서 연 7,200만 원을 받고, 높은 직무등급에서 7,100만 원을 받는다면 역전도 가능하다.

직무급 설계에 대한 가이드북, 사례집, 보고서는 많이 있다. 고용노동부에서 「직무중심의 인사관리 따라잡기」를 발간하였는데, 고용노동부 정책자료실에 가면 파일도 내려받을 수 있다. 2020년 1월에 나왔는데 한 달 만에 4,000회의 다운로드 수를 기록하기도 했다.

그러면 직원들은 직무급에 대해 어떠한 태도를 가지는 것이 바람직할까? 직원들이 ① 안정적인 환경에 처한 기업, ② 세계 전 지역에서 표준화된 인사 시스템을 구축하고자 하는 기업에 종사하고 있고, ③ 타 직무와 구분이 명확하고 독립적 업무가 가능한 직무, ④ 동종, 유사 업종의 기업에서도 공통적으로 존재하는 직무, ⑤ 외부 노동시장에서도 비교가 용이하며 이동이 상대적으로 자유로운 직무에 종사하고 있다면 직무급의 대상이 되기 용이하므로 미래를 대비하는 것이 바람직하다.

03 역할급의 도입

역할급의 대두

일본에서는 임금의 연공성을 강화하는 방향으로 흐르던 '직능급'을 대체한 제3의 길로서 직능급도, 직무급도 아닌 '역할급'이 등장하였다. 한국 기업에서도 관심을 보이고 적용되고 있다. 역할급은 '장기적 관점의 인재육성'과 '사람 중심 유연한 조직운영'이란 인적자원관리의 핵심가치를 훼손하지 않으면서도 임금의 과도한 연공성을 최대한 없애 나갈 수 있는 방법으로서, 일본의 노사가 합작한 '포괄적 직무급'이라 하겠다.

일본에서는 1980년대만 하더라도 직무수행 능력을 중심으로 하는 직능등급제도, 그리고 직능급이 보편화되어 있었다. 지속적인 시장 환경하에서 기업이 보유하는 인적자원의 능력 향상이 결과적으로 제품이나 서비스의 수요를 창출하고, 이와 같이 증대하는 임금에 대한 비용은 시장이 흡수해 줄 것이라는 전제였다.

하지만 일본 대기업의 90%를 차지하던 직능등급제도를 대체하여 2000년대부터 직무등급이나 역할등급이 그 주도적인 지위를 차지하고 있다. 비즈니스 모델을 명확히 하고, 기업이 시장에서 지지되는 경영전략과 일 관리 구조를 만들면서 이에 적합한 임금체계를 도출해 낸 결과였다. 관리직과 비관리직으로 구분했을 때 일본에서 연공급, 근속급은 현저히 저하되고, 역할급이나 직무급이 각광받고 있음을 아래에서 볼 수 있다.

그림 3-7 일본에서의 직무급과 역할급의 대두

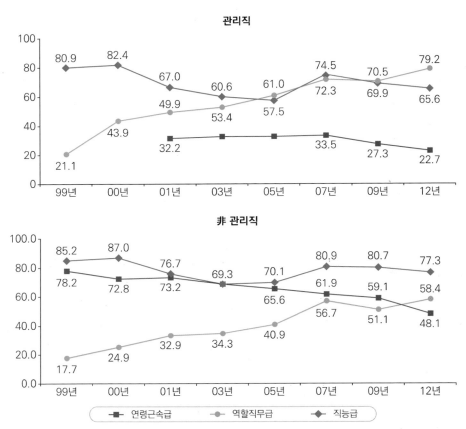

자료: 日本生産性本部, 第14回 日本的雇用·人事の変容に関する 調査, 2014.

    역할급이란 조직상의 입장, 책임·권한의 크기 및 부하의 수 등에 따라 역할등급을 부여하고 그 노동의 대가를 실적 공헌도평가 결과에 따라 지급하는 급여이다. 그리고 역할을 통해 발휘된 능력과 성과의 크기를 급여에 반영하도록 되어 있다.

    역할등급이란 경영조직상 필요한 역할을 ① 역할 수행의 중요도와 난이도 또는 책임·권한의 크기, ② 이익에 대한 공헌도, ③ 역할 수행의 전략성이나 문제 해결의 난이도, ④ 경영자원의 활용의 규모 등에 따라 분류한 등급으로서 직무급의 직무등급과 비교된다.

역할의 쉬운 예를 설명하기 위해 경쟁사에 대한 비교우위를 차지하려는 기업에 빗대어 상대팀과의 경기에서 승리하려는 야구팀을 생각해 보자. 한 팀 내에 여러 투수들을 보유할 수 있는데, 선발, 중간승리조, 중간추격조, 전문 마무리, 배팅볼 투수 등으로 그 역할등급을 나누는 것이다.

역할급의 장점으로 지속적 갱신이 어려운 직무분석의 부담을 덜고, 한국에서 익숙하지 않은 직무평가에서 벗어나 전 직원에게 걸쳐 역할의 서열을 설계할 수 있다는 점, 그리고 기업의 총액인건비를 관리하기 용이하다는 점이 있다.

그러나 단점으로는 연공급과 혼동될 우려가 있어 결국은 직무급으로 가기 위한 과도기적 단계로 인식될 가능성이 있고, 현재 일본 기업에서 유행한다는 이유로 인해 한국 기업 내에서 도입하려 할 경우 심정적으로 평가절하될 수 있다는 점을 들 수 있다.

이처럼 역할급의 도입은 연공급으로 인해 발생한 기업의 지속적인 인건비 상승을 시장이 흡수해 줄 것이라는 암묵적인 전제에서 탈피하여, 시장에서 결정된 부가가치를 창출하는 데 기업 내 어떤 역할이 얼마나 기여하였나에 따라 기본급을 결정하고자 하는 기업에 적합하다. 연공서열 중심의 기본급 제도를 탈피하고자 하는 측면에서는 직무급과 목적이 동일하다고 할 수 있다.

역할급은 언론상으로도 임금의 과도한 연공성을 타파하는 대안으로서 소개되고, 인사 전문가들을 중심으로 하여 역할급의 개념 정립, 사례 발표도 이어지고 있다. 또한 역할급을 이미 도입한 한국의 기업들도 상당수 나타났다. 제도 설계 후 안정화 단계까지 접어들었다고 볼 만한 기업들도 있다.

역할급 설계를 위해서는 먼저 역할등급부터 확정하여야 하는데, 한국 기업에서 전통적으로 사용해 온 사원, 주임, 대리 및 과장, 차장, 부장의 5~6단계 직위등급체계를 3~4개의 실질적 역할등급으로 간소화하려는 움직임이 역할급의 시작이다. 또한 어느 기업들이든 임금체계에는 한두 가지 정도의 현안이 있기 마련인데, 그 문제점들을 해소하면서도 향후를 대비하는 차원에서 임금체계 개편을 하려는 것이 최근의 트렌드이다.

'직능'이라는 개념이 특정 직무를 잘 수행하기 위해 사전에 파악된 요소들을 기반으로 개인의 능력치를 파악하는 데 주안점을 두는 것임을 고려한다면, 일본의 사례가 우리에게 주는 시사점은 직원들의 '직능'의 수준은 꾸준히 올라가더라도 기업에서 결국 이에 걸맞은 역할을 수행할 수 있는 '자리position'를 제공하는 것은 언젠가 한계에 다다를 수밖에 없다는 사실이다.

이에 비해 역할급 기반의 제도는 조직이 '기대 역할'을 먼저 정하고, 구성원 개인이 실제로 이를 충족하는지 여부에 초점을 두고 있다. 기대 역할의 충족 여부는 개인에 귀속되나 기대 역할 그 자체는 경영 환경이나 조직이 처한 상황, 내부 문화 등에 따라 대응하고 조정할 수 있는 여지가 있다는 측면에서 직능급의 '직능'의 개념보다 유연하다고 할 수 있다.

역할급의 도입 절차

역할급을 도입하기 위해서는 다음과 같은 절차를 고려해야 한다.

직무급 도입을 위해 직무평가를 거쳐 직무등급을 만들어야 하는 것처럼, 우선 기준이 될 수 있는 역할등급을 만들어야 한다.

이를 위해 여러 환경적인 요소들을 검토하여 역할등급 유형을 선택한다. 다음으로 역할등급과 역할등급 기준을 설계한다. 그리고 각 역할을 파악하고, 역할평가의 조건을 정리한다. 역할등급으로의 가평가와 운용기준을 설계전 사원의 역할 파악과 가평가의 실시, 역할등급의 운용 기준의 작성, 제도개정에 따르는 이행 조치의 검토하고 나서, 최종적으로 역할등급 제도 전체를 조정한다.

역할등급 유형을 설계할 때에는 유형 및 제도를 단순하게 하고 운용의 재량권을 크게 할 것인가 또는 제도를 다소 상세하게 하고 운용 재량권을 거의 없도록 하는가에 따라 다음과 같은 것을 고려할 수 있으며, 각 기업의 실정에 맞게 판단해야 한다.

① 사업 특성을 고려한다. 즉, 사업 형태에 따라 각 업적이나 업무의 완결을 위해 요구되는 기간이 긴가, 짧은가? 단일사업인가, 복합사업인가? 사업에

있어서 경쟁의 상태와 그 수준은 어떠한가? 제품의 라이프사이클이 긴가, 짧은 가? 사업의 수입구조는 박리다매, 고부가가치, 고액투자 중 어떠한 것인가? 등을 고려해야 한다.

② 기업의 규모와 사원 수를 고려한다.

③ 조직기능이 얼마나 많은지, 얼마나 복잡한지강화해야 되는 기능과 종류에의 기대도를 고려한다.

④ 주도적 직군, 종속적 직군을 구별할 것인지를 고려한다.

⑤ 최고 의사결정권자의 인사방침 및 해당 기업의 운용 능력, 그동안 인사, 임금관리의 실태 및 조직문화를 고려한다.

역할등급의 기준은 대표적인 역할들에 대한 분석을 기반으로 작성한다. 역할은 환경 조건에 의해서도 변동할 수 있기 때문에 '전체'의 역할을 망라하는 기준의 작성은 현실적이지 않을 경우도 있다. 따라서 담당하는 실무자 본인 또는 상사가 각 역할에 대해 역할 등급 기준에 비추어 평가할 수 있도록 필요조건들을 정리해 두어야 한다.

역할등급으로의 가평가와 운용기준을 설계한다는 것은 사전에 문제 발생의 여지가 없는지, 그 대책은 무엇인지 파악하기 위한 시뮬레이션 차원에서 행하는 것이다.

본격적인 개인의 역할등급은 제도 이행 때에 공식적인 절차를 밟아서 개정하고 최종 확정한다. 이때는 역할등급 적용으로 인한 부적합과 편차의 여부를 검토하고, 문제가 있다면 역할등급과 역할등급의 수준을 조정하도록 한다. 특히 기존 사원이 어떤 역할등급에 분포하는지에 대한 대응표를 작성해보면 문제점이나 특이 사항을 발견하기 용이하다.

다음으로는 입사 후 첫 역할등급의 결정방법, 역할 이탈 시에 역할등급의 변경 등 세부적인 운용에 대한 고민이 최종적으로 필요하다. 최종적으로 도출된 운용기준에 따라서 실제 운용 시뮬레이션을 실시해 보면서 직원들 관점에서 오해나 불만의 소지는 없는지 또한 조직에서 본 제도를 도입하는 취지와 벗어나는 점은 없는지 등을 검토해야 한다.

기존의 제도에서 신제도로 순조롭게 이행하기 위해서는 불규칙한 문제가 발생할 가능성이 있는 사원 취급 방법을 검토하고, 조치를 강구한다. 이러한 불규칙적인 문제에 대한 조치는 한시적으로만 적용하는 것이 원칙이다.

직무등급 체계와 달리 역할등급에서는 담당자 또는 그때그때의 경영상황에 따라 직무의 과업 내용 일부가 해당 역할에 맞는 범위 내에서 바뀔 수도 있다. 기본적으로 주어진 역할은 변하지 않고 원래 설정된 역할 서열이 사내 인사 서열이 되고, 이에 따른 역할급이 사내의 임금 서열이 된다. 따라서 배치, 이동, 승진, 승급, 임금 처우 등을 운용하는 기준은 직원이 담당하는 역할이 되므로 역할이 바뀌지 않는 한 원칙적으로 승격, 승급도 하지 않는다.

직무등급 제도에서는 가장 효율적으로 경영 활동을 수행할 수 있게 한 사람 분의 작업량에 해당하는 하나 또는 몇 가지 과업을 배분한 직무를 설정한다. 반면, 역할등급 제도에서는 직무를 구성하는 과업이 고정적인 것이 아니라 요구되는 역할과 필수적인 과업을 중심으로 필요에 따라 선택적으로 배분되거나 스스로 직무 확대, 직무 충실의 관점에서 창출한 과업으로 구성된다.

04 연공급의 개선과 성과배분제

호봉제는 폐지해야만 할까?

계속 돈 버는 국가, 산업, 기업에 내가 속해 있다면 얼마나 좋을까? 현장에서는 사람을 계속 뽑으려고 하고, 일은 정신없이 돌아가며, 법인 통장에는 매출이라는 이름으로 돈이 막 들어오고, 때가 되면 직원들은 성과급을 풍성히 받게 된다.

그러나 불행히도 그런 호시절은 당분간 한국 사회에서 다시 오기 어렵다. 만일 성장을 구가할 수 있는 산업이나 아이템을 가진 기업에 몸담고 있다면, 인건비의 상승 문제는 심각한 이슈가 되지 않는다.

성장기에 유효했던 연공급은 저성장기에는 한계를 나타낸다. 고도성장기에는 인력을 외부에 뺏기지 않기 위해서, 그리고 조직 내부의 기술을 안정화하고 고도화하기 위하여 연공에 따라 보상을 하더라도 무리가 없었다. 그러나 저성장기에 노동비용, 인건비 상승은 조직에 타격을 준다.

연공급 체계는 직원들의 근속 연수가 증가하면서 임금이 증가하는 구조이기 때문에 시간이 흐를수록 비용은 상승하게 된다. 근속연수의 증가에 따라 개인의 능력, 역량도 상승되지만 많은 연구 결과들이 보여주듯이 개인 역량은 근속연수에 비례하여 증가하는 것만은 아니다.

한편, 현재 근로자의 입장은 조금 다르다. 나이가 들수록 아이도 키워야하고, 돈 들어갈 곳은 더 많아 임금 기대치 또한 높아지기 마련이다. 상대적으로 낮은 임금에도 일을 도맡아하던 시기를 보내고, 이제부터 숙련도와 노련함을 바탕으로 임금을 더 받고 싶어 한다. 그래서 생애임금의 수지 균형을 맞추고자 하는데, 왜 갑자기 임금제도를 바꾸려 하느냐는 것이다.

문제는 생애임금의 수지 정산이 끝났음에도 정년이 연장되면서 임금 또한 계속하여 인상되는 것이다. 이를 극복하기 위해서는 미래를 내다보고 완전히 다른 보수체계를 점진적으로 도입해 나가는 것이 바람직할 것이나, 그것이 쉽지 않다면 적어도 기존 연공급을 개선하여 문제를 최소화할 필요가 있다. 기존의 연공급 제도를 개선하여 활용할 수 있는 방법을 알아보자.

단일호봉을 직급별 호봉으로 개편

호봉표를 운영하는 기업이 있다고 하자. 몇 호봉까지 있을까? '우리는 호봉표가 하나밖에 없고, 넉넉하게 31호봉 이상이다'라고 하면 단일호봉표를 사용하고 있는 곳이다. 어떤 일을 하건 상관없고, 오로지 근속연수에 의해서만 기본적으로 매년 하나씩 호봉이 오르는 방식이다.

직군 등 일을 기반으로 호봉표를 만들기 어렵다면, 직급별5급, 4급, 3급 등로 바꾼다. 단, 직급별 호봉표를 운영하더라도 각 호봉단계가 평균 30단계 이상이라면, 사실상 단일호봉제와 다름없다. 조사해 보니, 직급별 호봉표가 있긴 한데, 평균 30.5단계28~32단계, 평균 31단계30~32단계였다. 최종호봉에 도달하기에 오

그림 3-8 단일 호봉과 직급별 호봉

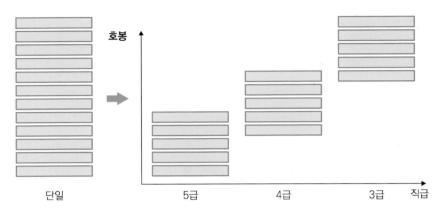

래 걸리고 무한정 인상만 되기 때문에, 실질적인 임금수준의 통제가 이루어지지 않는다.

직급별 호봉표 재산정

호봉 내의 중간값을 도출한 후 위아래로 상하한값을 결정하는 방식이 있고 이때 직급별 현황을 고려하여 상하한 폭을 20~30% 수준으로 설정, 직급별 초임값을 기준으로 [기준 체류연한×연간 인상액×계수]를 상한값으로 두는 방식이 있다.

이때 직급별 현황을 고려하여 계수는 1.5~3.0 정도가 되도록 한다. 이처럼 직급별 호봉으로 구분하되 최저, 최고 호봉에 대한 값을 제시한다. 이때 상위 직급으로의 정원T/O, 승진율, 체류연한, 현재의 인원분포 등을 고려해야 한다.

호봉단계의 조정

직급별 호봉을 사용할 때는 불필요한, 즉 도달할 가능성이 없는 호봉을 제거한다. 예를 들어, 아무리 일찍 3급에 도달해도 40세라고 하면, 호봉단계가 30개씩 있을 필요는 없다. 정년 60세라고 한다면 상위 10단계는 없애고 20단계만 남겨 두는 방식이다.

그림 3-9 **호봉단계의 조정 예시**

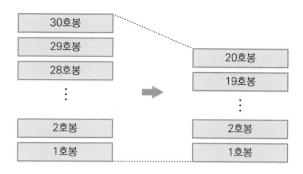

호봉 간격의 점감과 격년제 승호

호봉 간 간격을 호간號間 혹은 피치pitch라고 한다. 일부 회사들은 직급이 올라가거나 호봉이 올라갈수록 이 호간 혹은 피치가 계속 증가하는 경우가 있다. 정률식으로 올려 두었을 경우에 나타나는 현상이다. 만일 정액식으로 호간을 작성했다면, 동일한 금액으로 고정되어 있을 것이다. 처음부터 정액으로 동일하게 두었더라도 해가 지나면서 정률식으로 전체 호봉표를 인상하다 보면, 자연스럽게 상위 호봉으로 갈수록 금액이 커지기도 한다.

생산성의 차원에서 본다면, 상위 직급의 호간은 인하하고, 하위 직급의 호간은 인상하는 것이 바람직하다. 방식은 기울기의 산식에 따라 점차 감소하게 하되, 그 기울기는 1보다 작게 한다. 즉, 중간 호봉의 호간을 중심으로 할 때, 동일직급에서 호봉 상승 시 점차 감소하는 것과 상위직급에서 점차 감소하는 것이 동시에 이루어져야 한다.

이렇게 하면, 생산성에 부합하는 구조로 호봉제 운영이 가능하고, 임금의 연공성 완화에도 직접적 영향을 주게 된다. 이때에도 직급별 인원분포, 체류연한 등을 고려해야 한다.

한편, 반드시 매년 호봉이 오를 필요는 없다. 은행의 경우 3년에 1개 호봉이 오르기도 한다. 따라서 2년마다 또는 3년마다 1호봉이 오르는 방식도 가능하다고 할 수 있다.

그림 3-10   호봉 간격 점감 예시

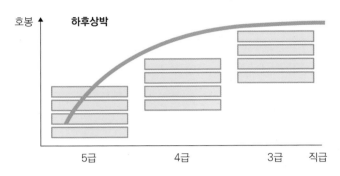

성과배분제

성과배분제 또는 성과급은 하나의 독자적 임금결정 체계로 보기는 어려운 면이 있다. 성과만을 유일한 기준으로 전체 임금을 결정하는 경우는 현실적으로 그다지 없기 때문이다. 이에는 만든 개수에 따라 임금을 받던 개수급piece rate 이 해당될 수 있고, 근로자성 문제는 있더라도 보험계약 실적에 연계하여 임금 수준이 결정되는 보험사원이나 성적에 따라 매년 연봉이 조정되는 프로 선수 등의 사례가 해당될 수 있다.

따라서 성과급을 임금의 결정요인 측면보다는 조정요인 측면에서 활용하는 경우가 일반적이다. 즉, 성과에 따라서 임금을 조정하거나 인상하는 경우이다. 연공급, 직능급, 직무급, 역할급 등 다양한 임금체계하에서도 임금을 조정의 수단으로서 성과의 개념을 주로, 혹은 보완적으로 적용할 수 있는 것이다.

성과급은 기존 임금체계하에서 별도 임금항목으로 정하고 성과평가에 따라 성과급 수준을 결정할 수도 있다. 그리고 기존 임금체계의 틀 내에 편입하여 운영할 수도 있다. 예를 들면 호봉제에서 성과에 따라 호봉승급을 1호봉이 아니라 2호봉, 동결 등으로 차등하거나, 직무급에서 직무등급에 임금구간pay band 을 설정한 후 성과에 따라 임금구간 내에서 차등 인상을 하는 방식으로 운영할 수 있다.

넓은 의미의 성과급 형태로서 성과연봉제가 있는데, 이는 독자적인 임금체계라기보다는 성과에 따른 임금조정 방식으로 볼 수 있다. 성과에 따라 차등하여 인상률에 따라 연봉을 재조정하는 방식인데, 대개 기본연봉과 성과연봉으로 구성된다. 기본연봉은 성과와 직접적으로 연계되지는 않은 고정적인 임금을 말하고 성과연봉은 성과에 따라 변경될 수 있는 임금을 말한다.

성과연봉의 증액분 또는 감액분을 이듬해 기본연봉 또는 성과연봉에 포함하는가 아니면 제로베이스에서 다시 시작하는가에 따라 이를 포함하는 누적식과 포함하지 않는 비누적식으로 구분할 수 있다. 누적식은 비누적식보다 전체 연봉의 변동폭이 크고 근로자들 간 더 큰 연봉차이를 초래한다.

또한, 개인의 성과에 연동한 위의 내용 이외에 이익분배제Profit Sharing와 집단성과급제Gainsharing가 있다. 이익분배제는 일정 기간 동안 창출한 기업이익을 미리 정한 분배공식에 따라 근로자들에게 나누어주는 제도이다. 집단성과급제는 집단의 성과에 기초한 보너스 제도와 종업원 참여제도가 결합된 보상방식이다.[2] 집단성과급은 사전에 조직에서 정한 일정 목표를 달성하거나, 매출액, 생산성 향상, 비용 절감 등 목표에 도달한 경우에 보너스를 지급하는 제도이다.

이러한 방식은 현재 기업들이 고정급을 갑자기 증가시키지 않으면서도 사전에 정의된 공식에 따라 창출된 성과를 임직원들이 공유하고, 총보상수준을 증가시킬 수 있다는 면에서 긍정적이다. 협력과 소통이 증대되고, 업무를 효과적으로 수행하며, 기업의 분위기가 좋아지고 충성심도 높아지며 이직률도 감소하는 효과들이 알려져 있다.

「공공기관 직무급 중심 보수체계 설계방안 강의」 지상 중계

왜 직무급 중심으로 해야 하는지, 배경 및 필요성에 대해서는 생략하고, 바로 '어떻게'에 해당하는 **설계 방식**을 설명 드리도록 하겠습니다.

보수체계 개편 유형에는 선택할 수 있는 다양한 보수체계들이 열거되어 있습니다. 보수체계 개편 단계는 어떤 기관, 어떤 직종에 어떤 보수체계를 적용하면 되는가에 대한 순서라고 생각하면 됩니다. 즉, 우리 기관, 해당 직종의 조건에 따라 주욱 따라가다 보면 직무급, 역할급, 직능급 등 이게 맞겠구나 선택하는 것입니다.

그리고 기관별 보수체계 개편 유형에는 8개 기관의 사례가 포함되어 있습니다. 설계된 내용들이 정말로 타당한 것인가 확인하고 싶을 것입니다. 그래서 가장 대표적인 사례를 찾은 것입니다. 실제로 기관의 담당자 분들을 뵙고 현황 파악을 먼저 하고, 우리가 생각하는 두 번째 순서도에 따라 적합한지 확인하는 과정을 거쳤습니다. 기관에서 내부논의를 하시고 다시 확인하는 단계를 세 번씩 거쳤습니다. 현재와 향후를 확인했습니다. 해당 조직과 가장 유사한 유형을 찾는 것이 도움이 될 것 같습니다.

① 보수체계 개편 유형
먼저, 보수체계 유형에는 직무역할급, 직능급, 연공급 등이 있습니다.

① 직무급　　이전 정부에서는 직무성과급이라는 용어를 많이 사용했습니다. 성과라는 용어가 들어간 것은 차등을 두라는 것이었죠. 그러자 성과 차이가 크게 날 수가 없는 직종, 직급에서조차도 차등을 두라고 하니까 불만이 많았습니다. 경쟁, 생존, 수익성을 강조할 수밖에 없는 민간기업에서는 가능하지만 공익성을 중요시하는 공공부문에서는 성과를 강조하는 것이 적합하지 않다는 것을, 어마어마한 반발을 통해 학습하였습니다. 따라서 성과에 대한 지나친 강조는 약화되었어요. 그리고 지금은 동일가치노동, 동일임금에 해당하는 직무급을 공공부문에 도입하라는 것이 지상과제가 되었습니다. 그런데 이건 현실적으로 '되겠느냐'는 반발이 많았습니다.

② 역할급　　혹시 역할급에 대해 들어본 적이 있으신지요? 역할급이 공공부문에 들어오게 된 겁니다. 민간에서는 사실 많이 도입하고 있습니다. 그리고 이것의 원형을 찾아가면 일본입니다. 일본에서는 호봉제를 쓰다가, 임금의 연공성을 완화하기 위해서 직무급을 도입하였다가 한 번 실패하고 직능급을 썼는데 호봉제와 다를 바가 없어서 직능급도 그 도입빈도가 줄고 있습니다. 직능이 계속 상승할수록 임금을 그 수준에 맞춰서 줘야 하는데 그에 따른 일이 계속 있는 게 아니었기 때문입니다. 그래서 직능급도 쇠락하게 되고 제3의 길로 도입, 확산된 것이 역할급입니다. 일본에서는 역할급을 포괄적 직무급이라고 부릅니다. 그리고 차차 직무급도 다시 도입되기 시작합니다.

우리의 지상과제는 공공부분의 직무급 도입인데 현실적으로 너무 어려우니 '포괄적 직무급인 역할급까지 포함하여 직무역할급이라고 해서 쓰자.'가 된 거지요. 그래서 직무역할급은 구분이 됩니다. 순수한 형태의 직무급과 포괄적 직무급인 역할급입니다. 직무역할급은 직능급이나, 연공급에 비해서는 수행 업무 중심입니다. 공히 직무등급, 역할등급이 각각 필요합니다.

직무급에서의 전제조건은 직무분석과 직무평가입니다. 역할급에서는 직무분석을 할 수는 있지만 직무평가는 하지 않아도 됩니다. 지금 '등급 간 승급'이라는 단어가 나와 있는데, 등급할 때의 급은 級이라고 씁니다. 직무급, 연공급이라 할 때의 급은 給자입니다. 승급이라는 용어가 나오는데 발음은 같지만, 昇級은 등급이 올라가는 것을 의미하고, 昇給은 임금이 인상되는 것을 의미합니다. 용어를 구분하실 필요가 있습니다.

③ 직능급　　직능급은 그 업무를 하는 사람의 능력에 따라서 주는 보수체계를 말합니다. 직무를 수행하는 능력, 기술 수준(Skill level)에 따라 임금을 지급하는 방식입니다. 단일형이나 범위형을 할 수 있습니다. 다만, 그럼에도 불구하고 직능급의 연공화 경향을 방지해야 합니다. 자격증이 있는 직종을 중심으로 쓰시는 것을 권장합니다.

일본에서는 힘을 잃어가는데 굳이 직능급을 왜 도입해야 하느냐 하고 여쭤보실 수 있습니다. 이유는 두 가지인데, 하나는 기관과 직종의 특성을 살려서 다양한 보수체계의 선택지에서 자율적으로 선택하게 한다는 것, 다른 하나는 실제 필드에서 근무하시는 분들을 보면 직능급이 적합한 경우들이 있기 때문입니다. 딜러, 간호사, 검침원 등이 검토해 볼 만할 것입니다. 해외 사례도 있고요.

④ 연공급　　연공급은 너무 잘 아실 것이므로 설명을 생략합니다.

⑤ 직무급과 역할급의 적합성 판단　　그냥 직무급으로 직접 하면 되지 왜 굳이 역할급을 거쳐서 가려고 하느냐라고 할 수 있습니다. 물론, 직무급이 적합한 경우에는 도입하면 됩니다. 예를 들어, 직무평가를 했을 때 순위, 범위가 뚜렷하고 직무 간 이동도 없는 경우가 있습니다. 어떻게 보자면 조직의 효율성을 극대화하는 방법입니다. 이러한 경우는 직무급을 도입하는 게 타당합니다.

보통 연구직이 대표적 사례인데요, 프로젝트팀이 여러 개 있고 주로 석박사급 고급 인력들이 있지요. 보통은 프로젝트 매니저를 연배 있으신 박사급이 담당하지만 꼭 그렇지는 않습니다. 어떨 때는 상대적으로 젊은 박사가 PM부터 실무까지 거침없이 다 할 때도 있고, 어떤 경우는 세분화하여 맡기도 합니다. 한마디로 직무단위로 딱 끊을 수 없을 정도로 스펙트럼이 넓고 가변적인 것입니다. 또 다른 기관을 봤더니 여기는 직무, 직군 단위로 대단히 빈번히 이동을 합니다. 직무 등급을 애써서 만들어 놓았는데, 수시로 인력들이 넘나들곤 하는 것입니다. 위의 두 가지와 같은 경우는 직무급을 사용하기 어렵습니다. 그래서 역할급이 대안이 된 것입니다.

여기에 대해서도 질문이 있었는데요. 직무 이동이 빈번하다는 것 자체만으로 역할급을 써야 하는 이유가 되는가였습니다. 조사를 해 보니까 1년에 30%가 넘는 직무 이동이 있는 경우가 많았어요. 60%가 넘는 경우도 있었습니다. 30%라고 하면, 3년에 한 번은 직무순환을 한다는 것이고, 60%이면 1년에 한 번 이상이란 것인데 민간기업에서는 그렇게까지 돌리지는 않습니다.

이렇게 직무 이동이 빈번하다는 건 누가 해도 무방한 직무들이 기관 내에 포진해 있다는 것인데, 이러한 상황에서 직무들을 모두 세부적으로 분석하고, 모두 직무평가를 하고 보수체계와 연결시키고자 하는 것은 행정 낭비에 가깝다고 보는 것입니다. 보수체계는 합리적으로 만들고 운영해야 하는 것이지, 특정 보수체계를 정해 놓고 '도입하기 위해 도입하는 것'은 타당하지 않다는 것입니다. 직무등급과 더불어 직급상 승진도 하시는 것이 가장 이상적입니다.

그런데 상대적으로 연소하나 중요한 일을 많이 맡으시는 분들은 어디나 있습니다. 도전적인 상황에 놓이신 분들입니다. 반면, 상대적으로 고직급이지만 그다지 중요하지 않은 일을 하는 분들도 존재합니다. 나태한 상황에 계시는 분들이지요. 그런데 후자의 분들이 단지 근속이 오래되었다는 이유로 승진이 안되더라도 임금은 계속 인상되는 논리라면 그 기관은 어떻게 될까요? 자원이 유한하기 때문에 누군가가 고임금을 받으면 누군가는 상대적으로 저임금을 받을 수밖에 없고, 더 나아가 누군가는 아예 고용이 안 됩니다. 그런데 나태한 상황에 있는 사람이 지속적으로 발생하지 않도록 직무가치에 따라, 역할가치에 따라 임금을 받을 수 있는 로직을 만들어 두겠다는 것이 직무급과 역할급의 콘셉트입니다.

⑥ 단임임률 방식 단일임률(single-rate) 방식이 있네요. 이것은 동일한 직무에 임금수준을 하나만 적용하기 때문에 물가 상승을 감안한 베이스업(base up) 이외에는 인상요인이 없습니다. 청소, 경비 직종처럼 직무가치가 상대적으로 낮거나 기관장처럼 아예 높고 동시에 조직구성원으로 직무수행자가 있는 한 현 직무만을 수행하는 경우가 여기에 해당됩니다. 공공부문 비정규직의 정규직화의 차원에서 본

다면, 승급형 직무급 이외에 단일 직무급도 상당히 발견되고 있습니다. 최근 사례를 보자면 단일 직무급이 더 많이 소개되고 있기도 합니다.

여기서 두 가지 시사점이 있는데, 하나는 비정규직이 정규직으로 전환되면서 '파견 용역업체의 절감된 일반관리비와 이윤'을 처우개선의 재원으로 삼고자 하나, 제한된 재원으로 인해 승급형 직무급이 어려운 면이 있다는 것입니다. 근로자들은 단일 직무급보다는 오히려 승급형 직무급을 원하는 상황이 연출되고 있습니다. 그리고 또 하나는 전환자와 기존의 정규직 간에 보수체계상 '직무급'으로 접점이 만들어지고 있다는 것입니다. 특히 전환되는 분들이 직접고용될 경우 함께 포괄하는 보수체계를 고민하기 시작해야 하잖아요?

⑦ **범위 직무급**　　　범위 직무급은 상하한선을 준다는 것이 포인트입니다. 상한선을 좀 더 눈여겨보아야 합니다. 호봉제를 쓰는 많은 기관에서 말호봉 관리가 잘 안 되고 있습니다. '우리는 말호봉 관리를 잘하고 있다.'고 하는 기관을 보면, 단일 호봉제의 경우에도 말호봉이 31~45호봉씩 됩니다. 혹은 직급별 호봉제라도 31호봉씩 되어 있는 경우도 있습니다. 아예 도달할 수가 없어요. 어쩌다가 말호봉에 도달하신 분이 있어도 '가산급'이란 명목으로 베이스업과 무관하게 계속 호봉 상승분을 지급하는 경우도 있습니다. 그분들은 동일한 일을 지속적으로 하시면서도 왜 직급 승진을 안 시켜 주느냐고 하지요. 상위 직급 정원(T/O)을 더 늘려달라고 합니다. 그 주장에 대한 타당성은 따져보아야 할 것입니다.

직무급에는 SABCD 평가를 한 후 인상률에 차등을 두는, '고과차등형' 범위 직무급만 있다고 생각하실 수 있는데, 연차에 따라서 올라가는 '승급형' 범위 직무급도 직무급입니다.

２ **보수체계 개편 단계**

두 번째 큰 주제는 '순서도'라고 말씀드렸지요? 1단계는 보수체계 단위를 정합니다. 두 번째가 보수 결정 요인입니다. 세 번째가 결정요인에 따라서 앞서 말씀드린 직무급, 역할급, 직능급 등을 결정하는 겁니다. 호봉제를 사용할 거라면, 직급별 호봉을 써야 하고, 말호봉 관리를 해야 하고 호봉 간 단계를 축소를 해야 하며 호봉 피치(Pitch: 호간, 일 년마다 올라가는 폭)를 점감해야 합니다. 위로 갈수록 피치가 줄어들어야 합니다.

보수단위 체계를 보면 업무 차별성이나 직원 이동 빈도를 고려하면 됩니다. 직종/직군별로 쪼개서 봐도 됩니다. 그렇게 따라가서 등급 내 보수 폭은 범위형으로 할지 단일형으로 할지 보면 됩니다. 내가 일을 하나 저 사람이 일을 하나 성과 차이가 별로 나지 않는 직종이면 밴드의 폭은 납작한 범위가 되겠죠. 그런데 반대의 경우 영업/마케팅 같은 직종에서는 범위 폭이 넓어야겠죠.

업무차별성을 보고 그게 낮으면 보수체계 단위를 통합하면 됩니다. 업무차별성이 높지만 이동빈도도 높으면 보수체계 단위통합으로 가면 되고, 업무차별성은 높은데 이동빈도가 낮으면 보수체계 단위를 분리하는 게 좋습니다.

그 다음에는 직무를 평가하는 가치가 직능 하나라고 하면 바로 직능급으로 가면 됩니다. 직무를 평가하는 가치가 하나가 아닌데 직무영역이 모호하면, 즉 비슷한 일을 여러 사람들이 하면 역할급으로 가면 됩니다. 직무영역이 명확한데 직무가치 변동성이 높으면 역할급으로, 낮으면 직무급으로 가는 것입니다.

그 다음에는 기대성과 차등을 고려하셔야 하는데, 폭이 넓다 좁다 기준이 뭐냐고 물어본다면, 지금 상태보다 좁으면 좁다고 봅니다.

③ 보수체계 개편의 3대 원칙

보수체계 개편의 3대 원칙은 첫째, 기관 특성을 반영한 다양한 보수체계를 선택할 수 있게 한다. 둘째, 단계적, 점진적으로 도입할 수 있도록 한다. 셋째, 기관과 근로자 간 충분한 협의를 거쳐 결정하게 한다는 것입니다. 예를 들어 범위 폭을 좁혀가야 한다면, 이 또한 단계적, 점진적으로 해 나갈 수 있을 것입니다.

④ 보수체계 개편 기관 사례

다음은 몇 기관의 실제 사례입니다.

① A기관입니다. 순서도를 염두에 두고 한번 보시지요. 직군 간 이동이 적습니다. 1~3급은 연봉제고 4급 이하는 단일 호봉제였어요. 실제로 단일 호봉제를 정규직에서 사용하는 기관이 있었습니다. 마케팅직은 직무 구분이 명확하고 경험 축적에 따라 성과 편차가 큽니다. 그리고 딜러가 있는데 능력에 따라서 성과가 차이가 난다기보다는 운에 따라서 성과가 납니다. 그래서 마케팅은 직무급을, 딜러는 직능급을 제안 드렸습니다. 그랬더니 받기가 어렵다고 하셔서 고민 끝에 복합적인 걸로 가기로

한 바 있습니다.

② 그 다음은 B기관입니다. 직군별 직무 특성이 행정직과 연구직으로 상이하지만 동일 보수체계를 사용해 왔습니다. 직무 이동은 거의 없었고요. 그런데 여기는 상한선 관리가 안 되고 있었어요. 향후에는 임금 밴드의 상한값을 꼭 관리해야 한다고 보고 있습니다. 그래서 만약 대책을 마련해야 하신다고 하면 상한선 마련은 해야 할 것입니다. 그래서 B기관은 행정직을 폭 좁은 범위급여형으로, 연구직을 폭 넓은 범위급여형으로 만들었습니다. R1, R2, R3로 나눴습니다. 그러면 역할급을 어떻게 만들어요? 하는 질문이 나올 겁니다. 가장 손쉬운 방법은 기존 직급을 활용하는 것입니다. "~답게 일하는" 실질적인 역할에 따라 기존 직급들을 묶습니다. 차장이 사원급 일을 하고 있으면 안 되잖아요? 민간기업에서는 직급 간소화라고도 합니다. 실질적으로 역할이 어떤지를 보는 겁니다. 우리가 이런식으로 콘셉트를 드렸었는데, 실제 어떤 기관에서는 '이게 우리 현실에 맞으니 도입할 것'이라며 역할등급을 구체화하여 온 적이 있어요. 오히려 우리가 배웠습니다.

③ C기관을 보시면 1~5급이 쭉 있는데 직무급 쪽으로 바뀌면서 초임은 올라가고 상한선이 생기며 밴드가 폭이 좁아졌습니다. 순수 직무급으로 설계한 사례입니다.

④ D기관은 완전 호봉제였어요. 각 급수별로, 45호봉까지, 말호봉 관리가 안 되고 있었습니다. 1~2급은 성과연봉제인데 3급 이하는 호봉제로 회귀한 기관이었습니다. 이런 경우를 보더라도 '성과연봉제 폐지'라고 하면 곤란하고, '성과연봉제 자율적 선택'이라고 하셔야 할 것입니다. 성과연봉제가 1~2급 등 간부직에서는 자리를 잡은 거니까요. 성과연봉제는 3급 이하로 확산하다가 멈춘 것이지요. 이 기관은 직군 간 직원 이동이 빈번하여, 결국 역할 등급을 4개로 나눈 다음 임금밴드(Payband) 상한 폭을 축소하고 중복 구간을 축소하여 상한 도달 시 별도 관리 방안을 마련했습니다.

2018년 12월 신재욱 대표컨설턴트
[공공기관 직무역할급 설계 가이드라인 분석 및 대응방안] 강의에서

제4장
고령자 맞춤형 인사제도

01 일본의 고령자 인사관리

초고령사회, 아무도 가보지 않은 길은 아니다. 우리보다 일찍 겪어본 국가들 중에서 참고할 만한 곳이 있다면 일본이다. 꼭 따라할 필요는 없지만 굳이 시행착오를 반복할 필요도 없다.

경영자가 사람을 바라보는 관점을 인사철학이라고 하는데, 내부 인력 고령화에 따른 인사관리 철학으로서는 능력, 실적주의를 앞세우고 있다. 한국에서는 '성과주의'란 용어를 쓰지만, 일본에선 '실적주의'를 사용하는 것을 보면, '실제로 드러나는 업적'을 내놓고 강조하는 것을 엿볼 수 있다.

고령자 관련 인사제도로서는 직무, 직책, 직제, 임금, 교육, 근무조건과 형태, 출향 등으로 흔히 구분하여 이야기하고 있는데 하나씩 알아보자.

첫 번째는 고령자 적합직무를 개발하는 것이다. 이는 고령자의 생산성 저하 없이 그동안의 경험과 숙련의 장점이 충분히 발휘될 수 있는 직무를 발굴·개발하여 배치하는 것이다. 기존에 보유하고 있던 직무에 국한하지 않고, 적합직무를 조합하고 개발하는 것, 신규 직무를 새로 만들어내는 것이 포인트이다.

일본에서는 고령자 적합직무를 전담하는 자회사를 설립한 사례도 있다. 도시바의 경우 자회사를 설립하여 고령자들에게 적합한 일을 분리하여 맡기거나 새로운 직무를 부여하는 방식으로 계속 고용하고 있다. 그리고 아사히카세

이는 인사부서 내에 직무개발실을 설치하여, 새로운 직무 개발을 담당하게 하고 있다.

이들이 주로 맡는 직무는 사내 교육 과정 개발 및 운영, 사내강사, 조직문화 및 인사제도 관련 구성원 의견 수렴 및 경영층에 개선 제안, 인적 네트워크를 활용한 외부의 우수 인재 발굴, 업무 효율화와 관련된 개선 의견 발굴, 해외 법인 자문 및 해외 근무자 대상 해외 신규 거점 발굴 업무 등이다. 조직문화 현실을 고려하고 독립적으로 수행할 수 있는 것으로 하고 있다.

두 번째, 직책정년제 또는 역직정년제이다. 직책을 맡을 수 있는 기간 한도를 설정하고, 임원으로 승진하지 못하면 무직책 직무로 이동하는 방식이다. 일본에서는 역직役職정년제라고 하는데, 한국에서는 직책정년제라 하는 것이 적합한 표현이다.

직책 담당자가 고령이 되도록 오래 자리를 차지하다 보면, 후배 직원들이 직책을 맡을 기회가 사라지게 된다. 파라오 중 한 명이었던 페피 2세는 기원전 2566~2476년 동안 생존해 있으면서 90년이 넘도록 왕위에 있었다. 그 바람에 아들들이 왕도 되지 못하고 모두 죽었다고 한다. 직책정년제는 일정 기간 직책을 맡거나 일정 나이에 도달하면 직책에서 배제하는 것을 의미한다.

일본에서는 근로자 1,000명 이상 사업장의 50%에서 역직정년제를 운영 중이라 한다. 기존의 역직과 동급 전문직으로 이동이 57.9%로 가장 높고, 기존의 역직보다는 급이 낮은 전문직으로 이동이 29.3%, 기존의 역직보다 급이 낮아지는 라인직으로의 이동은 8.2%라고 한다.

이때, 임금은 평균 30% 수준이 감액되는데 역직직책 수당이 사라지기 때문이다. 그러나 비직책 라인으로 이동하더라도 중요한 성과를 내면 다시 경영층으로 승진할 수 있는 통로를 열어주기도 한다.

세 번째는 전문직제의 도입이다. 이는 복선형Dual Ladder 경력설계 방식 중 하나인데, 승진하여 상위 직급으로 올라가는 사다리를 둘 이상으로 쪼개는 것이다. 근로자를 관리직과 전문직으로 구분하는 것이 출발점이다. 전문직 근로자의 경우는 관리직, 직책자가 되지 않더라도 전문직으로서의 경력을 계속 유지하면서 특정 직무를 주로 독자적으로 수행할 수 있도록 하는 것이 핵심이다.

단, 전문직에 대한 처우는 관리직과 별도로 정해질 수도 있으나, 관리직으로 진출하는 경로와 크게 차이가 나지 않도록 하는 것이 전문직 근로자의 동기부여 차원에서 바람직하다. 그러나 소수의 관리직과 다수의 전문직이 있어서 소수 관리자의 책임이 큰 경우에는 처우가 더 좋을 수밖에 없다. 또한 전문직의 경우 직무발명, 특허 등 탁월한 성과가 있는 경우 관리직보다 더 높은 보수를 받을 수 있는 제도를 갖추어야 전문직도 최대의 성과를 낼 수 있다.

일본의 경우 5,000명 이상 대기업의 50% 이상에서 전문직제를 운용하고 있다. 고도의 전문직 능력 보유자는 하루아침에 만들어지는 것이 아닌 만큼, 전문가 확보와 육성에 신경 쓰는 기업도 만족한다.

한국 기업 도입 시의 고려사항으로는 직무분석의 선행이다. 그리고 전문직에서의 숙련 단계, 직능 단계 등을 정의하고, 요구되는 역량과 기술, 필요한 교육 등을 구체화하는 것이 필요하다.

네 번째는 임금체계 개편이다. 일본이라고 다르지 않다. 임금을 결정하는 요인을 근속 중심에서 직무의 가치나 난이도, 근로자의 역량, 역할의 크기, 일의 성과 등으로 바꾸어 나가고 있다. 근로자 고용연장에 따라 기업들이 일반적으로 채택하고 있는 방식이다.

다섯 번째는 출향出向제도, 즉 협력업체와의 인사교류 제도로 조직 밖에서 근무하게 하는 방식이다. 고령 근로자가 협력업체에서 직접 근무하면서 협력업체의 기술·경영 분야 지도와 자문을 맡도록 한다. 모기업-협력업체 상생 제도로도 볼 수 있다. 일본에서는 종업원 3,000명 이상 대기업의 대부분이 출향제도를 운영하고 있다. 교류 인력에 대한 인건비는 모기업과 협력업체가 협의하여 부담한다.

여섯 번째, 근무조건 선택제와 근무형태 다양화가 있다. 근로자가 관계회사에서 근무하다가 모회사로 복귀하거나, 관계회사에서 계속 근무를 하고 정년을 맞이할 수 있다. 임금은 모회사에서 지급하거나, 모회사와 관계회사가 분담하거나, 관계회사에서 지급하는 방안이 있다. 근로자의 수용성을 높이기 위해 신분이나 임금뿐 아니라 경력 개발을 위한 다양한 선택지를 제공하고 있다.

또한, 출향 등과 연계하여 다양한 근무조건 선택제를 운영한다. 근로시간을 줄이거나, 휴직, 유연근무 등을 통해 고령자들의 신체적 특성 등을 반영하여 고용을 유지하도록 도우면서도 인력 고령화에 따른 조직 활력 저하를 낮춘다. 일본에서는 고령자들을 위해 근로시간 단축, 출퇴근 선택근무제, 안식년제sabbatical 등 다양한 유연근무제도를 운영하고 있다.

출향 등 근무조건 선택제를 한국 기업에 도입할 경우 당사자의 신청에 따라 자율적으로 이루어져야 하며, 구조조정의 일환으로 강제 시행한다면 당사자가 수용하기도 어렵고 지속가능성이 없을 것이다.

한국 기업에서 일본의 출향제도와 유사한 인사교류 제도를 도입할 경우 ① 관계회사로 파견되는 근로자의 임금은 협력업체와 협의하여 정하되, 대중소기업 상생 실천 차원에서 파견 기업이 임금의 상당 부분을 부담하는 형태로 도입하는 방안이 바람직하다. ② 근로자 개인이 희망하는 경우 파견 기간 이후 원소속 기업으로 복귀하여 근무하는 것을 보장한다. ③ 협력업체와 파견근로자가 합의하여 잔류하기를 희망하는 경우 전적을 허용하되, 협력업체 잔류근로자에 대해 모기업에서 인건비의 일정 부분을 분담하는 방안도 고려할 수 있다.

일곱 번째, 고령자 직무훈련 강화이다. 고령 근로자가 업무를 하던 방식대로만 고집하면 주변 동료들의 걸림돌이 되기도 한다. 고령자의 생산성이 오래 유지될 수 있도록 직무훈련을 강화하고, 고령자 적합직무 등으로 이동 시에는 특별한 직무훈련을 실시하는 것이 필요하다. 일본 후지쯔사는 45세 전후 근로자를 대상으로 그간 근무경력 및 성과를 고려하여 이후 경력을 계속할 수 있도록 3개월 내외의 직무연수를 실시한다.

02 고령자 적합직무의 개발과 직무이동 방식의 운영

고령 근로자에게 적합한 직무를 개발하여 고령인력이 60세 이상 근무하더라도 후배 근로자와 기업에 부담을 주지 않으면서도 적극적으로 업무 만족도를 높일 수 있는 직무를 개발하는 것이 필요하다. 육체적인 약점이 있으나, 대인기술 등 사회성에서 강점이 있는 고령인력에게 친화적인 직무를 개발해야 한다.

기업에 추가적인 부담을 주지 않으면서 생산성을 제고하고, 고령 근로자가 현재 일자리에서 더 오래 일할 기회를 제공하면서 새로운 일자리에 대한 수용성도 높일 수 있다.

그 방법으로는 첫째, 직무충실화Job Enrichment가 있다. 이것은 직무의 범위를 수직적으로 확대하여 직무의 내용을 보다 풍부히 설계하는 방법이다. 기존 직무에 의사결정의 재량권을 확대하거나 책임을 더 부과하는 것이 직무충실화의 핵심이다. 즉, 근로자의 자유재량권과 더불어 책임감을 부여하여 작업능력을 발휘할 여지를 크게 한다. 직무의 자기 완결성을 강화하고 직무수행의 단조로움을 극복하여 일하는 보람을 높이는 것이다.

기존에 수행하던 일에 대해 의사결정 권한이나 책임까지 지우는 형태는 현장 작업을 수행하던 근로자에게 조장이나 반장 등의 직책까지 부여하는 형태가 있다. 조선업에서의 발판, 도장 직종에서 나타나며, 나이에 구애되지 않는다.

둘째는 직무순환Job Rotation이 있다. 근로자를 다른 직무에 배치하는 것이다. 연관이 있지만 새로운 직무를 경험함으로써 조직이 작동하는 방식을 보다 넓은 관점에서 바라보고, 동료들의 작업을 이해하는 동시에 추가적인 직능skill을 확보할 기회를 제공한다. 조직 내부에서 개인의 가치도 높일 수 있다.

조직 내에서 왕성하게 일을 하더라도 여러 요인에 의해 직무순환을 선택할 수밖에 없는 상황에 놓이곤 하는데, 이는 고령자 적합직무의 개발을 전제로 한다. 직무순환을 하더라도 근무 적합성, 동기부여, 전문성 활용, 업무 여건 등을 종합적으로 고려하여 조직과 개인 간의 명분과 실리를 모두 확보하는 선택을 하는 것이 바람직하다. 아래는 고령자 대상 직무순환 기준의 사례이다.

표 3-4 **고령자 대상 직무순환의 기준**

구분	내용
근무 적합성	담당자 연령을 고려할 때 노동강도나 근무시간 측면에서 지나치게 육체적 피로나 정신적 스트레스를 주지는 않는가?
동기부여	조직에 실질적으로 기여하고 보람을 찾을 수 있는 업무인가? 직무수행 시 회사 선배로서 품위를 잃지 않도록 호칭 사용과 업무상 인간관계 형성이 적절한가?
전문성 활용	전문성을 적절히 활용할 수 있는 직무인가? 개인이 가진 전문성과 직무가 적합한가?
업무 여건	권한부여, 인력·자금지원 등 업무수행에 있어 합리적인 지원을 받을 수 있는가?

또한, 고령인력에 대해서는 전환 수개월 전부터 본인의 직무와 근무지를 선택할 수 있는 기회를 제시하는 것이 좋다. 난이도가 높은 직무는 사전에 공모제Job Posting를 통해 모집하고 차별화된 보수를 지급할 수도 있다.

표 3-5 **공모제와 배치 상담**

보직 구분	대상	시기
공모제	• 고령자 적합직무 중 고도의 전문성과 책임성을 가진다고 인정된 직무성과 기대치가 팀장급과 유사	• 보직 4개월 전 • 직무담당자에게는 'S'등급 인센티브가 주어질 수 있음을 공지
배치 상담과 의사결정	• 일반적 수준의 고령자 적합직무	• 보직 3개월 전 • 담당자 전문성, 근무 의향을 종합적으로 검토한 후 심사·결정

셋째로는 직무분할Contraction이 있다. 일반적으로는 기존에 수행하던 직무로부터 일정한 과업이나 책무를 제외하는 것을 의미하지만, 여기서의 직무분할은 고령 근로자가 수행하던 직무에서 고령자의 약점인 육체적, 심리적 부담이 큰 과업, 책무를 제외하는 것을 의미한다.

가장 흔한 직무분할은 부담이 큰 과업, 책무를 제외하고, 그만큼의 업무량에 장년층의 강점인 경험, 사회성 등이 필요한 과업을 채우는 것이다. 제외된 과업이나 책무에 얼마나 상응하는 직무를 채울 것인지 여부에 따라 다양한 유형이 생길 수 있다.

직무분할의 유형으로는 ① 기존 직무에서 과업과 직무를 줄이기만 하는 형태인 수평적 직무분할형uncoupling, ② 기획과 집행을 동시에 하던 직무에서 집행 등 하위 과업을 제외하는 수직적 직무분할형unstacking, ③ 기존의 여러 직무 중에서 일부를 분할하여 새로운 형태의 직무를 개발하는 직무개발형segmenting, ④ 기술 발전, 해외 직업 도입 등을 통하여 전혀 새로운 형태의 직무를 도입하는 신규 직무개발형emerging 등이 있다. 아래 그림은 고령자 적합직무 유형을 예시한 것이다.

지속적으로 구조조정을 하는 금융산업에서는 고령자를 위한 직무 발굴이 어려울까? 인구학자인 조영태 교수는 다가올 미래, 인구 감소의 상황에서 오히려

그림 3-11 **고령자 적합직무 유형 예시**

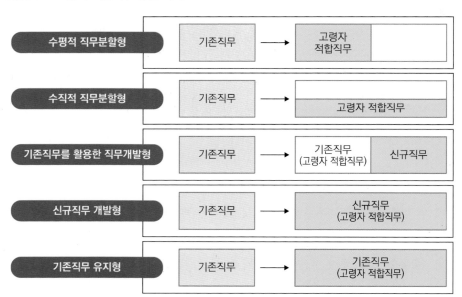

금융업이 유망하다고 보고 있다. "은퇴를 시작한 베이비붐 세대를 필두로 자산 있는 노인 인구가 크게 늘어난다. 예금 금리가 1% 안팎이다 보니 수익성 있는 투자처를 찾는 수요가 크게 늘어날 수밖에 없다. 다양한 금융상품이 필요하다. 이들에게 상품을 설명하고 골라주는 서비스의 중요성도 높아진다."는 것이다.

실버산업 시대도 본격 개막되는데, 그 기반에는 2020년에 8백만 명을 넘고, 2025년에 1천만 명을 돌파하는 65세 이상 노인 인구가 있다. 2025년에 우리나라 전체 인구의 1/5이 노인 인구가 되는 초고령사회에 진입하고 2031년에는 80세 이상 인구가 현재의 인천광역시 인구에 해당하는 300만 명을 넘는다.[1] 이러한 변화는 곧 고령 소비자의 증가를 의미한다. 뒤집어진 피라미드 인구구조하에서 자식 세대에게 손 벌리지 못하고, 여전히 왕성한 고령자들이 소수점 단위의 연단위 수익률 상품을 찾아 나서는 모습이 그려지지 않는가? 이들은 시각형이 아니라 청각형이다. 누군가 옆에서 설명을 해 주어야 한다.

03 고령자를 일하게 하는 평가와 보상제도의 설계

기존 직무를 그대로 수행하는 고령자에 대해서는 평가제도를 기존과 유사하게 적용하지만, 고령자 적합직무를 수행하는 고령자에게는 그 특수성을 감안하여 성실한 근무태도와 우월한 성과달성에 대해 절대평가로 평가할 수 있다.

고령자 적합 직군 대상자에 대한 평가지에서는 직무별 기대성과를 중심으로 하되, 근무관리 및 업무태도가 통합된 서식을 활용해서 성과관리에 필요한 요소를 통합적으로 관리할 수 있다.

한편, 고령자 적합직무 근로자들의 종합등급은 다양한 방식으로 부여할 수 있는데, 예를 들면, ① '고성과 달성 가능 직무를 담당하였고, 업무의 개선·수익성 향상 등 탁월한 성과향상을 이끌어냄. 근무태도에 있어서 성실하며 모범적인 모습을 보임'에는 S, ② '난이도가 높지 않더라도 담당 업무에서 다수의 초과달성을 보임. 근무태도에 있어서 성실하고 모범적인 모습을 보임'에는 A,

표 3-6 **고령자 평가 방안**

구분	기존 직무 수행	별도 직무 수행
평가 형태	• 기존과 동일 • 1급: 정기 근무평정 • 2급 이하: 개인성과 평가, 근무성적 평정 (정년 연도에는 근무평정 제외 고려)	• 개인성과 평가 중심 진행 (은퇴 1년 전으로 근무 평정은 무의미) • 직무별 성과기대치가 포함된 KPI와 근무준수도를 평가
평가 그룹	• 기존 평가 그룹과 동일하게 평가	• 별도 평가 그룹으로 절대평가 • 평가자: 직상위 1차 평가자 평가 결과에 대해 2차 평가자 검토 * 조직 내에서 별도의 업무를 수행하며, 유사 업무 수행자가 소수임을 고려
평가 등급	• 성과평가: 5등급 • 근무성적 평정: 5등급	• 5등급 절대 평가 (등급별 구체적인 기준 제시)
평가 횟수	• 연 1회	• 연 1회

③ '업무를 성실히 수행하여 담당직무에서 요구하는 성과 목표를 근접하게 달성함'에는 B 등을 부여할 수 있다.

또한, ④ '담당 직무에서 요구하는 성과 달성에 어려움을 가졌으며, 지각이나 근무지 이탈 등 업무태도상 문제가 일부 확인됨'에는 C, ⑤ '잦은 지각, 근무지 이탈로 근무에 문제가 많았으며, 주어진 업무를 적절히 수행하지 못함'에는 D를 부여할 수 있다.

성과급 지급에 있어서도 명확한 고성과 요인과 근무불량으로 인한 감점 요인이 있음을 감안하여 기존과 동일한 성과급 차등폭을 유지할 수 있다. 다만, S와 D등급을 부여하는 비중은 줄이는 것이 바람직하다.

그림 3-12 평가양식 사례

1. 성과목표 ①

지표명	전략연계	지표 분류	산식	목표	가중치	달성도

2. 성과평정표 ②

평정요소		평정기준	평정점수
성과달성도	성과달성 난이도	성과달성하기 위해 높은 수준의 전문성과 관리능력이 필요하며, 성과달성 불확실성이 높다	a ː b ː c ː d ː e
	성과달성도	목표를 완성도 있게 달성하였다	a ː b ː c ː d ː e
	성과달성 영향력	업무개선, 서비스질 향상, 고객만족 등 조직 전략과제 달성에 대한 공헌이 높다	a ː b ː c ː d ː e
근무관리 및 업무태도	근무관리	명확한 계획에 따라 구성원과 원만한 관계를 이루며 조직에 기여한다	a ː b ː c ː d ː e
	업무태도	근태관리 등 회사 규정을 준수하며, 공직자로서 확고한 윤리관을 준수한다	a ː b ː c ː d ː e

3. 종합평가 ③

평가등급	의견

04 고령인력 활용 우수사례

국내 기업 사례

고령 근로자의 고용을 연장할 경우, 기업이 가장 우려하는 문제는 생산성 하락 문제이다. 따라서 기업은 직무의 변화 및 임금체계의 변화라는 두 관리 요소로 대응하게 되는데 아래에서는 국내외 우수 사례에 대해 살펴본다.

① A 외식산업 음식 서비스Food Service 전문기업으로 단체급식 위탁경영과 식자재 유통, 정통 장류 제조, 외식사업 등을 운영하는 식품전문기업이다.

회사 설립 후 외식 및 단체급식 분야에서 지속적 성장을 하고 있는 중견기업으로서 조리업무가 본업인 특성상 고령인력을 활용하고 있다.

고령 근로자 수행직무는 기존 직무와 동일한 조리업무이다. 근로자들은 전국 120개의 학교 및 급식소 등 현장에서 각 현장별 영양사와 함께 정해진 요일별 메뉴에 맞추어 음식을 제조하는 업무를 수행한다.

조리업무에는 능숙한 조리법, 맛에 대한 감각, 인원에 따른 즉각 대처 능력 등이 요구되므로 대체로 요리 경험이 많은 고령 근로자가 직무수행에 적합하다.

고령 근로자에게는 기존 임금제도는 유지하면서 경력이나 숙련도 등에 따른 급여를 책정한다. 그리고 기본급과는 별도로 장기근속을 위한 근속수당, 수행직무와 직책에 따른 개별수당을 지급한다.

② **B 기업**　　국내 담배제품 제조 분야의 선도기업으로 인삼·한방, 화장품, 제약·바이오 등 다양한 사업영역을 운영하고 있는데 50세 이상 근로자가 전체 근로자의 약 20%를 초과하고 있다.

노사는 정년연장과 더불어 수행직무 변경에 대해서도 고민을 하였으나 직무 간 내용이 매우 상이하여, 직무분할 또한 일의 효율성을 저해하는 것으로 판단하고, ① 경영지원, ② 마케팅·영업, ③연구개발, ④ 생산 등의 기존 직무를 변화없이 수행하는 것으로 합의하였다.

보수체계와 관련해서는 임금피크제를 도입하여 2년간 정년을 단계적으로 연장하면서 급여를 줄여나갔다. 정년연장 기간인 1년 또는 2년간의 급여는 58세 되는 마지막 달 급여를 기준으로 기본급을 20% 줄였다. 기존에 지급되던 인센티브 등이 기본급과 연계되고 있기 때문에, 총액 역시 20% 수준으로 줄어든다.

단, 해당 직무를 수행하면 지급되는 수당 형태의 직무급은 기존과 동일하게 지급한다. 또한 고령 근로자도 개인의 선호에 따라 확정급여형DB 또는 확정기여형DC 퇴직연금을 선택할 수 있다.

③ **C 엔지니어링**　　　중앙정부와 지방자치단체와 각 정부투자기관뿐아니라 민자사업에 이르는 다수의 프로젝트를 맡아 타당성 조사, 기본계획, 설계, 환경영향 평가, 그리고 경제성 분석 등의 사업을 수행한다.

고령 근로자는 각 프로젝트마다의 프로젝트 매니저PM: Project Manager로서 직무를 수행한다. PM의 자격요건은 프로젝트별로 다소 상이하긴 하지만, 관련 분야에 대한 일정한 경험을 요구하고 있어 대부분의 고령 근로자가 이에 해당한다. PM은 크게 발주처와의 협의 업무, 설계 검토 업무, 현장감리 업무를 수행한다.

임금제도는 현행을 유지하는데 PM 업무 수행자라 하더라도 기존과 동일하게 개인의 성과에 기반한 연봉제를 운영하고 있다. 수행 직무의 특성상 개인성과에 따른 보상이 적합하므로, 임금피크제를 통한 일률적인 임금 삭감은 도리어 바람직하지 않다고 보고 있다.

④ **D 연구원**　　　공공 연구기관인 D 연구원은 정년퇴직자 등을 활용한 위촉연구원 제도를 도입하면서 고령 근로자 재고용에 앞장서고 있다.

이 연구원에서는 다수의 퇴직자가 발생하면 부서마다 갑작스런 업무 공백이 발생기도 하였고, 특히 해가 갈수록 정년에 도달한 근로자 수가 증가하는 추이여서 해결책 마련이 시급한 상황이었다. 위촉연구원 제도는 연구원의 연구사업 또는 행정 관련한 전문 지식과 경험 등의 더 활용하기 위해 정년을 초과한 근로자를 대상으로 별도의 계약을 맺고 단시간시간제 근로자로 고용할 수 있는 제도이다.

위촉연구원은 정년을 초과한 65세까지 근무할 수 있다. 위촉연구원 대상은 연구원의 정규직 퇴직자를 비롯, 해당 분야 5년 이상의 경력자 및 박사 등이다.

수행직무는 원칙적으로 재직하면서 습득·보유한 직·간접적 지식, 기술, 경험 등을 후임 연구원들에게 전수하고 조언하는 모든 업무이다. 연구직, 행정직, 그리고 기능직에게 모두 길이 열려 있다.

적용되는 임금제도는 시급제이다. 위촉연구원은 기존의 연봉제가 아닌 시급제를 적용하지만 시급 산정 시 관련 경력을 고려하여 달리 책정이 가능하다. 그리고 위촉연구원은 시급과 별도로 연구원에서 운영하는 능률성과급의 지급 대상에도 포함된다.

해외 기업 사례

[1] **미국의 Aerospace Corporation**　시스템 엔지니어링과 연구·개발을 주력사업으로 하고 있는 캘리포니아 소재 회사로서 퇴직자 고용 프로그램RCP: Retiree Casual Program을 두고 있다. 퇴직자들은 이 프로그램으로 연간 1,000시간 한도 내에서 프로젝트에 배치되어 컨설팅 역할을 수행한다. 직무의 책임과 역할에 따라 현직에서 받던 보수보다 약간 적은 수준의 보수를 받지만 퇴직자의 약 80%가 이 회사에서 근무를 하고 있다.

퇴직자 중에는 80대의 고령인력도 있으며 근무방식과 형태는 퇴직자의 선호를 반영하여 매우 다양하다. 일주일에 2일 근무 또는 6개월 집중 근무 후 6개월 휴식 등 퇴직자의 일과 삶의 균형을 배려하고 있어 직무 만족도가 높다.

이 회사는 퇴직자 고용 프로그램으로 인해 조직의 전문성을 축적하고 전수하는 데 큰 도움이 된다고 판단하고 있다. 노동시장에서 구하기 어려운 특수한 노하우나 기술 보유자를 채용하는 데 어려움을 겪을 필요가 없고, 발주 물량 변화에 유연하게 대응할 수 있는 장점이 있다는 점을 강조하고 있다.

[2] **일본의 후지제록스**　50세 이상 고령인력들에게 '뉴 워크New Work 지원 제도'를 실시하고 있다. 이것은 고령인력들이 근무시간의 30% 범위 내에서 현업 이외의 다른 업무를 수행할 수 있게끔 만든 제도이다. 영업직 사원이 직원 교육을 담당하든가, 기술직 사원이 상담 업무를 병행하는 것 등이 예이다.

이 제도를 이용하여 고령인력들은 새로운 직무에 도전할 수 있고, 동시에 또 다른 자아실현을 추구할 수도 있다. 고령인력의 효과적 활용을 위한 직무 재배치 방안 중 하나이다.

③ **일본의 소니**　　　'프리 에이전트FA: Free Agent 제도'라는 명칭으로 사내 공모제를 운영한 경험이 있다. 즉, 50세에 이른 관리직 사원들이 스스로 FA를 선언하고 사내의 신규 사업, 또는 타 직무에 지원하는 등 직무 이동이 가능하도록 만든 제도이다. 소니는 이 제도를 통해 고령인력의 경험과 지식을 신사업 개척에 활용할 수 있었다고 한다. 사내 공모제를 이용한 자발적 직무이동의 사례라고 할 수 있다.

이 제도는 프로 스포츠에서 자유계약 선수가 직접 주도권을 가지고 본인이 원하는 구단으로 옮기듯이, 자격요건을 갖춘 직원이라면 원하는 부서에 지원해 이동하도록 지원하는 것이다.

④ **일본의 미쓰비시중공업**　　　'기능학원'을 회사 내에 설립하여 베이비붐 세대 숙련 기능공들을 강사로 활용하면서 후배 사원들의 기술 확보를 돕고 있다. 현업에서 쌓은 기술적 노하우를 고령인력들이 후배 사원들에게 전수하도록 지원하는 사례이다.

고령인력의 직무 재배치는 다기능 전문가를 다수 육성할 수 있다는 측면에서 매우 긍정적이다. 다만 국내에서는 직무 재배치가 정리해고의 사전 단계로 여겨지는 경향이 있다. 따라서 기업이 고령인력의 직무 재배치를 하고자 할 경우에는 제도의 취지를 명확히 납득시키고 자발적인 참여를 촉진하는 것이 바람직하다.

제 5 장

재활력을 불어넣는 교육훈련 프로그램

01 고령자 직업능력의 특징

일반적으로 인간은 나이가 들수록 육체적, 정신적인 면에서 기력이 떨어진다. 직무 중에는 일정 수준 이상의 체력과 기력을 필요로 하는 경우가 있는데, 고령자가 계속 똑같은 강도를 유지하면서 활약하기란 쉽지 않다. 특히, 컴퓨터, 스마트폰, 소셜 미디어 등 급속히 진전하는 정보통신 기술에 고령자들이 따라가기에는 한계가 있다.

반면, 고령자들은 경험이 쌓을수록 고객의 불만사항에 대해 적절히 대응하는 노련미나, 고객의 입장에 선 서비스 마인드나, 경험을 바탕으로 한 지도 등에서는 충분히 강점이 있다.

고령자라고 해도 다양한 직업능력을 갖고 있고, 개인에 따라 편차도 크다. 따라서 고령자의 직업능력을 정확하게 파악하는 것은 고령자 활용의 첫걸음이 된다.

고령자 직업능력의 특징을 장점과 단점으로 정리하면 〈표 3-7〉과 같다. 어디까지나 일반적인 경향을 정리한 것으로, 물론 고령자도 개인에 따라 차이가 많으며, 젊은이보다 유연하고 신선하며 혁신적인 사람도 적지 않다. 체력 면에서는 몰라도 열정이나 기력은 전혀 줄지 않는 사람도 많다.

고령자의 직업능력상의 장점은 적극 활용해야 한다. 한편, 고령자 직업능

표 3-7 고령자 직업능력의 장단점과 대응방안

장점	단점	대응방안
업무상의 경험이 풍부하다	기력, 체력 면에서 쇠약해진다	근로시간 단축, 기구와 기계 활용, 야근 탈피
대인관계에서의 절충력이 우수하다	변화에 대한 적응력이 부족하다	현직 지속, 단순 정형 업무 담당, 교육훈련
책임감이 강하다	과거의 경험, 지식에 구애받는다	의식개혁 교육, 경험 활용 업무 담당
지도력이 우수하다	과거의 지위, 직무에 구애받는다	담당 업무의 명확화
근무 태도가 뛰어나다	보수적이며 직무 변화를 싫어한다	개인차에 대한 처우상 명확한 차이 두기
결근이 적다	직무수행 능력의 개인차가 크다	

력의 단점은 어떻게 대응해야 할까? 중요한 점은 고령자 직업능력의 단점은 기업의 고민과 연구와 실천에 의해 극복할 수 있다는 것이다.

고령사회가 진전되고 초고령사회에 진입하면서 고령인력이 풍부해지고 고용연장이 예상되므로 기업에서는 고령자 활용 방안을 찾을 필요가 있다. 기업은 고령자 개개인의 직업능력을 세심하게 살펴보고 적합한 교육훈련을 실시해야 하며, 적재적소에 배치하여 개인의 능력을 충분히 발휘하도록 해야 한다.

02 고령인력 대상 교육훈련의 관점 전환

고령인력의 장점 활용

저출산의 영향으로 신규 유입 인력이 줄어들기 때문에 기업에서도 고령인력에 대한 인식을 바꿀 필요가 있다. 지금까지 기업들은 비용 중심적 관점에서 고령인력을 바라보곤 하였다. 그러나 고령자에 내재되어 있는 숙련기술과 축적된 노하우는 여전히 기업 성장에 기여할 수 있다.

고령화에 따른 불가피한 조치로 고령인력을 활용하는 것이 아니라 그들이 가지는 뛰어난 장점만을 극대화하여 활용한다는 관점에서 방안을 마련할 필요가 있다.

한편 4차 산업혁명 시대에 기업이 경쟁력을 유지하기 위해서는 인적자본에의 투자가 매우 중요함에도 국내 기업의 경우 근로자 능력개발을 위한 직업훈련 투자는 여전히 높지 않은 수준이다. 즉, 고령자 비중이 빠르게 증가하고 경제활동 인구는 감소하는 현 상황에서 고령자들은 역량 개발 기회에서 소외되고 있다.

고령자의 직업훈련 참여 확대를 위해서는 고령인력 역량 개발 프로그램을 마련하여 이들이 새로운 트렌드와 지식을 습득할 수 있도록 지원해야 한다. 일부 국내 기업들은 고령인력을 비용으로만 간주하여 조기 퇴출 대상으로만 바라보고 있는데, 보다 장기적인 시각에서 기업의 자산으로 인식하고 활용해야 할 시점이 도래한 것이다.

경쟁력 있는 일의 부여

젊은 인력이 강도 높은 육체노동이나 장시간의 체력이 필요한 일에는 유리할 수 있지만, 고령인력이 오랜 경험과 노하우를 활용하는 컨설팅, 연구·개발, 사내 직무교육 등에는 더 적합할 수 있다.

우리나라에서는 고령인력들이 현장에서 축적한 기술과 경험을 후배 직원들에게 전수할 수 있도록 전문성 있는 사내 숙련인력에게 기술명장이나 마스터라는 호칭을 부여하고 후배 직원들을 교육하도록 한 사례가 있다. 일본의 미쓰비시중공업은 '기능학원'을 사내에 설립하여 고령 숙련 기능공들이 후배 직원들의 기술 습득을 지원하기도 했다.[1]

지식 재충전 기회의 부여

고령인력에 대한 선입견들 중 하나는 나이 들수록 새로운 것을 배우고 익히길 꺼리거나 그 속도가 느릴 것이라 여기는 것이다. 기존의 관행, 타성에 익숙하여 과감한 도전이나 새로운 업무를 맡는 것을 거부하는 성향이 있다는 인식이다. 이제껏 존재하지 않았던 신기술에 대한 두려움도 고령자들이 학습을 거부하는 원인 중 하나라고 보기도 한다.

　　일부는 맞는 말이다. 그러나 이에 앞서 회사 차원에서는 고령인력에 대해 학습 기회를 얼마나 제공해 왔는지도 반문해 볼 필요가 있다. 열정, 도전 정신, 탁월한 학습 능력이 반드시 젊은이들만의 전유물은 아니다. 60~70세까지도 사회생활을 계속하기 위해 계속 새로운 것을 찾고 배우고자 하는 사람들도 충분히 주변에서 찾을 수 있다.

　　고령 근로자들에게 다른 직무를 병행할 수 있는 기회를 제공하여 스스로 경력을 개발할 수 있도록 지원하는 방안도 있다. 영업직에서 장기 근무한 직원이 자신만의 특유한 노하우를 후배 직원들을 대상으로 전파하거나, 기술직 직원이 제품 상담 업무를 병행하는 것을 그 예로 들 수 있다.

🔘 밀어내기가 아닌 끌어안기 교육훈련 프로그램

숙련전수 프로그램

　　어떤 기업이든 축적된 노하우가 사장되는 것을 두려워한다. 다시 쌓아올리려면 적지 않은 시간과 비용이 들기 때문이다. 따라서 기업 내에 축적된 고령인력들의 전문역량, 노하우, 기술과 경험 등을 청년 근로자에게 전수하고 공유함으로써, 고령·청년 근로자 간의 의사소통과 인간관계를 개선하고 기술 전수와 지식 공유화를 촉진하여 조직의 역량을 강화할 필요가 있다. 숙련 전수를 위해서는 아래와 같은 세부 프로그램을 운영할 수 있다.[2]

　　① 멘토링 프로그램을 활용하여 고령·청년 근로자 간의 멘토 체결식을 개최하고, 멘토링 시간을 배정하며, 멘토링 내용 결과 발표회 등을 할 수 있다.

　　② 업무 노하우와 전문기술에 대한 매뉴얼을 발간하여 숙련 고령인력의 전문역량과 기술 노하우를 기록하고, 우수 기록집 시상과 사례 발표회를 하며, 분야별 우수 기록집을 발간해 확산시키는 방안이 있다.

③ 전문지식과 기술을 갖춘 고령인력을 대상으로 사내강사 양성과정을 운영하여 청년 근로자 직무교육을 실시할 수 있다.

④ 숙련 근로자의 노하우를 정리하여 분야별로 즉시 현장 활용이 가능하도록 데이터베이스를 구축하고 활용할 수 있다.

휴먼스킬-커뮤니케이션 향상 프로그램

중고령인력을 대상으로 하는 휴먼스킬 또는 커뮤니케이션 능력 향상 프로그램은 인간관계를 개선하고, 활기찬 직장환경을 조성하며, 세대 간 의사소통을 활성화하고, 기능 전수와 지식 공유화를 촉진하기 위한 것이다.

커뮤니케이션의 기본을 이해하고, 세대차이나 세대갈등을 확인하며, 감수성 있는 리더십을 함양할 수 있는 프로그램에 대해 교육 또는 워크숍을 실시한다.[3]

표 3-8　휴먼스킬-커뮤니케이션 향상 프로그램

	분야	주요 프로그램
1부	생활방식을 되돌아봄	• 아이스브레이킹, 생활 점검, 자유토론
2부	휴먼스킬의 필요성 이해	• 세대차이나 세대갈등 속에서 자신 되돌아보기 • 세대차이 확인과 이해 • 커뮤니케이션의 기본이해와 휴먼스킬
3부	풍부한 퍼스낼리티 양성	• 기본적인 태도 유형과 대화의 문제점 이해 • 경청의 체험과 롤 플레이
4부	감수성 있는 리더십 개발	• 리더십 스타일 되돌아보기 • 사례 소개와 롤 플레이

자료: 고용노동부, 장년친화적 직장 만들기 우수 사례집, 2016. 9.

고령 근로자 전직지원 프로그램

기업은 근로자 지원 프로그램EAP: Employee Assistance Program의 일환으로서 퇴직 예정자나 전직 희망자 등에 대해 전직지원 서비스를 제공하여 퇴직 이전에 미리 안정적인 전직 준비를 하게 함으로써 제2의 인생을 준비하고 설계할 수 있도록 지원할 수 있다.

재취업 준비를 위한 다양한 정보 공유와 네트워크 구축을 위하여 교육서비스를 제공EAP 서비스 연계와 상담실 운영할 수 있고, 효과적인 전직 준비를 할 수 있도록 퇴직과 변화관리, 제2의 인생설계 등에 교육하는 '전직 스쿨'을 운영하기도 한다.4

특히, 2020년 5월부터 고령자고용법제21조의 3 개정에 따라 근로자 수 1,000인 이상 대기업의 사업주는 정년퇴직, 희망퇴직 등의 사유로 이직하는 50세 이상 근로자를 대상으로 '재취업 지원 서비스'를 제공할 의무가 있다.

생애경력설계서비스

생애경력설계서비스는 길어진 평균수명을 고려하여 40세 이후의 중고령 근로자가 생애경력을 설계하고, 인생 후반부를 사전에 준비하도록 교육 및 상담 서비스를 제공하는 프로그램으로 노사발전재단의 중장년일자리희망센터에서 실시한다.

이 프로그램은 재직자와 구직자 과정으로 구분되며, 재직자 과정에는 기업 과정과 일반과정이 있다. 기업과정은 기업 내에 교육과정의 일환으로 도입해 운영될 수 있도록 강사 등을 지원한다. 일반과정은 개인이 센터 내 교육과정을 확인하고 개별적으로 신청하여야 하고, 야간 및 주말 과정도 운영한다. 각 과정은 6~20시간으로 운영하고, 생애경력관리 등 기본 교육내용 이외에 건강, 재무 등의 선택과정 교육도 실시한다. 또한 교육 프로그램 참여 이후 일대일 경력관리컨설팅도 제공한다.5

최근 코로나19 상황으로 인해 온라인 강의나 실시간 화상강의도 활성화되어 있다. 연령대별 기본 교육 내용은 아래와 같다.

표 3-9 **생애경력설계서비스 프로그램**

프로그램	구분	내용
40대+ 프로그램 (경력전성시대)	목표	생애경력관리의 필요성을 인식하고, 노동시장에서 현재 위치를 점검하며, 현 경력 유지, 능력 향상 방법을 학습하여 주도적 경력관리를 하도록 지원
	교육 내용	경력관리, 변화관리, 평판과 네트워크 관리, 성과관리
50대+ 프로그램 (경력확장시대)	목표	삶의 6대 영역을 진단하고, 강점역량을 도출하며, 경력설계 방법을 학습하여 인생 3모작을 위한 계획 수립을 지원
	교육 내용	나의 생애 조망, 직업역량 도출, 경력대안 개발, 평생경력계획 수립
60대+ 프로그램 (경력공유시대)	목표	일과 삶의 균형감을 찾고, 자신에게 잠재된 가능성을 발견하며, 생각의 전환을 통해 긍정적인 인생 3모작을 준비하고 실행하도록 지원
	교육 내용	숨고르기, 발견하기, 균형잡기, 뛰어들기
구직자 프로그램	목표	과거 경력에 대해 되돌아보고 미래 생애경력설계를 통해 체계적으로 관리하도록 지원
	교육 내용	인생 들여다보기, 인생 되돌아보기, 제2인생 계획하기, 제2인생 실행하기

자료: 고용노동부·노사발전재단, 신중년 인생3모작 설계지원 안내서, 2020을 기초로 작성

④ 고령자 교육훈련 우수사례

국내 기업 사례

① **A 기업**   A사의 종합 전직지원서비스센터는 선도적 모델을 제시하고 있는데, 우리나라 전직지원서비스의 발달사도 함께 살펴볼 수 있다.

A사는 2001년 9월 퇴직자와 퇴직예정자의 전직 지원을 위해 경력개발센터 CDC를 설립하고 퇴직자의 재취업에 초점을 맞춘 활동을 해 왔다. 이후 임직원의 장기적인 경력개발과 관리에 대한 관심이 점차 증대되고, 인력의 고직급 고연령화가 가속화되면서 정년퇴직 예정 임직원 수가 증가함에 따라 제2의 인생

설계에 대한 회사 차원의 지원 필요성이 커졌다.

A사 경력컨설팅센터는 전담자가 전직을 종합적으로 지원하며 교육장과 Open Desk, 휴게 공간, 상담 공간, 집단 상담실 등을 갖추고 있다. 회사의 인사부서가 전직지원 프로그램을 주도하는 경우 전문성이 결여되고, 퇴직자의 회사에 대한 의존감이 상승하는 등의 부작용이 나타날 수도 있지만, 사내 전직지원 프로그램의 활용에 따라 종업원들의 회사에 대한 긍정적 태도가 증가하고, 기업의 종업원에 대한 관심이 증대하는 등의 효과가 나타나고 있다.

A사의 전직 프로그램 모형은 4단계로 이루어져 있다. 1단계는 탐색단계로 심리안정 프로그램과 직업세계의 변화에 대한 이해, 자신에 대한 탐색 등을 통해 경력목표를 설정하는 단계이다.

2단계는 준비단계로 일, 재정, 가족, 건강, 여가, 관계라는 생애 6영역의 조망과 설계를 기반으로 구직전략을 수립하고, 이력서 작성, 면접 요령, 잡 서치 방법 등의 취업 스킬을 습득하는 단계이다.

그리고 3단계는 실행단계로 기업 정보를 찾고 이력서를 제출하는 등 구체적으로 구직활동을 실행하고 평가하는 단계이다.

4단계는 안정화단계로 취업 이후 조직에 효과적으로 적용하고 경력관리를 위해 상담을 주고받는 단계이다. 이처럼 전직지원 프로그램의 전 과정은 교육 프로그램과 1:1 컨설팅, 잡매칭, 정보제공의 서비스가 병행하여 진행되며, 전 과정을 거치는 동안 심리적 안정을 도모할 수 있도록 지원한다.

2 **B 공사**　　퇴직 · 전직 프로그램은 생애주기를 고려하여 퇴직 · 전직자에 대한 실질적인 도움을 제공할 수 있는 프로그램을 효과적으로 제시하며, 이외에 외부 프로그램과 정보를 취합 · 정리하여 은퇴 예정자가 다양한 교육에 접근할 수 있도록 하고 있다.

기본 프로그램에서는 전 직원 생애주기를 감안하여 다수가 집중적으로 이수할 수 있도록 지원한다. 40대 후반에게는 평생경력관리 이해 제고 차원에서 1박 2일 교육을 실시한다. 경력관리, 네트워크 관리, 건강관리, 재무관리, 여가

관리 등을 학습한다.

50대 중반에게도 1박 2일 교육을 실시하는데, 평생경력계획, 직업역량, 나이에 적합한 건강, 재무, 여가, 관계, 시간관리에 대한 교육을 하며, 1:1 경력컨설팅을 추가로 실시한다. 59세가 되면, 1주일간 교육을 하며, 재취업, 창업과 관련한 프로그램을 선택할 수 있는 기회를 다수 부여하고, 1:1 퇴직 컨설팅을 실시한다.

선택 프로그램에서는 퇴직, 전직을 앞둔 고령 근로자에게 유효한 프로그램을 제시하고 있다. 그리고 외부의 질 높은 직업교육 프로그램에 대한 과정표를 만들어 대상자에게 공유하여 활발한 교육 수강을 지원한다.

교육 과정 파견과 수강은 근무시간을 감안하여 수강생이 자율적으로 진행하도록 하고 있다.

해외 기업 사례

① **머시헬스시스템**Mercy Health System   오랜 기간 동안 미국은퇴자협회AARP가 선정한 50대 이상 근로자를 위한 최고의 직장 명단에 포함되었다. 의료사고의 위험성을 방지하기 위하여 업무 스트레스가 큰 응급환자 또는 책임이 막중한 일은 젊은 근로자에게 맡기고, 상대적으로 위급함이 덜한 경비 업무나 마케팅·상담 등의 지원업무는 중·장년층에 맡기고 있다.

뿐만 아니라 중·장년층 근로자들의 업무를 돕기 위해 리프트 등 다양한 장치를 충분히 배치하여 편의성을 높이고 있다. 이 회사는 중·장년층 근로자에게 근무시간 단축을 적용하여 50세 이후 55세가 될 때까지 일일 근무시간을 5년간 줄이거나 재택근무가 가능하도록 하고 있다. 또한, 70세가 될 때까지 15년 동안 반년 근무도 가능하다. 여기에 더하여 인력풀제와 재택근무제를 적극 권장하여 직원들이 필요할 때마다 수시 또는 정기적으로 사용할 수 있다.

이와 함께 55세 이상 근로자들이 퇴직하면 퇴직 후 10년간 의료보험 혜택을 받을 수 있도록 한다. 중·장년층 근로자를 적극 활용함으로써 병원도 이들의 폭넓은 지식과 경험을 통해 환자의 만족도를 높일 수 있고, 더불어 내부 젊은 직원들이 롤 모델로 삼는 등 큰 이점을 경험하고 있다. 나아가 연봉이 근무기간보다 성과에 따라 결정되므로 중·장년층의 고용으로 인한 재정 부담도 크지 않다.

② **다우케미칼**Dow Chemical   미국의 종합화학회사인 다우케미칼은 고령 근로자들에게 리프레쉬 트레이닝 프로그램Refresh Training Program을 적용하고 있다. 중·고령인력의 경력개발 차원에서 새로운 첨단 IT 기술을 포함하여 업무기술 및 관리기법 교육을 시행하고 있다. 인력 활용 최적화를 위해 고령인력을 대상으로 신기술 습득이나 재교육을 강조하는 것이다.

이러한 회사 운영은 전사원에 대한 지속적인 성장과 학습을 강조하는 기업 가치와 맥을 같이한다. 모든 직원들은 정기적으로 교육과 개발기회를 탐색하고 경력이동과 발전을 위한 준비를 평소에 하고 있으며, 고령인력 또한 예외가 아니다. 고령인력들은 새로운 기술 습득과 업무에 대한 도전과 성취감을, 기업 입장에서는 인력 활용을 극대화하는 효과를 얻게 되는 장점이 있다.

③ **동경가스**   일본의 동경가스는 세컨드 라이프 제도를 통해 고연령층의 능력개발과 직무개발을 적극적으로 추진하고 있다.6 선택과 자립을 기반으로 정년 후의 생활 이미지를 정확히 설계하여 본인이 세컨드 라이프 코스를 결정하고, 회사는 해당 코스에 따라 적절하고 다양한 지원을 한다. 세컨드 라이프를 50세 이후의 생애 생활 설계의 일환으로 보기 때문에, 50세부터 지원을 시작한다.

세컨드 라이프 코스에는 첫째, 출향 재취직 코스가 있다. 관계회사로 정년 전에 또는 전직을 거쳐 정년과 동시에 재취업하는 코스이다. 전직을 할 때 본인, 현 재직 기업, 전직할 기업의 삼자합의가 전제된다.

둘째, 워크쉐어 코스가 있는데 이는 정년 후 계속해서 선임 계약사원으로 재취직하는 코스이다. 기준에 따라 채용하고, 계약을 갱신하며, 근무형태 및 처우는 일과 성과에 따라 결정된다.

셋째, 사외 전직 희망 코스는 그룹 외 기업 등에 전직, 재취직하는 코스이다. 재취직 지원회사 등의 구인정보를 통해 그룹 외 회사 등에 전직하는 것이며, 재취직 지원회사에 드는 비용은 회사가 부담한다.

넷째, 프리 계약 코스는 회사와 계약에 의한 자영업 코스로서, 재직 중 키운 높은 전문성과 기능을 살려, 회사로부터 특정 업무를 수탁받는 것이다.

다섯째, 마이플랜 코스는 조기 퇴직 제도로서 본인의 계획 실현을 위해 조기에 새로운 분야로 전직하여 제2의 인생을 시작하는 코스이다. 통상 퇴직 수당에 더해, 조기퇴직금을 지급한다.

마지막으로 가장 일반적인 스탠다드 코스는 재취직 등에 대해 회사의 지원을 필요로 하지 않고 정년을 맞이하는 코스이다.

이와 같은 코스를 지원하기 위해 세컨드 라이프 지원 세미나, 뉴라이프 세미나 등을 제공하는데, 배우자 동반을 허용하고, 노동조합과 공동으로 개최하는 것도 특징이다.

제 6 장

건강경영의 도입과 실행

건강경영이란 말은 일본에서 2006년 비영리단체인 건강경영연구소가 설립되면서 처음으로 사용되었다. "직원의 신체적·정신적 건강상태와 기업의 생산성은 밀접한 관계가 있으므로, 직원이 건강하고, 긍정적으로 업무에 대처하는 환경을 만드는 것을 경영의 기본으로 삼는다."는 것이다. 이러한 "건강경영은 새로운 경영기법이고, 건강경영은 기업과 직원에게 장점이 있으며, 기업과 직원의 관계를 더 좋게 만든다."고 취지를 밝혔다.

노동인력이 고령화되면서 고령자의 생산성 저하를 계속 우려하고 있는데, 이를 염두에 둔 환경 조성을 하려면 건강경영의 중요성이 커진다. 일부 경영자들은 강가에 나온 아이들처럼 호기심이 많아서 새로운 경영기법이 나오면 한번씩 써보고 싶어 한다. 천재지변이 없는 한, 고령사회가 다시 저연령 사회로 되돌아갈 일은 없어 보인다. 건강경영 또한 한 시대의 유행으로 끝날 사항인지, 혹은 지속가능성이 있는 경영기법인지 살펴본다.

01 건강경영의 개요

건강경영의 등장

일본의 경제산업성에 따르면 건강경영은 직원들의 건강유지 및 증진을 경영 관점에서 생각하여 전략적으로 실천하는 것이며, 건강투자는 건강경영의 이념하에 인력, 자금 등의 경영자원을 투입하는 것이라 하고 있다.

일본에서는 어떤 배경하에서 건강경영이 대두되었을까? 일본에서 최초로 용어가 사용된 것은 2006년으로 초고령사회에 진입한 직후였다. 저출산 고령화로 인해 생산가능인구는 감소하고 국가적으로 사회보장비는 커지고 있었다. 그러므로 인적자원을 최대한 활용해 생산성을 올리고자 하였고, 건강보험 조합의 재정도 악화되는 형국이어서 의료비 지출을 적정화하려고 하였다.

일본에서 건강경영을 통해 어떤 효과를 기대했을까? 우선 기업 차원에서는 건강투자를 통해 직원의 생산성, 만족도 제고가 조직의 활성화로 연계되길 바랐다. 결국 향후 기업의 실적 개선과 기업가치 향상을 겨냥한 것이었다.

또한, 기업 차원의 노력을 사회 차원까지 확대시킴으로써, 국민의 삶의 질 향상과 질병 예방을 통한 의료비 절감이라는 사회 전반의 숙제들을 해결하는 데 도움이 될 것으로 기대했다.[1]

건강경영의 진행 과정

2013년 6월 일본재흥전략이 내놓은 '건강수명 연장 대책'은 건강경영 정책이 보다 구체적으로 전개되는 계기가 되었다. "국민 건강수명을 늘리기 위하여 효과적인 예방 서비스와 충실한 건강관리를 통해 국민이 건강하게 생활하면서 나이 들어가는 사회를 실현한다."는 방안이 포함되었고, 국민 건강수명을 늘리기 위해서는 기업, 개인이 건강에 투자하는 환경을 조성하고, 특히 기업이 직원 건강에 투자하는 것이 바람직하다는 건강투자의 개념을 제시했다.

이러한 건강경영 정책에 따라 경제산업성은 2015년부터는 '건강경영 종목'을 선정하였고, 2017년에는 '건강경영 우량법인' 인증 제도를 만들었다.

'건강경영 종목'은 우수 기업을 선정하는 것으로서 매우 명예로운 상으로 인정받는다. 경영 관점에서 직원의 건강관리를 고려하고, 전략적으로 대응하는 기업을 선정하며, 적극적으로 건강경영을 추진하도록 하기 위해 도입되었다.

그 방식은 경제산업성이 동경증권거래소와 함께 실시한 건강경영도 조사의 답변 내용, 자기자본이익률ROE 등 경영지표를 기초로 선정한다. 원칙적으로는 1업종에 1개 회사를 선정하는데, 건강경영 대책, 경영상태 등이 모두 우수한 회사로 평가받게 된다. 2019년 2월에는 '건강경영 종목 2019'에 총 28개 업종에서 37개 회사가 선정되었다. 만일 해당 업종에 선정기준을 충족하는 기업이 없으면 선정하지 않는다.

'건강경영 우량법인 인증제도'는 상장기업에 국한하지 않고, 건강경영을 실천하는 우수 법인을 표창하는 제도다. 건강경영을 추진하는 우수 법인을 알려서 종업원, 구직자, 관련 기업 등으로부터 직원의 건강관리를 경영 관점에서도 생각하고, 전략적으로 전개하는 법인으로 평가받도록 하는 것이다.

경제산업성, 경제단체, 의료단체, 지자체 등으로 구성된 '일본건강회의'라는 회의체도 생겼다. 국민의 건강수명을 연장하고 적정 의료서비스를 지원하기 위해 설립되었다. 일본상공회의소 회장이 일본건강회의의 공동대표를 맡고, 건강경영 선언 기업에는 건강경영 조언자를 무료 파견한다.

일본건강회의는 '화이트 500'이라는 이름하에 대규모 법인과 중소규모 법인 부문, 2개로 구분하여 인증을 하고 있다. '화이트 500'이란 2020년까지 500개의 회사를 인증한다는 목표에 따른 것이다.

건강보험조합의 지원을 받아 '건강선언' 기업을 1만 개 이상 늘린다는 목표도 제시되었다. 건강선언이란 건강우량기업이 되도록 기업 전체가 직원의 건강관리 대책을 추진하겠다고 선언하는 것이다. 건강보험협회의 강력한 추진으로 2017년에 건강경영에 착수한 기업이 1만 2천 개까지 늘어났다.

전문가들은 시간이 흐를수록 건강경영이 기업에 확산될 것으로 내다보고 있다. 인력 부족 시대에 기업의 건강경영 대책은 신호signaling 효과를 갖는다. 인재를 확보하는 무기가 될 수 있는데, 구직자는 가능한 한 건강경영을 추진하는 기업을 선택하기 때문이다. 직원의 건강을 배려하는 기업은 안정된 경영을 바탕으로 바람직한 취업 대상이 된다. 투자자를 비롯한 이해관계자들도 건강경영 기업을 투자 대상으로 삼을 가능성이 크므로 결국은 장기적으로 기업 가치가 오르는 효과가 있다.

⑫ 일본의 건강경영 우수사례

① **로손**   2013년부터 건강중시 경영방침하에 질병 예방을 하향식Top-down
으로 추진했다. 초기에 간부사원들이 건강상의 문제로 회사를 떠나게 되고, 건
강보험조합재정이 악화된 것이 큰 동력으로 작용했다. 기업 전반에 걸쳐 생활
습관 개선과 질병 예방을 전사적으로 추진하기 시작했다. 그 일환 중 하나가 보
너스 감액제도이다. 이는 건강검진을 받지 않은 직원과 그 상급자 등의 상여를
감액하여 건강검진을 촉진하고자 한 것이다. 그 결과 2013년도부터는 100% 건
강검진율을 달성했다.

두 번째는 로손 헬스케어 포인트라고 하는 것을 부여했다. 평상시의 건강
활동 목표 설정과 성취도에 따라 'Ponta 포인트'란 것을 부여했다. [1점＝1엔]
으로 하고 Ponta 제휴기업의 점포에서 사용 가능하게 했는데, 그 결과 건강을
의식하는 풍토가 조성되었다.

이를 위해 인사부와 건강보험조합이 적극적으로 관여했다. 직장 상사부터
일과 건강 지도에 적극적으로 참여하도록 독려하였다.

② **로토제약**   우선 복리후생시설인 '스마트 캠프'를 운영하였다. 직원의
제안에 부응하여, 일하다가 발생한 피로와 스트레스를 해소하는 데 도움이 되
는 시설을 사내에 만들었다. 이를 오사카 본사와 도쿄 지사로 순차적으로 확대
했는데, 사회의 건강 증진에 공헌할 목적으로 일반인에게도 개방하였다.

두 번째로 '건강증진 100일 프로젝트'를 실시했다. 체지방, 허리둘레, 근육
량, 유연성, 복부 근육 및 금연의 여섯 가지 항목 중에서 선택하여 목표치까지
개선하기 위해 100일 동안 건강을 증진하는 전사적 프로젝트이다.

2011년부터 실시되었는데, 재미있는 것은 같은 주제를 선택하면 소규모로
팀이 만들어진다. 팀 내에서 함께 서로를 격려하고, 다른 팀과 개선도를 경쟁하
며, 즐겁게 건강을 증진하도록 독려하였다는 점이다. 이 사업의 틀은 후생노동
성의 스마트 라이프 프로젝트Smart Life Project에 채택되기도 하였다.

회사에서는 최고건강책임자CHO: Chief Health Officer를 두었다. 직원의 건강과 사회 전체의 건강증진을 위한 노력·공헌을 자신의 중점 가치로서 평가하고, 활동 전개의 강화를 위해 2014년에 CHO라는 새로운 직책을 설치했다. 그리고 초대 CHO에 인도 출신의 부사장이 취임하고, 건강경영을 핵심 과제로 삼아 사내외의 확산을 총괄토록 했다.

③ **오오모리기계공업**　　경영의 가장 중요한 과제로서 '일 용이성 UP'을 꼽고 있다. 오오모리 토시오 사장의 강한 리더십 아래 건강 만들기, 장시간 노동 축소, 휴가 사용 촉진 등 세 가지 테마를 중심으로 하여 전사적으로 건강 만들기에 임하고 있다.

'건강 만들기'를 위해서는 '오오모리 건강학교'를 개강했다. 매달 건강에 관한 다양한 주제를 다루는 세미나를 통해 직원 개개인의 건강 의식을 향상시키고 자발적으로 행동에 옮기도록 지원하고 있다.

'장시간 노동 축소'를 위해서는 '잔업축소위원회'를 설치하고, 부서별로 목표 설정 및 달성도 보고도 하면서 의식을 바꾸고 있다. 그 활동을 통해 업무 자체를 재검토하기도 한다.

'휴가 사용 촉진'을 위해서는 직장에서 그룹화한 '연속 휴가 예정표'를 사용하여 적극적으로 연휴 사용을 촉구하고 있다. '유휴 COUNT 10'을 실시하는데 '쉬는 것이 쉬운' 사내 체제를 만들고 있다.

④ **다이후쿠사**　　다이후쿠사는 '심신건강 만들기 위원회'를 운영하고, 직원들의 건강증진에 노력을 기울이고 있다. 위원회는 매년 ① 생활습관병성인병 억제, ② 암 건강진단율 향상, ③ 마인드케어 등 세 가지 큰 영역에서 목표치를 정하고 매년 3월 말 그동안 진행했던 프로그램을 평가하며, 또한 향후 계획 등을 논의한다. 이 위원회는 2020년까지 생활습관병 소견율을 전년 기준으로 52.6%에서 45% 미만까지 낮출 것을 목표로 삼았다.

ⓞ③ 한국의 건강경영 운영 현황과 나아갈 길

건강경영 운영 현황

한국 기업에서는 아직 직원들이 알아서 건강을 챙겨야 한다는 생각들이 팽배하다. 기업들은 일회성 건강검진과 약간의 건강관리 프로그램 제공에 그치고 있다.

서울대학교 의과대학 윤영호 교수팀이 2019년에 노사를 대상으로 조사한 한국의 건강경영 현황을 살펴본다. 먼저, 기업에서 제공하는 구체적인 건강관리 프로그램에 대한 질문이다. 미국 질병관리본부, 한국의 사측, 노측에 동일한 질문을 했을 때 건강식, 응급조치에 대한 프로그램은 한국이 오히려 낮거나 유사하였으나, 나머지 금연 도전, 체중 감량, 중독관리 프로그램, 생체 정보 모니터링, 운동 시설과의 연계, 예방접종 등은 현저히 낮았다. 구체적인 수치는 아래와 같다.

그림 3-13 **기업에서 제공하는 구체적 건강관리 프로그램 비교**

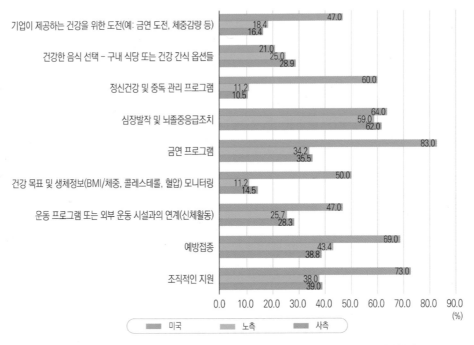

자료: 윤영호, 한국 직장 건강경영 실태 및 향후 대책, 건강경영문화 정착을 위한 국회 원탁회의, 2019. 10.

한편, 이 연구에서는 직원 건강관리 프로그램 중 부족한 것이 무엇인지에 대해 기업의 노사152개 기업, 304명, 그리고 국민1,200명들을 대상으로 물어보았다. 그 결과 노측·사측은 ① 직장 내 스트레스·우울증 관리와 ② 직원들의 가치 있는 삶에의 관심과 배려, ③ 직원의 운동·건강 관련 재정 지원 순서로 응답하였다상위 3개. 근로자와 사용자가 인식 차이 없이 모두 중요하게 생각하고 있다는 것을 알 수 있다. 그런데 일반 국민들은 ① 과도한 업무 방지 및 충분한 휴식 제공, ② 개인 맞춤형 건강관리, ③ 직장 내 스트레스·우울증 관리순으로 답변하였다상위 3개.

직장의 건강문제를 해결하고 건강공동체 프로그램에 참여할사측은 제공할 의사가 있는가에 대한 질문에서는 기업 규모와 관계없이 70% 이상의 긍정적 반응을 보이고 있다.

2016년에 한국에서도 기업건강경영지수Worksite Health Index가 마련되었다Journal of Occupational and Environment Medicine. ① 구조조직에 기업 철학, 정책, 인프라, ② 계획수립에 수요조사, 현황조사, 계획, 예산, 가이드라인, 소통, ③ 건강상태에 신체적 건강, 정신적 건강, 사회적 건강, ④ 산업안전보건에 응급 및 사고예방, 산업안전보건, ⑤ 평가 및 피드백에 평가시스템, 모니터링, 재계획 반영 등으로 구성되어 있다.

이를 바탕으로 2019년에 국내 기업 152개에 대해 건강경영 진단을 한 것을 보자. 100대 기업과 그 이외의 기업으로 구분할 필요가 있는데, 〈그림 3-14〉를 보면 100대 기업의 점수가 모든 면에서 높다.

사측과 노측으로 구분하면 비슷하다. 결국 다음과 같이 해석할 수 있다. ① 평균 수준의 기업 철학, 정책, 인프라를 바탕으로, ② 예산은 확실히 확보해서, ③ 다소 구체적인 가이드라인을 바탕으로 수요조사, 현황조사 등의 계획을 세우기는 하는데, ④ 소통은 잘 안 된 상황에서 평균 수준의 실행은 한다. 그러나 ⑤ 효과성에 대한 평가시스템이나 피드백은 부족한 편이다.

한편, 100대 기업과 그 외로 구분하여 좀 더 구체적으로 보면, 100대 기업의 점수가 높게 나타난다. 재미있는 것은 규모가 어느 정도인지는 몰라도 양쪽

그림 3-14   2019년 국내 기업 건강경영 진단

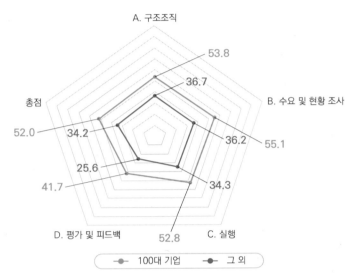

자료: 윤영호, 한국 직장 건강경영 실태 및 향후 대책, 건강경영문화 정착을 위한 국회 원탁회의, 2019. 10.

모두 '쓸 예산은 있다'고 인식한다는 점이다. 100대 기업에서 절반 수준이 넘는 응답으로는 기업 철학, 예산, 가이드라인, 인프라, 소통, 수요조사 등을 꼽고 있다. 그 결과 신체적 건강도 절반 수준은 된다고 인식하고 있다.

점차 한국에서도 임직원들과 그 가족건강을 챙기는 기업들이 늘고 있다. 이들 기업은 심신 건강을 위한 프로그램 이외에 육아지원 등의 다양한 프로그램을 도입하여 직원들의 사기를 진작하고자 하고 있다.

건강경영 국내외 사례

① **모바일커머스 A기업**   '회사가 성장하려면 직원 건강 혜택도 강화되어야 한다'는 모토로 직원 건강증진을 위해 건강상담, 피트니스센터 회원권 제공, 안마사 마사지 등의 신규 제도들을 꾸준히 도입하고 있다. 그 결과 여성가족부의 가족친화기업에 선정되었고, 고용노동부의 일·생활 균형 캠페인 공모전에서 대상을 차지하기도 했다.

② B 카드   직원들의 신체건강은 물론이고 정신건강까지 챙기고 있다. 사내클리닉에 상주하는 의료진들이 예방접종부터 치료에 이르기까지 원스톱 의료서비스를 제공하고 있다. 이 회사는 또한 재미와 펀드를 합한 '뻔뻔한 금연' 등 참신한 금연 캠페인을 진행하고 있다.

③ 3M   미국의 3M은 일하고 싶은 기업의 순위에 매년마다 상위권에 이름이 오르는 기업이다. 직원의 실패와 도전을 허락 또는 장려하는 조직문화로 잘 알려져 있다. 개인적인 문제를 해결해 주면 기업의 생산성에도 긍정적 영향을 미친다는 것을 실천하고 있다.

3M은 임직원들이 업무 외에 겪는 건강, 가족, 재정, 음주 등 개인적 문제 해결을 위한 종업원 지원 프로그램EAP을 운영하고 있다. 개인의 독창성에 따라 적절히 보상하고, 임직원의 보건·안전을 보장하며, 혁신성을 장려한 결과 생산성을 80% 향상시켰다고 한다.

건강경영의 발전방향

한국에서의 건강경영은 해도 그만, 안 해도 그만인 사치품인가? 혹은 반드시 도입할 수밖에 없는 필수품인가? 일찍이 2011년 삼성경제연구소에서도 아래와 같은 모델을 제시한 바 있다. 예방부터 사후관리까지 직원들의 건강을 체계적으로 관리함으로써 조직 생산성의 향상과 만족도, 충성도의 향상 효과를 가져올 수 있다는 것이다.

건강경영의 키워드는 생산성, 치료비 감소, 기업의 사회적 책임에 있다. 윤영호 교수는 "기업의 건강경영은 복지 차원을 넘어 직원들의 생산성을 높이고 나아가 기업의 국제 경쟁력을 높이는 효과가 있으므로 기업 건강관리 체계의 취약점을 파악하고 관련 지수 공개를 의무화하는 방안 등을 적극적으로 추진해야 한다."고 강조했다. 또한, 이와 같은 건강경영이 기업 전반에 확산하기 위해서는 직원 건강이 사회적 책임이란 인식 변화가 필요하다고 지적한다.

그림 3-15 **비용이 아닌 투자로서의 건강관리**

자료: 윤영호, 한국 직장 건강경영 실태 및 향후 대책, 건강경영문화 정착을 위한 국회 원탁회의, 2019. 10.

한국도 생산가능인구가 감소하고 고령인구가 증가하고 있으므로 기업은 직원의 건강증진을 통해 생산성을 높이고 예방을 우선시하여 치료에 드는 비용도 절감할 수 있다. 이를 위해 건강 투자 관련한 정보공개, 건강경영 우수기업의 발표 등 조치가 뒤따라야 할 것으로 보인다.

그러면 궁극적으로 한국 기업에서의 건강관리는 무엇을 지향하고 있는가? 첫째, 제품 생산 및 서비스를 담당하는 임직원들의 건강관리를 통해 건강상태 향상, 질병 감소 및 생산성 증가 등을 달성할 수 있다. 둘째, 건강보험 재정 안정에 기여하고 사회경제적 비용을 감소시키는 등 사회적인 건강 가치를 창출할 수 있다.

제 7 장

기업의 10년 후 인적자원관리 전략

현재는 10년 전 과거에서 바라본 미래였다. 다가오는 초고령사회에서 기업
의 인사관리 전략으로 무엇을 준비해야 할지 예측해 보자. 미래는 준비하고 실
천하는 사람들과 조직들이 선점한다.

01 달라지는 채용시장

채용시장에서 갑에서 을로 변하는 기업

일본에서도 취업 빙하기1993~2005년나 장기불황1992~2012년 등 시련의 시기
가 있었다. 1990년대 초반 주식 및 부동산 시장이 과열되었다가 버블이 터지면
서 장기불황의 시기에 들어서 '잃어버린 20년'을 겪기도 하였다. 닛케이 주가는
버블의 절정 대비 1/4 토막으로 떨어졌고, 한 해 문 닫는 회사는 2만 곳 정도가
되었다. 당연히 취업문도 좁아져서 대학생 10명 중 3~4명이 비정규직 일자리
도 갖지 못한 채 졸업장을 받아야 했다.

그러다가 2017년부터는 구인난이 시작되었다. 사업은 호황인데, 일손은 부족
한 상황이 되었다. 그 이유는 첫째, 680만 명에 이르는 단카이 세대1947~1949년생
의 대거 은퇴이고, 둘째, 취업 준비생 수 자체가 줄었기 때문으로 분석된다.

그래서 나타난 결과는 무엇일까? 취업 준비생 1명당 일자리 수는 장기불

황의 끝자락인 2012년 1.2개였다가, 2018년 1.59개리쿠르트로 증가했음을 알 수 있다.

반면, 한국의 취업 준비생 1명당 일자리는 2018년에 0.60개고용노동부 워크넷 였으므로, 10명이 6개의 일자리를 놓고 다투는 셈이니 일자리 경쟁이 얼마나 심각한지 알 수 있다. 그런데 이러한 상황이 향후에도 한국에서 유지가 될 수 있을까? 기업 우위 입장에서 구직자들을 고를 수 있는 상황이 계속될까? 기술 발전에 따른 기계의 인력 대체 등을 감안하더라도 미래의 어느 시점에는 구직자 우위의 상황이 현실화될지 모른다. 분명한 것은 한국에서도 베이비붐 세대들은 은퇴하고, 대졸자 수는 감소한다는 사실이다.

현재 일본의 채용 시장에서 어떤 일들이 벌어지고 있는지 몇 가지 에피소드들을 보자. 첫째, 취업 준비생들이 몇년씩 파김치가 되어 가며 준비하는 대신 마지막 학년 3~6월에 열심히 뛰어 승부를 내는 현상이 나타났다. 아베 정권 출범 후 경제단체연합회經團連 회원사들은 채용 일정을 통일했다. 따라서 취업 준비생들이 여러 번 응시할 수 없으므로 '단기결전短期決戰'이라고 불린다.

둘째, 입사 축하금 지급과 추천 사례비 지급 사례가 등장한다. 일손이 부족하다보니 5만 엔을 지급하는 중소·중견 기업부터 30만 엔약 315만 원을 지급하는 기업도 생겨났다. 운송업체 등 일부 산업에서는 당장 운전할 기사를 모집하면서 한 명당 10만 엔약 105만 원을 지급하기도 한다.[1]

셋째, 한번 합격한 신입사원들을 타 기업에 다시 뺏기지 않으려고 기업이 합격한 구직자에게 더 구직활동 없이 입사할 것을 약속하라고 강요하는 현상이 나타났다. 승자독식은 취업에서도 마찬가지이므로 한 명이 여러 기업에 복수 합격하기도 하다 보니, 일단 들어 온 사원을 지켜내고자 하는 것이다. 이를 '오와하라'라고 부른다. '끝내라'는 오와레終われ에 괴롭힘을 뜻하는 영어단어harassment, ハラスメント를 합성한 단어이다.

넷째, 부모를 초대하여 지원자를 입사로 연계하려는 현상이다. 어느 리조트 회사는 인턴 채용을 하면서 지원자뿐 아니라 부모까지도 초대해 고급 시설에서 함께 하는 행사를 치렀다. 한 건설사에서도 취업 내정자 20여 명, 부모

30여 명을 초청해 '가족대상 회사설명회'를 열었다. 회사 사업, 전망, 인사제도, 심지어 이직률까지도 설명한다. 자식들이 어떤 회사에서 근무하는지 알고 싶어 하는 부모들의 수요를 충족시킨 사례다. 이를 '오야카쿠부모(親·오야)와 확인(確認·카 쿠닌)의 합성어'라고 한다.

위에서 세 번째와 네 번째는 기업 입장에서 신입사원 이탈 방지를 위한 채찍과 당근 제도이다. 취업을 하고 나서도 부모의 반대로 포기하는 현상들이 다수 발생하기 때문이다. 실제 설명회 개최 후 중도 퇴사자가 감소했다고 한다.

다섯째, 일손이 부족하고, 경력직들이 이직을 하는 사례가 늘어나다 보니, 근로자가 다니던 회사에 대신 사표를 내고 퇴직 절차를 해 주는 '퇴직대행' 서비스까지도 나타났다. 기업들이 인재 이탈을 막는 건 당연한 일인데, 막상 나가려는 직원이 퇴사의 번거로움을 대신 맡기고자 하는 필요성에서 생겼다. 대략 3만 엔에서 5만 엔 사이인데, 제법 활용되고 있다고 한다.

구직자의 취업 선호도 변화

기업 입장이 아니라, 구직자 입장에서 일본에서는 어떤 변화가 있었을까? 1970년대, 1980년대에는 특히 인문계에서 해외를 나갈 수 있는 종합상사미쓰비시 상사, 미쓰이, 이토추, 마루베니 등를 선호했다. 1990년대에 접어들자, 이공계에서 전자산업소니, NEC, 도시바, 미쓰비시, 히타치의 선호도가 강했고, 인문계에서는 안정된 공기업일본 NTT, 철도회사, 금융기업을 선호하기 시작하였다.

이후에 최근 3년간 대학 졸업예정자들이 어떤 변화를 보였는지 보자. 일본경제신문사가 조사한 취업 선호도 순위를 보면, 2017년 3월 졸업예정자를 대상으로 했을 때, 문과 종합순위에서는 여행·항공이 1~4위를, 은행·보험이 5~7위를 차지했다. 전통적 제조기업은 10위권 내에 하나도 없다.

이과 종합 순위를 보면, 식품, 음료회사가 10위권 내에 5개 포진해 있다. 자동차 최강자인 토요타자동차 4위, 전자 최강자인 소니가 턱걸이로 10위이고, 안정된 일자리의 대명사인 일본 NTT전신전화주식회사가 8위를 차지했다.

그림 3-16　일본 구직자의 취업 선호도[2]

문과 종합 순위(상위 10위)				이과 종합 순위(상위 10위)			
순위	기업 이름	득표	전년 순위	순위	기업 이름	득표	전년 순위
1	전일본空輸(ANA)	1,331	2	1	소니	473	10
2	JTB 그룹	1,294	1	2	아지노모토	426	1
3	일본 항공(JAL)	1,281	4	3	시세이도	415	3
4	미츠비시 도쿄 UFJ 은행	1,019	5	4	메이지	400	7
5	東京 海上日動화재보험	985	6	5	산토리 그룹	363	5
6	미쓰이스미토모은행	935	7	6	도요타 자동차	346	4
7	에이치아이에스(HIS)	915	3	7	동일본 여객 철도(JR 동일본)	333	2
8	미즈호 파이낸셜 그룹	899	10	8	가고메	318	6
9	損保재팬日本興亞	802	11	9	아사히맥주	275	20
10	이토추 상사	778	22	10	도카이 여객 철도(JR 도카이)	270	14

자료: 日本經濟新聞, 2018年卒マイナビ大学生就職企業人気ランキング, 調査結果を発表, 2018.

　　　다음으로 2018년 3월 졸업예정자를 대상으로 일본경제신문사가 조사한 취업 선호도를 살펴보자.

　　　문과에서는 전일본공수ANA, All Nippon Airways가 1991년 이후 26년 만에 1위를 했고, 여행, 항공업, 금융기관이 인기였다. 기타 증권, 엔터테인먼트 관련 기업 등이 상승하고 있다. 이과에서는 소니가 2009년 이후 8년 만에 정상에 복귀하고, 식품 관련 기업이 다수를 차지하였으며, 제약, 일용품, 게임 관련 기업 등이 상승했다. 학생들에게 친숙한 제품이나 서비스를 취급하는 대기업이 상승했음을 확인할 수 있다.

　　　그런데 왜 이공계 희망기업에서 식품, 음료회사가 10위권 내 5개나 포함될 정도로 인기일까? 산업 전체로 보면, 일본에서는 10년 동안 진행 중인 전자업계의 구조조정 때문이다. 인구구조로 보면 고령화된 일본에서 결국은 '먹는 것과 생활'이 중요해지기 때문이다. 연구개발R&D 특성으로 보면, 식품기업은 연구개발 경쟁이 치열하지 않고, 생산현장도 열악하지 않다고 본 것이다.

　　　일본 학생의 선호도 변화로 보면, 산업현장을 기피하고 쾌적한 환경 속에서 근무를 선호하는 경향을 나타낸다. 기업 채용 측면에서 보면, 구직자들의 높은 선호도에 비해 식품기업에서는 실제 채용 인원이 많지 않다.

한국의 10년 후가 대략 그려질 수 있을까? 한국에서도 2000년대 중반에는 사원추천제나, 추천인 보너스Referral Bonus와 같은 제도가 유행했었다. 중견기업 이상 되는 곳에서 주로 경력직을 채용하기 위해 내부 직원들에게 채용 대상자를 추천해 달라고 하거나, 실제 채용으로 연결되었을 때 일정 금액을 지급하였던 제도이다.

기업은 우수사원이 추천을 한 경우 대개 비슷한 성향과 우수성을 가진 동료, 선후배를 추천했을 것이라 믿었고, 조기 조직 안착에도 도움이 될 것으로 판단하였다. 당시 한창 유행했던 인재 전쟁War for Talent에 기반을 둔 제도이기도 했다.

2020년대 초, 지금은 거의 운영되지 않는다. 오히려 지인 추천을 섣불리 했다가 채용 비리가 문제될 수도 있다.

그러나 2020년대 말 정도에 사원추천제가 다시 등장할 수도 있다. 지금이야 채용 시장에서 기업이 갑이지만, 10년 후면 구직자가 갑이 될 수 있다. 공급 측면에서의 대학입학자원 규모를 보자.

2023년부터 대학생 수가 40만 명 아래로 내려간다. 베이비붐 세대는 완전 은퇴 시점이 다가올 것이고, 신규 충원할 인력은 모자란다. 대학교를 졸업할 시점이 되면, 능력과 무관하게 몸값이 금값이 될 것이다. 조직은 인력이 있어야 운영이 된다. 물론 대학생만이 취업 대상자는 아니고, 기술 발전에 따른 인력 수요 감소도 예상된다는 점이 고려되어야 한다.

그러나 청년들이 선호하고 숫자가 제한되어 있는 대기업, 금융기관, 공공기관으로의 취업은 여전히 경쟁이 치열할 수 있으므로 중견, 중소기업을 중심으로 이러한 인력 부족 현상을 겪을 수 있다.

출산율이 저하됨에 따라 대학 입학 학령인구가 급속히 줄어들어 대학 들어가기가 쉬워지고, 일부 대학은 학생을 모집하지 못하여 문을 닫아야 하는 상황에 직면하고 있다.

그러나 상위권 학생들이 입학하려고 하는 서울의 주요 대학 입학은 여전히 경쟁이 치열할 것이다. 즉, 제2부 '정년연장과 청년고용' 부문에서 설명했듯이 큰곰자리전체에서는 기업이 인력 구하기가 쉽지 않고, 대학이 학생 구하기가 어려울지 몰라도, 청년들이 선호하는 북두칠성부분에서는 여전히 기업과 대학에 들어가기 위한 경쟁이 치열할 것이다.

채용을 과정으로 본다면, 모집, 선발과 배치이다. 이처럼 현재는 우리 조직에 적합한 사람을 뽑는 선발과 조기 적응과 안착이라는 배치에 주안점을 두고 있다면, 향후에는 우리 회사로 오고 싶어하는 사람들이 구름처럼 모이게 하는 모집, 이탈을 방지하는 배치로 옮겨 갈 수 있다.

한편, 채용이라고 하면 공채로 대표되는 신입사원 채용만 있는 것이 아니다. 경력직 채용도 빈번하고, 민간기업에서는 오너가 아닌 한 일생 동안 이력서 몇 번은 써야 하는 상황이 발생한다.

이제 고령화되는 상황에서 기업들은 고령 부메랑 직원들을 신경 쓸 필요가 있다. 펜실베니아대학교 와튼스쿨의 카펠리Peter Cappelli 교수가 언급했듯이, 흐르는 물처럼 인재를 관리해야 한다.3 떠나는 것을 축하해 주고, 회사를 떠났다가 재입사하고자 하는 부메랑 직원들을 기꺼이 받아들이라는 것이다. 다만, 문제를 일으켜 나갔던 사람은 예외이다. 그리고 서로의 수요가 맞아야 하는데, 부메랑 직원은 고령이라고 해도 기여하는 바가 있어야 하고, 과거의 후배들을 향해 군림하려는 자세를 버려야 할 것이다.

02 세대, 민족과 성을 아우르는 다양성 관리

다양성 관리 의미의 확장

다양성 관리Diversity Management는 조직 내 인력 구성이 다양해짐에 따라 나타나는 성 또는 인종 차별에 대한 소송 등을 막고자 도입되었다. 다양성 관리는 흔히 사회적 범주연령, 성별, 종교, 민족, 인종, 정보 관련 범주직무 경험, 교육, 전문성 차이, 가치지향적 범주성격, 태도 등 세 가지를 이야기하는데, 이제는 사회적 소수가 지니는 독특성을 기업 경영에 적극적으로 활용하는 방향으로 진화하고 있다.4

초고령사회에서 기업들은 연령, 여성, 외국인이라고 하는 다양성 관리의 렌즈로 현상을 파악하고 해결책을 강구해야 한다. 여기에서는 주로 연령 차에서 비롯된 세대 간 갈등 관리와 여성 인력 관리에 대해 설명한다.

첫째, 구성원 연령의 다양성이다. 한편으로는 경제활동인구 감소에 따라 인력부족 현상이 발생하고, 기업에서는 정년연장에 따라, 더 다양한 연령층의 근로자가 공존한다. 50대 후반, 60대 초반의 부모와, 20대 중반의 아들이나 딸이 함께 현역으로 일하는 상황이 되는 것이다.

또한, 치열한 경쟁을 뚫고 엄청나게 어렵게 취업한 90년대 세대와 '어서 옵쇼'로 들어온 2000년대 세대 간의 갈등도 눈에 보인다. 그때가 되면 이미 조직의 중추로 자리 잡은 1990년대생들이과장, 차장급 '아, 정말, 우리 때는 바늘구멍 뚫고 졸업도 미루고 들어왔는데, 요즘 신입들은 쉽게 들어와서 왜 이래?' 할 것이다. 한국 기업에서 위와 같은 일들이 일어나는 것은 불과 10년도 남지 않았다.

둘째, 여성 인력의 증가와 적극적 활용이다. 고용노동부는 고용상의 성차별을 해소하기 위해 2006년부터 근로자 수 500인 이상 민간기업과 전체 공공기관을 대상으로 여성 고용기준근로자 및 관리자 비율을 충족하도록 적극적 고용개선조치를 시행하고 있으며, 여성의 경제활동 참여가 늘어나고 있다. 2020년 대상 기업 2,486개사의 여성 근로자 비율은 37.7%로 2006년보다 6.9%p 증가하였고, 2020년 여성 관리자 비율은 20.9%로 2006년보다 10.7%p 상승하였다.[5] 여성의 사회 진출이 늘고 있는 만큼, 지금보다 성별에 따른 차별이 점차 줄어들 것이다.

여성의 사회진출 욕구와 교육수준이 증가하고, 일할 사람이 적어지는 상황에서는 당연한 현상이다. 일하는 시간과 장소에 구애받지 않는 긱 이코노미Gig Economy 경제에서는 경력단절이 일부 있던 여성도 자유로이 재진출이 가능해진다.

나일리지라는 말이 있다. 나이와 마일리지를 조합한 말이다. 좋은 의미는 아니고, 연소자가 연장자를 비꼬는 말로 사용된다. 기록물이 없던 옛날에야 오래 살아남은 추장이나 원로가 '너희들은 잘 모르겠지만 이러한 자연재해 때는 이러이러하게 해결했단다' 하던 때가 있었다. 어르신 한 분이 도서관 하나와 맞먹는다는 이야기도 있었다.

그림 3-17   OK Boomer 풍자 화면과 티셔츠

자료: Millennials And Gen Z React To OK Boomer Memes, Youtube 화면 등

　이제 연年이 공功인 사회는 지났다. 나이가 마일리지처럼 쌓여 그 누적값이 위력을 발휘하던 시대가 아니다. 정말 안타깝지만 마일리지도 일정 기한이 지나면 소멸한다. 실력도 없이 나이만 가지고 그 나잇값을 보상받으려 하는 태도는 사회적으로 점점 수용되기 어렵다.

　한국에서 나일리지, 꼰대라는 말이 있다면, 해외에는 'OK, Boomer!'라는 말이 있다. 풍족했던 베이비붐 세대들이 후속 세대에게 물려주는 것 없이 모두 가져갔다고 보는 후속 세대들이 훈계들을 때 외치는 문구이다. '오케이 부머' 이 한마디는 뉴질랜드 여성의원이 국회 발표 시에 직접 발언하기도 했고, 티셔츠로도 팔리고 있다.6

　밀레니얼 세대Y세대는 1980년대부터 1990년대 중반 출생자, Z세대는 1990년대 후반 이후 출생자를 일컫는다. 오케이 부머! 이 두 세대가 그 윗세대를 향한 반감의 표현이기도 하다. 'Z세대는 이전 세대보다도 삶의 질이 저하되는 첫 세대가 될 것, 부모 세대보다 못 사는 전후 첫 세대가 될 것'이란 뉴욕 타임스 기사는 한국의 상황과 일치할 수도 있다.

　급속한 경제성장 과정에서 부동산으로 쉽게 부를 축적할 수 있었던 한국의 베이비붐 세대1955~1963년와 밀레니얼 세대, 그리고 Z세대 간의 차이와 갈등은 기업이 풀어야 할 숙제 중의 하나이다.

다양한 국적의 인력 관리

기업은 국적의 다양성 증대에 효과적으로 대응해야 한다. 지금까지는 주로 글로벌 진출 기업의 해외 주재원들이 현지인들을 관리할 때 얼마나 그들의 문화를 잘 이해하고 그들을 존중하며 일해야 하는가를 관심에 두어 왔다.

그러나 국내에서 사업을 영위하기 위해서는 더 넓은 범위의 다양성을 고려해야 한다. 일할 사람이 없으면, 해외에서 인력을 들여오는 수밖에 없다. 기존의 글로벌화가 한국인이 해외로 진출하면서 필요했다면, 이제는 외국인이 한국으로 들어와서 발생하는 국내 글로벌화가 필요하다.

한국은 생산가능인구가 급속하게 줄어들어 기업에서는 일할 사람이 부족하게 된다. 2020년 초에는 청년 실업으로 신음하고 있지만, 곧 일할 사람이 부족한 시대가 온다. 기업에서 각종 혜택을 부여하면서 '모셔가게' 된다. 사무직만 생각할 일이 아니다. 제조업 현장으로 가면 더욱 사람이 부족하다는 아우성이 나올 터이고, 외노자외국인근로자도 아쉬워 할 판이 된다. 한국뿐 아니라, 중국, 일본, 대만까지도 비슷한 시기에 동시다발적으로 인구 감소에 직면할 것이 예상되므로, 동남아시아 인력들을 놓고 영입을 다퉈야 하는 일들이 벌어질 것이다.

외국인 근로자는 일시적이 아니라, 정착을 하고, 2세대, 3세대로 넘어가면서 한국말을 모국어로 하는 상황이 온다. 이들은 그대로 한국인이 되는 것이다. 대한민국 국적을 취득한 외국인의 귀화 사례는 2019년 11월 기준으로 처음 20만 명누적 기준을 돌파했다고 한다.7 귀화 신청자는 2만 명이 넘고 귀화 허가율은 65% 정도라 하는데, 반면 불법체류자는 40만 명을 헤아린다.

한편, 한국의 특수한 상황을 고려한 다양성 관리, 즉 통일 이후의 다양성 관리도 필요해질 것이다. 한국에서 북한의 이탈주민을 고용하거나 이전의 개성공단에서 북한 주민을 고용했던 사례들도 있었듯이 멀기만 한 일은 아니다.

한국 기업에서는 경쟁력 강화 또는 인건비 절감을 위해서 핵심역량이 아닌 공정을 분사하거나 아웃소싱하는 사례가 많다. 누군가는 해야 할 직무이지만, 열악한 처우에 3D 업종이라고 알려진 사업장에서는 국내 인력이 기피하여 인력 확보에 어려움을 겪기도 한다.

그러다 보면 기존의 국내 인력이 아닌 외국 인력으로 눈길을 돌린다. 우리나라 공기업의 한 배전 분야는 국내 인력으로만 충원해 왔었다. 그런데 배전공사 현장에서 시공인력들이 고령화40대 이상이 75%되면서 중장기적으로 수급 불균형이 예상되고, 이 공기업은 특성화 고교생이나, 제대군인, 중장년 퇴직자뿐만 아니라 북한이탈주민, 외국인 채용까지도 고려하고 있다.

이처럼 다양성 관리 측면에서 한국 기업은 계속 새로운 상황을 마주하고 있다. 언어 문제뿐 아니라 직업의식과 직업윤리에 대한 교육 등이 이루어지고, 동료들과의 융합 문제 등 과제들을 잘 해결해야 한다.

03 고령자 고객의 성장과 해외 기업의 대응 사례

소비의 주체로 변모하는 고령자

액티브 시니어Active Senior란 말이 있다. 또한, 스마트폰 등 스마트 기기를 능숙하게 사용하는 55세 이상의 고령자를 가리켜 실버 서퍼Silver Surfer라고 한다. '실버'라는 단어와 인터넷에서 웹 서핑을 하는 사람을 의미하는 '서퍼'가 합쳐졌다.[8]

흔히 '생산성이 떨어지기 시작하는 나이는 45세부터'라고 하지만, '생산성의 격차가 벌어지기 시작'하는 나이가 45세쯤 정도로 판단된다. 일률적으로 모두가 생산성이 떨어지는 것은 아니다. 일부는 더 원기왕성하게 성과물들을 만들어내고, 일부는 서서히 일손을 놓으면서 여러모로 현실과 타협하는 상태로 가기 때문이다.

그런 의미에서 고령자라 하면 흔히 정보통신기술ICT에서 소외되고, 멀어지는 모습을 그리지만 꼭 그렇지만은 않다. 나이는 들었지만 왕년에 얼리 어댑터early adopter 소리 들으며 살던 실력이 남아 있다. 트렌드에 익숙하고 따라가는 실버 세대들이 있고, 심지어 트렌드의 중심에 서기도 한다. 광화문 한복판에서 삼각대 위에 카메라 세워 두고 개인 유튜브 찍는 고령자도 종종 보인다.

한국콘텐츠진흥원에 따르면 2019년에 50대는 전체 세대 중 유튜브 이용률

3위에 자리하고 있고 실버 크리에이터silver creator도 증가하고 있다고 한다. "실버층이 생산과 소비를 함께하는 새로운 '프로슈머'로 각광받을 것"이라고 전망하기까지 했다.

이처럼 실버 서퍼는 경제력이 있고 여가시간이 충분한 동시에 스마트기기에도 관심을 가지고 이를 능숙하게 조작할 수 있게 되면서 주요 소비층으로도 주목받고 있다.

이미 해외에서도 실버 서퍼의 급부상을 주목한 바가 있다. 2014년 영국 파이낸셜타임스는 돈과 시간이 풍부한 베이비붐 세대를 겨냥한 애플리케이션과 기기가 출현하기 시작했다고 보도했다.

온라인 쇼핑몰 옥션이 2014년부터 2019년 상반기까지 연령별 판매량을 조사한 결과, 50~60대의 구매량이 2014년 대비 135%로 가장 높은 증가율을 보였다고 한다. 60대 이상 고객의 구매량은 5년 사이 171% 증가했다. 구매력을 갖춘 중고령층이 빠르게 온라인 환경에 적응하며 실버 서퍼 쇼핑이 증가한 것으로 분석된다. 11번가도 2014년부터 2019년 상반기까지 조사 결과, 50대와 60대의 거래금액이 각각 93%, 87%씩 증가했다고 밝혔다.

코로나19는 비대면 문화를 확산시켜, 실버 서퍼의 수와 영향력을 더욱 증대시킬 것으로 예상된다.

고령 소비자를 위한 해외 기업의 사례들

이미 초고령사회를 경험하고 있는 일본에서 고령 소비자를 주요 고객으로 하여 사업을 하는 기업 사례들을 소개한다. 고령 직원도 회사를 벗어나면 고객이 되기도 한다.

[1] **세븐일레븐**　　일본의 편의점 체인인 세븐일레븐은 1999년까지는 10대와 20대가 고객의 절반 이상을 차지했으나 2015년에는 25%에 그친 반면, 50대 이상 고객은 같은 기간 16%에서 33%로 늘어났다.

자택으로부터의 행동반경이 좁은 고령자들이 장보기에 곤란을 겪는 이른 바 쇼핑난민買物難民 현상은 익히 잘 알려져 있다. 그에 대한 일종의 대안으로서 가까운 거리의 편의점이 가격은 비싸도 고령자들의 쇼핑 장소로 떠올랐다. 편의점들은 인구구조 변화에 따라 고령자들을 좀 더 적극적으로 유치하기 위해 상품 구성을 바꾸었다.

예를 들면, 건강 중시 메뉴를 소량으로 두는 방식을 선택했다. 세븐 일레븐은 도시락·반찬을 배달하는 '세븐밀Seven Meal' 서비스를 강화하여 고령자들로부터 인기이다.

② **이온**AEON　　　　일본에서 쇼핑몰 등을 운영하는 이온은 55세 이상을 G.G Grand Generation, 즉 위엄이 있는 최고위의 세대라 칭하며 마케팅에 집중하고 있다. 건물의 1~3층에 노인 모자, 돋보기 등을 좋은 위치에 전시하였다. 특히 4층은 한 층 전체를 'G.G 몰'이라 명하고, 고령자들의 복합 쇼핑·문화 공간으로 만들었다. 카페와 문화 교실을 고령자 교류의 장으로 활용하도록 했다.

또한, 고령자들이 반려동물에 많이 의지한다는 점을 고려해 반려동물과 관련된 상품·서비스를 좀 더 편안한 분위기에서 소비할 수 있도록 했다. 최근에는 고령자의 생활 사이클이 빠르다는 점에 주목해 아침 7시로 개점 시간을 당기고 체조 모임도 열었다. 고령 주부들이 모여 체조를 한 후 식사나 쇼핑을 할 수 있도록 유도하여 점포 매출액도 크게 늘었다고 한다.[9]

③ **다이에**　　　　일본의 슈퍼마켓 체인인 다이에는 2012년 3월에 신점포를 열었는데, 에스컬레이터의 속도를 늦추고, 가격표의 글자도 키웠다. 제품 면에서도 성인용 기저귀 등 간병 용품과 염색제, 지팡이 등 고령자 수요에 맞는 제품들의 구성을 확대했다. 일본에서는 이미 성인용 기저귀 시장이 유아용 기저귀 시장을 추월했다고 한다. 시장규모도 1조 5천억 원에 이른다.[10]

④ **Triple W Japan**　　　　특이한 아이템으로 주목을 받았다. 'DFree'라는 배

설 예측 웨어러블 기기인데, 초음파 센서로 방광의 수분량을 측정하고 알고리즘에 따라 배설 시기를 예측하여 스마트폰 등 외부 앱에 전달한다. 고령자나 척추손상자 등 배설에 곤란을 겪을 수 있는 환자와 간호 담당자들에게 큰 도움을 줄 것으로 기대된다. 2017년 3월에 경제산업성이 주최한 일본 헬스케어 비즈니스 콘테스트에서 최우수상을 받았다.

요양시설에서는 숙련된 간호 인력이 직접 순회하며 환자 개개인의 배설량, 음수량 등을 점검한다. 배설 관리가 가장 큰 부담 업무로 조사되기도 했는데 DFree를 활용하면 여러 사람들의 배설 예측 정보를 한번에 간단히 스마트폰 등으로 확인할 수 있다고 한다.[11]

먹는 영역으로 가 보면, 소화나 씹는 기능이 다소 저하된 고령층을 위해서 부드러운 푸드가 점차 증가하고 있다. 일본만 하더라도 케어푸드 시장이 매년 증가해 2018년에는 1조 2282억 원후지경제연구소 기준을 넘었다.

스마트 기술을 내세운 의료 분야도 주목할 만하다. 이제는 4차 산업혁명 시대다. 신체적 거동이 불편할 수 있는 노년층을 위해 사물인터넷IoT, 인공지능AI 등의 기능을 접목시킨 의료 분야가 새로운 시장의 한 축을 담당할 것으로 보인다. 예시적으로 스마트 보청기 시장이 커지고 있다. 단순히 잘 들리도록 하는 것을 넘어서 블루투스, 인공지능에 사물인터넷 기술까지 탑재된 제품들이 등장하고 있다.

제4부

4차 산업혁명과 고령화에 대응한 성공전략

04

제 1 장

4차 산업혁명과 고령화

01 4차 산업혁명 시대의 도래

4차 산업혁명의 정의

영화 '아이, 로봇I,Robot'은 2004년에 개봉되었지만 현재의 인공지능AI과 인공지능 로봇에 대해 많은 시사점을 준다. 2035년경 미국 시카고를 배경으로 한 이 영화에서는 많은 로봇들이 개인과 가정의 일상 생활 편의를 돕고 있다. 그러나 인공지능이 발전을 거듭하다 보면 결국 사람이 인공지능이나 로봇에 의해 통제받거나 지배받는 세상이 오지 않을까 의문을 던지게 한다.

이 영화에는 로봇을 통제하는 3원칙이 나오는데 "① 로봇은 인간을 다치게 해서도 안 되고 인간이 다치도록 두어서도 안 된다. ② 로봇

▶ 영화 아이 로봇(2004년)

은 인간의 명령을 따라야 한다. ③ 로봇은 스스로를 지켜야 한다."는 것이다.[1]

그러나 이러한 3원칙을 다르게 해석하는 슈퍼 인공지능 컴퓨터 '비키VIKI'는 인간을 보호한다는 명분으로 통제하려 하고, 이에 대응하여 감정을 가진 로봇

'써니Sonny'는 델 스푸너윌 스미스 연기 형사를 도와 비키의 작동을 중단시키고 신형 로봇의 반란을 막는다. 인공지능과 로봇에 대한 화두를 던지는 수작秀作인 '아이, 로봇'을 제4차 산업혁명의 서막을 알리는 영화로 평가하고 싶다.

4차 산업혁명은 2000년 이후 진행되어 왔지만 본격적으로 알려지게 된 것은 2016년 세계경제포럼World Economic Forum에서 핵심 주제로 '4차 산업혁명'을 논의한 이후이다. 우리나라에서는 2016년 3월에 인간 이세돌과 인공지능 알파고 사이의 바둑 대결로 전 국민이 관심을 갖게 되었다.

거대한 바람과 물결을 일으키고 있는 4차 산업혁명에 따른 기술발전은 생산, 소비, 노동, 통상을 포함하는 모든 분야에서 근본적인 변화를 가져오므로 개인뿐만 아니라 기업, 국가 차원에서 이러한 사회적 대변혁의 흐름을 충분히 이해하고 공감하며 함께 대비할 필요가 있다.

4차 산업혁명은 다양하게 정의할 수 있지만 '디지털 기술과 물리적, 생물학적 기술이 상호교류하고 융합되는 인공지능혁명'이라고 할 수 있다. 4차 산업혁명을 이끄는 인공지능, 빅데이터, 로봇공학, 3D 프린팅, 유전공학 등 여러 핵심 기술을 세 가지 메가트렌드Megatrend 영역으로 분류하면 〈표 4−1〉과 같다.2

표 4-1 **4차 산업혁명의 영역과 핵심 기술**

메가트렌드 영역	핵심 기술
디지털 기술	인공지능⊃머신러닝⊃딥러닝, 빅데이터, 블록체인, 클라우드, 가상·증강 현실
물리적 기술	로봇공학, 자율주행차, 드론, 3D 프린팅, 스마트 팩토리
생물학적 기술	유전공학, 합성 생물학, 유전자 편집

인간과 사회가 역사의 연장선 속에서 살아 숨쉬듯이 4차 산업혁명도 이전 산업혁명의 기반 위에서 발전하고 있다.

1760년경 시작된 제1차 산업혁명은 증기기관, 방직기계의 발명과 철도건설 등을 기반으로 기계에 의한 생산체제를 발전시켰다. 이어 1870년경 시작된 2차 산업혁명은 전기 발명과 컨베이어 벨트 등을 이용한 생산 조립 라인을 통해 대량생산 시대를 열었다.

1960년대에 시작된 제3차 산업혁명은 컴퓨터 발명으로 촉발되었고, 반도체 산업과 인터넷이 디지털 혁명, 정보화 혁명을 견인하였다. 그리고 디지털 혁명을 더욱 발전시킨 제4차 산업혁명은 인공지능, 머신러닝, 사물인터넷, 클라우드 등의 기술을 기반으로 인공지능 혁명의 시대를 만들어가고 있다.[3]

표 4-2 **산업혁명의 변화와 특징**

구분 기준	1차 산업혁명	2차 산업혁명	3차 산업혁명	4차 산업혁명
핵심 특징	기계혁명	전기혁명	정보화혁명	인공지능혁명
시기	1760~1840	1870~20세기초	1960~1990년대	2000~현재
주요 기술 변화	증기기관 발명, 방직·공작기계, 철도 건설	전기 발명, 자동차, 생산조립라인	컴퓨터 발명, 인터넷, 반도체	인공지능, 빅데이터, 머신러닝, 사물인터넷, 클라우드
경제사회 변화	기계에 의한 생산 체제	대량생산 체제	컴퓨터, 디지털 기술 기반 사회	초지능 사회, 초연결 사회

디지털 전환으로 인식되는 4차 산업혁명의 특징은 모든 사람·사물이 하나로 연결되는 초연결성과 인공지능이 인간지능을 뛰어넘는 사회로 변화한다는 초지능성이다. 인공지능AI, 빅데이터, 사물인터넷IoT, 블록체인 등 정보기술 간의 융합을 통하여 사회 전반에 걸쳐 급격한 변화가 일어난다.

인공지능과 사물인터넷이 가장 핵심적인 개념으로, 특히 인공지능은 방대하고 다양한 빅데이터를 처리하는 컴퓨팅 파워의 진화에 따라 그 영향력이 급속히 증대되고 있다. 최근에는 음성인식 기술 개발의 영향으로 생활이 변화하고 있다.

또한, 저렴해진 센서가 스마트 기기에 부착되고, 발전하는 전자통신기술5G 네트워크로 대용량의 데이터도 빠르게 전송할 수 있는 환경이 조성되었다.[4] 개인과 기업의 대용량 자료는 클라우드 서비스를 통해서 관리되고 있다.

자동화와 연결성이 극대화되고, 3차 산업혁명 기반의 산업 간 경계가 사라지며, 각 분야의 기술이 융합되면서, 인공지능을 이용한 자동화가 진전됨에 따라 인간만이 할 수 있다고 보았던 활동이나 업무 중 상당 부분을 기계나 로봇이 대체할 것으로 보인다.

선진 주요 국가의 정부는 이러한 4차 산업혁명을 핵심 정책과제로 삼아 민관 합동으로 역점을 두고 추진하고 있다. 독일은 인더스트리 4.0 2011년, 플랫폼 인더스트리 4.0 2015년을 중심으로 제조업 등에 정보통신기술ICT을 결합시키고 있고, 미국은 인공지능 연구개발R&D 계획 2016년을 시행하고 있으며, 일본은 초스마트화 사회전략 2016년을 추진하고 있다. 우리나라 정부도 4차산업혁명위원회를 설치하고 4차 산업혁명 대응계획을 추진하고 있다.[5]

제조업에서는 최근 코로나19나 최저임금 이슈 등과 맞물리면서 무인화, 기계화, 자동화가 빠르게 진행되고 있다. 또한 4차 산업혁명에서 비롯된 기계화·자동화는 전통적인 제조업 부문을 넘어 서비스업까지도 침투하여 근로자의 노동력을 대체하게 되었다. 패스트푸드점이나 마트의 무인 계산대, 도서관의 무인 대출반납기, CCTV를 활용한 아파트와 건물의 무인 경비시스템, 외식업계의 무인 결제주문시스템키오스크 등 전 산업 영역으로 확산되고 있다.

더불어 4차 산업혁명이 빠르게 진화하는 가운데 플랫폼을 가진 기업이 시장 우위적인 입장을 견고히 하고 있다. 즉, 소통과 거래의 플랫폼을 제시하면서 생산자와 소비자를 모두 통제할 수 있는 힘을 가지게 된 것이다. 플랫폼은 자본집약적으로 운영되고, 노동자성을 약화시키면서 특수형태근로종사자를 증가시키는 경향이 있다.

코스피 시장에서 거래되는 개별항목을 시계열로 살펴보면, 부동의 시가총액시총 1위 종목은 삼성전자이다. 2000년대에 한국경제를 이끌었던 자동차·철강·건설 산업이 밀려나고 2020년대에는 IT·제약·바이오 분야에서 신성장산업이 등장하고 있다. 네이버·카카오 등 IT산업이나 반도체의 기술주가 성장하여 국내 증시의 판도가 변화하고 있는 중이다.

표 4-3 시가총액 순위 10위 기업들의 변천사

순위	2000년	2010년	2020년
1위	삼성전자	삼성전자	삼성전자
2위	SK텔레콤	POSCO	SK하이닉스
3위	한국통신공사(KT)	현대자동차	LG화학
4위	한국전력	현대중공업	삼성바이오로직스
5위	포항제철(POSCO)	현대모비스	셀트리온
6위	국민은행(KB금융지주)	LG화학	네이버
7위	담배인삼공사(KT&G)	신한지주	삼성SDI
8위	기아자동차	KB금융	현대자동차
9위	한국주택은행	삼성생명	카카오
10위	현대자동차	기아자동차	삼성물산

자료: 한국거래소, 시가총액 상/하위, marketdata.krx.co.kr(연도말 기준) 등을 참조하여 작성6

코스피 시총 순위를 보면, 삼성전자를 제외한 나머지 종목의 순위는 상당한 변화를 겪었다. 2000년 시총 2위였던 SK텔레콤의 순위는 2010년 18위, 2020년 19위이다. 2000년 시총 3위인 KT옛 한국통신는 2010년 22위, 2020년 46위를 기록하였다.

2010년에 10위 안에 들었던 기업 중에 2020년 10위 내에 계속 포함된 기업은 삼성전자, 현대자동차, LG화학이다. 2010년과 비교할 때 2020년에 10위 내에 새롭게 진입한 기업은 ① 반도체 기업인 SK하이닉스, ② 2차 전지 기업인 삼성SDI, ③ 제약·바이오 기업인 삼성바이오로직스, 셀트리온 그리고 ④ IT 기업인 네이버와 카카오이다.

이를 보면 2020년에 코스피 시총 10위 내 기업은 주로 4차 산업혁명 관련 기업으로 재편되었고, 코로나19로 인해 이런 변화가 가속화되고 있다.

향후 4차 산업혁명이 어떻게 전개될지 쉽게 판단하기 어렵지만 4차 산업혁명이 경제성장 동력으로 활용되면서, 자본집약적이고 노동절약적인 방식으로 전개될 가능성이 높다. 특히, 2020년에 발생한 코로나19로 인한 어려움을 극복하는 과정에서 새롭게 발전된 정보통신과 비대면 등 기술을 대폭 채택함으로써 4차 산업혁명은 더욱 빠르게 진행되고 있다.

4차 산업혁명의 편리성

4차 산업혁명에 따른 기술진보로 인해 개인은 생활 속에서 편리함을 누리게 되었다. 스마트폰의 GPSGlobal Positioning System 내비게이션 기능을 통해 도보, 차량, 대중교통 등 이동수단을 다양하게 조합하여 목적지까지 최적으로 갈 수 있는 경로를 찾는다. 그리고 앱에 운전자의 운전습관, 주요 운전시간, 지역을 입력만 하면 자동으로 자동차 보험료가 산정되기도 한다.

또한, 개인 자신의 구매 이력, 소셜미디어 메시지의 내용을 통해 분석한 개인 성향을 바탕으로 현재 위치 파악을 통해서 최적화된 정보와 광고를 전달받기도 한다. 이렇게 제공된 정보나 상품에 대해서 자신의 선호도를 표현하고 구매 의사도 실시간으로 표출할 수 있다.

표 4-4 **4차 산업혁명의 분야별 편리성**

분야	4차 산업혁명의 편리성
가정	가족 구성원의 개인비서인 전자제품, 로봇청소기
교통	스스로 제어 관리하는 운송수단, 자율주행차
헬스케어	정밀진단을 통한 국민건강 보장
교육	학습효과를 높이는 체험형, 쌍방향 학습
금융	보안의 위협을 최소화하면서 편리하고 안전하게 개인 자산 운용
농어축산업	일손 부족 해결을 위한 산업 도우미, 자율주행 트랙터, 드론
행정	국민의 의견을 실시간으로 반영하는 공공행정
환경	사전에 예측하고 예방하는 환경 지킴이
보안안전	발생 전에 원천 차단되는 생활범죄
재난예방	위험요인으로부터 안전하게 보호하는 재난예방 시스템

21세기에 들어서면서 필수품이 된 스마트폰은 통화를 목적으로 하는 단순한 전화기를 넘어서 디지털카메라, 내비게이션, 컴퓨터, TV, MP3 등의 기능을 하나의 기기 속에 끌어들여 우리의 삶을 편리하게 만들어주었다.

스마트폰과 함께 광범위한 플랫폼이 앱App의 형태로 제공되면서 현대인의 삶의 방식도 변화되었다. 쇼핑도 직접 매장을 방문하기보다는 스토어 앱을 이용하고, 국제 전화·영상 통화를 거의 무료로 이용할 수 있다. 스마트폰 하나로 은행 지점을 방문하지 않고도 비대면으로 계좌를 개설하고 카드도 발급받는다. 터치 몇 번으로 간편하게 송금도 할 수 있다.

또한, 스마트폰을 통해 '정보의 바다'라고 불리는 인터넷에서 많은 정보를 이용할 수 있다. 그리고 인공지능을 이용하면서 알고리즘이 개입하게 되고, 정보 제공자가 이미 준비된 이용자 정보에 기반하여 맞춤형 정보를 제공한다.

그러나 이렇게 제공된 정보는 맞춤형으로 선별된 정보이므로 이용자는 다양한 각도와 시각에서 판단하고 균형을 잡을 기회를 놓칠 수 있다. 또한, 이러한 맞춤형 선별 정보가 차별을 유발하고 공정성을 해친다는 지적과 더불어 관련 소송도 이어지고 있다.

정보통신기술이 창조한 인터넷과 스마트폰에서의 가상공간 플랫폼은 개방과 공유를 전제로 한다. 시장 장악을 위해 특허권을 경쟁하고 독점하던 제조업 중심의 생태계에서 개방과 공유를 통해 혁신하는 방향으로 변화하여 새로운 문화가 형성되고 있다.

디지털 사회로 이행하면서 시간, 장소, 환경에 구애받지 않는 유비쿼터스 ubiquitous 기술로 근로 시간과 장소가 다양해지는 등 업무환경이 변화하였고, 디지털 환경에 대한 적응의 중요성은 더욱 커졌다. 사람과 기계의 협업이 확대되고 협력 방식이 변화하며, 사물인터넷을 이용한 교육·글로벌 네트워킹이 증가하여 급속한 디지털 세계로의 전환에 적응할 필요성이 커진 것이다.

02 4차 산업혁명이 고용에 미치는 영향

4차 산업혁명이 기술발전을 주도하는 세계는 미래에 대한 큰 희망을 주지만, 다른 한편으로는 어두운 그림자를 드리우고 두려움을 야기하기도 한다. 자율주행 자동차, 엑스레이 판독 기계, 소비자 서비스를 탐색하는 알고리즘 등의 발전은 새로운 형태의 기계화와 자동화를 수반한다. 또한, 사물인터넷IoT을 생산과 분류 분야에 활용하여 일상생활에 변화가 발생한다.

이러한 기술 변화가 생산성과 삶의 질을 높여주지만, 인간 활동을 대체하여 노동력의 활용을 감소시키므로 일자리가 줄어들고 빈익빈 부익부가 심화될 가능성이 높아진다.

4차 산업혁명과 고용

4차 산업혁명이 진전되면서 기술발전을 통하여 달라진 산업구조가 노동생산성을 향상시켜 미래의 일자리 지형은 노동절약형으로 변화할 것으로 예상된다. 국내 연구기관들은 수년 내에 국내 직업종사자의 상당수가 인공지능·로봇으로 대체될 가능성이 있다는 암울한 예측을 하고 있다. 4차 산업혁명은 비전문인력의 일자리뿐만 아니라 변호사, 의사, 기자 등 전문가의 일자리 또한 위협할 가능성이 높다는 것이다. 이렇게 기술혁신의 일자리 대체성을 강조하는 비관적인 시각이 많이 존재한다.

2016년 1월에 개최된 세계경제포럼다보스포럼에서는 2020년까지 210만 개의 일자리가 새롭게 만들어지지만 사무행정직, 제조업 생산직 등에서 710만 개의 일자리가 없어져 결국 500만 개의 일자리가 사라질 것이라고 전망했다. 미국의 정보기술 관련 컨설팅 회사인 가트너Gartner는 인공지능 기술이 현재와 같은 속도로 발전하는 경우 일자리의 1/3이 로봇, 스마트 기계, 소프트웨어 등에 의해 대체될 것이라고 보았다.[7]

한편, 2016년 구글 딥마인드가 수십 년간의 기보를 학습시킨 인공지능AI

'알파고AlphaGo'가 바둑에서 이세돌을 꺾는 알파고 쇼크가 일어났다. 갑자기 인공지능의 우세함을 실감하면서, 전문직부터 단순 노무까지 인공지능AI에 대체될 것이라는 비관론에 싸이게 되었다. 인간의 일자리가 크게 잠식될 것이라는 우려가 현실로 나타난 것이다.

그러나 다양한 연구를 통해서 AI와 로봇이 대체 가능한 일자리는 상당히 제한적이라는 주장도 힘을 얻고 있다. 바둑과는 달리 AI가 신뢰성 있는 결과를 산출할 수 있을 만큼 충분한 자료가 쌓이지 않았기 때문이다. 설령 자료가 확보된다 하더라도 작업 환경과 공정에 맞추어 AI의 작동 방식을 수정하기는 용이하지 않다. 동일한 규칙 아래 대국이 이루어진 바둑과 제조업 현장은 확연히 다른 것이다.

또한, 로봇은 범용성의 이슈도 있다. 로봇이 현장에서 유용해도 각 용도에 적합하게 별도로 설치하여야 하기 때문에 관리의 수고와 비용이 상당하다. 즉, 제조업의 각종 공정과 공구에 센서를 부착해 자료를 수집하는 기업들이 늘고 있지만 생산제품이 바뀜에 따라 공정이 지속적으로 수정될 필요가 있는 과정 속에 유효한 자료를 확보하기 어렵다. 소량생산 위주의 중소기업은 대기업보다 자료를 축적하기가 더 어려운 것이다. 또한, 로봇이 최대한 효율성을 낼 수 있도록 공정의 인력을 재배치하는 어려움이 발생한다.

따라서, 4차 산업혁명이 새로운 역량을 요구하는 일자리를 신규로 창출한다는 주장이 힘을 얻고 있다. 기술혁신으로 일자리가 대체되는 것이 아니라 인력 이동이 발생하고, 더불어 새로운 일자리에 적합한 새로운 역량을 갖추는 데 시간이 걸린다는 것이다. 4차 산업혁명과 관련된 새로운 일자리가 인공지능, 빅데이터 기술을 이용하여 새롭게 생기는 것이다.

이전의 산업혁명도 일자리를 축소시킨 것이 아니라 서비스 산업, 정보통신 산업 등의 분야에 새로운 일자리를 만들었다. 기술변화는 산업구조와 인력수요의 변화를 가져오므로 전통 산업 종사자는 타격을 받고 실업에 빠지며, 교육훈련을 통하여 새로운 직종으로 이동이 필요하다. 인공지능으로 대체되는 일자리만큼 새로운 일자리가 만들어질 것이라는 보완적이고 낙관론적인 주장이다.

이러한 측면에서 세계경제포럼다보스포럼, WEF은 2020년에는 4차 산업혁명이 일자리의 총량을 증가시키는 방향으로 변화할 것이라고 예측한다. 2025년까지 행정과 사무 분야를 중심으로 8,500만 개의 일자리가 기계와 기술로 대체되고 특히 단순 사무직은 축소될 것이다. 한편, 예측에 따르면 자동화 시대에는 비판적 사고, 분석과 문제 해결 능력이 중요해져 인간과 기계, 알고리즘 사이를 연결하면서 9,700만 개의 일자리가 새로 생성된다. 따라서 로봇과 인공지능AI으로 인해 향후 5년간 일자리 1,200만 개가 늘어날 것이라고 전망한다.[8]

직무의 숙련도와 정형화 정도에 따라 일자리의 대체 정도에 차이가 발생할 것이다. 숙련도, 정형화, 자동화 비용, 육체와 감정 이용 정도의 차이가 유의한 대체성의 정도를 결정할 것이다. 인간이 하는 일의 50% 이상은 현재의 기술로도 자동화될 수 있다는 의견도 있다. 5% 이하의 극소수 직업만이 완전하게 대체될 수 있을 것이고, 60%의 직업은 전체 업무량 중 1/3 정도가 자동화될 수 있다고 한다. 또한, 실제로 생산 현장에서는 자동화와 무인화에 따라 고용 없는 성장이 나타나고 있는 상황이다.

사람을 관리하는 직군, 전문기술직군, 네트워킹이 강조되는 직군은 자동화의 타격을 덜 받을 것이다. 현재 기술력으로는 기계가 인간의 수행능력을 능가할 수 없다. 조경사, 배관공, 유아와 노년 케어와 같이 예측 불가능한 상황에서 수행되는 업무들도 향후 자동화의 영향을 덜 받을 것이다.

이러한 업무는 기술 구현도 어렵고, 현재 형성된 임금수준도 낮기 때문에 비용 절감을 이유로 자동화를 진행할 동기가 적기 때문이다. 미래에 다양한 직업과 직종 중 일부는 급격하게, 일부는 단계적으로 상당한 변화를 맞겠지만 이는 기술에 의해서만 결정되지 않고 비용 효율성 측면 또한 고려된다.

4차 산업혁명 시대에 어떤 직업이 유망직업군이고 위기직업군인지 관심의 대상이 될 수밖에 없다. 세계경제포럼WEF이 설문한 결과를 보면, 2025년까지 수요가 증가할 대표적인 직종은 데이터 분석 과학자, AI와 머신러닝 전문가, 빅데이터 전문가, 디지털 마케팅 전략 전문가 등이다.

한편, 2025년까지 감소할 대표적인 직종으로 데이터 입력 사원, 회계·부기·

표 4-5   세계경제포럼이 예측하는 유망직군과 위기직군

순위	수요 증가 직종(유망직군)	수요 감소 직종(위기직군)
1	데이터 분석 과학자	데이터 입력 사원
2	AI와 머신러닝 전문가	임원 비서직
3	빅데이터 전문가	회계, 부기, 급여 담당 사원
4	디지털 마케팅 전략 전문가	회계원과 감사인
5	공정 자동화 전문가	조립 라인의 생산직 노동자
6	사업개발 전문가	기업 서비스 및 행정 관리자
7	디지털 전환 전문가	고객 정보 및 고객 서비스 직원
8	정보보안 분석가	총무 및 운영 담당 관리자
9	소프트웨어 및 앱 개발자	기계 정비 및 수리공
10	사물인터넷 전문가	자재기록과 재고관리 담당자
11	프로젝트 관리자	금융분석가
12	경영 서비스와 행정 관리자	우체국 직원
13	데이터베이스 및 네트워크 전문가	도매·제조·기술·과학 제품 판매원
14	로봇공학자	고객 관계 관리자
15	전략자문가	은행 창구 담당원과 영업담당자
16	경영과 조직분석가	방문판매자, 가두판매자
17	핀테크 엔지니어	전자통신기기 설치와 수리자
18	기계 수리사	인적자원관리 전문가
19	조직개발전문가	훈련개발 전문가
20	위험관리전문가	건설노동자

자료: World Economic Forum, Future of Job Survey 2020, October 2020; 2025년까지 수요 증가
직종과 수요 감소 직종 예측

급여 담당 사원, 회계원과 감사인, 조립 라인의 생산직 노동자 등을 꼽았다.

한국은행에서 발표하는 산업연관표에서 취업유발계수[9]를 살펴보면, 생산이 증가하면서 직간접적으로 창출된 취업자 수는 감소 추세가 지속되고 있다. 제조업의 취업유발계수는 계속 감소하고 있으며, 서비스업도 마찬가지이지만 서비스업의 취업유발계수는 제조업의 두 배 이상으로, 일자리 창출 효과가 상대적으로 높다.

일자리 수 자체뿐 아니라 근무형태도 달라져 전일제 근무에서 파트타임 근무로 일자리가 전환되는 추세도 나타날 것이다. 실제로 미국에서는 1965년에 근로자가 주당 39시간을 근무한 반면, 최근에는 34시간 이하로 근무하였다. 파트타임으로 일하면 전일제에 비해서 임금수준도 하락한다. 일하는 방식은 온라인 근무, 재택근무, 시간제, 유연근무 등으로 다양해지고, 고용형태도 변화하여 플랫폼 노동, 프리랜서 등이 증가하게 된다.

세계경제포럼WEF 설문에 응한 기업 중 55.4%가 지역 노동시장의 기술 격차로 인해, 46.7%가 전문 인재를 유치하기 어려워서 새로운 기술을 채택하는데 장애를 겪고 있다. 따라서 인력문제가 가장 큰 애로사항으로 부각된다.

그림 4-1 **세계경제포럼이 조사한 기업의 신기술 도입 장애 요인**

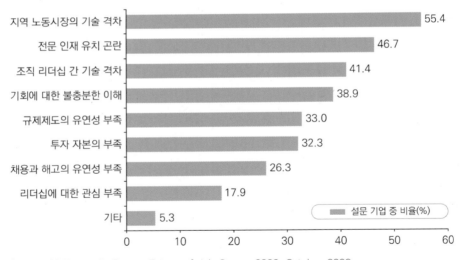

자료: World Economic Forum, Future of Job Survey 2020, October 2020.

기업이 갖고 있는 인력문제를 해결하기 위해서 공정 자동화와 인공지능화가 진행되어도 기존 인력을 줄이는 것보다 훈련을 강화시키는 쪽이 선호된다. 생산 현장에 친숙한 기존 인력을 훈련시켜 신규로 설치되는 지능화 공정을 제어하는 방식이 성과를 보장한다.

한 예로, 챗봇모바일 메신저 등을 통해 고객과 상담하는 AI 알고리즘은 알고리즘이 향상되면서 인간 상담사를 대체할 것으로 예상되었다. 또한, 모바일 기계의 온라인 활용도가 높은 고객들에게 선호될 것으로 예측되었다. 그러나 고객들은 실제 계약 전에는 인간 상담사와 통화하기를 원한다. 즉, 기술 접근성이 높아져도 사용자 경험이 쉽게 바뀌지 않는 것이다.

한편, 기술발전이 효율성을 통해서 생산성을 높여줄 수는 있지만, 분배의 형평성까지 함께 보장해 주지는 못한다. 따라서 4차 산업혁명의 성과를 공유할 수 있도록 제도화할 수 있는 장치가 필요하다. 앞으로 인간의 노동력을 기계가 대체해 나간다면, 일자리를 잃거나 고용이 되지 않은 사람은 생산에 참여하지 못하여 소득을 분배받지 못하는 상황에 직면할 수 있으므로 기본소득 논쟁이 발생하는 배경이 되기도 한다.

코로나19와 고용

2010년대 중반 이후 성장 가도를 달리며 새로운 성장 동력으로 주가를 높여온 정보통신기술ICT 기반 스타트 업계도 코로나19 확산에 따라 신동력산업의 성장 둔화에 직면하고 있다. 코로나19의 영향 아래, 그리고 그 이후에 고용은 어떻게 바뀔까?

코로나19는 비대면 경제활동을 촉진시켜 디지털 전환을 가속한다. 무인 서비스를 선호하고, 전염병에 안전한 디지털 전환 투자가 늘어나며, 화상회의, 원격접속, 정교해진 로봇, 패턴인식 능력이 높아진 알고리즘이 사용된다. 비대면을 통해 의견 교환이 이루어질 수 있지만 상대적으로 대면 접촉에서 발생하는 창의성과 혁신의 기회는 줄어들 수 있다.

코로나19로 비대면 소통이 활성화되면서 4차 산업혁명의 연결성이 다시 초연결성으로 더욱 강화될 수 있다. 그러나 코로나19에 기인한 경제위기가 오래 지속되면 경제적 취약계층에게는 치명적이다. 자산가에게 경제위기는 오히려 기회가 되기도 하므로 감염병으로 인한 사회적 재난은 불평등과 양극화를 심화시킬 수 있다.

사회적 거리두기는 방역을 위한 필연적인 선택이고, 4차 산업혁명의 디지털 기술은 비대면 사회를 가능하게 한다. 코로나19가 전염시키는 바이러스는 동일하지만 그 바이러스로 인해 병에 걸리고 증세가 심화되는 정도는 소득, 직업, 연령에 따라 달라서 전염병은 평등하게 적용되지만은 않는다.

감염병 위기는 교육수준이 낮은 일자리特히, 고연령자의 일자리인 음식점, 소매업, 요양사를 더 많이 감소시키고, 그들의 노동환경을 더 열악하게 만들어 계층 간 불평등을 심화시킨다. 재난에서 발생한 경제적인 고통이 빈곤층에게 더 집중되고, 특히 빈곤한 노인세대는 그 어려움이 가중된다.

코로나19로 인해 비필수, 비재택, 고대면高對面 접촉 취업자 수가 감소하고 있다. 명시적인 봉쇄 조치가 없더라도 고용주가 자발적으로 봉쇄에 상응하는 방식으로 대응한다. 비필수 일자리는 일시 휴직보다 해고 형태로 고용조정이 이루어지고, 비재택과 고대면 접촉 일자리에서는 일시 휴직자가 증가한다.

코로나19의 확산에 대한 처방으로 사회적 거리두기와 재택근무가 확산되면서 일시해고와 실업이 발생하고 있다. 양극화인 K자형 경기가 심화되면서 상위 계층은 계속 안정적인 직업을 영위하지만, 중하위 계층은 일자리를 잃을 가능성이 높아지고 있다. 한번 직업을 잃으면 장기 실업자로 남거나 비정규직에 머무를 가능성이 크다. 그리고 코로나19 백신이 보급되어도 일부 업종에서 중하위 계층의 직업 복귀가 쉽지만은 않을 것으로 예상된다.10

코로나19는 인력 대체가 가능한 일자리에 기계 도입을 촉진하였고, 특히 서비스업에서 빠르게 자동화, 무인화를 진행시켰다. 코로나19 시대에 사람을 고용하고 접촉하는 행위는 감염 가능성 측면에서 위험요인이 될 수 있기 때문이다. 코로나19가 통제된다고 해도 사라진 일자리가 100% 회복될 가능성은 적다.

디지털과 인공지능으로 연결된 세상은 안전과 편의를 가져다주지만, 특정 육체노동예를 들면 물류센터, 콜센터, 택배, 음식 배달 등을 필요로 한다. 그러나 이러한 배달과 물류도 드론과 로봇으로 대체되고 있고, 콜센터의 기능도 인공지능 서비스로 보완될 것이다.

상장회사의 고용을 보면, 코로나19로 대면을 주로 하는 유통, 소비재, 여행 기업은 인력을 감축하고, 반도체, 인터넷, 게임 등 비대면과 관련된 기업은 직원을 더 채용하였다. 즉, 코로나19로 채용의 양극화가 발생한다. 4차 산업혁명과 관련된 기업은 좋은 실적을 내지만, 여행, 음식·숙박업, 예술·스포츠·여가업 등 서비스업 및 일부 제조업은 코로나19로 타격을 받은 상태이다. 오프라인 유통업은 고용에 어려움을 겪고 있는데 외출이 줄면서 온라인으로 소비자가 이동하였다.

코로나19를 계기로 재택근무, 유연근무, 사외근무, 원격근무가 늘어나고, 새로운 근무 형태로 자리 잡고 있다. 자신이 원하는 시간에 작업하고, 근무하고 싶은 장소에서 일할 수 있게 되었다.[11]

코로나19로 인해 재택근무가 확산되면 통근시간의 절약과 집중력의 향상을 가져온다. 편안하고 익숙한 환경에서 근무하여 업무 스트레스가 감소한다. 낮은 이직률로 채용 관련 비용이 줄어들고 사업주에게 임대료가 절감된다. 일과 삶의 균형을 이루어 여성 근로자의 경력단절을 줄일 수도 있을 것이다. 출퇴근 시간에 교통체증이 줄어들고 공해 배출도 감소한다.

반면에 재택근무가 확산되면 업무나 성과에 대한 관리·통제가 어려워지고, 정보보안 위험이 있으며, 원활하지 못한 소통으로 인해 문제해결 능력과 창의성이 떨어질 수 있고, 업무 집중에 어려움이 발생할 수 있다.

대면 접촉을 최소화하기 위해 일하는 방식이 다양해지므로 노동법 등 관련 제도의 정비가 필요하며, 재택근무라는 새로운 근무형태의 정착을 위한 기업문화의 변화가 수반되어야 한다. 재택근무가 정착되면 도심 빌딩의 사무실 임대업은 퇴조하고 교외의 전원주택이 다시 주목받게 될 수도 있을 것이다.

코로나19와 4차 산업혁명의 상호작용

4차 산업혁명 시대에는 온라인 네트워크를 기반으로 사업이 이루어지므로 비대면 업무의 비중이 높아진다. 이에 따라 제조업이나 운송·관광산업 등 전통

산업보다는 정보기술, 바이오, 2차 전지, 온라인 유통산업 등 비대면 사업의 매출이 늘어나게 된다. 그런데 이러한 흐름 속에서 2020년에 돌발적으로 발생하여 전 세계를 휩쓸고 있는 코로나19로 인해 감염병 노출 예방 차원에서 비대면 거래의 필요성이 높아졌다.

코로나19로 언택트Untact 소비문화가 확산되고 이전까지 온라인으로 구매하지 않았던 신선식품, 가구와 같은 품목에 대한 온라인 구매도 확대되었다. 그리고 2030 소비자층이 주도하던 온라인 시장에서 4050 소비자층의 영향력이 증대되었다.

또한 고정된 공간에 모여서 대면으로 업무를 보는 것이 어려워지면서 재택근무가 늘어나고, 줌, 팀즈 등 영상회의 시스템의 발전에 따라 더욱 활성화되고 있다. 또한, 의료 분야에서 4차 산업혁명이 원격의료를 활성화시킬 수 있는 기술을 제공하면서 원격의료가 감염병 시대에 새로운 대안적 진료로 자리 잡을 수 있는 기반을 마련하였다.

코로나19로 인해 비대면으로 일을 처리할 필요성이 높아짐으로써 4차 산업혁명은 더 빠르게 진전될 것으로 보인다. 또한, 4차 산업혁명 기술이 비대면으로 업무를 처리할 수 있는 많은 대안을 제시하여 코로나19 상황에 적절히 대처할 수 있도록 하고 있다.

앞으로 코로나19를 극복한다 하더라도 과거와 같은 생활 및 경제활동을 영위할 수 없을 뿐만 아니라, 이후 다른 바이러스가 나타날 수도 있으므로 4차 산업혁명이 가져온 다양한 기술들이 더 활발하게 활용될 것이다.

03 4차 산업혁명이 고령사회에 미치는 영향

4차 산업혁명 시대의 고령인력 운영

우리나라는 급속한 저출산 고령화에 따라 노동시장에의 신규 진입 인력은 줄어들고, 기존의 생산인력은 점차 고령화하고 있다. 50대 후반 근로자의 고용률은 72~73%로 정점에 거의 이르렀고, 60대 전반의 고용률은 50%대 후반에서 정체하고 있다. 이러한 높은 고용률 속에서 4차 산업혁명 시대의 기술 변화에 따른 일자리 변화를 예측할 필요가 있다. 특히, 고령화와 연관되어 각 주체가 어떻게 대응할치가 큰 관심을 모은다.[12]

우리는 사물인터넷, 빅데이터, 인공지능 등과 같은 4차 산업혁명의 개별적인 정보통신 기술에 주목한다. 그러나 4차 산업혁명에 기반한 기술이 기업 조직에 어떻게 혁신적으로 결합되는지에 대한 논의도 필요하다. 즉, 기술혁신이 생산과정에 적용되는 방식과 조직에 결합되는 방식에 대한 이해와 합의가 필요한 것이다.

머신러닝Machine Learning과 인공지능Artificial Intelligence을 통한 자동화로 많은 일자리가 대체되고 있다. 4차 산업혁명은 고용과 노동조건에 많은 변화를 가져오고, 코로나19가 이를 가속화시키고 있다. 노동력과 기계, 자본 간에 갈등이 야기되고 파괴적인 과정을 거치게 될 가능성도 있다.

4차 산업혁명으로 인한 자동화와 인공지능으로 저숙련의 단순반복직무가 대체되고, 고숙련된 직무 중 일부는 숙련이 해체되고 기계로 대체될 가능성이 높다.[13] 그러나 장기적으로는 기계기술과 자동화로 인간 노동을 완벽히 대체하기보다는 조직 속에서 노동력과 기계기술 간의 협업을 구현하게 될 것이다.

4차 산업혁명이 고령자 일자리에 미치는 효과를 고려해 보면, 기계로 대체되는 효과가 일반 근로자보다 더 크게 나타날 것이라는 의견이 우세하다.

고령자나 일반 근로자 모두 숙련도의 차이와 정형화 정도에 따라 담당 직무의 대체가능성이 결정될 것이다. 또한, 직무의 자동화 비용도 대체 정도와 관련이 있고, 육체와 감정이 업무에 결부되는 정도도 관건이 될 것이다. 다만, 고령자가 담당하고 있는 직무가 숙련도가 낮고 정형화된 업무인 경우 자동화에 의한 대체가 빨리 일어날 것으로 예측된다. 한편, 비정형화된 업무의 경우 자동화로의 전환에 비용이 많이 들어가는 단순업무는 살아남을 가능성이 크다.

정보통신기술이 전 산업으로 확산되면서 기업은 50대 근로자에 대한 직무 배치와 직무전환에 관심을 가지고 있다. 기업 입장에서는 스마트 공장의 시설과 장비를 확충해서 인력을 줄이고자 하며, 특히 새로운 기술을 교육하기 어려운 고령인력부터 우선적으로 축소하려고 한다. 따라서 생산시스템이 바뀌면서 어떻게 인력을 유지 관리할지가 핵심이 되는 것이다. 물론 제조업과 금융권이 다르듯 업종별로 접근방법이 상이하며, 산업 추세나 외주화의 전개 정도와도 관련된다.

따라서 국가는 산업정책과 고령자 고용정책을 어떻게 연결시킬 것인지 대안을 검토하면서 기존 주력산업에 대한 구조조정을 우선적으로 진행하고, 인력 운영, 특히 인력전환이나 퇴출 문제를 고민한다. 특히, 인력개발이라는 관점에서 정보기술 등 신기술에 대한 교육훈련과 인력양성이 필요하다.

마이크로소프트가 런던대학교의 골드스미스칼리지와 함께 진행한 연구결과를 보면, 영국 기업의 70%는 디지털 기술력이 약화되어 있고, 근로자의 2/3는 새로운 기업 내 역할을 수행할 적절한 디지털 기술을 보유하지 못하고 있다.[14] 우리나라도 유사한 상황으로 보이며, 특히 고령 근로자일수록 디지털 기술의 활용력이 떨어지고 있다.

수많은 일자리가 사라지는 동시에 새로운 일자리가 생겨나고 끊임없이 달라지는 세상 앞에 오랜 기간 우리 사회에서 잘 적응해 온 중장년들도 새로운 환경 변화에 맞추어 나가야 한다. 디지털 시대, 저출산 고령화 시대, 다문화 시대 등 사회가 빠른 속도로 변화하고 있다.

4차 산업혁명 시대에 일반적인 정규직 근로자 모형으로 고령인력을 활용하는 데는 한계가 발생할 것이다. 고령자에게는 정규직뿐만 아니라 기간제, 시간제 근로 등 다양한 고용형태를 적용할 수 있고, 일하는 방식 측면에서 근로장소나 근로시간에 관한 규제가 지나치게 획일적일 필요는 없다. 또한, 임금체계와 임금수준도 고령자의 직무와 성과에 따라 유연하게 운영하면 사업주는 고령자 고용 부담을 줄이면서 더 많은 고령자에게 일자리를 제공할 수 있을 것이다.

4차 산업혁명 시대에는 고령자의 직무내용을 설계하는 동시에 기업 내 청장년과 고령자의 일자리 배치를 고려해야 할 것이다. 고령 근로자에게도 핵심 노동계층에게 부여하는 노동법적인 보호 수준과 유사한 보호가 필요한지에 대한 논의가 필요하다. 또한, 4차 산업혁명으로 일자리가 줄어가는 상황을 반영하여 고령자의 일자리를 줄이지 않으면서 청년층의 일자리를 늘리는 방안에 대해 사회적 합의가 필요하다.

특히, 만성적으로 인력 부족을 겪고 있는 중소기업은 코로나19 시대의 경제·사회적 변화에 대해 신축적으로 대응하면서 기술력과 전문성을 확보해야 한다. 또한, 코로나19로 인해 일자리가 충분하게 창출되지 않는 상황에서 청년 실업이 장기적인 인적자본 상실로 이어지지 않도록 하고, 고령 숙련 기술자의 경험과 기술 노하우를 체계적으로 전수해야 한다. 퇴직 전문인력을 청년층 고용과 중복되지 않게 활용할 경우 세대 간 상생이 강화될 수 있다.

전 세계적으로 경제성장을 급감시키는 대외적인 위험요인이 확대되고, 일하는 방식 역시 변화하고 있다. 4차 산업혁명과 코로나19로 인한 구조조정의 시기에 고령 퇴직 전문인력과 같이 오랜 현장 경험과 전문성을 갖춘 인재를 적재적소로 연계하여 적극적으로 활용해야 한다. 신중년 적합직무의 선정 시에도 단순 업무만을 배정하는 경향이 있으나 직무 범위를 넓혀야 한다. 웨어러블wearable 등 4차 산업혁명 기술을 이용한 직무도 일부 개발하여 고령 근로자를 활용할 필요가 있다.

일자리 또는 직업은 전통적인 의미에서 임금 획득과 생계유지라는 측면을 넘어서 현대에서는 사회적 관계 유지, 자아실현 방식으로 인식된다. 주된 일자리와 퇴직 후 일자리에 대한 사고의 전환이 필요하다. 또한, 고령자라 할지라도 일을 통해 인간의 행복을 추구할 권리가 있다.

중장년의 플랫폼 노동

4차 산업혁명의 진전에 따라 증가하는 플랫폼platform에서는 전통적인 일자리와는 다른 형태의 일자리가 만들어진다.[15] 즉 플랫폼에서는 나이를 묻지 않으므로 고령자에게는 또 다른 기회가 될 수 있다. 비교적 작은 단위로 업무가 수행되고 노동의 전속성과 전업성이 없어지지만, 사용자는 위탁 관계를 기초로 노동과정에 대한 지휘와 감독을 진행하게 된다. 근로를 제공하지만 고용주 없이 생산활동을 같이 진행하는 것이다.

고령층은 플랫폼을 통해 자신이 할 수 있는 일에 쉽게 접근할 수 있고, 소비자나 기업은 고령인력의 숙련된 기술과 노하우를 활용할 수 있다. 플랫폼을 통해 고령사회의 유휴 고령인력을 활용하여 생산가능인구 감소 위기에 대응하고, 소비자나 기업은 고령인력을 적절한 비용에 신속하게 찾을 수 있다.

이렇게 디지털 기술 환경이 변화하면서 노동자와 자영업자의 경계가 모호해지고, 취업과 실업을 반복적으로 경험할 가능성이 높아진다. 그러나 전속성에 의존한 전통적인 노무 제공자로서는 보호받지 못하게 된다.[16]

4차 산업혁명으로 인해 새로운 직종의 일자리가 만들어지지만 융·복합 시대에 취업의 어려움은 현재보다 심화될 전망이다. 그러므로 새로운 성장 동력인 4차 산업혁명이 일부 사람들에게는 생존의 위협으로 다가오기도 한다.

궁극적으로 4차 산업혁명에 따라 생산성은 향상되지만, 잉여 노동력이 발생하여 양극화를 초래하게 되고, 고령화로 인해 생산가능인구가 감소하여 국가 경쟁력이 하락하고 잠재성장률이 낮아질 가능성이 높다.[17]

한편, 빠른 속도의 고령화 진행, 노후준비 부족 등으로 고령층의 구직활동이 증가하지만, 대부분은 상대적 저임금, 저부가가치 부문에 집중되고 있다. 결국 고령층은 대부분 4차 산업혁명으로 새롭게 생기는 양질의 일자리에는 취업하기 어려워 저임금, 저부가가치 부문에서 고령자 간 경쟁이 심화될 것으로 예상된다. 다만 새로운 직업 교육훈련을 받을 경우 4차 산업혁명으로 조성된 온라인 플랫폼을 이용하여 일자리를 선택할 수도 있을 것이다.

중장년 대리기사의 플랫폼 노동

대리운전은 낮시간 동안 기업 임원의 차량을 운전하거나 저녁에 음주한 개인을 대신해 집까지 운전하는 일이다. 소개업체의 전화로 연결되어 차량소유자와 대리기사가 만나서 차량을 운전해 주고 서비스 요금을 받는다.

스마트폰이 보편화되면서, 플랫폼 기업이 대리기사를 활용하고 콜회사와 계약을 맺고 있다. 영업을 하고 있는 다수의 영세업체 중에 '로지'와 '카카오'가 유명한 회사로, 대리기사들은 콜을 받기 위해서 여러 회사의 플랫폼을 사용하고 있다. 카카오는 종합적인 플랫폼을 제공하고, 로지는 프로그램을 제공하는데 영업유형은 유사해지고 있다. 플랫폼마다 프로그램 사용료와 보험료를 별도로 내야 하지만, 더 많은 콜을 잡기 위해서는 어쩔 수 없다.

대리기사는 플랫폼 기업에게 20% 정도의 수수료를 지불하고 차량보험료를 전속으로 지출한다. 그리고 매달 프로그램 사용료와 별도의 교통비를 지출해야 한다. 걸어서 이동하기도 하고, 전동킥보드를 이용하기도 하며, 택시기사에게 양해를 구해서 여러 명이 단체로 타거나 다른 운전자가 운영하는 셔틀을 사용하기도 한다. 대리기사는 플랫폼 기업의 가상계좌에 충전금을 예치하며 고객을 받을 때마다 20%에 해당되는 금액이 수수료로 인출된다.

대리기사는 투잡을 뛰는 사람들도 있고, 전업으로 종사하는 사람들도 있다. 법인 택시기사가 될 수도 있지만, 노동 시간을 자유롭게 결정할 수 있어 대리기사를 택하는 경우가 많다. 겨울에는 법인 택시기사를, 봄철 이후에는 대리기사를 하는 사람도 많다. 노동자로 살아가기보다는 독립사업자로 근로하고 있다.

플랫폼 회사의 프로그램비는 월 1만 5,000원에서 2만 2,000원 정도 고정비용으로 지출된다. 카카오는 2016년 5월 대리서비스를 시작하면서 타 대리기사 프로그램과 달리 별도의 관리비와 보험료를 받지 않았다. 그 이후 대리기사가 폭발적으로 늘어나는 결과를 낳았다. 그러나 카카오도 프리미엄 프로그램을 유상으로 가입하지 않으면 대리 콜을 배정받기가 어렵다.

대리기사는 전속성이 없어서 산재보험에 가입하지 못하고 있다. 사고가 발생할 때 보험 지급 한도가 있어 늘 사고 발생 시 자부담에 대한 고민을 안고 있다. 사회 안전망에 의한 보호가 아직까지는 충분하지 않은 상황이다.

4차 산업혁명에 따른 연결성이 증가함에 따라 플랫폼에 특화한 기업에 의해서 가상 시장이 형성되고, 중장년도 노무 제공자로 참여할 수 있다. 그러나 고령자가 새로운 일자리를 찾으려고 하면 면접 기회마저도 주어지지 않는 경우가 많다.

하지만 일부 노동 플랫폼에서는 나이를 묻지 않고 단시간 노동이 가능한 경우가 많다. 쿠팡 플렉스와 같은 플랫폼에서는 자기 차량으로 운전이 가능한 중장년이 상대적인 우위를 가지고 체력과 시간이 허락하는 선에서 근무가 가능하다. 또한, 다양한 형태의 플랫폼 노동, 예를 들면, 주간배달, 야간배달, 심야배달, 주말배달, 신선배송, 로켓배송 등이 가능하다.

중장년이 플랫폼을 통해 노무를 제공하기 시작하면 특수형태근로종사자로서 자영업자와 전통적 근로자 사이의 중간 신분을 유지하게 된다. 플랫폼 노동을 하게 되면 이중적인 신분과 마찬가지로 기회와 위협이 동시에 존재한다. 위협요인을 완화하기 위해서는 다른 특수형태근로종사자와 마찬가지로 법적 지위 향상, 재해보상, 보험료의 현실화 등 다양한 환경 변화가 필요할 것이다.

인공지능 등을 기반으로 한 4차 산업기술이 모든 일자리를 빼앗아가는 것은 아니지만, 시간이 흐를수록 기계와 인공지능은 한층 더 인간의 행위에 근접하게 될 것이다. 그러면 고숙련자와 저숙련자의 일자리 중 기계가 대체하기에 비용이 많이 드는 일자리는 살아남지만 기계와 인공지능이 대체 가능한 많은 일자리가 사라지게 될 것이다.

기계화와 자동화가 진행되는 분야에 대한 노동 수요는 21세기 동안 감소하고 새로운 일자리에 대한 수요는 증가할 것으로 예상된다. 다만, 줄어드는 일자리에 비해 늘어나는 일자리가 어느 정도 되느냐와 새로운 일자리에 관한 전문지식과 기술을 얼마나 빨리 갖추느냐가 관건이 될 것이다.

양극화된 노동시장에서 소수의 고숙련자는 슈퍼스타로 살아가고, 상당수의 취업자는 고용 사다리의 바닥에 머무르게 될 것이다. 또한, 플랫폼 노동이 빠른 속도로 성장하면, 성과 공유가 불평등하게 이루어질 가능성이 높아지므로 부의 배분이 문제가 될 것이다.

중장년의 숨은 고수가 활동하는 플랫폼

숨은 고수라는 뜻을 가진 숨고(soomgo.com)는 인테리어, 이사·청소, 사진·영상, 과외·레슨 등 각 분야의 전문가와 소비자를 중개하는 플랫폼이다. 중장년은 본인의 기술을 활용하여 수입을 올릴 수 있는 기회가 주어진다.

운영 방식이 독특하여, 소비자가 요청서를 숨고 앱에 올리면 그러한 요청에 관심이 있거나 조건에 부합하는 고수(해당 전문 분야 종사자)가 견적서를 발송한다. 견적서를 발송할 때 전문가는 숨고에 수수료를 지불한다. 서로의 조건이 충족되면 계약을 체결한다. 한편, 수요자는 비용을 지불하지 않아 여러 명의 고수로부터 견적서를 받아 비교할 수 있다.

숨고의 소비자들은 사회 경험이 풍부하고 경력이 많은 고수를 선호한다. 오랜 경력을 지닌 중장년층 고수는 인테리어, 촬영 및 편집, 외국어 과외, 번역 등 쉽게 접근하기 어려운 전문적인 서비스에 대한 수요에 적합한 인력이다. 숨고의 사용 환경도 카카오톡이나 유튜브를 활용할 정도의 인터넷 활용 능력을 갖추었다면 크게 어렵지 않은 구조다.

숨고는 아래와 같은 다양한 서비스 수요에 맞추어 고수를 받고 있고, 개인은 고수의 전문능력과 기술을 활용할 수 있다.

- 홈·리빙: 인테리어, 이사와 입주청소, 문·창문 수리와 시공, 전기·수도·보일 수리, 가전제품 수리
- 이벤트: 웨딩, 촬영 및 편집, 공연, 파티와 행사 기획, 행사 진행
- 비즈니스: 번역과 통역, 교정 및 데이터 복구, 인쇄, 회계와 세무, 광고와 마케팅, 컨설팅
- 레슨: 미술 회화, 악기, 댄스, 보컬, 골프, 퍼스널트레이닝(PT), 외국어, 영어 수학 과외

04 4차 산업혁명과 고령화에 대응한 정부의 일자리 성공전략

4차 산업혁명과 고령화의 보완적 관계

4차 산업혁명 속에서 개인·기업·국가의 모든 경제 주체는 경쟁에서 살아남고자 파괴적 혁신을 진행하고, 사업 재편, 혁신 성장 등을 명목으로 변화하기 위해 안간힘을 쓰고 있다.

변화의 핵심은 기술이고, 특히 사물인터넷, 모바일, 인공지능, 블록체인 등으로 이어지는 혁신적인 정보통신기술이 적용된다. 생산자와 소비자가 플랫폼에서 직접 만나고 공장과 사무실이 자동화·인공지능화되며 공유경제가 실현되는 시스템에서 비즈니스 생태계가 만들어지고 있다.

4차 산업혁명에 따른 기술진보에 의해 생산성은 향상되지만 불가피하게 잉여 노동력이 발생하고, 사회적 양극화가 심화된다. 다른 한편으로는 고령화의 진전에 따라 생산가능인구가 감소하여 노동력이 부족해지고, 기업과 국가의 생산성이 하락하며 국가의 잠재성장률이 낮아질 수 있다.

그러나 4차 산업혁명의 기술을 활용하면, 생산성을 향상시킬 수 있어 노동력 부족을 완화시킬 수 있고, 국가의 성장률 하락을 극복하고 경쟁력도 강화시킬 수 있다.[18] 따라서 고령화와 동시에 진행되는 4차 산업혁명에 대응하기 위해 국가와 기업 차원에서 전략을 수립할 필요성이 있다.

4차 산업혁명 시대에 생애기간 동안 근로자가 여러 번 직장을 바꾸는 것은 자연스러운 현상일 것이다. 그러나 근로자가 사업장에서 나이가 들수록 자신의 경험을 살려서 계속 동일한 직장에서 오래 일할 수 있는 환경을 마련하는 것이 필요하다.

국가와 기업 차원에서도 고령화와 4차 산업혁명에 따라 기업에서 퇴직하는 고령자의 경험, 지식과 노하우를 잘 활용하지 못하고 사장시킨다면 엄청난 국가와 기업 인적자원의 막대한 손실이 발생하고 경쟁력을 잃게 된다.

따라서 정부는 ① 새로운 직업을 발굴하고 관련된 정보와 우수사례를 제공해야 하며, ② 평생 직업능력개발을 강화해야 하고, ③ 새로운 기술과 인사관리제도 도입을 위한 컨설팅 지원을 확대해야 하며, ④ 신기술 도입으로 일자리의 상실과 변화를 겪게 되는 국민들에 대한 사회안전망을 강화해야 한다. 아래에서는 이에 대해 구체적으로 설명한다.

새로운 직업 발굴과 정보 제공

정부는 4차 산업혁명에 따라 새롭게 만들어지는 신직업을 발굴하고, 새로 생기는 일자리와 사라지는 일자리에 대한 정보를 제공해야 하며, 우수사례를 타 기업이 벤치마킹할 수 있도록 지원해야 한다.

2020년 7월에 정부는 코로나19 위기를 극복하면서 4차 산업혁명을 선도하기 위해 '한국판 뉴딜 종합계획'을 발표하고 디지털 뉴딜과 그린 뉴딜 지원 정책을 중심으로 추진하고 있다. 디지털 뉴딜 분야에서는 DNA, 즉 데이터Data, 네트워크Nerwork, 인공지능AI을 중점적으로 지원하고, 그린 뉴딜 분야에서는 지능형 스마트 그리드, 신재생 에너지, 전기차·수소차 등을 중점 지원하여 2025년까지 디지털 뉴딜 분야 일자리 약 90만 개, 그린 뉴딜 분야 일자리 약 66만 개를 창출한다는 계획을 제시하였다.[19]

한국판 뉴딜 정책과 관련하여 향후 최근 코로나19와 급속한 고령화로 수요가 급격히 늘고 있는 바이오 산업을 육성시키기 위해 바이오 뉴딜도 한국판 뉴딜 정책에 포함시켜 추진해야 할 것으로 판단된다.

한편, 한국고용정보원김동규 외에서는 4차 산업혁명 시대의 유망직업으로 사물인터넷 전문가, 인공지능 전문가 및 빅데이터 전문가 등을 제시하고 있는데, 이와 관련한 새로운 직업이 증가할 것으로 보인다. 반면, 위기직업으로 콜센터 요원, 생산·제조 관련 단순종사원 및 의료진단 전문가 등을 선정하였는데, 이와 관련한 직업은 기술 발전의 정도에 따라 줄어들 것으로 전망된다〈표 4-6〉.[20]

4차 산업혁명과 관련된 일자리 중에는 새로이 청년층 인력이 관련 교육훈련을 받고 투입되어야 할 분야가 있고, 더불어 기존에 컴퓨터, 정보통신, 네트워크 분야나 이공계 분야에 종사하고 있거나 종사했던 고령인력의 기술수준을

표 4-6   4차 산업혁명 시대의 유망직업과 위기직업

구분	직업의 종류
유망직업	사물인터넷 전문가, 인공지능 전문가, 빅데이터 전문가, 가상현실 전문가, 3D 프린팅 전문가, 드론 전문가, 생명공학자, 정보보호 전문가, 응용소프트웨어 개발자, 로봇공학자
위기직업	콜센터 요원, 생산 및 제조 관련 단순종사원, 의료진단 전문가, 금융사무원, 창고직업원, 계산원

자료: 김동규 외, 4차 산업혁명 미래 일자리 전망, 한국고용정보원, 2017를 참조하여 작성

향상시켜upskilling 관련 분야의 일을 계속하게 할 수 있을 것이다. 그러나 4차 산업혁명과 전혀 관련이 없는 일을 했던 고령자들을 새롭게 투입시키기는 어려울 것으로 보인다.

4차 산업혁명에 대응한 평생 직업능력 개발

정부는 4차 산업혁명에 대응하여 평생 직업능력개발을 지원해야 한다. 4차 산업혁명 시대에는 단순노무직뿐만 아니라 전문직의 단순 반복적인 일자리가 축소되고 근로자에게 필요한 지식과 기술 수준도 달라진다.

예를 들어 전기자동차가 확산되면서 종래 내연기관 자동차에서 필수적이 었던 엔진, 연료분사장치, 트랜스미션 등이 불필요하게 됨에 따라 부품이 약 3만 개에서 2만 개 정도로 줄어들고 관련된 일자리도 사라질 것으로 예상된다. 또한, 제조업 분야에서 IT 기술, 인공지능, 로봇 등의 활용이 증가함에 따라 종래 생산 조립 라인에서 일하던 근로자는 공정 개발, 점검, 조정 등의 역할을 하게 될 것이다.[21]

따라서 정부는 첫째, 기업 내에서 4차 산업혁명에 따른 기술 변화에 적응하고 기술을 습득하도록 지원해야 한다. 우리나라에서는 고용보험에서 직업능력개발 사업을 지원하므로 이러한 교육훈련에 대해 적극 홍보하고 참여하도록 해야 한다.

우선 기업 내에서 4차 산업혁명에 따라 나타날 변화에 대해 기본적인 교육을 하여 근로자들이 두려움이나 거부감을 갖지 않도록 해야 하고, 근로자가 컴퓨터, 인터넷, 로봇 등을 활용하여 기존의 작업을 할 수 있도록 신기술에 대한 교육훈련을 해야 한다.

독일의 인더스트리 4.0은 완전히 새로운 산업을 창출하는 것이 아니라 기존의 제조업의 생산공정에 정보통신기술ICT를 결합시킨 것이다. 즉 기계에 센서와 측정장치를 부착하여 기계들 간에 소통이 가능하도록 하고, 기계의 데이터를 소비자의 데이터와 결합함으로써 생산과정을 유연하고 효율적이며 자원을 절약하는 방식으로 운영하는 것이다. 생산과정을 인터넷을 통해 통합하고, 사이버물류시스템CPS을 통해 생산과 물류를 통합하여 스마트 팩토리Smart Factory를 구축하는 것이다.

이와 같이 제조업 공정에 ICT 기술을 결합시키려면 새로운 IT 전문가를 영입할 필요도 있지만 장기 근속한 숙련인력에 대한 교육훈련도 필수적이다. 왜냐하면 신규로 채용된 IT 인력은 기존의 제조업 공정에 대한 이해가 부족하기 때문이다. 또한 신기술 도입에 따라 대체되는 직무에 종사했던 근로자에 대해 재배치를 하기 위해서도 교육이 필요하다.

따라서 기업에서는 기존의 숙련인력에 대해 ① 4차 산업혁명의 이해, 인더스트리 4.0의 이해와 같은 기초과정, ② AI의 기초, 빅데이터의 기초 등 분야별 기본과정, ③ 신기술과 기기의 이해와 새로운 시스템 활용법 등 기본 실무과정, ④ AI, 사물인터넷, 빅데이터 분야의 전문가 과정, ⑤ 전체 생산공정과 네트워크 구조의 이해, 스마트 팩토리 구축 등의 과정을 운영할 수 있다.[22]

특히 우리나라에서는 심각한 저출산으로 인해 학령인구가 급격히 감소하여 대학들이 입학생 모집에 어려움을 겪고, 구조조정의 위기에 처해 있는데 미국의 커뮤니티 칼리지Community College처럼 우리나라의 전문대학, 폴리텍대학, 4년제 대학에서 기업과 연계하여 신기술 도입을 위한 교육훈련을 확대하면 기업의 신기술 도입, 고령인력의 활용과 학령인구 감소 문제를 동시에 해결할 수 있다.

둘째, 기업에서 이직하거나 퇴직하는 근로자를 대상으로 교육훈련을 실시해야 한다. 기존에 이공계 관련 직업을 갖고 있고 4차 산업혁명과 관련된 신기술 훈련을 원하는 고령인력에게는 신기술을 훈련시킬 수 있다. 한편, 4차 산업혁명 관련 신기술을 배우기 곤란한 고령인력에게는 전기설비시공관리, 공조냉동, 자동차 복원 등 분야의 훈련을 지원할 필요가 있다.[23]

셋째, 정부는 영세자영업자나 플랫폼 노동 종사자에 대해서도 관심을 갖고 교육훈련을 지원하여야 한다. 신규로 자영업을 하기를 희망하거나 자영업을 그만 두고 새로운 일자리를 찾는 고령인력을 대상으로 교육훈련 프로그램을 지원해야 한다. 그리고 플랫폼 노동에 종사하기를 희망하거나 플랫폼 노동을 그만 두고 신규 일자리를 찾는 고령인력에 대해서도 그 특성을 파악하고 맞춤형 훈련을 제공해야 한다.

새로운 기술과 인사관리제도 도입을 위한 컨설팅 지원

4차 산업혁명에 따라 정보통신기술ICT이나 바이오 관련 기업이 빠르게 성장하고 있지만, 기존의 전통 제조업 공장에서도 정보통신기술, 빅데이터, 인공지능, 사물인터넷IoT, 로봇 등을 활용하여 작업공정을 신속하게 변화시켜 나갈 것이다.

또한 중고령 근로자가 작업과정에서 코봇collaborative robot, 근력증강 웨어러블 로봇, 증강·가상현실 기기 등 신기술의 이용하여 육체적으로 힘든 일, 정확성을 요구하는 작업이나 위험한 작업 등을 할 수 있다.[24]

이러한 과정 속에서 기업이 필요로 하는 근로자의 직무 내용도 많은 변화와 혁신 과정ERCR을 겪게 된다. 즉 ① 신기술 도입으로 해당 직무가 완전히 기계나 자동화로 인해 완전히 대체되는 경우Eliminate, ② 기존 직무가 기계로 인해 줄어드는 경우Reduce, ③ 새로운 기계나 기술 도입에 따른 새로운 직무가 발생하는 경우Create, ④ 기존 직무가 줄어드는 대신 사람의 특성을 더욱 잘 활용하거나 종합하는 업무가 늘어나는 경우Reinforce 등 다양한 경우가 발생한다.[25]

또한, 최근 코로나19로 인한 재택근무의 확산에서 보듯이 일하는 방식이 변하게 된다. 디지털 기술이 급격히 발달함에 따라 재택근무, 원격근무, 스마트워크 근무 등 근무형태가 다양해지고 보상이 근로시간이 아닌 성과에 의해 주어지는 인사 시스템 등이 확산될 것이다.26 그리고 선택적 근로시간제, 재량 근로시간제, 탄력적 근로시간제 등 유연 근로시간 제도의 이용도 확대될 것이다.27

따라서 정부에서는 관계부처와 협업을 하여 4차 산업혁명 기술 도입과 고령인력 활용이라는 관점에서 중소기업을 중심으로 신기술 도입, 근무방식직무 시스템, 유연 근로시간제 등에 대해 컨설팅을 제공해야 한다.

대기업은 고령 전문인력을 협력업체의 기술이나 인사관리 컨설팅에 활용할 수 있다. 또한, 대기업, 중견기업의 고령 전문인력을 중소기업의 신기술 도입과 관련 인사제도 도입 컨설팅 등에 활용하면서 정부가 재정을 지원해 줄 수도 있다.

기업에서 4차 산업혁명에 따른 신기술을 도입하고, 고령인력을 더 효과적으로 오래 활용할 수 있어야 기업과 국가의 생산성이 향상되고 경쟁력도 강화될 수 있으므로 정부가 기업의 새로운 기술 도입과 인사 시스템의 변화에 대한 컨설팅을 제공하는 데 재정 지원을 대폭 확대하여야 한다.

사회안전망의 강화

산업혁명에 따른 새로운 기술 도입으로 인해 생산성이 획기적으로 증가하지만, 신기술 도입에 따라 기존의 일자리가 사라지고 새로운 일자리가 생성되는 것은 피할 수가 없다.

한 국가에서 기존의 일자리를 지키기 위해 4차 산업혁명의 흐름을 거부한다면 다른 국가에서 신기술을 도입하여 생산성을 대폭 향상시켜 보다 낮은 가격으로 보다 품질이 좋은 신제품을 생산할 것이므로 결과적으로 기술혁명의 흐름에 뒤처지는 국가는 더 많은 일자리를 잃게 될 것이다.

따라서 4차 산업혁명이란 바람을 피할 수 없다면 그 바람을 이용하고 선도적으로 앞서 나갈 수 있는 방법을 찾아야 한다. 기업에서는 신기술을 개발·적용하고, 새로운 일자리에 배치할 수 있는 인력을 신규로 채용하며, 기존의 인력을 재교육하여 경쟁력을 강화해야 한다.

한편, 정부는 연구기관이나 대학의 신기술 개발을 지원하고, 4차 산업혁명을 주도할 인력을 새롭게 양성해야 하며, 기업에서 기존의 근로자들을 재교육하기 위한 재정지원을 확대해야 한다. 또한 불가피하게 기계화, 자동화 등에 의해 일자리를 상실하는 취업자에 대해 새로운 일자리를 찾을 수 있는 훈련기회를 제공하는 한편, 일자리 상실 기간 동안에 기본 생활이 가능하도록 재정적 지원을 늘려야 한다.

우리나라에서 산업과 기업이 4차 산업혁명을 선도하도록 지원하고, 그 가운데 일자리를 잃는 사람들에 대해 재교육훈련을 지원하며, 전직지원 서비스와 취업알선 등을 통해 사회안전망을 제공해 주는 것은 '국가의 일'이다.

특히, 기술 혁신, 제품과 서비스에 대한 수요 변화나 기업의 구조조정 등으로 인해 비자발적으로 일자리를 잃는 사람들에게 안전판 역할을 하는 제도가 고용보험 제도이다. 우리나라의 고용보험은 전통적인 실업보험 이외에 고용안정 사업과 직업능력개발 사업을 통합적으로 연계하여 시행하고 있다.

우리나라의 고용보험 제도는 1995년에 도입되어 1998년에 1인 이상 전 사업장으로 적용이 확대되었으며, 2002년에 일용근로자에게 고용보험이 적용되기 시작하였고, 2011년에는 가입을 희망하는 자영업자에게도 고용보험이 적용되었다.

그러나 고용보험 가입률을 보면, 2019년 기준 정규직 근로자는 94.4%가 가입되어 있는데 비해 실직 가능성이 더 높은 비정규직 근로자는 74.0%만 가입이 되어 있다. 비정규직 근로자 중에 특히 일일 근로자는 57.0%, 단시간 근로자는 76.8%만 가입되어 있다.

그리고 특수형태고근로종사자는 사회보험 가입 여부 등을 파악하는 데 한계가 있어 통계분석에서 제외되었다. 따라서 현재의 고용보험제도는 임금근로자를 중심으로 운영되고 있어 다양한 형태의 취업자들을 보호하지 못하고 있다.[28]

최근 4차 산업혁명에 따른 신기술이 도입되고 새로운 고용형태가 빠르게 확산됨에 따라 고용이 불안정해지고 종속노동과 자영업 사이의 경계가 모호해지는 노동의 자영업화self-employmentization가 진행되고 있다. 또한 IT 기술의 발달과 제조업의 자동화로 인해 산업구조가 바뀌면서 노동 이동도 증가하고 서비스업에서는 플랫폼 노동, 긱 이코노미Gig Economy 종사자가 늘어나고 있다.29

또한, 많은 취업자들이 두 개 이상의 일자리를 동시에 가지고, 근로자, 특수형태근로종사자와 자영업자를 오가는 일자리 이동이 늘어났다. 더불어 최근 코로나19로 인해 일자리 위기가 심각해짐에 따라 정부는 2020년 12월에 '전국민 고용보험 로드맵'을 발표하고, 고용보험제도를 고정된 사업장이 아니라 '일하는 사람' 중심으로 운영할 계획이다.

이 로드맵에서는 예술인2020. 12. 10. 적용, 특수형태근로종사자, 그리고 플랫폼 종사자 등 그간 고용보험제도에서 소외되어 있던 계층까지 모두 실업급여로 보호하기 위한 계획을 제시하고 있다.30

한편, 정부는 2021년 1월부터 한국형 실업부조이면서 2차 고용안전망을 제공하는 국민취업지원제도를 시행하고 있다. 이 제도를 통해 그간 고용보험의 사각지대에 있던 저소득 구직자, 미취업 청년, 경력 단절 여성, 특수형태근로종사자, 폐업한 영세자영업자를 대상으로 생계안정을 위한 구직촉진수당을 지급하면서 심층상담, 직업훈련 등 다양한 취업지원서비스도 제공하고 있다.31

이렇게 기존 임금 근로자를 중심으로 한 고용보험제도를 비임금 근로자, 특수형태근로종사자, 플랫폼 노동 종사자 등으로 확대하고, 실업부조의 형태를 갖춘 국민취업지원제도를 실시함으로써 우리나라는 OECD 국가들이 갖고 있는 중층적 고용안전망을 갖추게 되었다.

현재 우리나라의 경제수준, 재정수준과 일자리 위기 상황을 고려할 때 생계안정을 위한 소득지원을 하면서도 취업지원과 연계하는 국민취업지원제도의 도입이 시의적절하다고 판단된다. 그러나 향후 그 지원 대상을 확대하고, 소득 지원 수준과 기간을 늘려 더욱 든든한 사회안전망으로 발전시켜 나가야 할 것이다.

이러한 '전국민 고용보험 로드맵'과 '국민취업지원제도'는 4차 산업혁명과 코로나19 등으로 인한 일자리 위기와 변화에 대처하고, 국민들에게 사회안전망을 제공하면서 취업을 지원하는 생산적 복지를 강화시켜 나갈 것이다.

제 2 장

사회적 불평등의 확대와 기본소득

01 사회적 효율성의 증가와 불평등의 확대

4차 산업혁명 과정에서의 이해당사자 충돌

한 국가가 보유한 로봇의 수가 많을수록 1인당 GDP 수준이 높고 평균적으로 볼 때 국민들이 부유하게 살고 있다. 반대로 자동화에 저항하는 국가는 새로운 부를 창출할 기회와 일자리를 상실하는 경향이 있다. 이는 컴퓨터, 로봇, 인공지능이 향후 20년간 기존의 일자리의 절반 이상을 없앨 것이라는 합리적인 불안에 대치되는 주장처럼 보인다.

경영자의 관점에서도 모든 일자리에 로봇을 도입할 수는 없다. 일부 로봇 사용이 미미한 이유는 기간제와 일용직 노동력보다 더 큰 비용이 발생하기 때문이다. 경제학자들은 자동화가 궁극적으로 더 많은 직업을 창출한다고 주장한다. 그러나 자동화는 단기적으로 일자리를 빼앗아가고, 이러한 고통스러운 과정이 지속될 수도 있다.

이렇게 로봇의 도입을 둘러싸고 견해가 다르지만, 경제 전체로는 자동화로 인해 상품과 서비스의 가격이 낮아지고, 인간은 잉여 이익을 창의적으로 활용함으로써 새로운 사업기회를 발굴하고 더 많은 일자리를 만들어왔다.

새로운 기술의 도입으로 이익을 보는 측과 손실을 입는 측은 서로 다른 이해관계를 갖게 되는데, 이해당사자가 극한 대립만 고집하고 상생을 모색하지 않으면 발전을 기대할 수 없고, 세계 경쟁에서 낙오될 수밖에 없다. 빠른 혁신 기술의 발전과 인간존중을 함께 모색하는 사회적 갈등 해결 기준을 정부와 사회가 같이 만들어가야 한다.

로봇으로 인해 일자리가 사라지는 것은 명료한 데 반해 자동화가 일어난 후에 생기게 될 새로운 일자리에 대한 전망은 불확실하기 때문에, 이해당사자 간 합의에 도달하기 어렵다. 경쟁 국가나 기업은 앞서 나가고 있는데 좌고우면 하고 갈등을 해결하지 못하는 국가나 기업은 뒤처질 수밖에 없다. 삼성그룹의 고 이건희 회장은 "돌다리만 두드리지 마라. 그 사이에 남들은 결승점에 가 있다."라고 하였다.

디지털 전환이 시작된 지 얼마 되지 않았음에도 아마존, 애플, 구글 등의 디지털 기업들이 급속도로 성장하여 세계 경제를 선도하게 되었는데, 이러한 상황은 예측하기 어려웠다. 현재의 자동화, 인공지능화 물결은 증기기관이나 전기의 도입처럼 총체적인 변화를 가져올 것으로 예상되며, 그 속도는 훨씬 더 빠를 것이다.

로봇 도입을 통한 자동화는 근로자를 재배치하고 일자리를 증감시키는 2단계를 거치게 된다. 전 세계적으로 근로자가 재배치되기는 하지만 아직 일자리를 증가시키지 못하고 있는 것은 여전히 과도기적인 단계임을 보여준다. 이에 따라 불평등도 증가하고 있으므로 과도기적 단계를 해결하기 위한 정책이 도입되어야만 경제적인 불평등도는 완화될 수 있다.

세계는 1920년대와 1930년대에 전기와 자동차가 2차 산업혁명을 가져왔을 때에도 유사한 경험을 하였다. 기술발전으로 촉발된 일자리와 업무의 본질적 변화에 적응해 감에 따라 제도와 사회의 변혁이 발생하였다. 선진국은 고등교육을 무상으로 제공하고 의무적으로 시행하였다. 따라서 농장 근로자가 교육을 받아서 생산직, 사무직, 서비스직 근로자로 직업을 이행하게 되었다. 노동조합과 사회안전망의 개념도 도입되었다.

독일에서는 로봇을 사용해도 전체 일자리 숫자에는 큰 타격을 주지 않았다. 이는 근로자들이 다른 산업군으로 이동하였고, 독일의 사회안전망 제도의 뒷받침을 받았기 때문이다. 독일 정부와 산업계는 4차 산업혁명에 대응하여 '인더스트리 4.0Industry 4.0'으로 명명한 프로젝트를 통해 새로운 제조기술을 도입하고, 이에 따른 근로자들의 필요 역량을 훈련시키고 있다.

초고령화와 4차 산업혁명은 배타적이면서도 상호보완적이어서 초고령사회에서 발생하는 노동인력 부족과 신체기능 저하의 문제는 4차 산업혁명의 초연결·초융합·초지능의 기술로 해결 가능할 것이다. 초고령사회 도래 이전에 4차 산업혁명의 임계점을 돌파하면 지속적인 발전이 가능하지만, 반대의 경우에는 선진국의 진입과 유지가 어려워질 가능성이 커진다.

4차 산업혁명은 불평등을 심화하는가?

1995년부터 2007년까지 우리나라 임금수준은 꾸준히 상승하였지만 불평등도가 심화되었다. 그러나 2008년 이후 임금 불평등도는 꾸준히 감소하고 있다. 이렇게 최저임금 인상이 저임금계층의 임금상승을 가져왔지만 첨단 산업의 생산성이 떨어지고 있다. 상위와 중위 임금 수준이 정체되면서 하향평준화가 나타나고 있는 것이다.

이는 아직 4차 산업혁명이 본격화되기 이전의 지표이므로 4차 산업혁명이 형평성에 미치는 영향을 충분히 보여주지 못한다. 고용시장의 구조조정이 일어나 일자리의 양극화가 발생한다면 다른 결과가 나올 수 있다.

과거 1, 2, 3차 산업혁명 과정에서 기술의 발전에 따라 노동의 내용은 바뀌었지만 노동량이 급격하게 줄지는 않았다. 마찬가지로 4차 산업혁명이 확산되어도 노동의 총량이 줄지 않을 수 있다. 줄어드는 일자리가 어떤 방향으로 옮겨갈지가 핵심이고, 그 과정에서 사회안전망 확충, 직업훈련을 통한 전직지원, 디지털 적응력을 높이는 재직자 훈련, 유연근무제의 도입이 중요하다.

4차 산업혁명은 다양한 플랫폼을 기술적으로 제공해 왔다. 플랫폼은 원하는 시간 또는 한정된 시간에 일할 수 있는 기회를 제공하여 소득을 얻을 수 있게 하지만, 동시에 고용의 성격을 변화시킨다. 기술혁신으로 일자리가 적어지면 고도의 기술을 가진 사람들만 고용될 가능성이 높아진다. 그러나 플랫폼의 작동원리가 전문성을 전혀 반영하지 못하고 가격으로만 신호를 주게 되면 저가 경쟁으로 결국 플랫폼 자체가 붕괴하게 된다. 창조적인 전문성을 가진 예술계 프리랜서들은 플랫폼의 질서가 제대로 잡히지 않는 상태에서 지대한 손해만 보고 플랫폼 이용 자체를 기피할 수 있다. 신규 진입자만이 저가로 시장을 독식하는 상황이 발생하고, 경험을 쌓으면 또 다른 저가의 신규 진입자에게 축출되는 현상이 반복될 수 있다.

디지털 플랫폼의 가격 덤핑과 숙련된 프리랜서 웹툰 작가의 실종

웹툰 작가와 웹 소설가는 디지털 플랫폼을 이용하여 외주를 받아서 작업을 한다. 크몽, 숨고, 이랜서, 프리랜서 코리아 등이 대표적인 플랫폼이다. 그러나 플랫폼에서 거래되는 일자리를 보면 단가가 너무 낮다.

프리랜서가 가격을 제시하지만 단가가 계속 낮아지고 있다. 가격 결정 구조를 보면, 시장에서 형성된 가격이 있고 고객이 최종가격을 결정한다. 플랫폼에서 계속 생계를 유지하는 것은 사실상 어렵다. 어느 정도 경력이 있는 사람들은 경제적으로 어려운 시점에만 억지로 생계유지를 위해서 디지털 플랫폼을 이용한다.

프리랜서의 작업능력 또는 수행작업에 걸맞은 적정 가격 기준 등 플랫폼을 통해 제공되는 정보도 적고 가격 경쟁이 일어나기도 한다. 플랫폼 제공자는 수요자와 공급자 간의 직접적인 접촉을 금하고 있다. 한편, 플랫폼 이용자는 저렴하고 합리적인 가격으로 사람을 쓸 수 있을 것이라고 가정한다. 따라서 플랫폼 이용자는 갑이 되어서 프리랜서를 고용할 수 있다고 생각한다.

시장에서 신규 유입자는 아직 실력이 검증되지 않아 경쟁력이 낮지만 가격 경쟁력을 가진다. 일단 시장진입을 목적으로 플랫폼에 낮은 가격을 제시하고 들어온다.

한편, 창작직은 반복되는 일이 아니고 일마다 새롭게 진행되어 일에 규격이 없다. 플랫폼 제공자가 창작직의 일자리에 대한 지나친 규격화를 시도하면 활성화가 어렵다. 플랫폼에서 가격 형성이 저가로만 이루어진다면 결국 양질의 창작자가 플랫폼에서 사라지게 된다.

프리랜서의 동업자성으로 최저임금 수준을 설정하는 것도 플랫폼의 유지에 도움이 된다. 플랫폼 업체가 수수료에 너무 치중하는 것을 방지하고, 건전한 플랫폼 생태계를 만들 수 있도록 가이드라인을 만드는 것도 필요하다.

베이비붐 세대가 은퇴하는 시점에서 신규 채용이 기대만큼 이루어지지 않는 현실은 경기 둔화의 영향도 있지만 기술발전과도 연결지을 수 있다. 일자리 대책으로 직업훈련 강화가 강조되고 있는데, 기술발전과 산업수요의 변화에 따라 어떻게 직업훈련에 대해서 접근할지 방향성을 설정할 수 있다.

기업 내에서 재교육이 현실적으로 곤란한 고령인력에 대해서는 고령자 적합직무를 제공하고 기존 산업에서 필요한 부문, 예를 들어 건물설비, 공조냉동 등에 대해 교육시킬 수 있다. 그리고 4차 산업혁명과 관련된 교육이 가능한 중장년과 젊은 인력에 대해서는 신기술을 교육시켜야 할 것이다.

고용의 양극화는 소득의 양극화로 이어진다. 뿐만 아니라 고소득자는 소수인 반면 고용의 불안정을 항시 체험하는 저소득자가 광범위하게 존재하는 양상을 보일 것이다. 이는 단지 소득의 양극화에 그치는 것이 아니라 자산의 양극화가 같이 진행되면서 강화된다. 4차 산업혁명은 거래의 특성상 승자독식Winner takes all에 가까운 분배구조를 갖기 때문이다.

아마존의 CEO인 제프 베조스Jeff Bezos는 전 세계의 많은 사람들이 코로나19로 인해 극심한 경기침체를 겪고 있는 가운데 회사의 주가 상승으로 2021년 1월 초 재산이 1,900억 달러가 넘는 세계 최대 자산가가 되었다. 또한, 전기자동차 회사인 테슬라의 CEO인 일론 머스크Elon Musk도 급격한 주가 상승으로 재산이 1,700억 달러로 늘어나 마이크로소프트 창업자인 빌 게이츠Bill Gates를 넘어 2위에 올랐다.[1]

우리나라 정부는 2020년에 코로나19를 경험하면서 디지털 뉴딜과 그린 뉴딜을 중심으로 한국판 뉴딜을 추진하여 고용 및 사회안전망을 강화하고 디지털 전환 투자 및 환경 관련 투자를 통해서 경제성장을 견인하려고 한다.

고용 및 사회안전망을 강화하고 있지만 디지털 전환을 추진하여 인공지능, 자동화 및 비대면화에 초점을 맞추면 경제적 불평등을 해소하는 데 한계가 발생할 수도 있다. 산업 자동화가 확산되면서 일자리를 잃게 될 수 있다는 공포와 자산의 편중 현상 및 불평등의 심화에 대한 우려가 부각되고 있다.

⑫ 기본적 일자리와 기본소득의 보장

인공지능이 장착된 로봇을 사용하면서 시작된 자동화의 물결은 국가 차원에서 거시적인 경제발전 비전과 전략을 필요로 한다. 산업혁명을 겪으면서 세계경제는 제조업 일자리 감소를 대체하는 서비스 산업의 증가, 고용보험 등 사회보장의 강화, 근로시간 단축 등으로 대응해 왔다.

그러나 4차 산업혁명의 자동화와 인공지능화가 인간 노동을 상당 부분 대체할 수 있는 가능성이 제기되면서, 일자리 위기와 심화되는 불평등에 대응하여 로봇세와 기본소득UBI: Universal Basic Income의 제공 등 다양한 복지체계를 재정립할 필요성이 증가하게 되었다.

로봇세

생산현장에서는 최대한 노동력을 사용하지 않기 위하여 자동화와 무인화가 급속도로 진행되고 있다. 편의점에서도 무인 점포를 늘리고, 음식점에서 키오스크가 급격히 증가하고 있다. 사업주는 설치비용은 많이 들지만 짧은 시간 내에 투자금액을 회수할 수 있는 로봇 사용을 선호한다. 그리고 집중적인 로봇 활용을 기업의 경쟁력으로 인식하기도 한다.

단순 노무만 대체할 것으로 여겨진 로봇이 지능화하면서 비반복적인 일자리까지 대체 가능해질 것이다. 이러한 가능성에 대비하기 위해 생산공정에서 사용하는 로봇에 대해 세금을 부과하자는 의견이 제시되었다. 노무 제공자와 로봇이 유사한 일을 하게 된다면 로봇에게도 세금을 부과하자는 것이다. 이런 노력을 통해서 자동화의 확산을 늦추고 노동력의 전환을 지원하여야 한다는 것이다.

마이크로소프트Microsoft의 공동설립자인 빌 게이츠Bill Gates 역시 근로자의 직업을 빼앗아가는 산업로봇에 세금을 부과해야 한다고 주장한다. 생산의 자동화 원천에 대해서는 모두 세금을 부과해야 한다는 이러한 주장은 4차 산업혁명이 가시화되고 기존의 사회보장 시스템만으로는 충분히 대응하지 못하면서 새로운 제도에 대한 관심으로 연결되고 있다.

그러나 하버드대학교 총장을 지낸 로렌스 서머스Lawrence Summers 교수는 로봇을 일자리 파괴자로 보는 논리에 반대하며, 로봇을 통한 혁신적인 활동에는 세금보다 보조금이 지급되어야 한다고 주장한다. 즉, 로봇세를 부과하는 것은 보호무역주의와 유사한 효과를 발생시켜 행정비용이 추가되며 생산기지를 해외로 이전시킨다는 것이다. 또한, 로봇세는 최신 자동화 기술을 도입한 회사에 징벌적 과세가 되어 혁신에 저해가 되고, 자동화가 저숙련 노동자를 대체하는 산업구조를 교정하지도 못하므로 로봇세 부과가 일자리 감소나 불평등 문제를 해결하지 못한다는 것이다.

기본소득제도

근로시간을 단축하면 고용의 양이 축소되기 때문에 근로자 1인당 근로시간을 줄여 일자리를 공유해야 한다는 주장이 있다. 우리나라의 경우 주 52시간 근로를 법제화한 지 얼마되지 않았지만 국제적으로는 주 4일 근무 또는 하루 6시간 근무의 필요성 등이 제기되고 있다.

2019년에 마이크로소프트 재팬은 근로자들이 주 3일 근무에 전액 급여를 받는 실험을 통해 매출이 거의 40% 증가했다고 밝혔다. 핀란드의 산나 마린Sanna Marin 총리는 1일 근로시간을 8시간에서 6시간으로 단축할 것을 주장했다. 그리고 2019년 당시 영국 그림자 내각의 재무부 장관이었던 존 맥도넬John McDonnell은 주당 근무 시간을 10년 내에 32시간으로 단축할 것을 제안했다.

뉴질랜드의 저신다 아던Jacinda Ardern 총리 또한 관광을 활성화하고 코로나19 이후 국가를 다시 궤도에 올릴 수 있는 방법으로 주당 근무일을 줄일 것을 제안하고 있다. 최근 들어서는 독일의 최대 노동조합인 IG Metall이 자동차 산업의 일자리가 없어지는 것을 막기 위해 주 4일 근무를 제안한 데 대해 사회민주당 소속의 후베르투스 하일Hubertus Heil 연방 노동부 장관은 반대하지 않는다고 화답한 상황이다.[2]

   기본소득의 핵심은 사라지는 일자리에 대한 소득 보전을 어떻게 할 것인가이다. 기본소득은 사상적으로는 19세기 후반에 활동한 샤를리에Joseph Charlier까지 거슬러 올라가지만,3 현재와 같은 본격적인 논의는 1986년에 기본소득유럽네트워크가 설립되면서부터이다. 물론 그에 앞서 시장주의자인 하이에크Friedrich Hayek, 토빈James Tobin, 프리드먼Milton Friedman도 우파적 입장에서 시민보조금이나 마이너스 소득세를 주장했다.

   최근에는 기술혁명을 이끌어온 빌 게이츠가 로봇에 대한 세금을 주장하고, 미국 민주당 대선후보로 나섰던 앤드류 양Andrew Yang이 기본소득제를 주장하고 있다. 기본소득의 사상적 연원은 스펙트럼이 넓지만, 기본소득으로 인정되려면 정기성, 현금성, 보편성, 무조건성, 지속성, 개별성 등을 갖추어야 한다.

   실제로 기본소득을 실행하는 사례로는 미국 알래스카주가 있다. 알래스카주는 1984년부터 석유 등 천연자원에서 나오는 수입의 일정 비율을 알래스카 영구기금에 적립하고, 그 기금을 투자하여 얻은 수익의 일부를 배당금 형태로 모든 주민에게 일정 금액 배분한다.

   캐나다의 마니토바주1974년와 온타리오주2017년, 핀란드2017년 등에서 기본소득을 시험하였고, 최근에는 독일도 2020년 8월 중순부터 향후 3개년에 걸쳐 120명을 대상으로 기본소득을 시험하겠다는 계획을 발표했다.

   스위스는 매월 2,500스위스프랑약 3백만 원을 지급하는 방안을 2016년 6월 국민투표에 부쳤으나 77%의 반대로 부결되어 실행하지 못하였다. 많은 국가에서 기본소득의 필요성에 공감하여 실험을 하고 있으나 국가 전체에 걸쳐 전면적으로 시행한 사례는 아직 찾아보기 어렵다.

   가장 유명한 기본소득 실험은 핀란드에서 최근에 이루어졌다. 핀란드는 2015년부터 구체적인 도입 방안을 마련하였고, 2017년 1월에서 2018년 12월까지 2년에 걸친 실험에 2,000만 유로약 274억 원의 예산을 투입하였다. 무작위로 선정한 만 25~58세의 실업자 2천 명에게 2년간 기본소득으로 매월 560유로약 74만 원를 조건 없이 직접 은행 계좌로 입금하였다.

   예비적 결과는 2019년 2월에 발표되었고, 최종 결과는 2020년 5월에 발표되었다. 핀란드는 국가 수준의 첫 번째 기본소득 실험으로 체계적이고, 과학적인 정책실험에 기반한 제도 개혁의 가능성을 보여주는 시도이다. 그러나 당초 고용 촉진 효과를 중심으로 설계된 실험이다. 보편적 기본소득 구상이라는 정책 목표나 원리와 상반되는 고용 활성화 모델을 실험 중간에 갑자기 도입하는 한계도 관찰된다.[4]

　　2020년 8월에 독일에서는 '나의 기본소득Mein Grundeinkommen'재단과 독일경제연구소, 쾰른대학 등이 주도하여 1,500명의 참가자를 모집하고 이 중 120명을 선정해 매달 1,200유로약 168만 원씩 3년 동안 지급하는 기본소득 실험을 추진하고 있다.[5]

표 4-7 국가별 기본소득제도 실험과 논의

국가	주요 내용
미국	알래스카주정부 시행(1인당 연간 2,000달러 지급)
	캘리포니아 오클랜드시에서 100가구를 선정해서 1년간 매달 최저임금액에 상당하는 1,000~2,000달러 지급(2016년 8월부터 6개월~1년간)
캐나다	온타리오주에서 2017년 6월부터 3년간 지급 계획. 빈곤층 4,000명에게 연 17,000캐나다달러(1,500만 원)를 지급하다가 재원이 고갈되어 1년 만에 중단
스위스	2016년 6월에 월 2,500스위스프랑(약 300만 원) 지급안이 국민투표에서 부결
핀란드	2017년 장기실업수당 형태로 매월 560유로 지급
네덜란드	2018~2019년 지방정부인 위트레흐트시는 복지체계 개편에 대한 필요성에서 기본소득제도를 실시

　　이와 같이 앞으로 다른 국가에서 기본소득에 대한 실험이 더 추진될 수 있고, 논의도 더욱 치열해질 것으로 예상된다. 4차 산업혁명을 겪으면서 1인당 노동생산성의 증가는 의심의 여지가 없지만, 일자리의 감소와 일자리 형태나 업무의 변화에 따른 실업이 일정 집단에 한정되지 않고 오히려 사회 전체에 대한 부담으로 전가될 가능성이 높기 때문이다.

　　또한 기본소득을 제공해 구매력이 확보되지 않으면, 과잉생산과 소비력 부재라는 현상이 발생하게 되고, 자본주의 사회가 유지되지 못할 가능성도 높아지고 있기 때문이다. 일부 전문가들은 기본소득이 선택사항이 아니라 필수사항이 될 것이며, 노동의 모순을 극복하기 위한 가장 기본적이면서 효과적인 수단이 될 것이라고 주장하기도 한다.

반면 정부가 제공하는 기본소득에만 의존하고 근로를 하지 않으려고 하면 누가 일을 하며 경제가 제대로 돌아가겠는가에 대해 우려가 발생하기도 한다. 즉, 저소득자 또는 로봇에게 일자리를 뺏긴 자 등 선별적으로 지급하는 것인지 백만장자를 포함하여 모두에게 주는 보편적인 것인지에 대한 질문인 것이다. 기본소득은 정기성, 현금성, 보편성, 무조건성, 지속성, 개별성 등이 요구되며, 일정 조건을 만족하는 대상자에게 지급해야 할 의무지출이다.

기본소득제도는 복지정책에 한정되는 것이 아니라 기술혁명 시대에 필요한 복지적 형태를 가진 경제정책으로 이해될 필요가 있다. 또한 소액이지만 정기적으로 지급되는 기본소득이 근로의욕을 떨어뜨릴 가능성이 현재로서는 그다지 크지 않다. 항구적인 재원이 소용되어, 한정된 사업에 적용되는 국채 발행으로 운영될 수는 없고 다양한 재원이 마련되어야 하는 난제가 남아 있다.

기본소득은 모든 사람에게 아무런 조건 없이 개별적이고 정기적으로 지급되는 현금이다. 기본소득은 그냥 현금을 주는 제도가 아니라 재원을 마련해서 현금을 지급하는 제도이다. 정책 실험은 지급의 영향만을 검증한다. 모든 계층에게 똑같은 금액을 지급하면 재분배 효과가 거의 없지만, 기본소득의 주요 재원방안인 누진적 소득세, 토지세, 환경세 등을 통해 고소득자나 자산가로부터 더 많이 세금을 걷기 때문에 강력한 재분배 효과가 발생한다.

우리나라에서도 기본소득에 대한 연구와 논의가 일찍부터 진행되어 왔다. 기본소득을 매달 1인당 60만 원씩 주려면 연간 360조 원이 필요하고, 매달 30만 원을 주려면 180조 원이 필요하다. 이러한 재원을 마련하는 방법으로 초기에는 기존 정부 예산의 조정과 각종 세금감면의 축소 폐지가 있으며, 궁극적으로는 기본소득 목적세를 신설하는 방법이 있다.

재정문제로 인해 기본소득제도를 전면적으로 시행한 나라는 아직 없다. 국가의 재정 건전성을 해치지 않고 충분한 세수를 확보하는 것이 필요하다. 한편, 재원 마련 방안과 조세제도 개편에 대한 첨예한 논쟁이 예상되고 조세저항도 강할 가능성이 높다.

그러나 기본소득제가 본격적으로 논의되고 도입되려면 4차 산업혁명이 더 진전되어 일자리의 대변동이 일어나고 일자리 상실로 인한 소득단절이 사회적 문제로 크게 대두되는 때를 기다려야 할 것으로 보인다.

기본소득의 목적세는 국토보유세토지 보유로 발생하는 불로소득에 대한 과세, 토지세전체 토지를 개인별로 합해서 누진하여 과세, 환경세탄소배출 등으로 환경을 해치며 발생하는 이윤에 과세, 로봇세일자리를 대체하는 로봇이 창출하는 이익에 과세, 데이터세개인이 생산하는 자료를 활용하여 생기는 이익에 과세 등을 신설하거나, 개인 소득세의 최고 과표 신설, 면세소득자와 사업자의 구간 폐지, 부가가치세 인상과 같은 증세를 검토할 수 있다.

데이터세는 데이터의 소비에 과세하는 보통세로서 일반재원에 편입할 수 있다. 그러나 데이터는 자유로운 역외거래가 가능하여, 내국민의 데이터를 활용하는 해외 기업에도 과세를 해야 하는 기술적인 문제가 발생한다. 또한, IT 기업들이 수집한 원시 데이터를 활용해서 발생하는 이익을 조세가 아닌 부담금으로 징수할 수도 있다.

인공지능 로봇의 발전 속도를 고려할 때 로봇세로 재원을 마련해 불이익을 받은 근로자에게 활용할 수 있다. 기업이 로봇 사용으로 추가 이익을 얻는 경우 세금을 징수하여 일자리를 잃은 사람에게 재정지원을 하면 소득 재분배가 가능하다. 그러나 로봇세가 기술혁신을 저해할 가능성도 있다.

코로나19로 촉발된 복지 논쟁

코로나19로 인한 경제적 어려움을 극복하는 방법으로 지급된 재난지원금을 계기로 논의가 더 본격화되고 있다. 정치권이 주도하는 기본소득 논의는 재정 문제를 어떻게 보고 대응하는가에 따라 달라지는데 정당별로 논의되고 있는 기본소득제는 다음과 같다.

최근 정당 차원에서 미래통합당은 당명을 '국민의힘'으로 변경하면서 기본소득제를 제시하였다. 국민의힘이 제안한 기본소득제는 OECD의 상대적 빈곤선인 중위소득의 50% 이하 가구를 지원 대상으로 한다는 것이다. 1인 가구 기준 중위소득 월 176만 원의 50%인 월 88만 원의 부족분을 정부가 메꾸어주는 방식이다. 예를 들어 월 소득이 50만 원이면 38만 원을 지원한다. 우선지원 대상자를 선별한다는 점에서 기본소득과는 차이가 있다. 또한 중복된 현금지원제도를 통폐합해 사각지대를 메우고 빈곤층 소득을 지원하는 방식을 채택할 경우 기존의 복지제도가 일부 축소될 가능성이 있다.

한편, 정부가 전 국민 고용보험제를 추진하자 더불어민주당에서는 이재명 경기도지사 등을 중심으로 기본소득을 본격적으로 도입해야 한다는 주장이 제기되었다.

전 국민 고용보험제는 코로나19로 인한 고용 충격이 취약계층에 집중되면서 시작되었는데, 2020년 7월에 발표된 한국형 뉴딜 정책에 포함되었다. 정부는 2020년 8월 기준으로 약 1,400만 명인 고용보험 가입자 수를 2022년 1,700만 명, 2025년 2,100만 명까지 점진적으로 확대한다는 계획이다. 예술인, 특수형태근로종사자, 프리랜서, 플랫폼 노동 등 고용보험 적용에서 배제됐던 사람들을 1차 대상으로 삼고, 앞으로 자영업자까지 포괄한다는 구상이다.

사회보험인 고용보험의 틀 내에서 도입되므로 보험료를 누구에게 부과할 것인지 문제가 되고 있다. 따라서 한편에서는 소득을 기준으로 적용대상을 정하고 보험료를 부과하자는 주장이 나온다. 어떻든 고용주도 보험료를 부담하기 때문에 반발과 함께 다양한 제안이 나오고 있다.

고용보험은 실업에 대응한 최소 안전망을 만드는 사회정책이다. 한편 기본소득은 일자리가 없는 4차 산업혁명 시대의 소득보전과 소비진작 정책이다. 따라서 고용보험과 기본소득은 대체관계로만 볼 수는 없다. 두 가지 정책 간의 대체성과 보완성에 대한 논의가 필요하다.

각종 정책의 원칙과 정의를 정립하고 장단점을 면밀하게 비교해야 하지만, 현실 속의 제도는 타협과 조정을 통해서 만들어간다. 우리 사회가 역동성을 가지고 성장하기 위해서는 분배체계를 재구성할 필요가 있다. 재정 적자를 최소화하기 위한 재원 마련 방법을 고려하면서 기본소득을 도입하는 방안을 검토할 필요가 있다.

4차 산업혁명으로 편리함을 느끼고 효율성이 극대화되고 있다. 하지만 많은 사람들은 일자리를 잃게 될 것을 우려하고 부의 불평등한 분배가 심각해지고 있다고 느낀다.

예들 들어, 제조업 기술의 총아로 불리는 자동차도 4차 산업기술이 합해지면서 정보통신기술ICT의 집적체가 되어 간다. 경제사회의 기반시설인 유통물류산업도 ICT 기술혁명에 힘입어 거대화된 플랫폼에서 생산자와 소비자를 직접 연결시켜 주고 있다. 고용을 많이 창출해 내던 자동차와 유통물류업에서 노동력을 절약하는 기술혁명이 계속되고 있으므로, 많은 일자리가 감소되고 경제적인 부는 기술력과 자본력을 제공한 일부에게 편중되어 갈 것으로 예상된다.

전통산업에서 일자리를 만들고 지켜온 베이비붐 세대는 새로운 기술에 기반한 사회발전에 어떻게 적응해야 할지 고민이 크다. 소비자로서 기술발전을 따라가기도 힘든 상황에서, 새로운 기술을 배워 생산자에게 노무를 제공하면서 생존하는 것은 더 어려운 과제이다. 따라서 사회와 국가 차원에서 4차 산업혁명이 가져오는 경제적 불평등 문제에 대한 해결방안을 심각하게 고려해야 할 시점이다.

제 3 장

4차 산업혁명 시대에
대응한 기업의 인적자원관리 전략

01 일하는 방식의 변화

4차 산업혁명을 대표하는 디지털 기술인 인공지능, 빅데이터, 사물인터넷, 클라우드, 모바일 등은 기업의 문화와 일하는 방식인 회의, 보고, 회식 등 관련 관행을 바꾸어 놓고 있다. 고령화와 함께 진행되면서 고령인력 관리에도 영향을 미치고 있다. 4차 산업혁명하에서 기업마다 일하는 방식들이 서서히 변화하고 있었으나, 코로나19가 조직의 전반에 걸쳐 변화를 가속화시키고 있다.

기업에서는 이미 줌, 팀즈, 구글 미트 등을 이용한 원격회의, 카카오톡의 그룹콜을 통한 다자간 통화 등을 사용하고 있었다. 자료들을 클라우드 기반의 공유 폴더에 올려두고 언제든 수정 보완하는 방식도 퍼져 있었다. 그러다가 '아무리 그래도 얼굴 보며 만나서 이야기'하던 시절은 지나가고, 이제는 외부 요인에 의해 어쩔 수 없이 이와 같은 도구들을 활용하여 회의를 하는 방식으로 바뀌었다. 그리고 내가 있는 자리에서 다양한 세미나를 골라 듣는 웨비나Web+Seminar의 시대도 도래했다.

그리고 최고 의사결정권자를 대상으로 한 보고는 특히 대면보고가 기본이었다. 보고자는 상사가 어떤 것을 물어볼지 모르기 때문에 머릿속에 많은 정보를 넣어두고, 보완자료를 만들면서 예행연습도 한 후에 긴장을 하면서 대면보고를 해야 했다. 종이를 없애거나 1페이지로 보고하는 방식도 유행했지만 일반적이라고 보긴 어렵다. 무엇보다 보고를 받는 사람이 익숙하지 않았기 때문이었다.

그러나 이제는 기업에서 회장, 시장 보고도 비대면으로 할 수밖에 없다. 대신 화면 옆에 포스트잇이 주르륵 붙어 있거나, 질문에 대한 답변을 실무자들이 실시간으로 보내주는 것들은 달라진 양상이다. 이제는 그야말로 유기적, 협업적 보고체계가 구축되었다.

한편, 회식은 4차 산업혁명 시기라고 해서 달라진 것은 없다. 가뜩이나 점차 모이지 않는 분위기가 퍼지고 있던 차에 코로나19로 인해 회식의 기회가 줄어들고 사라지게 되었다. 회식을 하는 경우에도 각자 집에서 회사가 제공한 쿠폰으로 배달한 음식을 먹으면서 화상회의 시스템을 통해 '랜선 회식'을 하기도 한다.

무엇보다도 근무환경 차원에서 일하는 장소가 달라진 면이 가장 큰 변화다. 기업 입장에서는 근로자들이 어디에서 근무하건 생산성만 유지되면 되고, 더 나아가 상승한다면 오히려 환영할 만한 일이다. 4차 산업혁명과 코로나19는 재택근무, 유연근무, 원격근무 등 근무형태의 변화를 가속화시켰는데, 이외에 기업과 고령자들은 환경 변화에 대응하여 어떤 면을 고려해야 할 것인지에 대해서 설명한다.

첫째, 기업 입장에서는 근로자들의 직무를 명확화해야 한다. 재택근무를 하면서도 성과를 창출하게 하려면, 어떤 일들이 있고, 누가 수행하고 있는지가 뚜렷해야 하기 때문이다. 이제 하나 더 생각해 보아야 할 것은 재택근무용 직무를 구분해 내어야 할 상황이 되었다는 것이다. 예를 들어 아마존 채용 사이트에 '인공지능AI'을 입력하면 1394개의 전일제 일자리full time job가 검색되는데, 재택근무work from home 범주가 따로 있다2020년 9월 기준.

둘째, 고령자 입장에서는 이제까지 사용한 적이 없던 각종 협업 도구, 회의 도구 등에 적응해야 한다. '익숙하지 않다'는 이유로 물러서면, 자리에서도 물러나야 한다. 본인에게 권한이 있다 하여 변화를 더디게 만들 수는 있지만, 그것은 해당 조직의 혁신과 발전을 막는 것이다.

지인들 중에 혼자서만 SNS를 쓰지 않는 사람이 간혹 있다. 독립적인 업무를 수행하고 있다면 모를까, 협업이 필요한 조직 내의 일원이라면 본인은 다른 사람을 불편하게 만들고 있는 셈이다. 엽서나 전보를 주고받던 시절이 있었지만 이제는 팩스도 잘 안 쓰는 시대가 되어 버렸다.

사무직에서 하위 직급은 컴퓨터로 일을 처리하는 시간이 많았으나, 비정형적인 일이 많은 상위 직급에서는 대면 소통이 많았다. 그러나 이제 비대면 보고, 재택근무가 더 활성화될 것이므로 관리자나 고령자는 이러한 상황에 익숙해져야만 한다.

셋째, 재택근무를 하면서 일과 생활을 구분할 방법을 고안할 필요가 있다. 바야흐로 일과 삶의 균형Work & Life Balance이 아니라, 일과 삶의 구분Work & Life Division 시대가 되었다. 출퇴근 시간 자체가 없어지는 등 만족도가 높은 경우가 많지만, 갑자기 시작한 재택근무에 난감해 하는 사람들도 적지 않다.

포브스Forbes는 이 문제를 해결하기 위한 비결을 제시했는데, ① 생활 공간과 완전히 구분되는 지정된 작업 공간을 만들 것, ② 매일 아침 오늘 할 업무 목표를 설정한 뒤 근무를 시작할 것, ③ 근무시간과 휴식 시간을 철저히 구별할 것 등이다.

마찬가지로 구글Google은 '재택근무를 슬기롭게 활용하는 방법'을 배포하였다. 업무시간을 정하고 업무환경을 조성하며, 업무공간으로 일정한 방과 책상을 지정하고, 피해야 할 공간을 구분하여 침실 같은 휴식공간에서는 컴퓨터 사용을 자제하라는 것이다. 그래야 휴식하는 공간에서는 마음의 안정을 찾을 수 있다는 것이다.

02 고령층의 위기와 청년층의 기회

4차 산업혁명하에서 일자리가 사라진다는 예측은 충분히 가능하다. 그럼에도 불구하고 신규 일자리가 창출될 것이라는 긍정적 예측도 뒤따른다. 그러나 기존의 업무에만 익숙한 고령자에게도 기회가 올까? 우선은 젊은 층, 그리고 정보통신기술ICT 분야에 훨씬 많은 일자리가 마련되므로 고령층에게는 기회가 적어지거나 위기 요인이 될 수 있다.

정보기술 기반 A사

A사는 컨설팅, 시스템 통합, 아웃소싱, IT 인프라솔루션, IT 컨버전스 등의 사업을 영위하며 IT정보기술 관련 서비스를 제공하는 기업이다. 축적한 역량을 바탕으로 다양한 신사업을 추진해 왔고 특히 인공지능AI과 빅데이터를 활용한 기술, 서비스에 대한 수요가 매우 늘어나고 있는 상황이다.

특히 A사가 집중하고 있는 분야는 스마트 팩토리Smart Factory로 4차 산업혁명의 기반인 제조 혁신을 주도하고, AI 기반 빅데이터 분석을 활용해 고객들의 다양한 신사업을 추진을 지원한다. 따라서 인공지능, 빅데이터, 스마트팩토리 등 관련한 분야 인재 확보에 전력을 다하고 있다.

"채용 팀장은 요즘 하루 종일 인터뷰만 한다. 인터뷰 대상은 인공지능 분야, 빅데이터 분야로 한정되며, 신입, 경력을 가리지 않는다."

그러나 기하급수적으로 늘어나고 있는 전문인력 수요에 비해 현재 시장에는 인공지능, 빅데이터 인력이 품귀현상을 보이고 있다.

"인공지능 쪽 분야 석·박사가 필요한데, IT·제조·금융업을 망라하여 시장에 석·박사들이 거의 나오지 않고 있다."

국내 기업들이 절박한 또 하나의 이유는 외국 기업의 인재 선점이다. 국내 대기업들조차 외국 IT 공룡들의 급여 수준을 따라가기에는 부족한 실정이다.

"대학원 졸업하고 시장에 배출되는 순간 아마존, 구글 같은 데서 다 채 가 버린다. 인력이 모조리 미국으로 유출되는 것이다."

"스탠퍼드대를 졸업한 AI 분야 박사 채용을 진행한 적이 있다. 하지만 성사되지 않았다. 박사 졸업 초년생 연봉을 어떻게 3억에 맞추겠는가?"

수요와 공급의 불균형이 얼마나 심각한지 짐작할 만하다. 설상가상으로 이미 확보한 인력의 유지도 쉽지 않다. 인공지능·빅데이터 인재들의 입장에서는 현재 '부르는 게 값'인 상황에서, 경험 좀 쌓고 이직을 반복하는 방식으로 몸값을 높여가면 3번째 직장 즈음에서 연봉 1억을 넘기는 것은 어렵지 않을 법하다.

"이직 시 30% 높여서 갔다고 하면 많이 못 받았네 하는 소리가 나온다."

기업에서는 어렵게 확보한 직원을 빼앗기면 손해가 매우 크므로 인센티브를 따로 얹어주고서라도 직원 유지에 안간힘을 쓰고 있지만 이마저도 쉽지 않은 형국이다.

인력확보 문제에 대한 A사의 대응책은 세 가지로 볼 수 있다. 즉, 산학협력, 내부 육성, 외국 우수 인재 유치다.

첫째, 산학협력은 대학 연구실과 공동 연구과제를 진행하는 방식으로 한다. 기존의 산학협력과 형태는 같지만 과거와는 입장이 정반대다. 이전에는 대학 연구실에서 지원금 확보 차원에서 기업 프로젝트를 유치하고자 노력하였다면, 이제는 인공지능·빅데이터 관련 연구실에 지원해 주겠다는 기업의 콜이 잇따르고 있기 때문에 도리어 대학 연구실에서 기업을 고르는 상황이다. 연구실 입장에서는 지원금 자체가 큰 유인은 될 수 없다. 연구실에서 필요로 하는 것은 연구 기반이 되는 산업별 방대한 데이터이다.

"AI 쪽은 요즘 돈이 많다. 그러니 산학장학생 같은 것도 굳이 안 하려고 한다. 미리부터 한 기업과 얽매이기 싫으니까. 대신 연구실은 데이터가 없고 기업은 데이터가 많으니 그런 과제를 하고 싶어 한다. 그런 부분이 맞아떨어지는 부분이다."

둘째, 전문인력의 내부 육성 방안도 함께 모색하고 있다. A사는 주요 대학과 협력하여 사내 교육 과정을 운영하였다. 사내 임직원들 대상의 'AI 아카데미'를 신설한 것이다. 머신러닝, 딥 러닝 등의 AI 최신 기술을 강의하고, 목적지 추천, 제조 공정 분석 등 실제의 비즈니스 적용 사례들을 중심으로 실습한다.

셋째, 외부 인재 유치도 적극적으로 고려하고 있다. 한국은 인공지능·빅데이터 분야 제반 환경이 선진국에 비해 몇년 뒤처져 있으므로 배출되는 인력의 수에서 명백하게 차이가 있다. 따라서 해외 외부 노동시장으로 눈을 돌리는 것이 필수적임을 내부적으로도 인지하고 있는 상황이다.

제조업 B사

B사는 1999년 W타이어를 인수할 때부터 기존의 공장 경남 양산에 있었고, 2004년에는 제2공장을 증설하였다. 2010년대 초까지 국내 공장과 중국 공장을 보유하고 있던 B사는 성장을 위해 새로운 공장을 어디에 마련할 것인가 대해 중요한 의사결정의 갈림길에 섰었다. 경쟁업체들은 중국, 동남아시아 등 해외에 계속해서 설비 투자를 이어가고 있었다.

인건비 절감과 글로벌 경쟁력 강화를 위해 해외에 공장을 지을 수 있었지만, 결국 국내 창녕에 최첨단 공장을 마련하기로 경영진이 최종 결정한다. 한국의 인건비가 높은 것은 사실이지만 품질경쟁력과 생산효율성 측면에서 '메이드 인 코리아Made in Korea'로 방향을 잡는 것이 유리하다고 판단한 것이다. 이를 통해 고부가가치 제품 생산과 수익 극대화를 도모할 수 있다고 보았다.

그 결과, 2012년 3월 경남 창녕군에 준공된 B사의 새 공장은 야간에 소등이 되어도 공장이 자체적으로 가동하는 '스마트 공장'이 되었다. 재료 입고에서 제품 출고까지 자동화 로봇, 무인 반송차, 전자태그RFID 등을 활용해 전 공정을 자동화하였다.

그리고 지역사회에도 1,100여 개의 고급 일자리를 창출해 줄 수 있었다. TFT를 구성하고 공장 부지를 마련하기 위해 지역 주민 설득작업도 진행되었다. 주요 인력을 양산공장으로부터 이동시키고, 창녕 지역에서 대부분의 인력을 신규 채용하였다.

최첨단의 설비 환경을 마련했지만, 우려한 것은 공장 완공 이후 생산의 안정화를 얼마나 빨리 가져올 수 있는가였다. 지역사회 중심으로 신규로 청년들을 채용하다 보니 초기 720명 중 본사의 양산공장 출신 150명을 제외하면 모두 인근 지역 출신이었고 따라서 처음부터 교육해야 했다. 향후 점점 더 많은 인력을 증원해 나갈 계획이었지만, 20년 이상 근무한 전문가들조차도 '빠른 생산 안정화는 힘들 것'이라고 내다보았다.

그러나 본격적으로 스마트 공장 가동이 시작되자 다른 모습이 나타났다. 최첨단 설비가 줄줄이 배치되었고, 초기에는 양산공장에서 옮겨 온 숙련된 직장이나 반장들, 소위 시니어 작업자들이 먼저 그 사용법을 새로 익혔다. 이들은 타이어 설비를 수작업으로 다루어 오던 세대이기도 하다. '모니터 한번 보고, 기판 한번 보고, 키보드 치고'를 반복하였다. 기존의 조작 방식과 달라 어색해하면서 다소 더딘 습득 속도를 보였다.

그런데 막상 신규로 증원된 생산직원들에게 가르쳐 보니 반전이 일어났다. 이들은 IT 세대이자 스마트폰 세대였기에 IT 기반 설비에 친숙했고 대부분이 모니터를 직접 보면서 입력, 조정하는 식이었다. 새로 도입한 최첨단 설비는 젊은 스마트폰 세대와 오히려 잘 맞았다.

뿐만 아니라 학습 속도 면에서 직장, 반장, 조장보다 더 빨리 배우기 시작했다. "그들이 늘 다뤄 오던 생활기기와 우리 설비가 유사했다. 신입사원들의 설비 적응도는 정말 무지하게 빨랐다."는 것이 당시 공장장의 회고이다.

> "과거에 많은 수공정을 통해 타이어를 만들 때만 해도 신입 생산직원들은 일을 제대로 빠르게 수행하지 못했다. 1년 걸려도 마찬가지로 여전히 능숙하지 않았다. 그런데 이제는 세상이 바뀌었고, 타이어 자체를 정교하게 만들어 나가는 노하우와 절차는 설비 내에 프로그램으로 녹아 들어가 있다. 그 프로그램을 운영하는 방법을 배우는 것은 1년만 해도 충분하다고 본다."

관리 부문에서는 이 같은 현상이 일시적인 것이 아니고 직무양상이 변화하는 것이라고 판단했다. 우선 주니어-시니어 간의 직무역할 재정립 필요가 있었다. 과거에는 신입이 입사하면 숙련도를 갖추기 위하여 2~3년간 허드렛일만 했다면, 이제는 설비운영에도 이른 시기에 투입되는 등 조기전력화가 가능해졌다.

또한 주니어가 스마트 공장 설비 개념을 더 잘 이해하는 경우도 생기기 시작했기 때문에 과거처럼 숙련도와 근속연수만을 기준으로 시니어와 주니어를 구분하던 잣대는 큰 의미가 없어졌다. 근속에 따른 숙련도보다는 설비에 따른 직무특성에 적합한 사람을 먼저 배치할 수 있는 토대가 마련된 것이다.

스마트 공장이 고도화 되어가면서 다양한 직무에 대한 가능성은 실험 중에 있다. 다만 시니어의 오랜 경험은 분명 소중한 기업 내적 자산이기 때문에 제조현장에서 발생하는 구체적 이슈들에 대해 조언하는 방식으로도 시니어의 역할이 전개되고 있다고 한다.

또한, 육체노동을 기반으로 한 생산자로서의 생산현장 직원에서 벗어나 생산설비를 운영하는 엔지니어로서의 변모가 뚜렷해지다 보니 작업자 역할 자체도 확대되었다. 특히나 품질 관련 역할이나, 설비 작동 모니터링 역할이 추가되었다. 매뉴얼 검사에 의존하던 품질 검사 프로세스는 인공지능에 의해 대체되었고, 작업자들은 사전 품질관리 활동에 시간을 더 투입할 수 있게 되었다.

그러면 B사의 현재 상황, 그리고 향후 전망은 어떠할까? 지역사회의 일자리, 기업 내의 직원, 기업의 실적 측면에서 살펴본다.

첫째, B사 공장을 유치한 창녕군은 경상남도 군 단위 지자체 중에서 유일하게 7년 연속 인구가 늘어난 곳이 되었다. 매년 출생자 수보다 사망자 수가 많은 지역임에도 인구 자체는 꾸준히 증가하는 결과를 가져온 것이다. 지역사회의 적극적인 기업 유치 정책에 기업의 일자리 창출이 화답했다고도 할 수 있다. 이는 국내 기업 해외공장의 국내 U턴이나 추가 증설, 그리고 이를 통한 고용 확대의 성공 사례이기도 하다.

둘째, B사의 구성원들의 자부심과 사기가 크게 진작되었다. 창녕공장의 직원들은 좋은 근무환경에서 좋은 실적을 내면서 장기적으로 안정감 있는 일자리를 확보했다는 믿음이 생겼다. 설비 및 품질 시스템에 대한 해외 바이어들로부터의 찬사들을 접하며 자긍심이 높아졌고, 실질적으로 생산직의 역할도 확대되었다.

셋째, B사는 2016년 2월에 독일 스포츠카 제조업체 포르쉐의 스포츠 유틸리티차량에 타이어를 공급하는 계약을 성사시켰다. B사는 이미 수년 전부터 초고성능타이어UHPT를 활용한 '고급화 전략'을 전개해 오고 있었는데, 창녕공장과 같은 스마트 공장이 큰 몫을 해 낸 셈이다.

금융업 C사

C사는 그룹 내 관계사의 인적·물적 IT 인프라 및 기술을 같은 장소에 모아 통합데이터센터로 통합하였다. 은행, 카드, 증권, 보험, 캐피탈 등 관계사별 분산, 관리해 오던 IT 인프라와 인력을 집중시켜 비용 절감 효과뿐만 아니라, 그룹 내 IT인력 교류 활성화, 효율적이고 유연한 데이터의 관리 및 활용, 분야별 핵심 신기술 추진 등 통합 시너지 극대화를 도모한 것이다.

한편 이는 4차 산업혁명 시대에 이제는 IT가 모든 산업의 중심에 있음을 인식한 것이기도 하다. 그런데 기업이 신규 전문인력을 새로운 분야에 채용하려고 해도 공급은 늘 부족하였다. 비즈니스와 IT를 동시에 이해해야 하는 직무, 데이터 사이언스, 빅데이터·데이터 애널리스트 직무가 크게 필요했다.

이처럼 새로운 일자리는 있었지만, 적합한 인재 채용은 어려운 상황이었다. 첫 번째 이유는 다른 주요 기업들도 인공지능AI, 빅데이터, 사물인터넷IoT 분야의 전문가를 채용하고자 하여 수요가 공급을 초과하고 있었기 때문이다. 두 번째 이유는 학문 분야의 정의가 모호하여 필요한 인력의 요구 스펙을 정확히 정의하기가 어렵기 때문이었다.

> "우리 회사에서도 전문인력에 대한 수요가 많고, 절대적으로 사람이 부족한데 못 뽑는 실정이다. 그야말로 AI 분야의 인재전쟁이 현실이라고 하겠다. 사람이 하늘에서 떨어지는 것도 아니고… 외부로부터 영입을 하기 위해 헤드헌터에 요청하면 더 구체적으로 직무기술서를 만들어 달라고 한다. 하지만 우리가 정작 정확히 알 수 없어 그들과 상의하고 있다."

첫 번째 해소방안으로서는 기존의 내부 인력을 활용하고자 하였다. 적극성, 학습능력, 어학능력이 잘 갖추어진 인력들을 대상으로 교육을 통해 역량을 추가하는 방법을 사용하고 있었다. 그러나 정작 기존 인력들은 변화에 대한 의욕수준이 높지 않아 별도의 통제와 강화가 필요하게 되었다.

두 번째로는 당시 수요가 다소 줄어든 조선, 건축 산업에 진출한 공대 출신들이나, 학원 등과 연계하여 훈련된 문과생들을 채용하는 것이었다. 이들은 아직 젊기 때문에 기초에 대해 학습을 한 상태이므로 채용 후 더 가르쳐서 조기 전력화를 시키겠다는 것이었다.

물론 이 두 방법만으로는 진정한 전문가, '고수'를 확보하긴 어려우므로 다른 방법도 모색하고 있다. 즉, 인수·합병과 제휴를 하는 방안으로서, C&DConnect & Develop팀을 신설하여 전문성 있는 인력들이 모여 있는 집단과 연합을 하거나 통째로 사들이고자 하는 것이다.

C사의 사례의 시사점은 어떤 것이 있을까? 첫째, 대면이 필요한 일자리는 줄어들 수 있으나, IT에 기반한 일자리는 그 수요가 지속적으로 늘어나고 있었다. 다만, 과거 대비 현재 요구되는 기술 수준이 높으므로 많은 기존 인력들을 대상으로 재교육을 실시하고 있다. IT 분야의 필요역량과 보유역량 간의 간극을 좁히도록 회사가 기회를 먼저 제공하고 직원 스스로도 노력하도록 유도하고 있다.

또한 IT 인력 중에서도 근무태도와 성과가 좋았던 고령직원들은 계약직으로 전환하여 '반복적인' 유지보수 업무를 부담 없이 이어가도록 하고 있다. 상대적으로 젊은 층에서는 기피하는 직무이지만 여전히 필요하고 수요가 많은 일자리이기 때문이다.

둘째, IT 인력들은 나름의 특성을 보유하고 있기 때문에 이를 고려한 인사제도와 조직문화 프로그램의 설계와 운영이 필요하다고 보고 있었다. 4차 산업혁명 시대에 IT 전문가들이 주목과 각광을 받기 시작한 것은 사실이지만 이들을 유인하고 유지하기 위한 보상제도, 그리고 협업을 활성화할 수평적 문화를 만들기 위한 직급체계 개선 등이 요구되고 있었다.

셋째, 국내에서의 인력 공급 측면에서 본다면, 대학마다 배출한 인재들 간의 격차도 줄일 필요가 있다고 보았다. 기업 현장에서는 '우리 기업에 오지 않는 IT 직무의 최상위층'과, '우리 기업에 별반 도움이 되지 않는 하위층'이 있을 뿐, 중간층이 없다'며 토로하기도 한다.

> "이번에 몇몇 대학의 전공자는 큰 기회를 거머쥐었다. 기업에서 수요가 폭발했기 때문이다. 이 정도까지는 기업에서도 예측이 안 되었다. 이와 같은 공급 부족은 그동안 현장에서 소프트웨어 인력들에게 가치를 인정해 주지 않은 탓이 있다. 2000년대 중반 전후 학번의 이공계 학생들은 의대로 몰려갔었고, 그 결과 현재 30대 초중반까지의 연령대에서는 전문가 부족 현상을 초래했다."

결론적으로 4차 산업혁명은 일자리 차원에서 IT 인력 공급의 품귀 현상을 초래했다. IT 인력들은 중소기업에서 중견기업으로, 중견기업에서 대기업이나 글로벌 기업으로 이동하며, 대기업이나 글로벌 기업에서는 다시 창업한다고 이탈하는 순환 구조가 가속화되고 있다. 기업마다 확보뿐 아니라 유지의 문제가 크게 대두되고 있다.

관리능력과 통솔력에 장점이 있는 고령인력들이 이제 와서 코딩coding을 새로 배워 현장에 뛰어드는 것이 쉬운 일은 아니다. 그렇다면 기업들은 고령자들을 위해 어떤 대응방안을 마련할 수 있을까?

03 고령자를 위한 기업

기업에서는 기존 인력을 재교육하여 적응시키는 일자리를 만들거나, 고령인력을 위하여 신규 일자리를 창출하는 방안을 고안해 낼 수 있다. 점차 로봇, 자동화된 설비, 도구들이 근로자를 대체하긴 하지만 작업장 자체를 변화시킨다. 장기적인 관점에서 작업장에서는 동료의 피드백을 받고 일하는 절차, 조립라인

재설계 등을 통해 지속가능한 대안들을 만들어가야 한다.[1]

　　고령인력이 되어갈 대상자에 대한 체계적 역량 개발 프로그램이 고령화 대응책의 중심이 될 이유이기도 하다. 변화 트렌드나 새로 등장하는 개념과 지식을 상시 지속적으로 학습할 수 있게 하고, 부족 역량 향상을 위해 교육훈련을 제공해야 한다. 또한 고령자도 쉽게 접근 가능한 새로운 직무를 발굴해야 한다. 단순히 호의를 베풀기 위해서가 아니라 기업이 필요하기 때문에 일자리가 만들어지는 것이 가장 바람직하다.

국내기업 사례

① **배달 플랫폼 D사**　　플랫폼 사업은 '온라인 플랫폼을 이용하여 다양한 이해관계자들이 제품이나 서비스를 제공하고 대가를 받는 일자리'를 의미한다. 이중 외식배달, 숙박공유, 차량공유, 대리기사, 택배, 퀵서비스 등으로 대표되는 호출형 플랫폼 사업의 서비스는 스마트폰의 보급으로 본격화되기 시작하였다.

　　D사는 배달앱 서비스와 신선식품 배송서비스, 외식배달 대행 서비스를 주력으로 스타트업으로 시작했다. '좋은 음식을 먹고 싶은 곳에서'라는 비전하에 이용자에게는 편리한 주문 방식, 다양한 이용 혜택을 제공하고, 가맹 업주에게는 효과적인 광고와 온라인 및 모바일 판매를 통해 수익을 창출할 수 있도록 한다.[2]

　　2020년 코로나가 전 세계를 강타했다. 다른 나라에서는 생필품 사재기가 일어나기도 하였으나, 우리나라에선 그런 일은 발생하지 않았다. 그 주요 요인으로 대단히 활성화된 배달 문화를 꼽았다. 언제든 스마트폰을 통해 필요한 물품들을 선택하면, 원하는 시간과 공간에 받을 수 있기 때문이다.

　　앱 분석업체 와이즈앱에 따르면 배달의 민족, 요기요, 배달통, 푸드플라이 등 주요 배달앱의 월 결제액이 2020년 7월에 9,434억 원을 기록했다고 한다.[3] 월 1조 원, 인구 5,000만 명이라고 할 때 1인당 월평균 10만 원씩은 배달을 시켰다는 단순 계산이 나온다.

배달 그 자체는 사람이 하도록 되어 있는데, 배달에 대한 수요가 폭증하여 성별, 연령을 불문하고 다양한 사람들이 참여하게 되었다. 주목할 만한 것은 퇴직한 연령층에서도 '돈도 벌고, 건강도 챙긴다'며 참여가 가능해졌다는 것이다.

배달업계 관계자는 "과거에는 대부분이 20~30대 남성이었던 데 반해, 최근에는 여성과 노년층 비율이 크게 증가했다."고 하기도 한다. 2020년 9월 D사에 따르면 7월 응모를 받은 라이더의 경우 18일 만에 1,000명을 모집했다[4]고 한다.

더구나 궂은 날씨, 코로나19 등의 원인으로 도보 배달 수요까지 많아졌고, 본인이 일하고 싶은 시간에 일을 할 수 있으며, 문 앞에 배달물품을 놓고 가기만 하면 되고, 가계에도 어느 정도 도움이 된다는 점에서 고령자들이 선호하기도 한다. 그리고 고용형태와 관련하여 담당자는 다음과 같이 이야기한다.

> "초기에 라이더 처우개선을 위해 정규직화, 4대 보험, 약 3천 후반의 연봉을 설정했었다. 그러나 대다수의 일하고 싶어 하는 사람들이 프리터 족으로 하고 싶어 하는 것 같다. 즉, 그날그날 단말기 켜서 일하고 싶으면 한다거나, 오토바이 타는 게 좋아서 하는 분도 있고, 여행을 하다가 생계를 위해 며칠 일하기도 하는 등 시간 여유가 있을 때 일을 하고 싶어 하지, 배달업을 평생 직업으로 삼고 싶어 하는 분이 많지는 않았다."

이러한 이야기를 들어 볼 때, 배달업에 종사하는 사람들은 일반적으로 생각하는 안정적이고 고정적인 업무보다는 운신이 자유로운 특수고용형태를 선호하는 것으로 보인다. 안전을 전제로 하면 고령자가 진입할 수 있는 직종의 문이 좀 더 넓게 열리기 시작했다고 할 수 있다.

② **시니어 전문 IT 기업 E사의 사례**　　　　E사는 시니어 전문 IT 기업으로 직원 평균 연령은 60세이고 은퇴한 노년층을 직원으로 채용하였다. 오랜 경험과 노하우를 지니고도 일찍 현업에서 물러난 시니어들에게 미래를 선물하려는 취지이다. 정년이 한참 지났어도 여기서는 신입사원으로 들어올 수 있다.

2013년 10월에 설립된 E사의 주력 사업은 시니어 IT 인력 도급과 교육서비스이다. 아카데미로 시작하여 네이버 협력업체로 자리 잡았다. 주 업무는 이미지와 동영상 관련 업무이며, 네이버 지도 상에 나온 사람 얼굴, 국가 주요 시설을 골라서 지우는 작업도 맡는다.

E사 임직원 수는 2020년 기준 410명 정도에 이르는데 설립 후 2년 만에 400명을 돌파했다. 2019년 매출은 70억 원으로서 임직원 수를 감안한다면 적지만 매출도 꾸준히 올라 자회사와 3개의 지점도 두었다. 2015년에는 '대한민국 고용 창출 100대 우수기업'으로 선정되었고, 보건복지부 고령자친화기업 사업에 참여하기도 했다.

고령자가 많다 보니 복리후생도 이채로운데, 직원 연차에 따라 본인 환갑, 고희연뿐만 아니라 손자손녀 경사도 챙긴다. 취업 요건은 까다롭지 않고 인터넷과 컴퓨터 활용이 익숙한 55세 이상 시니어라면 누구든 지원할 수 있다. 정년이 없는 것도 장점이다. 4대 보험과 건강검진, IT 교육, 퇴직금도 제공한다.

본인의 건강 상태에 맞춰 4.5시간, 5.5시간, 7시간 중 근무 시간을 선택할수 있다. 임직원의 출신 산업은 다양하며, 숙련도는 높고 이직률은 낮다고 한다.

③ **F사의 사례**　　　F사는 2013년 5월 고령자 친화기업인 S물류를 부산에 설립했다.[5] 고령자 친화기업이란 만 55살 이상 고령자로 노동자의 70% 이상을 구성한 기업을 뜻한다. 취업한 고령자는 택배 물품을 분류하고 배달하는 직무를 맡고 있다.

고령 직원들의 신체적 부담을 줄이기 위해 택배 차량 진입이 쉽지 않은 아파트 단지 내에서도 쉽게 물건을 나르도록 전동 자전거와 카트도 제공한다. 하루의 택배 배달 물량은 일반 직원의 20~30%로, 근무시간은 4시간으로 제한한다. 비록 기본 월급은 40만 원대이지만, 건강을 해치지 않으며 지속적으로 일할수 있다는 것이 장점이다. F사 입장에서도 배송인력을 안정적으로 확보할 수 있게 되었다.

초등학교 교사를 정년퇴직한 후 택배 배송 일을 시작한 S씨[70]의 이야기이다.

"집에서 쉬다 보니 건강이 나빠지고, 어느새 퇴직금도 바닥나 생활이 힘들어졌다. 그런데 소문을 듣고 시작한 택배 일은 배송하는 만큼 임금도 많아지고, 4대 보험까지 적용된다고 하니 '이 일이다' 하는 생각이 들었다. 기다렸던 택배를 받고 좋아하는 고객들의 모습을 보면서 많은 보람을 느낀다."

④ **H사의 사례**　　H사는 고령자의 창업을 지원하면서, 유망한 '시니어 비즈니스'도 육성하는 공유가치창출CSV: Creating Shared Value 경영 모델 정착에 힘쓰고 있다. 2012년부터 패션 돋보기, 소독액 치간칫솔, 시니어 치유 동물 전문가 양성 등 고령자에게 적합한 상품과 서비스를 개발하는 소기업, 사회적 기업들을 발굴하여 기업당 자금 최대 7천만 원과 컨설팅을 지원하고 있다.

　　이를 통해 H사는 노인용품 개발 아이디어를 얻음과 동시에, 개발된 제품을 대신 판매하면서 수수료 수익도 얻는다. 또한 벤처기업들이 가급적 고령자를 고용하게끔 유도하는 방식으로 일자리 나눔도 실현하고 있다. 새로운 노인용품 개발을 추구하는 기업, 창업을 희망하는 고령자, 재취업을 희망하는 고령자 모두 상생할 수 있는 구조이다.

해외기업 사례[6]

① **미국의 부즈앨런해밀턴 사례**　　미국의 부즈앨런해밀턴BAH은 정보교류, 사내소통을 강화하기 위해 '헬로바닷컴Hellobah.com'이란 사이트를 개설하여 운영하고 있다. 이 사이트는 자택이나 고객사에서 근무하는 직원들을 연결하는 허브 역할을 했는데, 블로그 등을 통해 활발한 정보교류를 유도했다. 사내 네트워크를 활성화하여 정보 흐름을 개선하는 효과는 물론이고 세대 간의 소통을 강화하는 효과도 가져왔다.

　　고직급 세대는 익혀둔 노하우와 비즈니스 정보를 젊은 세대들과 유쾌하게 공유하고, 반대로 젊은 세대는 고령인력들에게 이 사이트를 거부감 없이 능숙하게 이용할 수 있는 방법을 알려주었다. 이러한 교류를 통해 신세대 구성원은 선배들에 대한 긍정적 인식을 얻을 수 있었고, 선배들은 변화에 좀 더 빨리 대응할 수 있게 되었다.

2 **영국의 브리티시텔레콤 사례**   영국의 브리티시텔레콤BT은 '균형달성 Achieving Balance'이라는 프로그램을 통해 고령의 근로자가 본인의 상황에 맞게 근무형태를 선택하고 단계적으로 업무를 감소시켜 나갈 수 있도록 했다. 모든 근로자가 이 프로그램을 활용할 수는 있지만 고령인력이 특히 많이 활용하는 편이다.

크게 ① 개인 시간은 늘리고 업무 시간은 줄이는 Wind Down, ② 좀 더 책임과 권한이 낮은 직무로 변경하는 Step Down, ③ 최대 2년까지 휴직 또는 안식년을 선택하는 Time Out, ④ 최대 2년까지 자선단체 파견근무를 하는 Helping Hands, ⑤ 단계적으로 책임과 권한 단계를 낮춰 근무하는 Ease Down 등 다섯 가지 단계가 있어서 업무량을 조절할 수 있다.

근로자는 자신에게 맞는 근무형태를 자발적으로 선택하여 몰입해 근무할 수 있고, 기업은 비용을 줄이면서도 고령인력의 고숙련 기술과 경험을 활용할 수 있게 되었다.

3 **독일의 지멘스 사례**   독일의 지멘스Siemens는 '나침반 프로세스Compass Process'를 운영하고 있다. 이 프로그램은 첫 단계로 워크숍 자리에서 자기의 강점과 약점에 대하여 상사, 동료, 고객으로부터 전면적 피드백을 받고 분석 후에 구체적인 경력 개발 계획을 수립한다.

이렇게 만든 경력계획의 타당성에 대해 경영진, 인사팀과 검토한 후에 경력개발을 진행하고, 몇 개월 후 2차 워크숍에서 개인별로 경력계획 진척 상황, 문제점을 점검해 추가 방안을 마련한다.

참가자들은 이 프로그램에서 얻는 가장 큰 수확으로서 동료들 피드백을 통해 자기 위치와 능력을 재발견하는 기회를 가질 수 있었음을 꼽고 있다. 이 과정에서 자신에게 적합한 직무를 재발견하고, 진로 계획 등을 수립하는 기간에 전직轉職도 할 수 있었다.

4 **독일 BMW 공장 사례**　　독일의 자동차회사인 BMW는 2007년 당시 근로자 평균연령이 39세였으나 2017년에는 47세에 이를 것으로 예측하였고 이에 따라 조립라인과 프로세스를 재설계하였다. 그리하여 '2017 인체공학ergonomics'이라는 프로젝트를 통해 총 70개에 걸쳐 개선점을 찾아냈다.

　　무릎에 무리를 적게 주도록 충격을 줄이는 나무 바닥, 신체 피로를 줄이도록 한 이발소 유형의 의자, 시력이 약한 근로자의 불량품 발생률을 줄이도록 한 확대경 등 특히 고령인력의 근무 효율을 높이는 다수의 장치를 고안하여 도입했다.

　　대략 5만 달러 내외의 비용이 들어간 이 프로젝트를 통해 딘골핑Dingolfing 공장의 연간 생산성은 7% 증가했고, 동종업계 평균 수준이던 결근율은 7%에서 2%까지 감소했다.

04 기업의 인적자원관리 성공전략

　　이제까지의 사례들을 살펴보면, 4차 산업혁명이 진행됨에 따라 먼저 IT 기반에 익숙하고 신기술에 대한 학습이 보다 유리한 청년층에게 일자리 기회가 더 많이 생겨남을 알 수 있다.

　　4차 산업혁명 관련 신기술의 발전에 따라 IT 관련 기업은 인공지능, 빅데이터 등 분야 신규 인력 충원에 사활을 걸고 있다. 그리고 스마트 공장에서는 IT 세대인 청년층 신규 직원이 빠르게 업무를 배우고 적응한다. 금융 분야에서도 석사급 고급인재를 필요로 하며, 고령인력은 계약직으로 유지보수 업무를 담당하고 있다.

　　그러나 고령자를 위한 기업도 있다. 배달 플랫폼 기업에서는 시간을 자유롭게 사용하고 몸을 움직이면서 소득도 창출하려고 하는 고령자를 배달업에 사용하고 있다. 그리고 고령층의 정보통신기술을 기반으로 창업 및 판로개척, 마케팅, 홍보까지도 지원하여 독자 생존을 유지하게 하는 기업도 있다. 또한, 고령자를 소비자로 보고 제품과 서비스를 개발하는 소기업이나 사회적기업을 발굴·지원하고, 이들 기업에 고령자 고용을 하도록 하는 공유가치창출CSV 기업도 있다.

해외에서는 고령자와 신세대가 정보를 공유하고, 고령인력에 맞게 근무형태를 변경하여 상대적으로 낮은 비용으로 고령자의 기술과 경험을 활용하는 기업도 있다. 또한, 고령자의 근무효율을 높이는 장치를 개발·도입하여 생산성을 향상시키는 사례도 있다.

그러면 기업은 4차 산업혁명으로 인한 기술발전과 급속한 고령화란 두 변수하에서 향후 어떻게 대응해야 할 것인가?

기업은 이윤극대화의 원리와 사회적 책임 모두를 균형 있게 염두에 둘 필요가 있다. 첫째, 기업에서 새로운 기술이 도입되고 기술이 변화하고 있는 상황에서 신기술과 신규 인력으로 경쟁력을 확보할 수 있는 방안을 찾아야 한다.

전통 제조업에 정보기술과 통신기술을 결합시키는 스마트 팩토리 등에서는 스마트폰에 익숙한 젊은이가 공장에서 선반을 사용할 수 없을지도 모르지만, 컴퓨터를 응용하여 기계를 작동하는 것에는 익숙할 수 있다.

인공지능이나 빅데이터 등을 주로 활용하는 IT 기업에서는 폭발적인 수요 증가에 따라 청년층 전문인력을 확보하는 데 어려움을 겪고 있다. 대학과 산학협력, 내부 인력 양성, 외부 인재 유치 등 다양한 방법을 활용하는 것이 필요하다.

정부에서도 4차 산업혁명과 관련하여 전문대학과 대학의 학과 신설 및 확대, 복수전공자의 확대, 대학원 신설 등을 통해 신속하게 인력을 양성하여 제공해야 한다.

둘째, 중고령 근로자를 충분히 교육시켜 활용할 수 있는 방안을 찾아야 한다. 또한, 중고령자가 신기술에 대한 교육훈련을 받고 본인에게 적합한 선택지를 찾을 수 있도록 해야 한다. 새로운 기술이 보급되면, 기존 방식에 익숙한 사람들 중에서 일할 수 없는 사람들이 생기는 것은 피하기 어렵다.

새로운 비즈니스 모델을 창출하는 경쟁에서 '기존 기술로 일하는 노동자'는 기계로 대체될 가능성이 높기 때문에 기존의 오래된 기술을 사용하여 일하던 노동자를 새로운 기술에서 일할 수 있도록 다시 교육훈련을 할 필요가 있다.

특히, 기업에서 전통 제조업의 공정에 대한 지식, 기술과 경험을 갖고 있는 숙련 전문인력을 재교육시킴으로써 그간 축적해 온 소중한 인적자원을 기업의 신기술 도입과 생산성 향상에 적극 활용할 수 있다.

이와 관련하여서는 독일의 폭스바겐ʌʌ 사례를 참조할 수 있다. 폭스바겐에서는 얼마 전에 '미래를 잡는 프로젝트'가 시작되었는데, 디지털화를 진행하면서 회사 내 25,000명의 고용에 영향이 있는 상황이었다. 따라서 기존 기술로 일하던 직원들에게 새로운 기술에 대해 재교육, 재훈련하여 회사 전체의 디지털화를 추진하고 경쟁력을 강화함으로써 매출과 고용을 늘리고자 하였다. 결과적으로 폭스바겐은 직원을 9천 명 더 늘릴 계획이라고 한다.

그러면 기업의 이익과 생존이 우선인가, 고령자 일자리 마련이 우선인가? 기업은 항상 치열한 경쟁을 하면서 경영하고 있는데, 국내 기업의 경쟁 상대는 궁극적으로 해외 기업들이라고 보아야 한다. 경쟁자들이 4차 산업혁명하에서 새로운 사업 영역을 개척하고 새로운 기술들을 적용시켜 나가는 가운데, 한국 기업만이 현상 유지를 계속하고 있다면 앞섰던 격차는 좁혀질 것이고 좁혔던 격차는 더욱 커질 수 있다.

셋째, 4차 산업혁명은 기계화, 자동화를 촉진시키고, 일자리의 생성과 소멸을 가져오며, 직무 내용과 일하는 방식의 변화를 초래하고, 지속적인 교육훈련을 필요로 한다. 따라서 기업은 종래와는 다른 채용, 훈련, 평가와 보상체계 등을 갖춰 나가야 한다.

기업은 새로운 직무에 신규 인력을 배치하거나 기존 숙련인력을 교육시켜 담당하게 하고, 종업원이 기계, 로봇, 인공지능 등을 활용하여 보다 종합적이고 통합적인 일을 할 수 있도록 직무내용을 변경할 필요가 있다. 또한, IT 기술의 발전에 따라 재택근무, 원격근무 등 다양한 근무형태가 확산되고, 유연 근로시간제가 확대될 것이므로 이에 대응한 직무체계, 평가체계와 보상체계를 갖추어야 할 것이다.

　일부 일자리가 기계에 의해 대체되는 것은 시작일 수 있다. 기존의 기술과 근무방식을 답습하며 전환을 더디게 했다가는 다수의 직원과 그 가족, 사업장이 위치한 지역, 그리고 국가 경제까지도 위협에 처할 수 있다. 따라서 고령인력에 대해 국가와 기업의 경쟁력 강화 차원에서 정부의 일자리 정책과 기업의 인적자원관리가 이루어져야 한다.

제 4 장

4차 산업혁명과 세대 간 상생전략

01 세대 간 이모작 분업

『은퇴가 없는 나라』에서 서울대학교 김태유 교수는 고령화 문제를 해결하기 위해서는 고령자의 힘을 활용해야 한다고 주장한다. 그리고 고령화 위기를 극복하기 위해서는 연령별 분업체계를 이용해야 한다는 대안을 제시한다.

즉, 청년층은 제품을 생산하는 제조업이나 지식과 서비스를 제공하는 지식기반 서비스업 등 '가치창출' 활동에 종사하고, 고령층은 생산지원, 소비자, 공공서비스 부문 등에서 '가치이전' 활동에 종사하면 국가의 인적자원을 최대한 활용할 수 있다는 것이다.[1]

김태유 교수는 고령화에 대한 해법으로 '국가 경제의 이모작, 개인 인생의 이모작'을 제시했는데, 4차 산업혁명의 진행으로 그 필요성이 더욱 커진다. 왜냐하면 4차 산업혁명은 기존의 산업혁명보다 더 광범위하고, 빠른 속도록 더 큰 영향을 미칠 것이기 때문이다.[2]

크게 보아서는 청년층은 빠르고 강도 높은 지식을 빠르게 습득하고 활용해야 하는 인공지능, 빅데이터 등 4차 산업혁명 관련 직업에 종사하고 고령층은 이를 지원하는 역할을 맡으면 되는 것이다. 청년층과 고령층의 일모작 직업과 이모작 직업은 학력 정도에 따라 다르게 나타날 수 있다.

일모작으로 대학과 대학원을 졸업하고 전기전자, 컴퓨터, 자동차, 화학, 방송·통신 제조업, 생명공학, 의료 분야 등의 연구개발, 기획, 제품혁신 등 고부가가치를 창출하는 직업에 종사한 집단은 주된 직장에서 퇴직한 후에는 이모작 직업으로 중소기업의 관리·행정직, 기술기반 영업, 기술 지원 및 컨설팅, 교육훈련 활동에 종사할 수 있다.[3]

또한 일모작으로 전문대학이나 폴리텍대학을 졸업하고 공장의 생산, 품질관리, 공정·장비관리, 제품설계, 바이오 엔지니어 등에 취업하였던 집단도 숙련형성 정도에 따라 관련 분야 이모작 직업에 종사할 수 있다.

한편, 일모작으로 도소매업, 운수숙박업, 음식업, 시설·아파트관리, 사회복지 등 분야에 종사하였던 집단은 계속하여 일모작 직업을 유지하거나, 이모작으로 폴리텍대학[비학위 과정] 등에서 자동차 정비·복원, 전기설비시공관리, 실내건축디자인, 시니어 헬스케어 등과 같은 직업훈련을 받은 후에 관련 분야에 종사할 수 있다.

그러나 '가치 이전' 활동이라고 하더라도 변호사, 회계사, 변리사 등 전문직은 청년층에서도 진입을 위한 경쟁이 심해 고령층에서 새롭게 도전하기 어렵다. 따라서 청년층에서 자격증을 획득하면 나이가 들어도 정년과 관계없이 계속 일할 수 있는 분야이다.

02 기업 내의 세대 간 협업체계 구축

인간수명의 연장과 고령자의 증가로 인해 더 많은 고령인력을 더 오래 노동시장에서 활용해야 할 필요성이 커진다. 따라서 퇴직 후에 유사한 직업에 종사하거나 직업훈련을 받아 새로운 직업에 종사할 수 있다. 그러나 일부 전문인력을 제외하고는 보수수준이나 근로조건이 낮아지는 것은 감수해야 한다.

다른 하나는 기존에 근무하던 회사에서 숙련 고령인력을 활용하는 방법이다. 포스코 광양제철소는 기존 도금공정에 인공지능[AI] 기술을 도입하여 '인공지능 기반 도금량 제어 자동화 솔루션'을 개발하여 적용하고 있다. 자동차 강판에

아연도금을 해야 하는데 작업자의 수준에 따라 편차가 발생하자 AI를 이용해서 정밀하게 제어를 하여 도금량 편차를 최소화하였다.

성균관대학교 시스템경영공학과의 이종석 교수 등이 참여한 이 프로젝트는 기존의 제조업 공정에 AI를 적용해 보자는 차원도 있었지만 50대 인력이 고령화되고 퇴직을 앞두고 있어 이들의 오래된 노하우와 암묵지를 데이터화하여 활용하려는 측면도 있었다.[4]

즉, 기존의 제조업 공정에 인공지능, 빅데이터, 딥러닝 등 신기술을 적용하려면 오랫동안 공정에 참여한 숙련된 고령인력의 노하우와 경험을 바탕으로 해야 한다.

따라서 기업에서 신기술로 무장한 청년층과 고령의 숙련인력이 함께 협업을 해야 할 필요가 있다. 기업에서 50대 후반의 숙련인력을 활용할 수도 있고 60세에 퇴직을 하더라도 필요한 인력은 재고용 방식으로 계속 활용할 수 있다. 특히 전문기술 인력을 구하기 어려운 300인 미만 중견기업, 중소기업에서는 기존 근로자의 고용을 연장하거나, 기존에 대기업에 근무하다가 퇴직한 기술인력을 재고용하여 해당 기업의 기술수준을 업그레이드할 수 있다.

한편, 기업에서 인력 고령화가 진행되면 50대 이상의 인력에게 맞는 직무를 구분하고 별도의 직무를 맡기는 방법이 있다. 특히 일반 승진체계와 분리하여 '전문직'을 만들고 이들에게 별도의 임금체계를 적용할 수 있다.

기업이 50대 이상 인력을 조기퇴직시키는 것은 근로자의 회사에 대한 기여와 근로자가 받는 임금간에 차이가 발생하기 때문이다. 고령인력이 회사에 기여한 가치만큼 보수를 가져간다면 회사의 입장에서는 충성심도 강하고 경험이 많은 근로자를 굳이 미리 내보낼 필요가 없다. 정년 이후에도 일정 정도의 생산성을 유지하고 보수 이상 기여한다면 재고용하여 계속 근무하게 할 수 있다.

03 세대 간의 공동 창업 활성화

앞서 소개한 영화 '인턴'에서 보듯이 청년 기업가의 아이디어, 신기술과 시니어 인력의 경험과 지혜를 합치면 시너지 효과가 날 수 있다. 청년층은 AI, 로봇, 가상·증강현실 등 4차 산업혁명과 관련된 새로운 아이디어와 기술로 창업할 수 있다.

그러나 기업은 신기술만으로 할 수 있는 것이 아니므로, 자금 조달, 마케팅과 홍보, 인사관리 등 종합적인 경영이 뒷받침되어야 기업이 지속가능하고 성장할 수 있다. 고령인력은 기업에서 인사, 재무, 생산, 마케팅 및 홍보, 기획 등 분야에 다양한 경험, 지식과 기술을 갖고 있으므로 이들의 능력을 잘 활용하는 것이 중요하다.

따라서 청년의 기술, 아이디어와 중고령자의 경험과 네트워크를 활용하여 청년과 중고령자가 공동 창업을 하면 청년들의 창업을 더욱 지속가능하게 만들고, 중고령자들도 자신의 그간 경력을 살리면서 경제활동을 계속할 수 있을 것이다.

또한, 청년이 창업을 할 경우 퇴직한 숙련인력이 직접 경영에 참여하지 않더라도 자문, 컨설팅, 멘토링을 지원하는 방법으로 청년과 시니어 계층이 상생할 수 있다.

주된 직장에서 퇴직한 고령인력이 그간 경력과 관계없는 치킨집 등 자영업에 종사하다가 폐업을 하게 되면 평생 빈곤층으로 남게 될 가능성이 커지고, 단순직무에 재취업을 하면 경력을 살리지 못할 뿐만 아니라 보수나 근로조건 수준이 낮아지므로 개인적으로나 국가적으로 손실을 초래한다.

현재 중소벤처기업부에서 주관하고 창업진흥원에서 운영하고 있는 '세대융합 창업캠퍼스'는 2017년에 시작하여 숙련된 중장년의 기술, 경력과 네트워크 등과 청년의 신선한 아이디어와 열정을 매칭하고 성공창업을 지원하고 있다. 청년과 중장년 간에 융합을 하여 창업팀을 구성하도록 기회를 제공하고, 매칭이 된 후에 평가를 통과한 창업팀에게 사업화 자금최대 1억 원 한도, 마케팅, 멘토링 등을 지원한다.

또한, 창업기업이 안정적으로 자립하도록 장년인재 서포터즈도 지원하고 있는데 숙련 퇴직인력이 진단과 멘토링을 지원하거나 직접 파견되어 최대 6개월 한도 지원을 하기도 한다.5

이와 같은 프로그램들을 통해 성공한 사례들을 적극 홍보하고, 재정지원을 확대하여 세대 간 협업으로 창업을 하는 사례들이 점점 확산되어야 할 것이다.

정부는 2020년 7월부터 '한국판 뉴딜 종합계획'을 시행하고 있는데, 2025년까지 160조 원 국비 114조 원을 투자하고 이로 인해 약 190만 개의 일자리가 창출될 것으로 예상하고 있다.6 4차 산업혁명과 관련된 디지털 뉴딜, 그린 뉴딜 정책을 추진하면서 막대한 예산이 투자되므로 신기술과 관련된 기업과 청년인력에 대한 지원뿐만 아니라 급속하게 고령화에 대응한 '세대 간 협업'에 대해서도 관심을 갖고 지원 대책을 강화해야 할 것이다.

04 4차 산업혁명과 정년연장

산업혁명은 폭발적인 생산성 향상과 슘페터의 창조적 파괴를 기본으로 한다. 기술발전으로 노동생산성이 비약적으로 상승하고, 사회적으로 투입되는 노동량이 대폭 축소되어 일자리의 대변환이 일어나므로 산업혁명이라고 부르는 것이다.

1차 산업혁명으로 인해 기계를 파괴하는 '러다이트 운동'이 일어날 정도로 기계가 전통적인 직물공 등의 일자리를 빼앗아갔고, 농업 인력은 대거 제조업 분야로 이동하였다. 2차 산업혁명으로 컨베이어 벨트 등을 활용한 대량생산체제에 의해 제조업 인력이 대거 서비스 산업으로 투입되었다.

4차 산업혁명으로 많은 일자리가 인공지능이나 로봇 등에 의해 대체될 것이다. 4차 산업혁명으로 인해 인공지능, 로봇, 드론, 빅데이터, 사물인터넷 등 분야에 새로운 일자리가 만들어지는 동시에 콜센터 직원, 금융사무원, 창고작업원, 계산원 등을 일자리의 위기를 맞게 된다.

산업별로도 신기술의 도입과 수요공급의 변화에 따라 구조조정이 필요하다. 예를 들어 미국의 유명한 카메라 필름회사인 코닥Kodak은 디지털화에 대응하지 못해 파산 위기를 맞았다. 일부 정유회사는 향후 전기자동차로의 전환에 따른 유류 수요 감소 등을 고려하여 정유 부문 인력을 줄이고 자동차용 배터리 관련 인력을 증가시킬 계획이다. 자동차회사도 기존 내연기관 자동차에서 향후 전기나 수소자동차로 바꾸어 나가야 한다.

기술이 급속하게 변화하므로 기술의 사용 연한이 줄어들고, 인공지능, 자동화, 스마트 팩토리의 확산 등으로 기존 인력이나 기술이 더 이상 불필요하게 되는 상황이 일상화된다.

이러한 상황 속에서 정년을 일률적으로 법제화하여 현재 60세에서 65세로 늘린다면 기업은 더 이상 경쟁력을 유지하지 못하고 위기에 직면할 수밖에 없다. 인공지능, 로봇, 빅데이터, 사물인터넷 등 새로운 기술이 빠르게 변화하여 제조업 등에도 사용이 확장되고 있는데 60세 가까운 인력에게 코딩이나 신기술을 훈련시켜 65세까지 일을 계속하게 하기는 어렵다. 그리고 기존의 작업을 기계화, 자동화하여 인력을 줄여야 할 상황에서도 늘어난 정년까지 직장을 보장해 주어야 하는 상황이 발생한다.

더구나 60세를 넘으면 개인별로 60세 이전보다도 일에 대한 열정, 기술 숙련도, 건강상태 등에서 격차가 발생하는데 모든 인력에 대해 일률적으로 65세까지 고용을 보장하라는 것은 많은 무리가 따른다.

새로운 분야는 청년층에게 맡기고 고령인력은 적절한 시기에 퇴직하여 이모작 직업을 찾아봐야 한다. 그러지 않으면 기업은 고령인력을 활용도 못하고 연공급으로 인한 비싼 인건비를 주면서 65세까지 정년을 보장해 줘야 한다.

근로자의 의사에 반하게 퇴직을 시키려면 희망퇴직 비용은 증가하고, 경영상 해고의 정당성을 둘러싸고 법적 소송에 휘말리게 되며, 경영상 해고로 인정받기도 어렵다. 그리고 청년들은 희망하는 기업에 일자리를 찾지 못하거나 평생 비정규직으로 살 수도 있다.

고령화가 빠르게 진행되고 초고령사회가 급속도로 달려오고 있어 국가·기업·개인 차원에서 고령자가 더 오래 노동시장에서 일할 필요성이 증가하고, 고령 인적자원의 활용에 국가의 미래가 달려 있다.

한편, 4차 산업혁명 시대의 도래에 따라 새로운 기술혁명이 일어나고, 기술변화가 급격하게 이루어져 일자리의 생성과 소멸도 빠른 속도로 광범위하게 진행될 것으로 예상된다. 이에 대응하여 기업도 혁신적으로 변화해야 하므로 정년을 획일적이고 경직적으로 연장하는 것은 4차 산업혁명과 친화적이지 않다.

따라서 기업이 고령화와 4차 산업혁명에 주도적으로 대응하게 하려면 정년연장보다 고용연장으로 나아가야 한다. 따라서 추후 정부에서 고용연장을 의무화할 경우 기업에서 대상자를 노사협정에 따라 정하고, 재고용의 방법을 촉탁직, 계약직, 시간제 등 탄력적으로 선택하며, 직무와 성과에 따라 임금을 지급하도록 하고, 노사가 함께 생산성을 높이는 방안을 강구하도록 해야 한다.

우리나라 기업은 국내뿐만 아니라 국제적으로도 치열한 경쟁을 해야 하므로 고용연장 등 새로운 제도를 도입할 경우 정부는 사전에 선진국의 사례를 심층적으로 분석하고, 노사단체의 의견을 수렴하여야 한다.

또한, 정부는 기업에게 준비할 수 있는 시간을 충분히 주어야 하고, 노사가 경쟁력을 가질 수 있는 제도를 설계하고 법제화하여야 기업, 산업과 국가가 지속적으로 경쟁력을 유지하고 강화해 나갈 수 있다.

준비하는 국가와 기업의 미래

저자들은 이제까지 급속하게 진행되는 고령화와 4차 산업혁명에 대응하여 국가와 기업이 경쟁력을 강화하면서 경제강국으로 나아갈 수 있는 성공전략을 제시하였다.

고령화의 문제를 해결할 열쇠는 상대적으로 풍부해지는 고령인력을 적극적으로 활용하는 데 있다. 국가와 기업이 고령 인적자원을 최대한 효과적으로 활용하여 고령자들이 보람 있고 행복한 생활을 할 수 있도록 해 주고, 기업과 국가의 생산성과 경쟁력 향상에 기여할 수 있도록 하면서, 후세대에게 주는 재정적 부담을 최소화하여야 한다.

기업에서 고령인력을 계속 고용하고, 청년인력을 신규 채용하려면 노동생산성과 경쟁력이 향상되어야 한다. 이를 위해서는 기업이 재직 근로자에 대해 새로운 기술을 교육시키고, 적극적으로 현장에 참여시켜 공정을 개선하고 발전시키게 하며, 기업의 성과가 높아지면 공정하게 성과를 배분함으로써 고성과 조직으로 나아가야 한다. 기업이 계속 성과를 창출하고 경쟁력이 향상되어야 신규 청년인력도 채용하고, 기존 고령인력도 더 오래 일할 수 있는 것이다.

총인구와 생산가능인구의 감소에 대응한 국가의 성공전략으로 고령자 고용 확대, 생산성 증대, 고령친화산업의 확대, 관광산업의 활성화를 앞서 제시하였으므로, 여기에서는 향후 더 발전시켜 나가야 할 과제에 대해 종합적으로 설명한다.

여성 고용의 확대

향후 우리나라에서 저출산·고령화에 따른 생산가능인구 감소, 국내 소비와 내수 감소, 경제성장 잠재력 저하에 대응하여 선진국보다 상대적으로 더 많이 활용할 수 있는 인력은 여성 인적자원이다. 우리나라의 여성 고용률은 선진국과 우리나라 남성에 비해 낮은 상황이다.

우리나라의 여성 고용률15~64세은 꾸준하게 증가하고 있으나 2019년 기준 57.8%로서 독일 72.8%, 일본 71.0%, 미국 66.3%, 그리고 OECD 평균인 65.3%에 비해 아직 낮은 수준이다. 또한 우리나라 여성 고용률은 남성75.7%보다 17.9%p 낮다.[1]

한편, 여성 근로자의 임금이 남성 근로자보다 낮고, 최근 완화되고 있지만 OECD 선진국에 비해 여성의 경력단절 현상M자형 곡선도 크게 나타나고 있다. 그리고 기업의 여성 고용비율과 관리자 비율은 점차 개선되고 있으나 아직 선진국 수준에 못 미치고 있다.

따라서 선진국의 여성 고용 현황과 남녀 고용 비율 차이를 고려할 때 우리나라 여성의 노동시장 참여를 확대하고 일자리의 질도 향상시켜야 한다. 여성의 경제활동 참여 증대로 자아실현뿐만 아니라 가계소득과 세수가 증가하고, 국민연금, 건강보험 재정도 안정시키며, 지속적인 경제성장도 이루어나갈 수 있다.

여성 고용을 확대하고, 일자리의 질을 높여 나가기 위해서 정부는 첫째, 여성의 생애주기를 고려하여 모성보호, 보육과 돌봄 서비스, 재취업 지원, 일·가정 양립 문화 조성 등을 통해 여성이 출산과 자녀 양육기간에도 경력을 유지하면서 경제활동에 참가할 수 있도록 지원을 확대해 나가야 한다.

둘째, 여성의 경력단절 현상을 완화하고 최소화할 수 있도록 육아 관련 제도를 개선해야 한다. 이를 위해 육아휴직 급여도 점차 인상하여 육아휴직 기간 중 소득대체율을 높임으로써 보다 많은 근로자가 육아휴직을 할 수 있는 여건을 조성해야 한다. 그리고 육아기 근로시간 단축도 활성화하고, 남성도 육아 책임을 분담할 수 있도록 지원금액과 지원기간도 점진적으로 확대해야 한다.

셋째, 경력단절된 여성이 쉽게 재취업할 수 있도록 지원을 강화해야 한다. 경력단절 여성을 재고용하는 기업에 대해 세제 지원을 확대하고, 여성고용 우수기업에 대한 투자를 확대해 나가야 한다. 그리고 우리나라에는 고학력 여성 인적자원이 풍부한 만큼 고부가가치 직종, 하이테크 기술을 중심으로 훈련과정을 강화해 나가야 한다.[2]

넷째, 여성이 남성에 비해 차별받지 않는 양질의 일자리 환경을 조성하고 일·생활 균형 직장문화를 확산해 나가야 한다. 여성의 남성에 대한 상대임금 격차는 완화되고 있으나 아직 OECD 국가와 비교할 때 여전히 차이가 크며, 여성 관리직 비율은 낮은 상황이다. 따라서 성별이 아니라 직무와 능력 중심의 임금체계를 확산시키고, 적극적 고용개선조치 대상 기업을 점차 확대해 나갈 필요가 있다.

마지막으로 아직 선진국에 비해 그 활용이 저조한 시간제 일자리를 확대하고 지원을 강화하여 일과 가정 양립이 가능하도록 지원해 주어야 한다. 우리나라에서 주당 근로시간이 30시간 미만인 시간제 근로자 비중은 9.6%로서 영국 22.7%, 독일 22.4%, 이탈리아 19.9% 등 선진국보다 크게 낮은 상황으로[3] 자발적인 시간제 일자리를 늘려 보다 많은 일자리를 창출할 수 있다.

저출산 대책과 사망사고 감소 대책

2020년 말 기준 사망자는 30만 5천 명으로 출생자 27만 2천 명을 초과하여 인구 데드 크로스dead cross 현상이 발생함으로써 처음으로 인구 감소가 시작되었다. 한편, 행정안전부에서 집계하는 주민등록 인구가 2020년 말에 약 5,182만 9천 명으로 2019년 말보다 약 2만 1천 명 감소하였다.[4]

일부 지역은 지방소멸 위기감이 높아져 출산에 대해 파격적인 지원을 약속하는 자치단체가 늘고 있다. 경남 창원시는 결혼 시 1억 원을 대출해 주고 셋째를 낳으면 전액 부채를 탕감해 주는 결혼 드림론 사업을 하고 있다. 충북 제천시는 셋째 아이를 낳으면 주택구매 대출금을 최대 5,150만 원까지 대신 내주는 3쾌快한 주택자금 지원 사업을 도입하였다. 그리고 충남 청양군은 셋째를 낳으면 500만 원, 다섯째를 낳으면 3,000만 원의 출산장려금을 지급한다.[5]

출산장려금이나 육아수당과 같이 현금지출 확대 정책이 효과적인지 아니면 아이를 낳고 교육하며 일할 수 있도록 하는 사회적 기반과 서비스를 제공하는 것이 효과적인지에 대해 보다 많은 사회적 논의가 필요하다.

사회복지 정책은 지원대상, 지원내용, 전달체계, 재원조달 면에서 종합적으로 살펴야 하는데 한정된 자원을 어떻게 쓰느냐가 중요하다. 그간 정부의 저출산 대응 예산이 해마다 크게 증가해 왔고, 2020년에는 약 40조 원을 사용하였다.[6] 그러나 결과적으로 저출산 문제를 해결하지 못하고 저출산 현상은 더욱 심화되고 있으므로 획기적인 사고의 전환이 필요하다고 본다. 즉 저출산 문제 해결을 국가의 명운이 걸린 중요한 핵심 과제로 삼고 직접적으로 예산을 투입해야 한다.

즉 우리나라 국내총생산GDP 대비 저출산 대응 예산의 비중은 1.69%2019년로 프랑스, 스웨덴, 노르웨이 등 선진국3% 상회에 비해 낮은 수준이므로 저출산 대책 관련 예산액을 늘려야 한다. 또한 GDP 대비 가족 관련 공공지출 중에서 서비스 예산 비중은 OECD 주요국을 상회하나 현금 지출 비중은 주요 선진국과 비교하여 매우 낮은 수준이다.[7] 따라서 저출산 대응 예산을 출산 기반 구축이나 전달체계 등 서비스에 간접적으로 사용하는 것보다 직접적으로 지원대상 아동을 명확히 하고 지원 수준을 올리는 것이 효과적이라고 본다.

아이들은 국가의 중요한 인적자원이고 미래 고령인구를 책임져야 하는 세대이므로 가구당 둘째 아이부터는 국가가 키워준다는 관점을 갖고 1년 저출산 관련 예산 중에 가용 예산 모두를 아동수당에 투입하면 될 것이다. 한정된 예산을 분산해서 집행하다 보니 국민들도 정책의 효과를 피부로 느끼지 못하는 것이다.

그리고 총인구의 감소와 관련하여 주목을 받지 못하는 부분이 사망자 수 감소이다. 고령으로 인한 사망은 자연의 법칙이라 피할 수 없지만 그 이외의 인재人災를 최소화하여야 한다.

2019년 기준 전체 사망자 수는 295,110명으로서 그중에 질병이 아닌 사고에 의한 사망자 수가 27,282명에 이른다. 자살이 13,799명으로 가장 많고, 이어서 운수사고 4,221명, 낙상추락 2,665명, 그리고 익사, 화재, 타살 등 기타 사유로 인한 사망자 수도 1,337명에 달한다. 그리고 국가 전체 사망자 수와 중복되기는 하지만 산업재해업무상 사고로 인한 사망자 수도 2019년에 2,020명에 이른다.[8]

우리 사회가 저출산 문제를 해결하기 위해 소요되는 엄청난 재정과 성인 1명을 키우기 위해 들어가는 인적, 물적 비용을 감안하면 사고로 인한 사망자 수를 줄이는 것이야말로 사회적으로 중요한 과제이다. 사고로 사망하면 그만큼 국가적으로 인적자원 손실이 크므로 자살, 교통사고, 추락사고, 산재사고 등으로 인한 사망을 줄이기 위한 실효성 있는 대책 마련이 필요하다.

외국인력 고용정책

고용 없는 성장이 지속되고, 내수부진과 양극화가 심화되면서 경제의 구조적인 문제를 극복하기 위한 방안으로 외국인을 경제활동의 주체로 인식하기 시작하였다. 이민정책과 외국인력 고용정책은 향후 총인구와 생산인구 감소에도 대처할 수 있는 효과적인 정책수단이기 때문에 많은 관심의 대상이 되고 있다.

국내에 거주하는 외국인 주민은 2019년에 222만 명으로 이미 충청남도 인구209만 명 수를 넘고 있어 이미 인구 면에서 국제화되어 있다고 할 수 있다. 유형별로 보면 한국 국적을 가지지 않은 자가 178만 명80.3%, 한국 국적 취득자가 19만 명8.4%, 외국인주민 자녀출생가 25만 명11.4%이다. 한국 국적을 가지지 않은 자에는 외국인 근로자52만 명, 외국 국적 동포30만 명, 결혼이민자17만 명 등이 포함된다.[9]

특히, 외국인 근로자와 외국 국적 동포의 고용은 다양한 산업에서 이루어지고 있다. 제조업의 단순노무직, 조작·조립 부문에 집중되어 있고, 농촌에서 부족한 일자리를 채우고 있다. 내국인이 기피하여 신규 인력의 진입이 적은 분야에 주로 종사하고 있고, 우리 사회가 급속하게 고령화되어 가면서 인력 부족을 메꾸는 역할을 하고 있다.

외국인의 체류가 증가하면 범죄도 증가할 가능성도 늘어나고, 불법체류, 국민과의 일자리 출동, 저소득 외국인의 증가에 따른 사회적인 문제도 표출될 수 있다. 따라서 사회적 갈등을 최소화하기 위해 사회통합적인 외국인력 활용 방안을 마련하고 이민자와 외국인 근로자의 유입과 관련된 전 과정을 체계적으로 관리해 나가야 한다.

정부는 인구구조, 노동시장의 변화, 사회문화 관점에서 외국인 유입의 양과 질을 관리하고 속도를 조절하고 있다. 현재는 저숙련 노동자를 중심으로 인력을 활용하고 있지만 향후 인력 부족이 심각해지는 업종에 숙련도가 높은 기술인력을 도입할 필요가 있다. 지식정보사회가 되면서 국가가 보유한 총체적인 인적자원의 양과 질이 중요하게 되므로 세계의 유수한 인재를 유치하고 새로운 경제활동 주체로 활용해 나가는 방안을 강구해야 한다.

지식과 지혜의 창고 만들기

베이비붐 세대를 포함한 고령자들이 노동시장에서 은퇴하면서 그들이 평생 동안 축적한 지식, 기술, 노하우와 지혜가 함께 사장될 위기에 처해 있다. 고령 인적자원을 노동현장에서 최대한 활용하는 것도 중요하지만 고령자가 갖고 있는 암묵지暗默知와 명시지明示知를 기록을 통해 남겨 놓은 것 또한 중요하다.

인류 문명 발달의 주요 요인 중의 하나는 문자와 기록이다. 문자와 기록이 없었다면 인류는 똑같은 실수를 반복하며 앞으로 나아가기 어려웠을 것이다. 문명과 새로운 기술의 발전은 아이작 뉴턴Isaac Newton이 얘기한 '거인의 어깨'에서 시작한다.

따라서 전 사회적으로 베이비붐 세대와 고령자가 경제성장 과정에서 쌓은 수많은 지식과 지혜를 후대에 전수하도록 해야 한다. 우리나라가 지금처럼 많은 인구를 다시 갖기도 어려울 것이다. 가장 많은 인구를 기록했던 베이비붐 세대도 퇴장하고 사망하게 되면 사회적으로 인적자산뿐만 아니라 지적자산이 사라진다.

기업에서는 퇴직을 앞둔 직원이나 퇴직한 직원을 대상으로 그간 쌓은 노하우를 정리하고, 후배 직원들을 교육하게 하면 된다. 정부기관이나 공공기관에서도 직원들이 퇴직 전 공로연수 기간 중에 또는 퇴직 후에 오랜 기간 공공업무를 하면서 습득한 노하우를 정리하고 정책제안 등을 남기게 할 필요가 있다. 다만, 공공기관의 특성상 업무 중에 취득한 비밀은 제외한다.

특히, 정부·공공기관에서는 장기근속을 하므로 개인적으로 20~30년 이상 엄청난 정책 개발과 집행의 노하우를 축적하고, 풍부한 아이디어를 갖게 되는데 퇴직과 함께 이 모든 것이 사라진다. 공로연수 기간 동안에 보수를 지급하면서 은퇴설계 등을 하도록 하고 있는데 이 기간을 직장 후배나 국민들을 위해 보고서나 책을 쓰도록 하면 된다. 유인을 제공하기 위해 일정 수준의 원고비를 지급하고, 대국민 공개·비공개 여부를 결정한 다음 소속기관의 홈페이지에 게재하면 될 것이다.

대학은 지식의 보고寶庫이다. 대학은 지식을 생산하고 가르치고 전파하는 곳이기 때문이다. 대학 교수들은 전문 분야에 대해 많은 논문을 쓰고 책자도 발간하지만, 경륜이 풍부한 교수들이 대중적인 지식 전파를 위해 보다 많은 역할을 해야 한다.

퇴직을 앞둔 한 60대 교수가 80대 지도교수를 찾아가 아직도 새로운 지식을 배우고 있다고 자랑했다고 한다. 그런데 이 지도교수는 제자 교수를 큰소리로 나무랐다. "아니 아직도 새로운 지식을 배우고만 있느냐. 이제는 그간 쌓은 지식을 정리해서 전수할 때다."

대학에서 교수들은 새로운 아이디어를 기초로 전문 분야의 논문을 써야겠지만, 오랜 경륜을 가진 교수들은 거시적 차원에서 전공 분야나 관심 분야에 대한 지식들을 종합 정리하고 사회가 나아가야 할 방향에 대해 큰 그림을 제시하는 데 보다 관심을 가져야 한다. 때로는 같은 전공의 교수들과 함께 또는 다른 전공의 교수들과 협업하여 책자나 자료를 발간하고 사회에 남길 필요가 있다.

대학 차원이나 공익재단에서 이러한 작업을 지원하고 홈페이지 등을 통해 자료나 책자를 공개하고, 전자책자 또는 종이책자로 만들어 평생 쌓은 지적자산을 사회와 함께 공유하도록 해야 한다.

그리고 개인도 본인의 기록을 '자서전' 등을 통해 가족들에게 또는 사회적으로 남겨 놓을 필요가 있다. 본인이 했던 시행착오를 다른 사람들이 다시 겪지 않도록 하고, 성공 노하우를 전수하고 벤치마킹할 수 있도록 해야 한다.

보이는 인적자산도 중요하지만 보이지 않는 지적자산을 축적하고 전파하며 후대에 남기는 것도 조직과 사회와 국가의 발전을 위해 중요하다. 따라서 앞서 제안한 고령자 고용 전담기구 또는 공익재단, 연금공단, 개인연금과 보험을 관장하는 금융기관, 그리고 현재 대중 지식의 보고로서 대기업이 된 네이버나 카카오 등에서 '지식과 지혜의 창고화'에 관심을 갖고 지원할 필요가 있다.

이 책의 저자들 중 세 명은 2014년 9월 고용노동부의 「장년고용종합대책」 수립에 고령사회인력정책 담당 국장 또는 장년고용포럼 위원으로 참여했었고, 추후 전문가 한 명이 집필진에 더 참여하여 함께 집필 작업을 진행하였다.

저자들은 우리나라의 미래가 인구 고령화 문제의 해결에 달려 있다는 데 공감하여, 함께 연구하며, 토론하면서 관련 분야의 책을 저술하고 있다. 그간 집필자들이 정부, 대학, 연구기관, 컨설팅 기관 등에서 습득하고 축적한 지적자산, 경험과 아이디어를 사회와 공유하고 남겨 놓고자 하는 것이다.

이를 위해 우선 2020년 1월에 개인 차원에서 백세시대를 어떻게 행복하게 살 것인가에 대해 『백세시대 생애설계』박영사를 발간하였다. 이어서 국가와 기업이 급속하게 진행되는 고령화에 어떻게 대응하여 경쟁력을 가질 것인가에 대해 지난 5년간의 연구와 토론을 기초로 『국가와 기업의 초고령사회 성공전략』을 발간하게 되었다.

개인, 기업과 국가가 초고속도로 진행되는 고령화에 전략적으로 대처하여야 선진국의 길목에서 좌절하지 않고 초고령사회의 도전을 넘어 4차 산업혁명을 선도하면서 선진 경제강국이 될 수 있을 것이다.

미주와 참고문헌
Endnote & Reference

◆

제1부 급속도로 달려오는 초고령사회

제1장   경제강국의 비전과 고령화의 도전

1   프랑크 쉬르마허 저, 장혜경 역, 고령사회 2018(재판), 나무생각, 2011.

2   Weeks, John, Population: An introduction to concepts and issues(9th ed.), Belmont, CA: Wadsworth/ Thompson Learning, 2005; 이수영, 장년의 인적자원 활용을 통한 국가경쟁력 강화방안, 국립외교원 글로벌리더십과정 정책보고서, 2015.

3   평균수명은 0세의 출생자가 향후 생존할 것으로 기대되는 평균 생존연수로 기대수명 또는 0세의 기대여명이라고도 한다. 즉, 사람들이 평균적으로 얼마나 오래 살 것인지를 나타낸다 (e−나라지표).

4   통계청, KOSIS 국가통계포털, kosis.kr/; 행정안전부, 주민등록 인구통계, 2020. 12.

5   통계청, KOSIS 국가통계포털, kosis.kr/; OECD 부양비 및 노령화지수 국제비교 전망 통계는 5년 단위로 집계함.

6   폴 어빙 엮음, 김선영 역, 글로벌 고령화 위기인가 기회인가, 아날로그, 2016.

7   통계청, KOSIS 국가통계포털, kosis.kr/; 한국무역협회·산업통상자원부, K−stat, stat.kita.net/

8   장대환, 우리가 모르는 대한민국: 미라클 코리아 70년, 매일경제신문사, 2019.

9   관계부처 합동, 장년고용 종합대책, 2014. 9.

10 통계청, 세계와 한국의 인구현황 및 전망, 2019. 9.; 통계청, KOSIS 국가통계포털, kosis.kr/

11 통계청, 세계와 한국의 인구현황 및 전망, 2019. 9.

12 통계청, 2019년 출생통계, 2020. 8.; 통계청, 2020년 인구동향조사 출생·사망 통계 잠정 결과, 2021. 2.

13 KDI 경제정보센터, 시대별 표어로 살펴본 우리나라 출산정책, 2014. 12.

14 통계청, 세계와 한국의 인구현황 및 전망, 2015.

15 통계청, KOSIS 국가통계포털, kosis.kr/; 한국노동연구원, 2020 KLI 노동통계, 2020.

16 이근태·이지선, 생산가능인구 감소 시대의 경제성장과 노동시장, LG경제연구원, 2017. 3. 8.

17 이근태·이지선, 생산가능인구 감소 시대의 경제성장과 노동시장, LG경제연구원, 2017. 3. 8.

18 프랑크 쉬르마허 저, 장혜경 역, 고령사회 2018(재판), 나무생각, 2011, p. 165.

19 관계부처 합동, 인구구조 변화의 영향과 대응방향 − 총론: 인구구조 변화 대응전략 −, 2019. 9.

20 안병권·김기호·육승환, "인구고령화가 경제성장에 미치는 영향", 「BOK 경제연구」, 한국은

행. 2017. 7.; 기본 시나리오 하에서 노동생산성은 2000년 이후부터 최근까지의 추세가 미래에도 계속되고, 연령별 경제활동참가율(15세 이상 64세 이하)은 2015년과 동일하게 유지된다고 가정하였으며, 인구전망은 2016년 인구추계를 반영하였음.

21 안병권·김기호·육승환. "인구고령화가 경제성장에 미치는 영향". 「BOK 경제연구」, 한국은행. 2017. 7.

22 이재준. "고령화 사회, 경제성장 전망과 대응방향". 「KDI 정책포럼」 제273호. 2019. 4. 18.

제2장 다급해진 국가

1 이수영, 장년의 인적자원 활용을 통한 국가경쟁력 강화방안, 국립외교원 정책보고서, 2015.

2 한국노동연구원, 2020 KLI 노동통계, 2020. 7.

3 현대경제연구원. "산업일꾼이 늙어간다". 「경제주평」 17-18, 2017. 5. 5.

4 통계청, 장래인구특별추계: 2017~2067년. 2019. 3.; 통계청. 장래인구특별추계: 2015~2065년. 2016. 12.

5 고령화가 노동생산성에 미치는 영향에 관한 연구는 [김문정, 고령자 노동생산성에 관한 기초연구, 한국노인인력개발원, 2017]; [이철희·이지은. "인구고령화가 노동수급에 미치는 영향. 「BOK경제연구」 2017-30, 한국은행. 2017. 8.] 참조.

6 통계청, 2019 한국의 사회지표. 2020. 6.

7 한국노동연구원, 2020 KLI 해외노동통계. 2020. 10.

8 한국은행. "주요 선진국 베이비붐 세대의 은퇴 및 고령화에 따른 영향과 시사점". 「국제경제리뷰」 제2016-38호, 2016. 12. 8.

9 통계청, KOSIS 국가통계포털, kosis.kr/

10 통계청, 장래인구특별추계: 2017~2067년. 2019. 3.

11 통계청, 세계와 한국의 인구현황 및 전망. 2015; 통계청, KOSIS 국가통계포털, kosis.kr/

12 이케다 가요코 저, 한성례 역, 세계가 만일 100명의 마을이라면: 환경, 국일미디어, 2018; 최순영, 고령화와 경제성장은 어떤 관계가 있나요?, 조선일보 2012. 12. 21.을 참조하여 작성.

13 이수영, 장년의 인적자원 활용을 통한 국가경쟁력 강화방안, 국립외교원 정책보고서, 2015.

14 보건복지부, 제3차 중장기 사회보장 재정추계. 2019. 7.

15 통계청, 2019 고령자 통계. 2019. 9.

16 원시연. "국민연금제도의 사각지대 현황과 입법화 동향". 「NARS 현안분석」 제163호, 국회입법조사처. 2020. 9. 22.

17 통계청, 2020 고령자 통계. 2020. 9.

18 통계청, 2019 고령자 통계. 2019. 9.; 국민연금공단, 국민노후보장패널조사 6차년도 조사 결과.

19 오영수·이수영·전용일·신재욱, 백세시대 생애설계, 박영사, 2020의 제5장 다층 연금소득 마련하기(pp. 121~159) 참조.

20 통계청, 2019 고령자 통계, 2019. 9.

제3장 활력 잃은 기업

1 한국경영자총협회, 기업 정년연장 실태조사 결과, 2013.

2 한국경영자총협회, 기업 정년연장 실태조사 결과, 2013; 서울경제, 대한민국 술 소비 급감 '술 거부'가 당당해진 시대, 2017. 6. 1.

3 이코노미스트(중앙시사매거진) 1472호, [희비 엇갈린 한·일 위스키 시장] 바보야, 문제는 알코올 도수야, 2019. 2. 25.

4 맥킨지, 한국기업의 조직건강도와 기업문화 종합보고서, 대한상공회의소, 2016. 3. 15.

5 조영태, 정해진 미래, 북스톤, 2016.

6 신재욱, Trends of wage system reforms at Korean companies, Korea Labor Review, 2016 Spring.

7 한국경제연구원, 덴마크 등 주요국 노동시장의 유연안정성 국제 비교 및 시사점, 2020. 1.

8 고용노동부, 사업체 노동력 부가조사, 2019. 6.

9 김기민, "사업체 근로자의 고령화와 생산성의 관계", 「패널브리프」 제8호, 한국노동연구원, 2017.

10 석진홍·박우성, "인력 고령화가 기업의 생산성과 인건비에 미치는 영향", 「노동정책연구」, 2014; 장윤섭·양준석, "근로자의 고령화가 기업의 신기술 도입과 생산성에 미치는 효과", 「노동정책연구」, 2017.

11 한국표준협회, 2017년 대한민국 인력개발 실태 및 성숙도 조사 결과, 2017; 고용노동부·한국고용정보원, 2018 직업능력개발 통계연보, 2019.

12 대기업과 중소기업 비교는 그림에서 제외하고 본문에서 설명함.

13 출향(出向)제도는 기존에 근무하던 기업(출향 원기업)의 직원이 소속은 유지한 채 자회사 또는 관련 회사 등 다른 회사(출향처 기업)로 옮겨가서 해당 회사 사용자의 지휘·명령 아래 근무하는 제도를 말한다.

제4장 고령화의 도전 극복과 경제강국의 비전 실현

1 Kochan, Thomas and Paul Osterman, The Mutual Gains Enterprise, Boston: Harvard Business School Press, 1994.

2 박상준·장근호, "한국과 일본의 청년실업 비교분석 및 시사점", 「경제분석」 제25권 제4호, 한국은행 경제연구원, 2019. 12.

3 이수영, 장년의 인적자원 활용을 통한 국가경쟁력 강화방안, 국립외교원 글로벌리더십과정 정책보고서, 2015.

4 Weil, David 저, 백웅기·김민성 역, 경제성장론(제3판), 시그마프레스, 2013.

제2부 정부의 일자리 성공전략

제 1 장 고령사회의 일자리 자화상

1 송양민, 밥 | 돈 | 자유, 21세기북스, 2010.

2 조남주, 82년생 김지영, 민음사, 2016.

3 임홍택, 90년생이 온다, 웨일북, 2018.

4 송양민, 밥 | 돈 | 자유, 21세기북스, 2010.

5 KBS 명견만리 제작팀, "명견만리: 인구, 경제, 북한, 의료편", 인플루엔셜, 2016.

6 통계청, 경제활동인구조사 고령층 부가조사 결과(55~79세), 2020. 7.; 관계부처 합동, 장년 고용 종합대책(50~65세), 2014. 9.; 관계부처 합동, 신중년 인생 3모작 기반 구축계획 (50~69세), 2017. 8.

7 통계청, 2020년 5월 경제활동인구조사 고령층 부가조사 결과, 2020. 7.; 평균은퇴연령은 2018년 OECD 통계 참조.

8 통계청, e-나라지표, 고령자 고용동향, index.go.kr/

9 통계청, 2020년 5월 경제활동인구조사 고령층 부가조사 결과, 2020. 7.

10 KB금융그룹 '2018 KB골든라이프 보고서'와 통계청 '2017년 가계금융복지조사'의 자료분석 과 설문조사를 혼합하여 활용하였다. KB금융그룹, 2018 KB골든라이프 보고서, KB금융지주 경영연구소 골드라이프연구센터, 2018; 통계청 2017년 가계금융복지조사, 2018.

11 혜민, 고요할수록 밝아지는 것들, 수오서재, 2018.

12 통계청, 경제활동인구조사 고령층 부가조사 결과, 2019년 5월, 2020년 5월 기준.

13 통계청, 2020년 5월 경제활동인구조사 고령층 부가조사 결과, 2020. 7.

14 통계청, 2020년 5월 경제활동인구조사 고령층 부가조사 결과, 2020. 7.

15 통계청, 2020년 5월 경제활동인구조사 고령층 부가조사 결과, 2020. 7.

16 통계청, 2020년 5월 경제활동인구조사 고령층 부가조사 결과, 2020. 7.

17 교육부·한국교육개발원, 한국 성인의 평생학습 실태, 2019.

18 전용일 외, 생계형 자영업 실태 및 사회안전망 강화 방안 연구, 고용노동부 연구보고서, 2012.

19 통계청, 종사상 지위별 취업자 통계, kosis.kr/

20 김준영, 장년 취업자의 직장이동 유형별 근로소득의 변화분석, 2018 고용패널조사 학술대회

발표자료, 2018. 5.

21 통계청, 2018년 기준 기업생멸행정통계 결과, 2019. 12.

22 OECD, Self-employment rate(indicator).

23 관계부처 합동, 소상공인·자영업자 지원 대책, 2018. 8.; 관계부처 합동, 장년층 고용안정 및 자영업자 대책, 2014. 9.를 참조하여 작성.

제2장 청년고용과 상생하는 정년연장

1   윤석철, 삶의 정도, 위즈덤하우스, 2011.

2   정세근, 노자와 루소, 그 잔상들, 충북대학교출판부, 2020.

3   남상호·임용빈, 정년연장의 사회경제적 파급효과 분석, 한국보건사회연구원, 2017을 참조.

4   고용노동부, 사업체 노동실태 현황(2018년 기준), laborstat.moel.go.kr/

5   고용노동부, 「2019년 전국노동조합 조직현황」 자료 발표, 2020. 12. 30. 보도자료.

6   고용노동부, 「2019년 전국노동조합 조직현황」 자료 발표, 2020. 12. 30. 보도자료; 한국노동연구원, 2019년 KLI 비정규직 노동통계, 2020.

7   통계청, 2020년 12월 및 연간 고용동향, 2021. 1.

8   통계청, 각연도 5월 경제활동인구조사 고령층 부가조사 결과.

9   통계청, 각연도 5월 경제활동인구조사 고령층 부가조사 결과.

10 한요섭, 60세 정년 의무화의 영향: 청년 고용에 미치는 영향을 중심으로, 정책연구시리즈 2019-03, 2019. 12., KDI; 한요섭, "정년 연장이 고령층과 청년층 고용에 미치는 효과", 「KDI 정책포럼」 제277호, 2020. 5.

11 남재량, 정년 60세 이상 의무제 시행의 고용효과 연구, 한국노동연구원, 2018.

12 이정, "정년연장을 둘러싼 노동법상 쟁점과 일본의 경험", 「월간 노동법률」 vol. 347, 2020. 4.

13 일본 후생노동성, 슈和元年 고령자 고용상황 집계결과, 2019.

14 이수영, 장년의 인적자원 활용을 통한 국가경쟁력 강화방안, 국립외교원 정책보고서, 2015.

15 통계청, 2020년 5월 경제활동인구조사 고령층 부가조사 결과, 2020. 7.

16 고용노동부, 직무중심 인사관리 따라잡기, 2019.

17 박명준·이호창 외, 노동력 고령화에 대한 노사관계적 대응: 양상과 과제, 한국노동연구원, 2015.

18 김동배·이호창·이혜정·오계택, 해외 주요국의 고령자 계속고용 사례 연구, 기획재정부, 2019.

19 이수영·임무송·최선애·양성필·부종식, 노동법 실무(개정판), 중앙경제, 2019.

20 고용노동부 홈페이지, 대상자별 정책-중장년, moel.go.kr/

21 일자리위원회·고용노동부·노사발전재단, 신중년 다시 꿈꾸다: 신중년 인생 3모작 설계지원 안내서, 2018.

22 고용노동부 홈페이지, 대상자별 정책-중장년, moel.go.kr/

23 고용노동부, 고용노동백서, 2018; 일자리위원회·고용노동부·노사발전재단, 신중년 다시 꿈 꾸다: 신중년 인생 3모작 설계지원안내서, 2018.

제 3 장 기업의 고령자 고용확대 지원정책

1 Japan Organization for Employment of the Elderly, Persons with Disabilities and Job Seekers, jeed.go.jp/

2 이수영·김동원, "제도적 요인이 고성과작업시스템의 도입에 미치는 영향: 정부정책을 중심으로", 「산업관계연구」 제24권 제2호, 2014. 6.

3 이수영, 정부정책이 고성과작업시스템의 도입에 미치는 영향, 고려대학교 대학원, 2011.

4 김동원·손동희, 노사관계 진단도구 및 평가지표 개발, 노사발전재단, 2009; 이수영, 정부정책이 고성과작업시스템의 도입에 미치는 영향: 제도주의 관점을 중심으로, 고려대학교 대학원, 2010. 12.

5 이수영·김동원, "제도적 요인이 고성과작업시스템의 도입에 미치는 영향: 정부정책을 중심으로", 「산업관계연구」 제24권 제2호, 2014. 6.; 이수영, "신노사문화 정착을 위한 6대 정책과제 추진", 「인사관리」, 2000년 2월호

6 이수영·김동원, "제도적 요인이 고성과작업시스템의 도입에 미치는 영향: 정부정책을 중심으로", 「산업관계연구」 제24권 제2호, 2014. 6.

7 노사발전재단 홈페이지, nosa.or.kr/

8 일본 JEED 홈페이지, jeed.or.jp/elderly/

9 이수영, 장년의 인적자원 활용을 통한 국가경쟁력 강화방안, 국립외교원 정책보고서, 2015.

10 일본 JEED 홈페이지, jeed.or.jp/elderly/

11 황기돈·임효창·이호창, 기업의 연령관리 전략 도입방안, 고용노동부·한국고용정보원, 2013.

12 정지선 외, 미래사회 변화에 대응하는 평생직업교육 정책방향, 한국직업능력개발원, 2018.

13 한국교육개발원, 한국 성인의 평생학습실태, 2018, 2019; 손유미, "장년층 직업훈련 참여 현황과 개선과제" 박영범·채창균 편, 「장년 고용과 정책과제」, 한국직업능력개발원, 2014.

14 한국직업능력개발원, 2020 한국의 인적자원개발지표, 2020.

15 한국직업능력개발원, 2020 한국의 인적자원개발지표, 2020.

16 한국폴리텍대학 홈페이지, kopo.ac.kr/

17 OECD, Working Better with Age: Korea, OECD Publishing, 2018.

18 손유미, "장년층 직업훈련 참여 현황과 개선과제" 박영범·채창균 편, 「장년 고용과 정책과제」, 한국직업능력개발원, 2014.

19 고용노동부, 사업주의 재취업지원서비스 운영 매뉴얼, 2020. 6.

제4장   고령자 취업 지원 인프라 강화

1 일본 JEED 홈페이지, jeed.go.kr; 이수영, 장년의 인적자원 활용을 통한 국가경쟁력 강화방안, 국립외교원 정책보고서, 2015.

2 일본 고령·장애·구직자 고용지원기구(JEED) 홈페이지(jeed.or.jp/elderly/)

3 이지만·이호창·신인철·문성옥, 60세 정년제 시행에 따른 정부지원제도 개편 방안 연구, 고용노동부, 2015.

4 이수영, 장년의 인적자원 활용을 통한 국가경쟁력 강화방안, 국립외교원 정책보고서, 2015.

5 고용노동부, 고용복지플러스센터 홈페이지, workplus.go.kr/

6 고용노동부, 장년워크넷 홈페이지, work.go.kr/senior/

7 독일 노동사회부 홈페이지, bmas.de/EN/Our-Topics/Labour-Market/perspective-50-plus.html

8 이정우, "독일의 중고령자 고용정책 및 사회보장 정책", 지은정 외 6인, 「선진자본주의 국가의 중고령자 고용 및 사회보장 정책 연구」, 한국노인인력개발원, 2012.

9 독일 노동사회부 홈페이지, bmas.de/EN/Our-Topics/Labour-Market/perspective-50-plus.html

10 이수영, 장년의 인적자원 활용을 통한 국가경쟁력 강화방안, 국립외교원 정책보고서, 2015.

11 미국은퇴자협회(AARP)에 대해서는 AARP 홈페이지(aarp.org); 한국개발정책학회, 장년고용 활성화를 위한 새로운 정책과제, 고용노동부; 김한수, 존경받는 시니어들, 미국은퇴자협회, 크리스천투데이, 2015. 5. 1.를 참조하여 작성함.

제5장   고령친화산업과 일자리 전략

1 마우로 기엔 저, 우진하 역, 2030 축의 전환, 리더스북, 2020.

2 문혜선, 고령사회 수요 변화에 대응하는 고령친화산업 발전 과제와 시사점, 산업연구원, 2019.

3 문혜선, 고령사회 수요 변화에 대응하는 고령친화산업 발전 과제와 시사점, 산업연구원, 2019.

4 보건복지부·한국보건산업진흥원, 2019년도 고령친화산업 육성사업, 2019. 12.

5 보건복지부·한국보건산업진흥원, 2019년도 고령친화산업 육성사업, 2019. 12.

6 보건복지부, 따뜻한 복지, 건강한 미래, 2020년 업무계획, 2020.

7 보건복지부·한국보건산업진흥원, 2019년도 고령친화산업 육성사업, 2019. 12.

8 김세훈, 유망 고령친화산업 현황 및 전문 인력 수요 예측, 한국보건산업진흥원, 2017.

9 중소벤처기업부, 군산 '이성당', 서울 '진주회관' 등 백년가게 80개 선정, 2020. 8.

10 중소벤처기업부, 백년(100년)가게 육성방안, 2018. 6.

제 6 장   초고령사회 블루오션 관광산업

1 조선일보, "기적이 일어났어요, BTS 빌보드 1위 복귀", 2020. 9. 29.; 조선일보, "블랙핑크 1위, BTS 2위… 빌보드 아티스트 100까지 K팝 세상", 2020. 10. 14.(인터넷판)

2 모타니 고스케 저, 김영주 역, 일본 디플레이션의 진실, 동아시아, 2016.

3 통계청, 장래인구 특별추계: 2017~2067, 2019. 3.; 통계청, 장래인구 특별추계: 2015~2065, 2016. 12.

4 모타니 고스케 저, 김영주 역, 일본 디플레이션의 진실, 동아시아, 2016.

5 모타니 고스케 저, 김영주 역, 일본 디플레이션의 진실, 동아시아, 2016.

6 기획재정부, 범부처 「인구정책 TF」, 인구구조 변화 대응방안 발표(보도자료), 2019. 9. 18.; 관계부처 합동, 인구구조 변화 대응방향, 2020. 8.

7 UNWTO, UNWTO Tourism Highlights, 2018.

8 관광지식정보시스템, 국가별 관광산업 기여도, tour.go.kr/

9 UNWTO(World Tourism Organization), International Tourism Highlights, 2019. 자료를 기초로 작성.

10 통계청, KOSIS 국가통계포털, kosis.kr/

11 악샤르담 사원에 대해서는 Swaminarayan Akshardham, New Delhi, Gujarat: Swaminarayan Aksharpith, 2015; 정채성, "현대 인도의 힌두이즘: 악샤르담 사원과 BAPS, 그리고 소프트 힌두뜨바", 아시아지역리뷰 「다양성 Asia」, 2018년 9월호를 참고하여 작성.

12 오훈성, 고령층 국내관광 활성화 방안 연구, 한국문화관광연구원, 2018.

제3부 기업의 인적자원관리 성공전략

제 1 장   세대 간 상생하는 기업문화의 재정립

1 월스트리트저널 한국어판, 말단 사원이 임원진 멘토되는 '역(逆) 멘토링' 유행, 2014. 5.

2 한국일보, 이재용의 혁신 "삼성전자, 스타트업이 돼라", 2016. 3. 25.

3 조세일보, 호칭부터 이색 '사내 모임'까지… 기업문화 변신 '눈길', 2015. 8. 17.

4 한국경제신문, "칼퇴근을 돈 주고 샀습니다"… 일과 삶의 균형 '워라밸' 열풍, 2017. 9. 11.

5 한국경제신문, "칼퇴근을 돈 주고 샀습니다"… 일과 삶의 균형 '워라밸' 열풍, 2017. 9. 11.

6 한국일보, 이재용의 혁신 "삼성전자, 스타트업이 돼라", 2016. 3. 25.

7 KBS, 김생민의 영수증, 2017. 10. 14.

8 대한상공회의소, 한국 기업의 조직건강도와 기업문화 종합보고서, 맥킨지, 2016. 3. 15.

9 워싱턴 중앙일보, 열린 문 임원 사무실, 열린 벽 직원 사무실, 2016. 9. 10.

10 Harvard Business Review, 왜 사무실 자리를 자주 바꾸면 좋을까, 2018년 3~4월호

11 일간스포츠, 병원에 찜질방·만화방까지… 구글도 안부러운 게임회사 판교 신사옥, 2013. 9. 5.

12 Deal, Terrance and Allan Kennedy, Corporate Cultures: The Rites and Rituals of Corporate Life, Addison-Wesley Publishing Company, 1982.

13 대한상공회의소, 한국 기업의 조직건강도와 기업문화 보고서, 2016. 3. 17.

14 동아일보, "한국인이 가장 오래 사용한 SNS는? 지난달 47억분 사용", 2020. 12. 29.

15 서울신문, "김 대리도 비서 둔다… 기업용 AI '브리티' 출시", 2017. 9. 5.

16 한국경제신문, "상사는 자기 자랑을 하고, 리더는 후배 자랑을 한다", 2017. 4. 22.

제3장 기업 내 임금체계의 개편

1 김기민, "사업체 근로자의 고령화와 생산성의 관계", 「패널 브리프」, 한국노동연구원, 2017. 6. 30.

2 배종석, 인적자원론, 경문사, 2006.

제4장 고령자 맞춤형 인사제도

1 통계청, KOSIS 국가통계포털, kosis.kr/

제5장 재활력을 불어넣는 교육훈련 프로그램

1 한경 Bisiness, 인력 고령화, 부담아닌 축복되어야, 2015. 6. 11.

2 고용노동부, 장년친화직장 만들기 우수 사례집, 2016. 9.

3 고용노동부, 장년친화직장 만들기 우수 사례집, 2016. 9.

4 고용노동부, 장년친화직장 만들기 우수 사례집, 2016. 9.

5 고용노동부·노사발전재단, 신중년 인생3모작 설계지원 안내서, 2020.

6 이윤경, 국외출장보고서, 한국보건사회연구원, 2013.

제6장 건강경영의 도입과 실행

1 경제산업성, NHK, KOTRA 오사카 무역관 자료 종합.

제 7 장 기업의 10년 후 인적자원관리 전략

1 한국경제신문, '일자리 천국' 된 日… 일손 모셔오면 10만엔 포상금, 2019. 1. 22.

2 2017年卒マイナビ大学 生就職企業人気 ランキング

3 Cappelli, Peter, The New Deal at Work, Boston: Harvard Business School Press, 1999.

4 신재욱, 우선순위 밀릴 수밖에 없는 다양성 관리, 확실한 로드맵부터 수립하라, Harvard Business Review Korea, 2016.

5 고용노동부, 적극적 고용개선조치 시행 이후 여성 근로자 비율 6.92%p, 관리자 비율 10.7%p 증가, 2020. 11. 25. 보도자료.

6 Millennials And Gen Z React To OK Boomer Memes, youtube 화면 캡처; KAYLA KIBBE, Gen Z Is Cashing in on the 'OK Boomer' Insult, insideHook, 2019. 10. insidehook.com

7 중앙일보, 110개국 외국인 귀화 20만명 돌파… "대한민국은 축복의 땅", 2019. 12. 30.

8 헤럴드경제, [실버세대의 역습] ① 스마트폰 든 고령층, 소비의 중심이 되다, 2019. 1. 13.

9 대한무역투자진흥공사, 일본 시니어 시장 현황 및 우리 기업 진출방안, 2017.

10 에이블뉴스, 스마트기술 적용한 성인용 기저귀 시판 앞둬, 2017.

11 이승현, '배설 예측 웨어러블'이 온다, venturesquare, 2017.

제 4 부 4차 산업혁명과 고령화에 대응한 성공전략

제 1 장 4차 산업혁명과 고령화

1 로봇공학의 3원칙은 미국의 과학자이자 작가인 아이작 아시모프(Isaac Asimov)가 1940년대에 쓴 소설들에서 제시한 로봇 작동 및 통제 원칙이다.

2 클라우스 슈밥 저, 송경진 역, 제4차 산업혁명, 새로운현재, 2016.

3 클라우드 슈밥 저, 송경진 역, 제4차 산업혁명, 새로운 현재, 2016 등을 참조하여 작성함.

4 소물인터넷(Internet of Small Things) 형태로 각종 센서가 부착되며, 헬스케어 관련 센서가 가장 인기 있는 품목이다.

5 관계부처합동·4차산업혁명위원회, 4차산업혁명 대응계획(I-KOREA 4.0), 2017.

6 2000년 자료는 [이한득, 2000년 이후 글로벌 산업 편도 변화, LG Business Insight, 2011. 8. 10.]를 참조하여 작성함.

7 안상희·이민화, 제4차 산업혁명이 일자리에 미치는 영향, 한국경영학회 통합학술발표논문집, 2016. 8.에서 재인용함.

8 World Economic Forum, The Future of Jobs Report 2020, October 2020.

9 특정 상품에 대한 최종수요가 한 단위(10억 원) 발생할 때 직·간접적으로 필요한 취업자 수를 의미한다.

10 전용일·박정모·박정숙·김동하·신현주, 코로나19 시대 기업의 생존 전략-방역과 경제의 딜레마, 박영사, 2020.

11 4차 산업혁명의 개념에 부응하는 공유 오피스 시장이 코로나19의 직격탄을 맞고 있다. 2010년 미국 뉴욕에서 설립된 위워크(WeWork)는 2016년 8월 한국에 진출해서 서울(18개), 부산(2개) 지점을 두고 있지만, 감염병 확산에 따라 공실률이 높아지게 된 것이다.

12 Brookings Institute, Automation and Artificial Intelligence : How Machines are Affecting People and Places, 2020.

13 이승협, 4차 산업혁명과 노동의 변화. FUTURE HORIZON(33), 2017.

14 Leprince-Ringuet, Daphne. Automation is taking jobs away. Low-code and no-code tools could create new ones, 2020. 12. 9. zdnet.com/

15 최용희·전용일·권혜자, 플랫폼 노동자 노동권익과 사회적 대화, 도심권 서울특별시 노동자 종합지원센터, 2020.

16 노동연구원, 디지털 시대의 고용안전망 : 플랫폼 노동 확산에 대한 대응을 중심으로, 2020.

17 김예지·김애선·주강진·신영섭, 고령화와 4차 산업혁명, 창조경제연구회, 2016.

18 김예지·김애선·주강진·신영섭, 고령화와 4차 산업혁명, 창조경제연구회, 2016.

19 관계부처 합동, 「한국판 뉴딜」 종합계획, 2020. 7.

20 김동규 외, 4차 산업혁명 미래 일자리 전망, 한국고용정보원, 2017.

21 김동규 외, 4차 산업혁명 미래 일자리 전망, 한국고용정보원, 2017를 참조하여 작성.

22 김동규 외, 4차 산업혁명 미래 일자리 전망, 한국고용정보원, 2017, pp. 118~136의 사례를 참조하여 작성함.

23 현재 한국폴리텍대학에서는 신중년특화 과정, 중장년 재취업 과정으로 공조냉동, 자동차복원, 전기설비시공관리 등 과정을 전액 무료로 운영하고 있다.

24 김동규 외, 4차 산업혁명 미래 일자리 전망, 한국고용정보원, 2017.

25 김동규 외, 4차 산업혁명 미래 일자리 전망, 한국고용정보원, 2017를 참조하여 재구성.

26 김동규 외, 4차 산업혁명 미래 일자리 전망, 한국고용정보원, 2017.

27 상세한 유연 근로시간 제도에 대해서는 [이수영 외, 노동법 실무(전면 개정판), 중앙경제, 2019]를 참조.

28 고용노동부, 2019년 6월 기준 고용형태별 근로실태조사 결과 발표, 2020.4.; 고용노동부, 전국민 고용보험 로드맵, 2020. 12.

29 고용노동부, 전국민 고용보험 로드맵, 2020. 12.

30 고용노동부, 전국민 고용보험 로드맵, 2020. 12.

31 고용노동부, "신축년 새해, 「국민취업지원제도」가 시행됩니다." 2020. 12. 28. 보도자료.

제2장 사회적 불평등의 확대와 기본소득

1 Bloomberg Billionaires Index, bloomberg.com ; 빌 게이츠는 재산이 1,320억 달러로 3위를 차지하였다.

2 Edmond, Charlotte, Germany eyes a four-day week to help prevent mass layoffs, World Economic Forum, 25 Aug 2020.

3 이들에 앞서 콩도르세(Marquis de Condorcet)와 페인(Thomas Paine)은 기본자산 균등 지급을 주장했다.

4 서현수, "핀란드 기본소득 실험에서 배울 점", 「한겨레21」 제1314호, 2020. 6. 1.

5 이윤정, "독일서도 시작된 '기본소득' 실험… 120명 모집에 150만명 참가 신청", 경향신문, 2020. 8. 27.

제3장 4차 산업혁명 시대에 대응한 기업의 인적자원관리 전략

1 최나은, "글로벌 우량 기업 고령화 대책은 달랐다", 「주간동아」 926호, 2014. 2. 24.

2 헤럴드경제신문, "1주일에 470만원 벌었어요~ … 주부도 뛰어든 '배달 라이더'", 2020. 9. 24.

3 서울경제신문, "거리두기 틈 메우며 쑥쑥 자라는 '배달' 시장", 2020. 9. 2.

4 헤럴드경제신문, "1주일에 470만원 벌었어요~ … 주부도 뛰어든 배달 라이더", 2020. 9. 24.

5 한겨레신문, "고령자 경쟁력, 써본 기업은 안다", 2013. 8.

6 최나은, "글로벌 우량 기업 고령화 대책은 달랐다", 「주간동아」 926호, 2014. 2. 24.

제4장 4차 산업혁명과 세대 간 상생전략

1 김태유, 은퇴가 없는 나라, 삼성경제연구소, 2013.

2 클라우스 슈밥 저, 송경진 역, 제4차 산업혁명, 새로운현재, 2016.

3 김태유, 은퇴가 없는 나라, 삼성경제연구소, 2013 등을 참조하여 작성.

4 이종석, Towards Smart Factory, 2020. 7. 강의자료 참조.

5 창업진흥원 운영, i-one job 홈페이지, ibkonejob.co.kr/ ; 문화체육관광부 국민소통실, 청년과 장년이 손잡고 '창업의 꿈'을 이룬다. 2019. 3. 15. 대한민국 정책브리핑.

6 관계부처 합동, 한국판 뉴딜 종합계획, 2020. 7.

에필로그 준비하는 국가와 기업의 미래

1 통계청, 국가통계포털 KOSIS, kosis.kr/

2 고용노동부, 제6차 남녀고용평등과 일·가정 양립 기본계획(2018~2022), 2017. 12.

3   고용노동부, 통계로 보는 우리나라 노동시장의 모습, 2019.

4   통계청, 2020년 출생·사망 통계 잠정 결과, 2021. 2.; 행정안전부, 주민등록 인구통계, jumin.mois.go.kr/

5   중앙일보, "애 낳으면 1억 빚 갚아준다" … 인구 데드크로스 파격 대책, 2021. 1. 26.; 조선일보, "우린 1억 줄게" 묻고 더블로 가는 출산장려금, 2021. 1. 18.(인터넷판)

6   저출산고령사회위원회, 제4차 저출산고령사회 기본계획, 2020. 12.

7   박선권, 한국 저출산 대응 예산 증가의 특징과 시사점, 국회입법조사처, 2020. 6.

8   통계청, 2019년 사망원인통계 결과, 2020. 9.; 고용노동부, 산업재해현황, e-나라지표, index.go.kr/

9   행정안전부, 2019 지방자치단체 외국인주민 현황, 2020. 11.; 행정안전부의 지방자치단체 외국인주민 현황은 기준일 전후 3개월 이상 거주한 자를 집계하고, 법무부의 출입국·외국인정책 통계연보는 체류기간에 관계없이 우리나라에 체류하고 있는 모든 외국인을 집계한다.

공저자
약력

이수영

한국폴리텍I대학 학장. 고려대학교 경영학과를 졸업하고, 서울대학교에서 행정학석사, 미국 코넬대학교에서 노사관계학석사, 고려대학교 대학원에서 경영학박사 학위를 취득하였다.
노동부 혁신성과관리단장, 대통령실 선임행정관, 고용노동부 대구고용노동청장, 고령사회인력심의관, 중앙노동위원회 사무처장 등으로 근무하였다.
저서로는 백세시대 생애설계(공저, 박영사, 2020), 고용관계론(공저, 박영사, 2019), 노동법 실무(공저, 중앙경제, 2019) 등이 있다.

신재욱

에프엠 어소시에이츠(FM ASSOCIATES) 대표컨설턴트. 서울대학교 경영학과를 졸업하고, 동 대학원에서 인사조직 전공으로 경영학석사 학위를 받은 후, 고려대학교 대학원에서 경영관리 전공으로 박사 과정을 수료하였다.
PricewaterhouseCoopers, IBM Business Consulting Service에서 인사조직 분야 컨설턴트로 활동하였다.
저서로는 백세시대 생애설계(공저, 박영사, 2020), 현직 컨설턴트가 쓴 인적자원관리(2005), 역할급 설계방법과 사례(공저, PNC미디어, 2016)가 있다.

전용일

성균관대학교 경제학과 교수. 연세대학교 경제학과를 졸업하고, 연세대학교에서 경제학석사, 서울대학교 계산통계학과(통계학전공)에서 이학석사 학위를 취득하였고, 미국 UCSD에서 노벨경제학상 수상자인 Granger 교수에게서 경제학박사 학위를 받았다.
하버드대학교에서 박사 후 연구원으로 연구를 하였으며, 미국 센트럴 미시간주립대학교 경제학과에서 조교수와 부교수(정년보장)로 근무하였다.
저서로는 백세시대 생애설계(공저, 박영사, 2020), 코로나19 시대 기업의 생존전략 – 방역과 경제의 딜레마(공저, 박영사, 2020), 고용과 성장(편저, 박영사, 2008)이 있으며, 약 100편의 학술논문을 발표하였다.

오영수

김·장 법률사무소 고문. 성균관대학교 경제학과를 졸업하고, 동 대학원에서 경제학석사와 경제학박사 학위를 취득하였다.
보험개발원 보험연구소장과 보험연구원 정책연구실장, 고령화연구실장을 맡아 고령화, 연금, 건강보험 분야를 연구하였다.
저서로는 고령사회의 사회보장과 세대충돌(박영사, 2021), 백세시대 생애설계(공저, 박영사, 2020), 내 연금이 불안하다(공저, 책나무, 2020), 은퇴혁명시대의 노후설계(해남, 2004), 연금의 진화와 미래(공저, 논형, 2010), 건강보험의 진화와 미래(공저, 21세기북스, 2012)가 있다.

국가와 기업의 초고령사회 성공전략

초판발행　　2021년 5월 3일

지은이　　　이수영·신재욱·전용일·오영수
펴낸이　　　안종만·안상준

편 집　　　황정원
기획/마케팅　정연환
표지디자인　양지섭·문경아
제 작　　　고철민·조영환

펴낸곳　　　(주) **박영사**
　　　　　　서울특별시 금천구 가산디지털2로 53, 210호(가산동, 한라시그마밸리)
　　　　　　등록 1959. 3. 11. 제300-1959-1호(倫)
전 화　　　02)733-6771
f a x　　　02)736-4818
e-mail　　　pys@pybook.co.kr
homepage　www.pybook.co.kr
I S B N　　 979-11-303-1205-7　93320

* 파본은 구입하신 곳에서 교환해 드립니다. 본서의 무단복제행위를 금합니다.
* 저자와 협의하여 인지첩부를 생략합니다.

정 가　　　19,000원